MENORA
Jahrbuch für deutsch-jüdische Geschichte
2002

ZU DIESEM BUCH

Zielsetzung der MENORA ist es, die Verknüpfungen in der deutsch-jüdischen Geschichte aufzuzeigen. Von der frühen Neuzeit bis in die Gegenwart wird den komplizierten und – in der Erfahrung des Holocaust traumatisierten – Beziehungen zwischen jüdischen und nichtjüdischen Deutschen nachgegangen.

Das vorliegende Jahrbuch MENORA – der nunmehr dreizehnte Band – präsentiert im ersten Teil die Originaltexte der Debatte um Goldsteins und Klötzels Artikel. Im zweiten Teil beschäftigen sich fünf Autoren in Kommentaren, Essays und einem erstveröffentlichten Briefwechsel im Rückblick mit der Debatte.

DIE HERAUSGEBER

Julius H. Schoeps, geb. 1942, Direktor des Moses Mendelssohn Zentrums für europäisch-jüdische Studien an der Universität Potsdam und Professor für Neuere Geschichte (Schwerpunkt deutsch-jüdische Geschichte).

Karl E. Grözinger, geb. 1942, Professor für Religionswissenschaft an der Universität Potsdam.

Willi Jasper, geb. 1945, Mitarbeiter des Moses Mendelssohn Zentrums für europäisch-jüdische Studien und Professor an der Universität Potsdam.

Gert Mattenklott, geb. 1942, Professor, Direktor des Instituts für Allgemeine und Vergleichende Literaturwissenschaft an der Freien Universität Berlin.

REDAKTION

Willi Jasper (verantwortlich), *Julius H. Schoeps, Manfred Voigts, Andreas Kennecke*

REDAKTIONSANSCHRIFT

Moses Mendelssohn Zentrum für europäisch-jüdische Studien, Am Neuen Markt 8, D – 14467 Potsdam
www.mmz-potsdam.de

MENORA

Jahrbuch für deutsch-jüdische Geschichte 2002

Band 13

Deutsch-jüdischer Parnaß
Rekonstruktion einer Debatte

Im Auftrag des
Moses Mendelssohn Zentrums für
europäisch-jüdische Studien

Herausgegeben von
Julius H. Schoeps, Karl E. Grözinger
Willi Jasper und Gert Mattenklott

PHILO

MENORA, der siebenarmige Leuchter,
ist das älteste Symbol des Judentums.

Satz: Andreas Kennecke
Druck und Bindung: Druckhaus Galrev, Berlin

Umschlagmotiv: Titelbild der Zeitschrift *Kunstwart*

Printed in Germany
ISBN 3-8257-0312-6

Inhalt

Es gibt kaum eine Darstellung der deutsch-jüdischen Geschichte, die nicht auf die sogenannte *Kunstwart*-Debatte hinweist. Moritz Goldsteins Aufsatz *Deutsch-jüdischer Parnaß* und die sich anschließende Diskussion erscheinen rückblickend als das erste deutliche Signal einer Dissimilation der Juden – genau 100 Jahre nach dem Edikt Friedrich Wilhelms III. betreffend die bürgerlichen Verhältnisse der Juden im Preußischen Staate, die eine deutliche Verbesserung der Lage der Juden mit sich gebracht hatte. Der Abdruck des Aufsatzes im Märzheft 1912 der nationalistischen Zeitschrift für Kultur und Kunst *Der Kunstwart* – andere Zeitschriften hat ihn zuvor abgelehnt – geschah zu einem höchst problematischen Zeitpunkt. Eugen Fuchs, der Vorsitzende des ‚Centralvereins deutscher Staatsbürger jüdischen Glaubens' hatte eine Rede anläßlich des Emanzipationsediktes gehalten, in der er betonte: „Mit dem Edikt hörte in Preußen der Begriff *jüdische Nation* auf, die Juden galten nicht mehr als Fremde, als Staat im Staate." Und kurz darauf gab es eine heftige Diskussion über Werner Sombarts gerade erschienene kleine Schrift *Die Zukunft der Juden*, die seine von 1909 bis 1911 gehaltenen Vorträge über die Bedeutung der Juden für das Wirtschaftsleben zusammenfaßte. Im selben Jahr noch erschien die von Sombart herausgegebene Sammlung von Stellungnahmen zu den *Judentaufen*, in der eine eigentlich überwunden geglaubte Problematik erneut aktualisiert wurde. Der Herausgeber präsentierte sich als Befürworter einer bestimmten Lesart des „Zionismus" und lobte den „charakterstarken Nationaljuden", der die gesellschaftlichen Beschränkungen tapfer ertrage. Dabei verwies er darauf, daß auch er selbst nie ordentlicher Professor geworden sei und doch „recht munter und vergnügt" lebe. Für Sombart bestand das Problem in der „Verjudung ganzer Länder oder einzelner Zweige des öffentlichen Lebens oder einzelner Gebiete der Kultur", und dem müsse entgegengearbeitet werden. Die Masse der Ostjuden wollte er durch „systematische Kolonisation irgendwo als Ganzes unterbringen". Diese im Kern judenfeindlichen Thesen wurden breit diskutiert und trafen auf die heftige Kritik des Centralvereins.

Das war die Situation, in der Goldsteins Aufsatz *Deutsch-jüdi-scher Parnaß* erschien. Ähnliche Thesen hatte er schon Jahre vorher, nämlich 1906, in der jüdischen Zeitschrift *Ost und West* vertreten – doch damals hatten sie kein besonderes Aufsehen erregt. Jetzt aber erwies sich die *Kunstwart*-Debatte, wie Yehuda Eloni angemerkt hat, als „Symptom einer tiefen geistigen Gärung, die nicht nur die Ju-den, sondern überhaupt einen großen Teil der Jugend und der In-tellektuellen im ersten Jahrzehnt des zwanzigsten Jahrhunderts er-griffen hatte."

Die bisher nicht gewohnte publizistische Offenheit eines Juden, noch dazu auf einer nichtjüdischen Tribüne, mußte auf jüdischer Seite wie ein Schock wirken, denn traditionell wurden jüdische Fra-gen nur unter Juden, das heißt in jüdischen Zeitschriften disku-tiert. Das Erbe der vorassimilatorischen Zeit, in der jüdische und nichtjüdische Welt „getrennt nebeneinander" standen – wie Jakob Katz es ausgedrückt hat – war nicht überwunden. Goldsteins ent-schuldigende Kritik „Es gibt keine jüdische Öffentlichkeit" in den ersten Absätzen seines Aufsatzes verwies darauf, dass „Öffentlich-keit" immer die der nicht-jüdischen und individualisierten Mehr-heit war. Bereits in dem erwähnten (fast unbekannt gebliebenen) *Ost und West*-Beitrag aus dem Jahre 1906 *Geistige Organisation des Judentums* hatte er vorgeschlagen, der Individualisierung der deut-schen Juden durch eine gemeinsame publizistische Initiative entgegen zu wirken:

> „Ich schlage also vor, ein Jahrbuch zu begründen, welches etwa den Titel tragen könnte: Jahrbuch für jüdische Kultur in Deutsch-land oder ähnlich. Dieses Jahrbuch hätte die Aufgabe, ein Com-pendium zu sein der gesamten geistigen Produktion der deut-schen Juden. Es zerfiele in drei Teile. Der erste enthielte eine vollständige Bibliographie alles dessen, was von deutschen Juden in dem vorangehenden Jahre veröffentlicht worden ist. Wissen-schaftliche und kritische Schriften müssten hier ebenso verzeich-net sein wie Werke der schönen Literatur; Leistungen in der Musik, in den bildenden Künsten, in der Architektur ebenso wie Erfolge der Technik, Entdeckungen, Erfindungen..."

Daß Goldstein dann aber wenige Jahre später ausgerechnet den deutsch-völkischen *Kunstwart* als Ort der Veröffentlichung wählte, wo er auch 1915 den Beitrag *Der Krieg als Erwecker* publizieren sollte, löste erhebliche Irritationen aus. Die Tatsache, daß er in einigen Aspekten ähnlich wie Sombart argumentierte, wurde von jüdischen Lesern als Provokation empfunden. Der berühmteste und überall zitierte Satz aus dem Aufsatz lautet:

> *„Wir Juden verwalten den geistigen Besitz eines Volkes, das uns die Berechtigung und die Fähigkeit dazu abspricht.“*

Der Begriff der „Verwaltung" signalisiert, daß nach Goldsteins Meinung keine wirkliche Beziehung zum deutschen Kulturwesen entwickelt wurde und entwickelt werden konnte. Andererseits reklamierte er aber einen Teil der vorgeblich „deutschen Kultur" als „jüdische". Ähnlich wie Sombart versuchte Goldstein einen *„neuen Typus Jude"* zu definieren, der nicht nur „männlich" und auf sein Judentum stolz sein sollte, sondern auch ein neues „Ehrgefühl" entwickeln müsse. Daß Juden durch die Finanzierung der Bayreuther Festspiele das Lebenswerk des Antisemiten Richard Wagner vollendet hätten, so Goldstein, „mag ein Glück sein; eine Ehre ist es für uns nicht."

Anhaltende und polarisierende Zustimmung erntete Goldstein bei den Antisemiten, die sich scheinbar bestätigt fühlten. Im berüchtigten *Handbuch der Judenfrage* des Antisemiten Theodor Fritsch wurde er ebenso ausführlich zitiert wie in dem vom faschistischen ‚Institut zum Studium der Judenfrage' herausgegebenen Band *Die Juden in Deutschland*. Weniger eindeutig war die jüdische Reaktion. Der prominente Zionist Kurt Blumenfeld erinnerte sich, dass „es auch in zionistischen Kreisen lauten Widerspruch" gab. Positiver fiel die Kommentierung dieses „Kulturkonfliktes" in der dokumentierten Stellungnahme der *Jüdischen Rundschau* aus. Und der Kulturzionist Ludwig Strauß (hier unter dem Pseudonym Franz Quentin) griff den praktischen Vorschlag Goldsteins auf, ein zentrales Organ für jüdisches Schrifttum in deutscher Sprache zu schaffen. Seine Begründung:

„In der zionistischen Bewegung ist immer mehr der Gedanke der nationalen Regeneration in den Vordergrund gerückt. Als unsere wichtigste Aufgabe für dieses Land erscheint uns, die wurzellose Judenheit Deutschlands wieder in den Boden jüdischen Geistes zu verwurzeln."

Besonders energisch war natürlich der Einspruch der bewußt deutschen Juden, zu deren anerkanntesten Vertretern Hermann Cohen und Ludwig Geiger gehörten. „Wozu der Lärm?" fragte Ludwig Geiger in der *Allgemeinen Zeitung des Judentums* und erklärte demonstrativ:

„Wir sind Deutsche und haben den Anspruch darauf, als Deutsche in jedem Zweig der deutschen Kultur mitzusprechen. Wir sind Juden und haben die Pflicht, unsere Feinde, in welchen Lagern sie sich auch befinden, zu belehren, aufzuklären, zurückzuweisen."

Insgesamt hat die *Kunstwart*-Debatte – wie unsere Dokumente und Kommentare verdeutlichen – zu einer Schärfung und Politisierung der Debatte um das deutsch-jüdische Verhältnis geführt. So setzte sich zum Beispiel auch Walter Benjamin erstmals anläßlich dieser Debatte dezidiert mit jüdischen Fragen auseinander, Hannah Arendt oder Gershom Scholem haben sie kommentiert und Nachwirkungen zeigten sich auch im Briefwechsel zwischen Hans Blüher und Hans-Joachim Schoeps.

Der *Kunstwart* dokumentierte die zahlreichen Zuschriften, die er gleich nach Veröffentlichung des Goldstein-Aufsatzes erhielt, in ungewöhnlicher Breite, aber keineswegs vollständig. Der später als Antisemit bekannt gewordene Wilhelm Stapel war damals Schriftleiter des von Ferdinand Avenarius herausgegebenen *Kunstwart* und erinnerte sich 1928:

„Die Folgen dieses Aufsatzes erlebte ich in der Redaktion mit. Die gesamte Presse, die den Juden nicht wohl wollte, bemächtigte sich des berühmt gewordenen Goldsteinschen Satzes von der ‚Verwaltung des deutschen Kulturgutes' durch die Juden. Die gesamte deutsch-jüdische Presse aber und alles, was den Juden wohlwollte oder wohlwollen musste, verhielt sich mäuschenstill. Moritz Goldstein war für sie nicht da. Aber hinter dem Vorhang des Schweigens begab sich eine gewaltige Aufregung, und diese Aufregung zeitigte zahllose Zuschriften und Manuskripte. Aus dem ragenden Stoß diese Manuskripte hat Avenarius später nur weniges veröffentlicht. Für mich war am eindrucksvollsten das nicht zur Veröffentlichung bestimmte Bekenntnis eines deutschen Redakteurs, der an einer deutsch-jüdischen Zeitung arbeitete. Ich lernte daraus, daß ein Deutscher unter Juden seelisch schwereren Leiden ausgesetzt ist als ein Jude unter Deutschen. Es liegt nicht am Willen, sondern es kann nicht anders sein."

Diese Erinnerung ist nicht nur als Blick in die inneren Verhältnisse des *Kunstwart* bedeutsam; im Untertitel des Buches, aus dessen Einleitung sie entnommen ist, und in der Einleitung selbst wurde das erste Mal der Begriff der „Symbiose" auf das Verhältnis von Deutschen und Juden bezogen. Goldstein hat das Scheitern der Symbiose vor allem auf den Haß gegen die Juden zurückgeführt, auf den „an Tollwut grenzenden Haß", der „alle Tatsachen auf den Kopf" stelle. Dieses Stichwort nahm ein anderer junger Autor zum Anlaß, der ähnlich wie Goldstein hier eine seiner frühesten Publikationen vorlegte. Sehr bald nach dem Erscheinen des Kunstwart-Aufsatzes erschien in der Zeitschrift *JANUS* ein gleichgerichteter Artikel von Cheskel Zwi Klötzel. Diese Zeitschrift, eine ,Münchener Halbmonatsschrift für Literatur, Kultur und Kritik', war erst Ende 1911 gegründet worden. Zum Geleit hieß es:

„Der ,JANUS' (. . .) ist unabhängig in jeder Hinsicht. Unabhängig von irgend einer politischen und konfessionellen Richtung. Unabhängig vom Kapitalismus. Unabhängig von irgend einer künstlerischen oder literarischen Schule und Clique."

Cheskel Zwi Klötzel wurde 1891 in Berlin geboren, wuchs aber im jüdischen Waisenhaus in Hamburg auf. Nach dem 1. Weltkrieg wurde er Sonderkorrespondent bei dem *Berliner Tageblatt*. 1933 siedelte nach Palästina über, Frau und Tochter konnten später nachkommen. Nach schweren Anfangsjahren wurde er Herausgeber der literarischen Seite der *Palestina Post*, der heutigen *Jerusalem Post*.

1951 starb er. Bekannt ist er heute allenfalls als Autor von Kinder-büchern – gerade erschien eine Neuausgabe seines 1920 veröffent-lichten Buches *Moses Pipenbrinks Abenteuer. Die seltsamen Erlebnisse eines kleinen jüdischen Jungen.* Der Aufsatz *Das große Hassen* war sicherlich einer der frühesten veröffentlichten Texte von Klötzel, der Anstoß durch Moritz Goldstein ist deutlich und wurde von ihm selbst festgehalten. Auch hier antwortete die gesamte Breite der an diesem Thema Interessierten von den Zionisten – Arthur Hantke als Vorsitzender der Zionistischen Vereinigung für Deutschland – über das liberale Judentum – auch hier Ludwig Geiger – bis zu den Antisemiten. So sind Klötzels Aufsatz und die Antworten darauf eine Parallel-Diskussion zur *Kunstwart*-Debatte.

Im Rückblick des Jahres 1958 faßte Moritz Goldstein die Proble-matik des vom ihm initiierten historischen deutsch-jüdischen Dis-kurses noch einmal zusammen:

„Hätte ich – vor Hitler – nicht gewusst, dass ich Jude bin, und wäre ich nicht mit Willen Jude gewesen, so hätte ich mich mit völliger Unbefangenheit für deutsch gehalten; wie ja auch deutsch meine Muttersprache ist und das einzige mir natürliche Mittel des künstlerischen und schriftstellerischen Ausdrucks. Es ging mir darin wie vielen meinesgleichen. Aber im Gegensatz zu den meisten anderen deutschen Juden jener Zeit gab mir dieser Zwie-spalt ein Denkproblem auf, mit dem ich nicht fertig wurde; nicht fertig trotz jahrelanger Anstrengung, es zu bewältigen. Mein innerstes Bedürfnis verlangte nach Einheitlichkeit und Natür-lichkeit des Volkstums – und ich sah mich in einer Doppelheit, die mich in zwei Hälften zu zerreißen drohte. Die logische Fol-gerung wäre gewesen, mich für eine der beiden Seiten zu ent-scheiden, ganz jüdisch oder ganz deutsch zu werden: aber dazu konnte ich mich nicht entschließen. Ich glaube nicht, dass ich mich deswegen entschuldigen muß."

Im Zentrum der *MENORA*-Kommentare zur Rekonstruktion der *Kunstwart*-Debatte und ihrer Wirkungsgeschichte stehen biographi-sche Erkundungen, Europa-Bilder, Ortsbestimmungen einer deutsch-jüdischen Literatur sowie Briefdokumente eines jüdisch-christliches Streitgespräch am Vorabend der Katastrophe.

In ihrem biographischen Abriß betont Elisabeth Albanis, daß das von Goldstein aufgeworfene Problem zunächst ein sehr persönliches war, über das der Autor selbst in seiner 1948 geschriebenen und 1977 erschienenen Autobiographie (*Berliner Jahre*) berichtet hat. Nachdem noch sein Großvater väterlicherseits „fest in der jüdischen Tradition wurzelte", löste sich sein Vater, der zum Rabbiner bestimmt vom oberschlesischen Chorzow nach Berlin zog, „von dem jüdischen Ritual", allerdings ohne „in seiner Treue zum Judentum je wankend zu werden". Doch anders als bei seinem Vater bestand Goldsteins Herausforderung nicht in der Konfrontation zwischen der einem säkularen und einem religiösen Judentum, sondern zwischen der jüdischen und deutschen Kultur. Immer wurde ihm bestätigt, daß die im *Deutsch-jüdischen Parnaß* formulierten Gedanken paradigmatischen Charakter hätten. Dennoch, so Elisabeth Albanis, wäre es ein Fehler, „Goldstein nur als den Menschen hinter der *Kunstwart*-Debatte zu betrachten und dabei zu übersehen, mit welcher Intensität er bereits vor, aber auch nach dem Erscheinen des *Deutsch-jüdischen Parnaß* die Problematik deutsch-jüdischer Identität erörtert hat". Als der Autor 97jährig im Upper West End von New York verstarb, hinterließ er einen Nachlaß, der sich von der Kaiserzeit bis über die Weimarer Republik, den Anfänger der nationalsozialistischen Herrschaft bis hin zu den verschiedenen Stadien des Exils erstreckte. Bemerkenswert daran ist nicht allein die Zeitspanne, die durch veröffentliche und unveröffentlichte Schriften dokumentiert wird, sondern vielmehr der Umstand, daß „hierdurch die Aporien deutsch-jüdischer Identität durch die Kontrastierung unterschiedlicher kultureller Kontexte besonders deutlich werden".

Das Hauptanliegen von Joachim Schlörs biographischer Ergänzung (1912 bis 1938) ist die Präsentation des unveröffentlicht gebliebenem Goldstein-Manuskripts *Die Sache der Juden*, das in den Jahren des Exils („zwischen Florenz und Manchester") entstanden ist. Schlör setzt sich mit Goldsteins Erinnerungen an Berlin auseinander und ordnet sie in den Diskurs über das „konstruierte Verhältnis" zwischen dem modernen Judentum und der modernen Großstadt ein. Er versucht, die Entwicklung des Autors, des Menschen zwischen 1912 und 1938 nachzuzeichnen und fragt, was sich mit ihm, mit seinem Schreiben und mit seiner Stadt in diesem zeitlichen Zwischenraum ereignet hat. Mit den Hinweisen auf „den Berliner" und auf „seine Stadt" ist die These angedeutet, von der Schlör ausgeht:

> „Bei allem Wandel, den wir konstatieren werden, ist eine Konstante im Leben und im Werk auffällig – Goldsteins Verhältnis zur Stadt, und besonders zur Stadt Berlin."

Historisch hätten, so Manfred Voigts, Moritz Goldstein, die Dissimilation und der Zionismus Recht behalten. Der Weg der europäischen Juden in die Vernichtung sei der Beweis gewesen, daß nur eine völlige Scheidung und eine Flucht aus Deutschland eine Perspektive der Rettung eröffnen konnten. In seinem Porträt des „hypereuropäischen Zionisten" macht Voigts darauf aufmerksam, daß Goldstein „den" Juden „dem" Deutschen gegenüber stellt, „der gleichzeitig Europäer war". Die Entscheidung zur Dissimilation und für den Nationalismus sei eine Entscheidung gegen Europa gewesen. Zur Ergänzung des bisherigen Verständnisses des *Kunstwart*-Aufsatzes erscheint es in der Tat erhellend, Goldsteins damaliges Europa-Bild zu untersuchen, zumal er 1913 seinen Beitrag für den Sammelband *Vom Judentum* den Titel *Wir und Europa* gegeben hat. Obwohl Goldstein nur formell Zionist war und an keinen Aktivitäten teilnahm, stand er 1912/1913 den zionistischen negativen Europa-Einschätzungen sehr nahe. Für die Zionisten war Europa kein geistiger Entwurf, kein in eine bessere Zukunft weisendes Ziel, sondern ein politisches und ökonomisches Macht-System. Die gesamte Emanzipation und Assimilation sei, wie Simon Bernstein beispielhaft für die zionistische Position konstatierte, als „Übergang von jahrhundertelang abgeschlossenem Ghettoleben zur westeuropäischen Zivilisation" ein tragischer Fehler gewesen. Als Beispiel für eine merkwürdige „europäische Gerechtigkeit und Logik" verwies Goldstein darauf, daß die Juden sogar für die negativen Seiten des Christentums, für Intoleranz, für Dogmatismus und Autoritätsglauben verantwortlich gemacht würden. Europa sei ungerecht, „und so haben die braven Juden unrecht, die – auf ihre Leistungen und auf ihren guten Willen pochend – nichts als Gerechtigkeit verlangen". Sie würden ausgegrenzt trotz des „europäischen Gebärens und Aussehens".

Ausgegrenzt wurde im deutsch-europäischen Kontext vor allem auch der „jüdische Anteil" an der Literatur. Andreas B. Kilcher analysiert die diesbezügliche Position Goldsteins im *Deutsch-jüdischen Parnaß* und in seiner 1913 verfaßten Schrift über *Begriff und Programm einer jüdischen Nationalliteratur* als Interpretation eines „kulturellen Zwischenraums". Goldstein unterschied zwischen einer radikal zionistischen Literatur, die letztlich nur eine hebräische Literatur sein könne und einer gemäßigt nationaljüdischen, deutschsprachig-jüdischen Literatur, die sich über Stoffe als „jüdisch" definiere. Der radikale Begriff grenzt die jüdische ganz aus der deutschen Literatur aus:

> „Ich komme zu der Erkenntnis, dass die geistige Organisation der deutschen Juden ein Traum ist und dass nur mit Hilfe der hebräischen Sprache und international eine jüdische Kultur zu finden ist."

Der „konsequente Zionismus für die Kunst", also die „Wiederbelebung hebräischer Sprache und Poesie", erweise sich für Goldstein selbst jedoch als ein Postulat. Kilcher konstatiert, daß Goldstein für sein eigenes Schreiben wie für die „westeuropäische" Konstitution der deutsch-jüdischen Literatur den kulturzionistischen „Sprung in die neuhebräische Literatur" als letztlich nicht realisierbar erachte. Deshalb fordere der Autor des *Deutsch-jüdischen Parnaß* eine dezidiert deutschsprachige „Nationalliteratur", die sich über die Sprache zwar als deutsch auszeichne, über die Stoffe jedoch eine jüdische kulturelle Identität konstruiere. Es sei daher aus zionistischer Sicht verständlich, wenn in der *Kunstwart*-Debatte zum Beispiel Martin Bubers Schwiegersohn Ludwig Strauß (Franz Quentin) Goldsteins Position zwar lobe, sie aber dennoch einer zu überwindenden deutsch-jüdischen „Zwitterkultur" zurechne.

Die Debatte, in wie weit die Juden sich all zu sehr auf die deutschchristliche Kultur eingelassen haben, ist in Varianten bis in die dreißiger Jahre fortgesetzt worden. Auch das Gespräch, das Christen mit Juden – beziehungsweise Juden mit Christen in der Weimarer Republik führten – ist, wie der Beitrag von Julius H. Schoeps veranschaulicht, von der Fragestellung, ob ein Jude gleichzeitig Deutscher sein könne oder nicht, beeinflußt worden. Julius H.

Schoeps dokumentiert und analysiert Briefe, die sein Vater (Hans-Joachim Schoeps) und Hans Blüher vom Februar 1932 bis zum Dezember 1932 wechselten. Sie ergänzen jene „offizielle" Korrespondenz, die am Vorabend der Katastrophe unter dem Titel „Streit um Israel" veröffentlicht wurde. Auch wenn Julius Schoeps diesen Briefwechsel im historischen Rückblick als „untauglichen Versuch" wertet, eine Position jenseits der üblichen Schlagworte im Religionsgespräch zwischen Christen und Juden zu formulieren", zeigen die hier erstmals veröffentlichten Dokumente ein ehrliches Bemühen, das von Gershom Scholem zu leichtfertig als „verächtliches Schauspiel" abgetan wurde. Zutreffender wäre es sicherlich, auch dieses Streitgespräch jenem historischen „Kampf an zwei Fronten" zuzuordnen, der, wie Moritz Goldstein es ausdrückte, einmal gegen die „deutsch-christlich-germanischen Dummköpfe" geführt werden mußte – und zum anderen gegen *„die* Juden, die nichts merken, die unentwegt deutsche Kultur machen…"

Potsdam, im August 2002   Redaktion

I.

Dokumentation

Moritz Goldstein

Geistige Organisation des Judentums

Die Emanzipation der Juden in Deutschland war die Folge eines Lebensideals des 18. Jahrhunderts, welches man mit dem Namen Humanität bezeichnet. Es gründete sich bekanntlich auf der Anschauung, dass alle Menschen von Natur einander glich seien und dass an allen Unterschieden der Bildung, des Standes und überhaupt des Wertes die Kultur Schuld habe. Wenn jedem Menschen – so theoretisierte man – in gleichem Masse die Möglichkeit gegeben würde, seine Fähigkeiten zu entwickeln und auszubilden, so würden die Verschiedenheiten, welche heute die Nationen und Stände äusserlich trennen, verschwinden, und alle würden sich in einem gemeinsamen erhöhten Menschentume treffen. Dieses erhöhte Menschentum für die eigene Person durch strenge Selbstzucht und allseitige Ausbildung zu erreichen, war das eigentliche Humanitätsideal; es zu verwirklichen, war das höchste Ziel unserer Klassiker; unter ihnen war es Goethe, der ihm vielleicht am bewusstesten, sicher aber am erfolgreichsten zustrebte. Ins Soziale umgesetzt, bedeutete dieses Ideal die Forderung, dass jedem Menschen von der Gesellschaft die Möglichkeit garantiert werde, für die Entwickelung seines Menschentumes Raum zu gewinnen. Insofern waren die Wortführer der Humanität zugleich die Apostel der französischen Revolution. Freiheit und Gleichheit, das Kampfgeschrei, das in Paris angestimmt wurde und in ganz Europa begeistert widerhallte, bedeutete nichts anderes als die menschlichste aller Forderungen: Gleiche Bedingungen für alle, die den grossen Wettlauf des Lebens antreten. Diese Forderung, welche auf der einen Seite als ein verzweifelter Notschrei aus der Tiefe erscholl und aus den Kehlen bewaffneter Volkshaufen den bevorzugten Reichen und Gebildeten unheimlich genug in die Ohren gellte, wurde anderer[514]-seits von eben diesen Bevorzugten zum allgemeinen Postulat erhoben und zu einem Lieblingsgedanken des spekulierenden Europas gemacht. Man wartete nicht überall, bis der Hilferuf aus den Niederungen laut wurde, sondern wandte freiwillig, vom modernen Geiste der Humanität getrieben, seinen Blick auf diejenigen, welche unter der Ungunst ihrer Lebenslage zurückgeblieben waren. Die Verachteten, Ausgestossenen, Verkommenen rückten plötzlich in das helle Licht des allgemeinen Interesses, und unter diesen auch, und zwar als die Interessantesten, die Juden. Die Konsequenz des Humanitätsideals war der Philosemitismus.

Der junge Lessing war es, der sich im Namen der Humanität zum Anwalt dieser Bedrückten aufwarf. Er schrieb ein schwaches Anfängerstück *„Die Juden"* und erregte damit das höchste Aufsehen unter den Angehörigen des Volkes, dem es galt.

Ein Reisender – dies ist der Inhalt – befreit einen Gutsherrn aus der Hand von Räubern. Der Gerettete kann sich nicht genug tun in Dankbarkeit gegen den Fremden, andererseits in Schmähungen auf die Juden, als die vermeintlichen Uebeltäter. Er bietet seinem Retter die Hand seiner Tochter samt seinem Vermögen an, der Grossmütige lehnt ab; der Gutsherr bietet dringender, der andere lehnt dringender ab; der Gutsherr, durch weitere Wohltaten dem Fremden aufs Neue verpflichtet, lässt nicht nach, – da macht dieser dem edlen Wettstreit mit einem Schlage ein Ende, indem er bekennt, dass er Jude sei. –

Dies harmlose Jugendstück Lessings, welches jedoch aus einem Geiste geschrieben ist, für den wir dem jungen Dichter stete Bewunderung und Dankbarkeit schulden, verrät in naiver Weise, wie der Philosemitismus der Humanität eigentlich aussah: „Die Juden, die ihr um euch seht – so räsonnierte [515] er – hässlich, schmutzig, wiedrig und zu allem Schlechten fähig, sie sind all dieses nicht ihrem Wesen nach, sondern sie sind so geworden durch die Ungunst ihrer Lage; gebt ihnen dieselben Entwickelungsbedingungen, wie wir sie haben, und sie werden wie wir, sie sind nicht mehr zu unterscheiden, und ihr seid überrascht, wenn ihr erfahrt, dass es Juden sind." Das ist die Botschaft Lessings, die von der einen Seite als trostreiche Verheissung mit Freuden, von der anderen als überkühne Hypothese mit Zweifel und Spott aufgenommen wird. Aber Lessing scheint Recht zu behalten: Er selbst schliesst Freundschaft mit einem Juden, der zwar in seinem Aeusseren das Semitische nicht verwischen kann, dafür sich aber geistig mit bewunderungswürdiger Energie aus der Enge des Ghetto herausarbeitet, sich Sprache, Bildung und Form seiner bevorzugten Umgebung zu eigen macht und endlich selbst als ein Vorkämpfer des Humanitätsideals in die Reihen tritt: *Moses Mendelsohn.* Ein Jude zu sein, dem man es nicht anmerkt, und der dennoch ein guter Jude ist: Das war der Traum, der Juden und Christen entzückte; ihn verwirklicht zu haben, war Mendelssohns grösster Ruhm zu seiner Zeit, und wird, soviel ich sehe, auch heute noch für seine ruhmeswürdigste Leistung gehalten. Wie sollte es anders sein, da doch das Humanitätsideal, wenn auch als ein Ideal längst entwertet, dennoch als praktische Lebensregel bis zum heutigen Tage fortklingt. Denn die Assimilationsbestrebungen und das Assimilantentum sind nichts weiter, als die in die Breite gezogenen, popularisierten und trivialisierten Reste jener vergangenen Weltanschauung. Und dass diese Reste so munter fortleben, und die Anhänger dieser Moral sich nicht verringern wollen, dies ist kein Wunder, wenn man bedenkt, dass in ihrem Namen die Emancipation der Juden sich vollzogen hat und alles das erreicht worden ist, was wir heute mit Stolz unser eigen nennen: Die Gleichheit vor dem Gesetz und stehe sie auch nur auf dem Papiere.

Die Anhänger des Assimilationsgedankens aber, auch wenn sie in der Mehrzahl sind, haben heute die Führung verloren und hinken hinter der Entwickelung drein. Sie haben den Geist ihrer neuen Zeit nicht verstanden, sie haben nichts davon gemerkt, dass das Humanitätsideal verblasst ist, dass die Weltlage sich geändert hat, und dass ein neues Lebensprinzip das Scepter führt: Der Individualismus.

Das Humanitätsideal setzte die natürliche Gleichheit aller Menschen voraus; der Individualismus glaubt an ihre natürliche Verschiedenheit. Jenes hielt die Verschiedenheiten für einen schädlichen Einfluss der Kultur: dieser macht im Gegenteil der Kultur die Gleichmacherei zum Vorwurf. Jenes erwartete von einer ungehemmten Entwickelung das Aufsteigen aller einzelnen zu einem gemeinsamen gleichen Menschentume; dieser fordert dieselbe ungehemmte Entwickelung, um scharf differenzierte Individualitäten zu erhalten. Jenes strebte aus den realen Verschiedenheiten zu einer erhabenen Gleichheit; dieser ringt aus einer trivialen Gleichheit nach erhabener Verschiedenheit. Aber auch der Individualismus hat [516] einen höchsten Vereinigungspunkt: Worin nämlich die differenzierten, ja entgegengesetzten Individualitäten einander dennoch treffen, das ist ihr Wert. Das Humanitätsideal sah den Wert des Einzelnen in einem höheren Menschentume, das allen gemeinsam ist; der Individualismus sieht ihn in der ausgeprägten Persönlichkeit, die jedem besonders und eigentümlich ist. Das, was den Menschen von allen anderen unterscheidet, was er für sich allein hat, was nur in ihm existiert und mit ihm überhaupt verloren gehen würde, das gibt ihm nach dem individualistischen Lebensprinzip das Recht auf Existenz. Je eigenartiger, unvergleichbarer, ausgeprägter einer ist, desto höher sein Wert als Mensch.

Dass dieses individualistische Prinzip in der Tat das Leben der Gegenwart beherrscht, wird nirgends deutlicher als in den Erscheinungen der Europäischen Politik, indem der Individualismus mit demselben Rechte, mit dem er von den Einzelnen gilt, auf die Gesamtheit der Nation übertragen wird, nun aber in dieser Vergrösserung sich umso überraschender offenbart.[1] Das 18. und das beginnende 19. Jahrhundert schuf seine Staaten ohne Rücksicht auf die Nationalitäten, indem bald eine Nation in zwei oder mehr Staaten zerrissest wurde, bald ein Staat mehrere Nationen umschloss. Heute aber ist es die entschiedene Tendenz aller Völker, sich als selbständige Körper zu konstituieren. So hat sich Norwegen von Schweden losgerissen, so erheben in Oesterreich die Ungarn und Czechen lauten Anspruch auf politische Selbständigkeit, die Polen drängen ungestümer denn je zur Wiederaufrichtung ihrer Herrschaft – und der Antisemitismus steht in toller Blüte.

Mir scheint, dass für uns Juden keine Erkenntnis wichtiger und segensreicher sein kann, als die, dass mit derselben Notwendigkeit,

---

1 Anm. Die allgemeine Geltung des individualistischen Lebensprinzips scheint durch die grosse Ausbreitung der Sozialdemokratie widerlegt zu werden. Aber wenn sie auch theoretisch von der natürlichen Gleichheit ausgeht, so stellt sie doch praktisch, nach dem, was sie als Partei wirklich ist, eine so scharf ausgeprägte, wohl organisierte und differenzierte Einheit dar, dass sie im Gegenteil unter die Beispiele *für* die Herrschaft des Individualismus gerechnet werden kann: nämlich als die Anwendung dieses Prinzips auf die Arbeiterklasse.

mit der das Humanitätsideal den Philosemitismus und die Emanzipation den Juden hervorbrachte, jetzt der Individualismus die antisemitische Bewegung erzeugt. Diese Einsicht halte ich deshalb für so wichtig und segensreich, weil aus ihr und nur aus ihr die Taktik erkannt werden kann, mit der wir unseren Widersachern zu begegnen haben.

Man sieht, dass der Antisemitismus als Aeusserung des wachsenden Individualismus nicht auf einer Stufe steht mit den übrigen Beispielen, die ich als politische Folgen dieses Prinzips genannt habe. Bei jenen wurde der schwächere Teil sich seiner Unterlegenheit als einer Schmach bewusst und strebte daher, sich loszureissen und selbständig weiterzuentwickeln. Der Judenhass dagegen geht von der stärkeren Seite aus und drängt zur Ausschliessung des Schwächeren. Nun fehlt es Gott sei Dank nicht an der entsprechenden [517] positiven Bewegung unter den Juden selbst. Der Zionismus ist die entschiedenste. Er ist aber nur eine neben anderen, und ich will als gemeinsamen Namen lieber die Bezeichnung Nationaljudentum anwenden, worunter ich also alle Bestrebungen begreife, die eine Stärkung des Nationalitätsbewusstseins unter den Juden zur Voraussetzung haben.

Wir konstatieren: dass ein Nationaljudentum entstehen konnte, zeigt uns, das der Individualismus auch auf die Juden seine Wirkung übt. Dasselbe Lebensgefühl, das uns zu Nationaljuden macht, macht die Gegenseite zu Antisemiten. Wir müssten beide nicht Kinder unserer Zeit sein, wenn wir nicht Nationaljuden und jene nicht Antisemiten sein sollten.

Dieses Verhältnis aller ist bis jetzt durchaus nicht begriffen worden. Man fasste vielmehr den Antisemitismus als das Primäre auf, alle Gegenbestrebungen der Juden aber als sekundäre, nur mittelbar hervorgerufene Abwehrbewegungen. Schmach für uns, wenn dem so wäre! Denn dies würde beweisen, dass wir von dem Lebensatem unseres Jahrhunderts, der die Nationen Europas um uns her zu höchster Anspannung ihrer Volkskräfte hinreisst, nicht den leisesten Hauch verspürt hätten. Es würde beweisen, dass wir Juden gänzlich hinter unserer Zeit zurückgeblieben sind. Ich leugne freilich nicht, dass es eine Abwehrbewegung giebt, und noch weniger, daß sie berechtigt ist. Wogegen wir uns nämlich verteidigen müssen, dass sind die Folgerungen, welche die Gegenseite aus ihrem Judenhass zieht. Die Ausschliessung des Schwächeren durch den Stärkeren ist eine Ungerechtigkeit und Vergewaltigung, gegen die uns zu wehren nicht unser Recht, sondern unsere Pflicht ist. Kein Zweifel zwar: Nationaljudentum hüben, Antisemitismus drüben drängen zur Separation. Aber die Lösung muss auf legalem Wege erfolgen; alles was darüber hinaus von der Gegenseite geschieht, ist ein Angriff und ruft uns zur Verteidigung auf.

Hier also giebt es, und zwar mit Recht, eine Bewegung unter den Juden, welche lediglich als Folge des Judenhasses auftritt. Indessen nicht ohne Grund habe ich oben den Antisemitismus vor dem Nationaljudentum genannt: denn als Aeusserung des Individualismus hat jener allerdings vor diesem einen Vorsprung. Man vergleiche einmal in unserem Vaterlande die Zahl der Nationaljuden mit der Zahl der antisemitisch Gesinnten: auch prozentualiter wird das Verhältnis für uns ganz ungünstig liegen. Man frage sich ferner, welches denn die allgemeinste und verbreitetste Art ist, den Antisemitismus zu bekämpfen. Sie besteht in dem Versuch, den Gegner mittelst Tatsachen und Schlüssen zu beweisen, dass er uns Unrecht tue, wenn er uns für etwas von ihm Verschiedenes halte. Dieser Versuch ist erstens vergeblich; denn wir können höchstens beweisen, dass *wir* in unseren christlichen Mitbürgern Menschen sehen, die mit uns gleicher Art sind, nicht aber ihnen dieselbe Ansicht von uns beibringen. Es ist auch unmöglich, eine Empfindung, welche sich auf dem Grunde einer Weltanschauung oder eines Lebensgefühles entwickelt hat, mit logischen Schlüssen zu beseitigen. Der Versuch ist aber zweitens auch ver[518]-werflich, denn er verrät, dass die meisten unter uns in der Tat hinter ihrer Zeit zurückgeblieben sind. Von uns als den Unterdrückten müßte der Anstoß zu nationaler Zusammenfassung ausgehen, wir müssten die ersten sein, die den Gegensatz zu unserer nichtjüdischen Umwelt empfinden, wenn wir den Geist unseres Jahrhunderts richtig verstanden hatten. Individualismus der Nationen heisst die Parole; bei ihr unbedingt ist die Entwickelung und der Fortschritt. Dass wir sie nicht hören und für unser Judentum nicht annehmen, trotzdem wir geradezu mit der Nase darauf gestossen werden; dass wir immer noch dagegen rufen: „Ihr irrt euch, wir sind nichts Besonderes!" das ist eine Schmach, und sie einmal tief gefühlt zu haben, ist der erste Schritt, sie zu tilgen.

Das also ist die Aufgabe: Das deutsche Judentum zu einer Individualität zusammenzuschliessen; die Gesamtheit der deutschen Juden zu einer Persönlichkeit zu machen, damit wir sie als solche empfinden lernen.

Ich spreche mit gutem Bedacht nur von den deutschen Juden und nicht von der internationalen Judenheit, da ich eine Zusammenfassung der letzteren bei der besonderen Art von Vereinheitlichung, die ich im Sinne habe, augenblicklich noch nicht für möglich halte. Die Juden der einzelnen Länder sind zu sehr von den verschiedenen Kulturgehalten ihrer Heimat erfüllt, als dass sich schon jetzt die Einheit über die politischen Grenzen hinaus herstellen liesse. Der Versuch, sich mitten in der christlichen Umwelt zu einer Individualität zusammenzuschliessen, würde unnötig erschwert werden, wenn es gälte, sich sämtlichen europäischen Kulturen gleichzeitig entgegenzustellen. Lösen wir die Aufgabe für uns Deutsche, und überlassen wir es den Juden der anderen Länder, sie für sich zu lösen. Ist dieses Ziel erreicht, dann wird es an der Zeit sein, eine Einheit über den Einheiten zu erstreben.

Welcher Weg einzuschlagen sei, darüber kann in unserer Zeit der Sozialpolitik ein Zweifel nicht bestehen: Er heisst *Organisation*. Man hat die Bedeutung dieses Mittels auch bei uns längst erkannt und wendet es immer bewusster auf das Judentum an. Dass es bisher mit grossem Erfolge geschehen sei, dürfte bestritten werden. Gerade die sogenannte Intelligenz, deren Gleichgiltigkeit noch nicht um eines Haares Breite erschüttert worden, die vielmehr, mit dem Ueberlegenheitsbewusstsein des behaglichen Assimilanten begabt, von dem, was vorgeht, zum grössten Teil nicht einmal eine Ahnung hat, beweist schlagend, wie wenig bisher erreicht worden ist.

Ob Organisation für sich überhaupt Erfolg haben kann, erscheint mir sehr zweifelhaft, solange nicht vorher die Grundlage geschaffen wird, auf der allein eine politische Zusammenfassung aller Bildungskreise möglich ist: Die geistige Organisation.

II.

Als im Jahre 1806 Kaiser Franz von Oesterreich die Deutsche Krone niederlegte und es mit dem heiligen römischen Reiche Deutscher Nation ein für [519] alle Male vorbei war, da wurde damit keineswegs auch das Zusammengehörigkeitsgefühl der Deutschen zerstört, sondern flammte im Gegenteil, nun [da] die politische Einheit fehlte, nur umso heller auf und loderte fort, bis die äussere Wirklichkeit mit dem inneren Empfinden wieder übereinstimmte. Einem Volke zwar ist es leicht, diese Einheitsempfindung zu wahren, wenn es nämlich eine gemeinsame Sprache spricht. Nun ist aber die Sprache an sich nur etwas Aeusserliches und hat ihre einigende Wirkung offenbar nur dadurch, dass sie eine Gemeinsamkeit der Interessen ermöglicht und herstellt. Die gemeinsame Sprache ist nur die Grundlage und der Anstoss für eine geistige Organisation. Das aber, was beim Fehlen des äusseren Bandes dennoch die Glieder eines Volkes zu einer Gesamtheit macht oder als solche erhält, wie in dem angeführten naheliegenden Beispiel aus der Geschichte, ist eben die geistige Organisation.

Den Juden in Deutschland nun fehlt die Verbindung von aussen her: denn ihre gemeinsame deutsche Sprache teilen sie gerade mit den Gegnern. Die Religion aber, obgleich sie nur ihnen eigen ist und sie von ihren Mitbürgern deutlich sondert, wirkt heute nicht mehr als einigendes Prinzip, weil unsere Zeit unreligiös ist. Da wir ferner nicht mehr im Ghetto wohnen, noch auch ein gelbes Abzeichen am Kleide tragen, so ist es für uns freilich besonders schwierig, den Anschluss aneinander zu finden. Gelänge es nun, trotzdem eine lebendige geistige Organisation unter den deutschen Juden herzustellen, so könnte der Erfolg nicht ausbleiben, und der politische Zusammenschluss zu einer eigenen Individualität müsste erfolgen. Oder besser, – um nicht missverstanden zu werden, – die geistige Organisation selbst wäre schon der politische Zusammenschluss, sie wäre die Erfüllung der individualistischen Zeittendenz, sie wäre eben das, was wir oben als unsere Aufgabe bezeichnet haben. Ob dem alsdann eine politische Aktion entsprechen werde und welche, können wir weder wissen, noch braucht es uns heute schon zu kümmern.

Es handelt sich also darum, bewußt und künstlich jene Einheit der geistigen Interessen unter den deutschen Juden hervorzubringen, welche bei anderen Nationen natürlich und unbewusst durch die blosse Sprachgemeinschaft hergestellt wird. Um dies zu erreichen, ist es nötig, Mittel und Wege zu finden, um alle geistigen und kulturellen Bestrebungen und Leistungen der deutschen Juden den Glaubensgenossen als speziell jüdische Arbeit ins Bewußtsein zu rufen. Es gilt, eine Institution zu schaffen, die es ermöglicht, den jüdischen Anteil am kulturellen Fortschritt jederzeit zu übersehen und zu einem lebendigen Bewusstseinsinhalt aller deutschen Juden zu machen. Nun sind freilich unsere Kulturinteressen von denen unserer Umgebung im Grossen und Ganzen keineswegs verschieden, und es scheint, als ob mit dieser Einrichtung nicht viel geholfen wäre. Aber eben das Fehlen besonderer jüdischer Kulturinteressen ist mit dem Fehlen einer geistigen Einheit identisch. Geistige Organisation der Juden herstellen, heisst nichts anderes, als [520] gesonderte jüdische Kulturinteressen schaffen. Oder endlich: Die Tendenz unserer Zeit zur Individualisierung der Nationen stellt uns Juden eben die Aufgabe, *ein jüdisches geistiges Arbeitsgebiet zu finden, welches sich dem unserer christlichen Mitbürger deutlich unterschieden gegenüber und zur Seite stellt.*

Erörtern wir zunächst die Möglichkeit dieser jüdischen Kulturinteressen auf dem Gebiete der Wissenschaft, so wird man sagen, dass es eine jüdische Wissenschaft nur geben könne, insofern sie Wissenschaft vom Judentume sei. In der Tat eröffnet sich hier ein wichtiges Arbeitsfeld, das, gehörig bestellt, die reichsten Früchte zu tragen verspricht. Und zwar hat die Wissenschaft vom Judentum, wie mir scheint, die grosse Aufgabe, endlich einmal die Bedeutung der Juden für die Entwickelung der gesamten menschlichen Kultur zu erforschen und darzustellen. Eine Weltgeschichte unter dem Zeichen des Judentums muß und wird einmal geschrieben werden.

Dieses Sondergebiet indessen wird für sich allein von keinerlei Bedeutung für die Individualisierung der Juden sein, wenn es nicht gelingt, eine jüdische Wissenschaft auch in anderem Sinne zu gründen. Es gibt freilich keine jüdische Wahrheit, die von derjenigen anderer Nationen verschieden wäre. Wohl aber giebt es oder kann es geben wissenschaftliche Forschungsgebiete oder Methoden, welche aus inneren oder äusseren Gründen den Juden reserviert bleiben. So ist z. B. die vergleichende Sprachwissenschaft und die Neuphilologie überhaupt eine ausgeprägt deutsche Wissenschaft, vielleicht infolge des äusseren Umstandes, das ihre Gründer zufällig Deutsche waren und natürlich am meisten in Deutschland Schule machten. Vielleicht aber ist ein innerer Zusammenhang wirksam, indem die besondere Methode dieser Disziplin Fähigkeiten erfordert, welche den Deutschen vor allen anderen eigen sind. In diesem Sinne also könnte auch eine jüdische Wissenschaft entstehen, und es ist unsere Aufgabe, daraufhin zu wirken. Freilich lässt sich unser Gebiet nicht mit bewusster Ueberlegung finden noch etwa nach gegenseitiger Verabredung festlegen. Alles, was wir tun können, ist, dass wir die gesamte, von Juden geleistete wissenschaftliche Arbeit in irgend einer Institution zusammenfassen und als jüdische Leistung zum Bewusstsein bringen. Wenn überhaupt eine jüdische Wissenschaft möglich ist, so wird sie sich dann von selbst entwickeln. Es wird sich nämlich auf Grund dieser Zusammenfassung herausstellen, dass gewisse Gebiete besonders oft und mit besonderem Erfolg von Juden bearbeitet sind. Es werden daraufhin die Juden auf nichtjüdischer Seite einen Ruf als Spezialisten für dieses Gebiet oder diese Methode erwerben, dagegen wird auf unserer Seite der Ehrgeiz geschürt, diesen Ruf zu rechtfertigen. Es wird alsdann ein Vorzug sein oder wenigstens einen bestimmten Sinn haben, wenn jemand als Jude in der Wissenschaft auftritt. Bei den ausgeprägten intellektuellen Fähigkeiten unseres Volkes bin ich überzeugt, dass es nirgends so leicht sich zu einer Individualität entwickeln kann, wie auf dem Gebiete der Wissenschaft. [521]

Wir reihen hieran, bevor wir zur Betrachtung der Kunst übergehen, die Kritik. Hier giebt es schon fast so etwas wie ein jüdisches Sondergebiet. Oder besser: Die Kritik überhaupt ist beinahe zum jüdischen Sondergebiet geworden. Es wird diese Tatsache bis jetzt freilich als ein Vorwurf von der Gegenseite behauptet. Jedoch mag das Judentum in der Kritik sich in sympathischer oder unsympathischer Weise äussern: daran lässt sich nicht zweifeln, daß, wo überhaupt Eigentümlichkeiten zu bemerken sind, sie zu einem Vorzug entwickelt werden können. Haben wir also eine besondere Art jüdischer Kritik, so lässt sich daraus Nutzen ziehen. Nur ist notwendig, dass der jüdische Kritiker sich auch als Juden giebt und als solcher erkannt wird. Auch hier wieder handelt es sich darum, eine Institution zu schaffen, mit deren Hilfe das Wirken der jüdischen Kritiker zu übersehen ist. Auf diese Weise kann sich eine jüdische Publizistenschule entwickeln, deren unterscheidende Kennzeichen sicher auch ihr besonderer Ruhm sein werden. Alsdann wird man es sich zur Ehre anrechnen, jüdischer Kritiker zu sein, während heute gerade diese Kreise zu den fanatischsten Assimilanten gehören. Oder ist es nicht bezeichnend, dass just aus ihrer Mitte ein Protestruf gegen die jungjüdische Literatur erschollen ist. Aber die Herren sind wahrlich in einer peinlichen Lage. Sie waren so stolz darauf, dass sie, die Enkel von Ghettojuden, heute, ohne eine Spur der urväterlichen Beengtheit an sich zu tragen, ihrer Zeit mit der modernsten Kultur vorangingen; Wie muss ihnen zu Mute sein, wenn plötzlich die allermodernste Kultur eben im Ghetto erblüht? Das haben sie freilich nicht erwartet.

Jedoch wenden wir uns zur Kunst und damit zu demjenigen Teil geistigen Schaffens, von welchem zu guter Letzt das Heil zu erwarten ist.

Bereits Richard *Wagner* schrieb einen hasserfüllten Aufsatz gegen das Judentum in der Musik. Daraus können wir zum Mindesten die eine wichtige Tatsache entnehmen, dass er aus der Musik der Juden das Nationale herausgehört hat. Es giebt also jüdische Musik, und das ist kein Wunder, da wir doch französische, russische, italienische deutlich unterscheiden. Die jüdischen Eigentümlichkeiten der tönenden Kunst zu Werten zu steigern, das freilich ist die Aufgabe; wenn sie aber erfüllt worden, so ist kein Zweifel, dass man sie auch als Werte empfinden und anerkennen wird; denn in der Kunst ist das Suchen und Finden von Ausdrucksformen für eine Individualität stets das letzte Ziel und der höchste Gewinn allen Strebens.

Vielleicht ist bei der Musik, als der am wenigsten stofflichen Kunst, der Hinweis auf ein jüdisches Stoffgebiet nicht unwillkommen. Ich meine nämlich, dass die jüdische Musik einen starken Aufschwung nehmen würde, wenn sich jüdische Komponisten entschlössen, für alte gottesdienstliche Zeremonien neue Melodien zu erfinden. Man könnte dieses im grössten Stile betreiben und z. B. die Liturgie des

Versöhnungstages einheitlich durchkomponieren. Erinnern wir uns, wie Bach mit seinen Passionen eine protestantische [522] Musik geschaffen hat. Das Ideal einer jüdischen Messe, wenn der Ausdruck gestattet ist, schwebt mir vor. Freilich weiss ich, dass es nicht von heute zu morgen erreicht wurden kann, und dass die Erfüllung überhaupt nicht von Zeitungsartikeln, sondern von dem musikalischen Genie zu erwarten ist. Möge es unserem Volke beschert werden!

Was soll ich von den übrigen Künsten sagen, das sich nicht jeder Nachdenkende aus dem Vorstehenden selbst ableiten könnte? Nur bei der Dichtung will ich verweilen; denn sie ist für unsere Zwecke das wichtigste Kampfmittel, nämlich dasjenige, welches am meisten propagierende Kraft hat.

Wir können über die Möglichkeit einer jüdischen Kunst nirgends gewisser sein als im Gebiete der Literatur; denn wir Deutsche haben einen grossen jüdischen Dichter bereits gehabt: ich spreche von *Heinrich Heine.*

Es würde schwer halten, die Frage treffend zu beantworten, was an Heines Kunst denn jüdisch sei. Dass jüdische Kunst nicht identisch ist mit jüdischen Stoffen, das wird jedem geläufig sein, der sich je mit ästhetischen Dingen beschäftigt hat. Goethes „Iphigenie" und Schillers „Jungfrau von Orleans" sind darum nicht weniger deutsche Werke, weil jenes in Griechenland und dieses in Frankreich spielt. Es sind also der „Rabbi von Bacharach" oder der „Jehuda ben Halewi" ebensowenig *für* das jüdische in Heines Kunst heranzuziehen, wie die „Disputation", die „Bäder von Lucca" oder dergleichen etwas *dagegen* beweisen. Die Aufgabe, Heines Werke auf ihre jüdischen Elemente hin zu untersuchen, so verlockend sie ist, liegt hier nicht auf unserem Wege. Wir brauchen das auch nicht, denn wir haben für die Existenz dieser Elemente einen bequemen und schlagenden Beweis: Den Hass der Gegner. Nehmen wir nicht Teil an der fruchtlosen Uebertreibung, aus dem, was sich zum Schaden Heines des Juden regt, schlechtweg auf den Tiefstand der deutschen Kultur zu schliessen. Halten wir uns an die ehrlichen unter seinen Widersachern, und glauben wir ihnen aufs Wort, dass Heine ihnen unsympathisch sei wegen seiner undeutschen, nationaljüdischen Eigenschaften. Wir dürfen es ihnen gerne glauben, denn es ist sein Ruhm. Dass er die Religion gewechselt hat, wer wollte es wagen, mit ihm darüber zu rechten? Jeder Künstler braucht, mehr als jeder andere Mensch, für seine individuellen Kämpfe den Grund eines unerschütterten Nationalstolzes. Darf man sich wundern, dass er diesen Stolz in seinem Judentum nicht fand? Wieviele giebt es denn, die heute in diesem Gefühle fest sind? Darf man sich wundern, dass er ihn zu finden hoffte, indem er auf die Seite der Bevorzugten übertrat? Er ist dennoch Jude geblieben; die Zahl seiner Feinde bezeugt es. Wir aber sollen ihn endlich als den Unsrigen anerkennen! Wir sollen uns seiner freuen als des ersten grossen jüdischen Dichters in Deutschland. Beklagen wir es, dass es ihm nicht vergönnt war, auch in seinem Bewusstsein ungeteilt Jude zu sein. Aber hören wir endlich auf, von den Deutschen zu verlangen, sie sollen ihm ein Denkmal [523] setzen. Wehe ihm und uns, wenn sie sich dazu bereit fänden! Dann wäre er wirklich ein Abtrünniger gewesen.

Heines Stellung zu seinem Volke jedoch ist nicht ohne üble Folgen geblieben, oder vielmehr, die guten Folgen, die seine Bedeutung hätte haben können, sind dadurch zu nichte gemacht worden.

Das Individualitätsbewusstsein eines Volkes, die geistige Organisation, nach der wir streben, kann durch nichts so leicht und sicher hergestellt werden, wie durch einen grossen Dichter. So haben unzweifelhaft Goethe und Schiller um die Einigung des Deutschen Reiches ein mindestens ebenso grosses Verdienst wie Bismarck. Wenn jene nicht den Grund gelegt hätten, dieser hätte nimmer den Bau vollenden können. Und man darf getrost behaupten, dass das Bewusstsein und der Ehrgeiz, mit Goethe eines Volkes zu sein, die geistige Einheit und damit die Einheit überhaupt unter den deutschen Stämmen bewahren wird für alle Zeiten und über allen Wechsel der politischen Verhältnisse hinweg.

Diese einigende Wirkung nun, die Heine seiner künstlerischen Bedeutung nach für die deutschen Juden hätte üben können, ist ausgeblieben wegen seines zwiespältigen Menschentumes und der daraus folgenden schwankenden Stellung zu seinem Volke. Einem anderen ist diese Mission vorbehalten. Wir erwarten diesen Einen, und die Erkenntnis, dass wir ihn brauchen, ist augenblicklich unsere tiefste Weisheit. Die Zeit und die Lage, so sahen wir, fordern die

Individualisierung der deutschen Juden; die Grundlage ist der geistige Zusammenschluss; von allen geistigen Gebieten hat die grösste einigende Kraft die Kunst, und unter allen Künsten wieder die Dichtung. Vielleicht darf man den Kreis noch enger ziehen und die Erlösung letzten Endes vom Drama erwarten.

Ein Goethe der Juden in Deutschland – so möchte ich die Persönlichkeit bezeichnen, die uns not tut. Hätten wir sie, so hätten wir die geistige Organisation, so wären wir deutschen Juden eine Individualität, so würden wir uns als solche fühlen und als solche geachtet werden. Ich weiss, dass die klarste Erkenntnis von der Notwendigkeit dieser Erscheinung nicht im Stande ist, sie hervorzubringen; aber diese Einsicht kann uns den Boden bereiten helfen. Das Genie wird erst hervorgehen aus einer Generation von Gleichstrebenden. Es muss schon eine jüdische Literatur in Deutschland geben, damit ein grosser Dichter die günstigen Entwickelungsbedingungen findet.

An die Produktiven unter den deutschen Juden ergeht daher der Ruf. Ob sie etwas leisten, und ob sie dieses als Juden leisten, und als Juden einen Ruf erwerben, davon allein hängt es ab, ob die Bestrebungen nach Wiedererweckung des jüdischen Volksbewusstseins in Deutschland Erfolg haben oder nicht. Und ich prophezeie: Gelingt es der jetzt lebenden und strebenden Generation nicht, zugleich als Juden und als Künstler, nicht nur unter den deutschen Juden, sondern unter den Deutschen überhaupt, sich durchzusetzen und einen Platz im modernen Geistesleben zu erobern, so verläuft die ganze sogenannte jüdische Renaissance spurlos im Sande. Gelingt es ihr aber, so hat das Nationaljudentum gesiegt, und die traurige Zeit der Assimilation ist vorüber. [524]

III.

Indem ich nun dazu übergehe, aus den theoretischen Prämissen die praktischen Folgerungen zu ziehen, so bin ich auf den Vorwurf gefasst, dass das, was ich denn nun tatsächlich an realen Vorschlägen zu machen weiss, zu den langen Erörterungen in keinem rechten Verhältnisse stehe. Indessen hier handelt es sich nicht darum, dem staunenden Auge des entzückten Lesers schimmernde Luftschlösser einer schmeichelhaften Zukunft vorzugaukeln, sondern nüchtern Dinge anzuraten, welche Aussicht auf Verwirklichung haben. Wir wollen uns aber erinnern, dass wir erst am Anfang einer Entwickelung stehen und wollen den Bau nicht mit dem Dache beginnen.

Ich schlage also vor, ein Jahrbuch zu begründen, welches etwa den Titel tragen könnte: „Jahrbuch für jüdische Kultur in Deutschland," oder ähnlich. Dieses Jahrbuch hätte die Aufgabe, ein Compendium zu sein der gesamten geistigen Produktion der deutschen Juden. Es zerfiele in drei Teile. Der erste enthielte eine vollständige Bibliographie alles dessen, was von deutschen Juden in dem vorangehenden Jahre veröffentlicht worden ist. Wissenschaftliche und kritische Schriften müssten hier ebenso verzeichnet sein wie Werke der schönen Literatur; Leistungen in der Musik, in den bildenden Künsten, in der Architektur ebenso wie Erfolge der Technik, Entdeckungen, Erfindungen.

Ob die Arbeiten jüdische Interessen zum Gegenstand haben, ist in dieser Bibliographie natürlich ganz gleichgiltig. In einem Anhang aber könnte man Veröffentlichungen über Juden und Judentum, von wem auch immer sie stammen, zusammenstellen.

Der zweite Teil soll kritischer Art sein. Ihm fällt die Aufgabe zu, die wichtigeren Erscheinungen zu rezensieren, von ihnen in grösserem Zusammenhange Bericht zu geben – da der Einzelne, der sich unterrichten will, unmöglich alles selbst lesen kann – und endlich das Geleistete von einer höheren Warte und in Verbindung mit dem gesamten deutschen und europäischen Kulturleben zu betrachten und zu würdigen.

Kein Fehler liegt hier so nahe und wäre zugleich so verhängnisvoll wie die Ueberschätzung der jüdischen Leistungen im Vergleich mit denen unserer Mitbürger. Es würde uns unweigerlich der Lächerlichkeit preisgeben und gerade die besten Kräfte fernhalten, statt sie heranzuziehen. Im Uebrigen dürfte die Abfassung diesen Teils an Arbeit, Wissen und Können die grössten Anforderungen stellen; der Wert einer solchen fortlaufenden Geistesgeschichte aber kann unermesslich sein.

Endlich der dritte Teil; er liegt mir vor allem am Herzen und von ihm zumeist erwarte ich eine Wirkung nach aussen. Was der erste tabellarisch trocken zusammenstellte, was der zweite kritisch behandelte, das soll der dritte unmittelbar zeigen. Die bedeutendsten Kunstschöpfungen der deutschen Juden, welche im vergangenen Jahre entstanden sind, sollen hier dargeboten werden. Er soll mit Kunstblättern ausgestattet sein: den Hauptraum aber werden hier [525] dichterische Werke einnehmen. Und zwar sollen nicht etwa Proben aus der literarischen Ernte aufgetischt werden, sondern die betreffenden Dichtungen sollen hier vollständig und zum ersten Male ans Licht treten. Dabei wird es sich leicht ereignen, dass der Raum eines Jahrbuches überschritten werden müsste. Es wird sich also empfehlen, Werke grösseren Umfanges für sich erscheinen zu lassen unter der Bezeichnung: „Herausgegeben vom Jahrbuch für jüdische Kultur." Verfügt der zu gründende Verlag über genügende Mittel, um diese Ausgaben besonders wohlfeil abgeben zu können, so wird der Sache selbst wie den Autoren damit nur gedient sein.

Dass bei der Entscheidung über die Aufnahme eines Werkes der höchste künstlerische Massstab angelegt werde, ist die erste Bedingung für den Erfolg, für jenen Erfolg nämlich, der nicht dem Geldbeutel des Verlegers, sondern der Idee der geistigen Organisation des Judentums zu gute kommt. Es handelt sich nicht darum, jedem dichtenden Nationaljuden zum Worte zu verhelfen sondern; die Aufgabe ist gerade, die begabten Indifferenten zu gewinnen. Das ist aber nur dann möglich, wenn die Auswahl so getroffen wird, dass es eine Ehre ist, und zwar eine künstlerische Ehre, in dem jüdischen Jahrbuche zu erscheinen. Es geht also keineswegs an, dass die brave nationaljüdische Gesinnung einer Arbeit ihren ästhetischen Dilettantismus vergessen mache. Es liegt überhaupt nichts daran, ob jüdische oder nichtjüdische Stoffe behandelt werden. Die Beschränkung auf jene scheint mir der Fehler aller bisherigen ähnlichen Versuche zu sein. Es gilt, sich einen Platz in der Literatur zu erobern, und da kommt es lediglich auf die künstlerische Bedeutung und nicht auf den Partei- oder Tendenzwert an. Nur wenn sich wirklich die besten Produktiven der deutschen Juden in diesem Jahrbuch vereinigen, kann ein Zusammenschluss der Geister erfolgen, kann sich – wenn man den Ausdruck nicht mißverstehen will, eine Art jüdischer Dichterschule in Deutschland bilden. Man denke an die

Sturm- und Drangzeit, an die Romantik, an das junge Deutschland, um sich zu vergegenwärtigen, was hier unter „Schule" gemeint ist. Ich glaube, dass sich überall junge Kräfte regen, die zu dieser Partei der Geister hinstreben. Sollte dennoch der Ertrag an Gutem im Anfange spärlich sein, so veröffentliche man wenig, fehlt er ganz, so gebe man garnichts heraus. Was dieses Jahr nicht bringt, kann im nächsten oder übernächsten Jahre vorhanden sein. Bleiben die grossen Leistungen ganz aus, so wird man den Mangel nicht dadurch beseitigen, dass man Mittel[526]-mässiges für gut erklärt. Sollte die schöpferische Kraft unter den deutschen Juden nicht hinreichen, Kunstwerte hervorzubringen, nun, so müssen wir schweigen: so haben wir uns in unserem Volke getäuscht.

Mir ist aber nicht bange, dass es so kommen könnte.

Die Konstitution des Jahrbuches erfordert einen erfahrenen Leiter und einen Stab begabter, kenntnisreicher und arbeitswilliger Mitarbeiter. Sie fordert Opferwilligkeit; denn es wird nötig sein, sich gegen Gleichgültigkeit, Spott und alle Arten von Feindseligkeiten in geduldiger Kleinarbeit durchzusetzen. Sie erfordert aber vor allen Dingen Geld. Ohne eine finanzielle Fundierung, welche das Unternehmen aller Rücksichten auf den buchhändlerischen Erfolg überhebt, ist das Jahrbuch ein totgeborenes Kind. Ich vertraue aber auf die Grossherzigkeit, den Gemeinsinn und – die Geldkraft der deutschen Juden, sodass die Gründung, wenn sich nur sonst die rechten Männer finden, an dieser Klippe nicht scheitern wird.

Das Jahrbuch ist nur ein Anfang. Es ist leicht, eine Reihe weiterer Gründungen und Institutionen sich vorzustellen und sich die Zukunft in lockenden Farben auszumalen. Ich überlasse es der Phantasie des Lesers: ich stelle es auch dem Belieben eines jeden anheim, wie er sich das politische Resultat denken will, nachdem die geistige Organisation erreicht sein wird. Ob es zu einer Staatenbildung kommt, wie der Zionismus hofft, ob eine organisierte Partei entsteht, wie die Sozialdemokratie es ist, ob sich eine gesellschaftliche Kaste bildet, wie sie heute der Offizierstand darstellt – möge jeder das erwarten, was ihm das liebste wäre. Es wird die Sorge der Enkel sein. Unsere Sorge aber ist es, den Anfang zu machen und den Grund zu legen.

Die Zeit des Individualismus wird vorbeigehen, wie bisher alle solche allgemeinen Lebensideale überwunden worden sind. Aber was in dieser Weltanschauung und aus ihr geleistet worden ist, das wird bleiben oder fortwirken auf die, die danach kommen, und wird ihnen helfen, die Aufgaben zu erfüllen, die ihnen der Geist ihrer Zeit stellt. Was aber versäumt worden, trotzdem es in der Zeit lag, das ist ein für allemal versäumt und bleibt eine Schuld, die sich nicht mehr tilgen lässt. Hüten wir uns, diese Schuld auf uns zu nehmen! Hüten wir uns, den Ruf nach Individualisierung, den unser Jahrhundert erschallen lässt, und den die Nationen um uns her vernehmen, für uns selbst zu überhören oder nicht zu verstehen! Und greifen wir dort zu, wo wir deutschen Juden das Zeitideal verwirklichen können: In der geistigen Organisation.

Deutsch-jüdischer Parnaß

Unter dieser Überschrift sendet uns ein gebildeter Jude Ausführungen, die schon um ihrer ganz ungewöhnlichen Offenherzigkeit willen bei Juden wie Nichtjuden Aufsehen erregen dürften. Es versteht sich von selbst, daß wir sie nicht als unsre eignen Meinungen wiedergeben, und daß dieser Beleuchtung von einer Seite die Beleuchtung von andern her folgen muß. Aber Goldsteins Aufsatz scheint uns ganz ungewöhnlich geeignet als *Ausgangspunkt* einer Erörterung.

* * *

Von gewissen Dingen zu reden, verbietet das Schamgefühl. Ein höheres Interesse aber kann uns zwingen, dieses Gefühl zu unterdrücken und offen von einer Sache zu reden, wenn rücksichtsloses Aufdecken das einzige Mittel ist, ein Übel zu beseitigen. Schäden der Allgemeinheit können nur von und in der Allgemeinheit behoben werden, und dazu ist nötig, daß sie zur öffentlichen Diskussion stehen, mag sich Herkommen und guter Geschmack auch gegen solche Behandlung delikater Dinge wehren. Und wie laut auch die zarten Seelen sich entrüsten und Zeter schreien, es wird immer verdienstlich sein, ausgesprochen zu haben, worüber zu schweigen bisher weltmännische Pflicht war.

„Der Jude in der deutschen Literatur", das ist eines von den allerheikelsten Dingen, die nicht in den Mund genommen werden dürfen, will man sich nicht heillos kompromittieren. Zwar dann und wann wählte dieses oder ein ähnliches Thema ein jüdischer oder christlicher Literaturprofessor, um durch die vornehme Sachlichkeit und kühle Gelassenheit, mit der er das Schiffchen seines Vortrags, ohne rechts oder links anzustoßen, durch das schwierige Gewässer steuerte, sich als echten Europäer auszuweisen. Wie oft die Gestalt der Esther zu dramatischem Leben beschworen worden ist, hat man uns wiederholt vorgerechnet; wieviel Juden unter ihren Dichtern sind, danach zu fragen, hütet man sich meist. Greift ein

Christ das Problem beim Schopfe und sagt rücksichtslos seine Meinung wie Richard Wagner vom „Judentum in der Musik", so wird er als „Antisemit" gebrandmarkt, und Höfliche übergehen seine Schrift mit Stillschweigen. Wenigstens im Verkehr mit Juden. Welcher gesittete Deutsche wollte sich auch das Lob entgehen lassen, daß er tolerant sei? Aber wir Juden verlangen endlich Ehrlichkeit, und die Zeit ist hoffentlich nicht mehr fern, wo ein Jude den Schurken vor seine Klinge fordern wird, der es wagt, gegen ihn „tolerant" zu sein. Vorläufig sind wir noch nicht so weit. Wagners Judenhaß ist nicht nur den Juden ein Dorn im Auge, sondern auch wohlmeinenden Christen ein *Pudendum*, von dem sie nur heimlich unter sich reden. Offiziell dagegen bescheinigt man uns gern, daß nicht die deutschen Fürsten oder das deutsche Volk, sondern jüdisches Geld Bayreuth ermöglicht habe, und uns tut es im Herzen wohl, von jener Seite bestätigt zu bekommen, daß der große Mann uns schnöde verkannt habe und daß sein Werk allerdings von seinem Antisemitismus getrennt werden müsse. So reist [282] man zu den Festspielen und dirigiert und rezensiert, und niemandem fällt es ein, daß es nicht bald etwas Schämenswerteres für uns Juden gibt, als *den* Mann unterstützt zu haben, der uns auf das Unzweideutigste von seiner Seite gewiesen. Daß Wagners Lebenswerk vollendet werden konnte, mag ein Glück sein; eine Ehre ist es für uns nicht.

Das sind so die selbstverständlichen Voraussetzungen des Empfindens, die gegeben sein müßten, wenn man sich über ein peinliches Thema wie das folgende verständigen wollte. Nur unter Nationaljuden und Zionisten dürfte man den Takt und das Verständnis voraussetzen, die hierfür nötig sind. Aber was nützt es, in ihren Parteiblättern Probleme zu besprechen, über deren Bedeutung sie alle im klaren sind? Diese Fragen müssen aus den Reihen der Partei hinausgetragen werden, damit *die* zu hören gezwungen sind, die nicht hören *wollen*, und damit wenigstens soviel allgemein begriffen und öffentlich zugestanden wird, daß hier etwas problematisch ist. Denn das *Problem* zu *begreifen*, zu *er*greifen, ist vor allem einmal die Aufgabe; von seiner Lösung sind wir noch weit entfernt.

Daß wir lieber nicht davon sprächen, gebe ich zu; es geht auch mir gegen das Schamgefühl, vor aller Welt zu sagen, was ich nur vor

Juden sagen sollte. Auch ich wünschte, daß wir unsere schmutzige Wäsche im eigenen Hause waschen könnten. Aber wir haben kein eigenes Haus. Es gibt keine jüdische Öffentlichkeit; es ist in Deutschland, überhaupt in Westeuropa nicht möglich, zur Gesamtheit der Juden als Juden zu sprechen, soviel wir auch über uns sprechen lassen müssen. Man vergegenwärtige sich, was das heißt: daß es damit nämlich so gut wie unmöglich gemacht ist, auf die Juden Einfluß zu gewinnen – während doch jeder Fortschritt überall und immer daran hängt, daß ein Individuum auf seine Volksgenossen Einfluß ausübt. Aber dieser Mangel besteht nicht nur, er ist den meisten noch nicht einmal zum Bewußtsein gekommen. Will man dennoch zur Gesamtheit der Juden sprechen, so muß man es in voller Öffentlichkeit tun, ohne die, die es nichts angeht, ausschließen zu können. Jedoch Judenfragen sind ja fast alle zugleich europäische Fragen, und so wird es schließlich auch keine Zumutung bedeuten, wenn hier die nichtjüdische Allgemeinheit zu Zeugen der nachstehenden Erörterungen gemacht wird.

Vor hundert und einigen Jahren fielen, von christlichen, unsers Dankes ewig gewissen Verfechtern der Menschenrechte niedergerissen, die Mauern, die uns Juden in ein geistiges Ghetto gesperrt hatten. Die bisher in den Winkel Gewiesenen, plötzlich ans Tageslicht und die offene Tafel Gerufenen stürzten sich, ausgehungert und nach Wissen und Bildung gierig, auf die dargebotene Speise. Es waren fähige, mit Willenskraft begabte und von Begeisterung getriebene Schüler, die da bei dem alten Europa in die Lehre gingen. Sie begriffen schnell; es währte nicht lange, so wußten sie alles, was der Meister sie lehren konnte, und alsbald genügte es ihnen nicht mehr zu lernen. Sie wollten selbst in die Reihen der Lehrer eintreten, sie wollten mit den andern forschen und graben, sie auch wollten Hand anlegen an das große Werk der Menschheit, sie auch wollten die Kultur fördern helfen. Und es gelang ihnen. Wo sie zugreifen durften, zeigten sie sich ihrer Aufgabe gewachsen. Ja, [283] infolge irgendwelcher geheimnisvoller Eigenschaften zeigten sie sich als die Überlegenen: trotz ihrer geringen Zahl, trotz aller Schwierigkeiten, die sie auf ihrem Wege zu überwinden hatten, liefen sie ihren Lehrmeistern in gewisser Weise den Rang ab: auf allen Posten, von denen man sie nicht gewaltsam fernhält, stehen plötzlich Juden; die Aufgaben der Deutschen haben die Juden zu ihrer eignen Aufgabe gemacht; immer mehr gewinnt es den Anschein, als sollte das deutsche Kulturleben in jüdische Hände übergehen. Das aber hatten die Christen, als sie den Parias in ihrer Mitte einen Anteil an der europäischen Kultur gewährten, nicht erwartet und nicht gewollt. Sie begannen sich zu wehren, sie begannen wieder uns fremd zu nennen, sie begannen, uns im Tempel ihrer Kultur als eine Gefahr zu betrachten. Und so stehen wir denn jetzt vor dem Problem: *Wir Juden verwalten den geistigen Besitz eines Volkes, das uns die Berechtigung und die Fähigkeit dazu abspricht.*

Diese in solcher scharfen Formulierung ungeheuerliche Tatsache, die Juden ebenso wie Nichtjuden das Blut aufregen muß, fordert unerbittlich zu Maßregeln auf. Dieser Konflikt muß auf irgendeine Weise gelöst werden. Was tun wir in dieser unmöglichen Situation, in die man, von beiden Seiten ohne Schuld und Absicht, hineingeraten ist? Was vor allen Dingen tun die Juden selbst? – Etwas sehr Einfaches: sie leugnen das Faktum.

Das aber muß ihnen zunächst unmöglich gemacht werden; sonst hat die ganze Erörterung keinen Sinn. Betrachten wir also die Situation in Ruhe.

Niemand bezweifelt im Ernst die Macht, die die Juden in der Presse besitzen. Namentlich die Kritik ist, wenigstens in den Hauptstädten und ihren einflußreichsten Zeitungen, geradezu im Begriff, jüdisches Monopol zu werden. Ebenso bekannt ist das Vorherrschen des jüdischen Elementes im Theater: fast sämtliche Berliner Theaterdirektoren sind Juden, ein großer, vielleicht der größte Teil der Schauspieler desgleichen, und daß ohne jüdisches Publikum ein Theater- und Konzertleben in Deutschland so gut wie unmöglich wäre, wird immer wieder gerühmt oder beklagt. Eine ganz neue Erscheinung ist, daß auch die deutsche Literaturwissenschaft im Begriff scheint, in jüdische Hände überzugehen, und es ist, je nach dem Standpunkt, komisch oder tragisch, die Mitglieder der „germanischen" Seminare unsrer Universitäten zu überblicken. (Ich selbst habe dazu gehört.) Wie viele Juden endlich es unter den „deutschen Dichtern" gibt, weiß so manch ein Hüter deutscher Kunst zu seinem Zorne.

Wer es aber nicht weiß und nicht wissen will, ist die Mehrzahl der Juden selber. Sie merken nichts von der Rolle, die wir im deutschen Kulturleben spielen, und wachen ängstlich darüber, daß auch die andern nichts merken. Deckt einer den Schaden auf, so erheben sie laut und unermüdlich den Anspruch, daß „man" darnach nicht frage, daß man keinen Unterschied mache, welchen Gott der Kritiker bekenne, wenn er nur richtig urteilt, sie fordern, daß man kein Judentum in der Musik, in der Dichtung, in der Schauspielkunst, in den bildenden Künsten bemerke, sondern nur noch gut und schlecht, Kunst oder Unkunst richte. Und haben sie etwa nicht ein Recht, dies zu fordern? Gewiß! Denn sie wollen ja nichts anderes, als was ihre nichtjüdischen Mitbürger auch wol-[284]len, die *Sache*, heiße sie nun Kritik oder Theater oder Kunst oder Wissenschaft.

Daß uns Juden nicht die Sache, sondern der Schein der Sache locke, ist die Behauptung unsrer Gegner. Deutsch sein heißt, eine Sache um ihrer selbst willen tun, sagt Richard Wagner, indem er, chamberlainisch lange vor Chamberlain, das Merkmal *jedes* echten Strebens für seine Landsleute allein in Anspruch nimmt. Nur wir Juden wissen, wieviel solchen Deutschtums es unter uns gibt. Wir allein wissen, wie leidenschaftlich wir Ästhetentum und Kunstfexerei, literarische Schnorrer und Premierenhyänen, die Schmarotzer auf der ehrlichen Arbeit anderer, bekämpfen, und wie sehr wir uns *diese* Judenheit (zu der mancher Germane gehört) vom Leibe zu halten wünschten. Sind wir, wie ihr es wollt, noch immer die Fremden, die Ausländer, die sogar die deutsche Sprache nur „als Ausländer", nur „wie eine erlernte, nicht als angeborene Sprache" sprechen,* eines haben wir gewiß mit euch gemeinsam: die Arbeit an der Kultur, die Arbeit für die Menschheit. Daß wir dieser Aufgabe mit Ernst und Eifer dienen, wir sind uns dessen bewußt und scheuen uns nicht, uns selbst dieses Zeugnis auszustellen, da es um uns her zwar beständig von jüdischem Einfluß tönt, aber immer als von etwas Schlechtem und Schädlichem. – Ich sage, die Juden haben ein Recht zu verlangen, dass nur nach ihren Leistungen gefragt werde und

---

* Wagner, Gesammelte Schriften 4. Aufl., Bd. 5, S. 70

daß man sie endlich freudig als Mitkämpfer anerkenne, daß man in ihnen, wenn nicht Brüder und Blutsverwandte, so doch Kameraden ehre und liebe: von einem *gerechten* Deutschland, von einem *gerechten* Europa dürften sie dies verlangen. Europa ist aber nicht gerecht, sondern bei aller „Zivilisation", sobald es sich um Juden handelt, von einer wahrhaft barbarischen Ungerechtigkeit. Tröste man sich doch nicht mit der Ausrede, das seien rüde Radau- und Hetzantisemiten: um sie würde niemand sich scheren, und sie haben, wo sie auftraten, uns immer mehr genutzt als geschadet. Nein, es sind die besten Geister, kluge, wahrheitsliebende Männer, die aber, sobald von den Juden die Rede ist, in einen blinden, an Tollwut grenzenden Haß geraten, und um die grundsätzliche Minderwertigkeit, Schlechtigkeit, Schädlichkeit der Juden zu beweisen, alle Tatsachen auf den Kopf stellen. Chamberlains verhängnisvolles Buch „Grundlagen des neunzehnten Jahrhunderts", dessen „Beweise" für die Überlegenheit der germanischen „Rasse" auf einem platten Taschenspielertrick beruhen, darauf nämlich, daß er die Unterschiede zwischen einst und jetzt, die Fortschritte einer Entwicklung von mehr als 3000 Jahren einfach umdeutet in einen Unterschied zwischen hier und dort, zwischen Germanen einerseits und den übrigen Völkern, namentlich den Juden, andererseits – ein Buch, das unter anderm den heutigen jüdischen Gelehrten geradezu die Fähigkeit abspricht, die von Kant bewiesene Unzulänglichkeit des menschlichen Erkenntnisvermögens zu begreifen* – dieses Buch kann freilich auf jeder Seite widerlegt werden; aber unwiderleglich ist der Haß, der einen kenntnisreichen, geistvollen und wahrheitsliebenden Mann treibt, die Unwahrheit zu sagen. Wahrheitsliebend? Es heißt den Kopf in den Sand stecken, wenn die Juden ihre Feinde immer als [285] böswillige Verleumder abtun. Nein, Chamberlain glaubt das, was er sagt, und eben deswegen erschüttern mich seine Entstellungen. Und mit ihm glauben es Tausende, da das Buch Auflage nach Auflage erlebt, und ich möchte wissen, wieviel „Germanen", deren Selbstgefühl durch die vorgetragene Theorie so angenehm gekitzelt wird, sich Kritik genug bewahren, um die unzäh-

---

* „Grundlagen", Volksausgabe S. 960

ligen Ungerechtigkeiten und Fälschungen nicht mitzumachen. Bei
Schopenhauer, der gleichfalls nicht mit dem Worte „Antisemit" abgetan ist, sondern dem das Suchen und Verkünden der Wahrheit
Lebensaufgabe war, lesen wir: „Auch das auserwählte Volk Gottes
laß uns nicht vergessen, welches, nachdem es, in Ägypten, auf Jehovas
ausdrücklichen Spezialbefehl, seinen alten, zutrauensvollen Freunden die dargeliehenen goldenen und silbernen Gefäße gestohlen
hatte, nunmehr, den Mörder Moses an der Spitze, seinen Mord-
und Raubzug ins gelobte Land antrat, um es, als ‚Land der Verheißung', auf desselben Jehovas ausdrücklichen, stets wiederholten
Befehl, nur ja kein Mitleid zu kennen, unter völlig schonungslosem
Morden und Ausrotten aller Bewohner, selbst der Weiber und Kinder (Josua, Kap. 10 und 11) den rechtsmäßigen Besitzern zu entrei-
ßen, – weil sie eben nicht beschnitten waren und den Jehova nicht
kannten, welches Grund genug war, alle Greuel gegen sie zu rechtfertigen; wie ja, aus demselben Grunde, auch früher die infame
Schurkerei des Patriarchen Jakob und seiner Auserwählten gegen
Hemor, den König von Salem und sein Volk uns (1. Mos. 34) ganz
glorreich erzählt wird, weil ja eben die Leute Ungläubige waren."
Und dazu in Fußnoten: „Dort (bei Tacitus und Justinus) ersehn wir,
daß der Pharao das eingeschlichene, unflätige, mit schmutzigen
Krankheiten (scabies), welche Ansteckung drohten, behaftete Juden-
volk nicht länger im reinen Ägypten dulden wollte, also sie auf Schiffe
bringen und auf die arabische Küste abwerfen ließ. Daß ihnen ein
Detachement Ägypter nachgesandt worden, ist richtig, jedoch nicht,
um die pretiösen Kerle, die man ja exportierte, zurückzubringen,
sondern um ihnen abzunehmen, was sie *gestohlen* hatten, *gestohlen*
nämlich hatten sie goldene Gefäße aus den Tempeln: wer würde
auch solchem Gesindel etwas borgen!" Und: „Übrigens ist der Eindruck, den das Studium der Septuaginta bei mir nachgelassen hat,
eine herzliche Liebe und innige Verehrung des μεγας βασιλευς
Ναβουχωδονοσορ, wenn er auch etwas zu gelinde verfahren ist
mit einem Volke, welches sich einen Gott hielt, der ihm die Länder
seiner Nachbarn schenkte oder verhieß, in deren Besitz es sich dann
durch Rauben und Morden setzte und dann dem Gotte einen Tempel darin baute. Möge jedes Volk, das sich einen Gott hält, der die
Nachbarländer zu „Ländern der Verheißung" macht, rechtzeitig sei-

nen Nebukadnezar finden und seinen Antiochus Epiphanes dazu, und weiter keine Umstände mit ihm gemacht werden!"* Nicht *was* der Philosoph in seinem Haß sagt, sondern welche Leidenschaft einer fanatischen Abneigung in diesem Manne wüten muß, um ihn so aller menschlichen und männlichen Würde vergessen zu lassen, das ist es, worauf wir das schmerzende Auge richten müssen. Und ohne Gewährsmänner: achthundert Jahre lang, nämlich seit den Kreuzzügen, wurden die Juden verfolgt, geschlachtet, verhöhnt und verketzert, warum? Weil sie so verstockt waren, Juden zu bleiben, da es [286] doch ein Christentum in der Welt gab. Und heute, wo das Christentum an Ansehen eingebüßt hat, was erleben wir? Mit einem Male ist das gepriesene Christentum schnödes Judentum, die Christianisierung Europas eine Verjudung, die den Germanen ihre herrliche Religion verdorben hat, und in summa: alles Übel, das die Kirche über die Menschheit gebracht hat, einschließlich Intoleranz, Autoritätsglauben, Dogmatismus, Aszetik und Dunkelmännertum, haben die Juden verschuldet.

Dies nur eine allzu rasche Blütenlese europäischer Gerechtigkeit und Logik. Alle Proteste besonnener Christen hiergegen beweisen nichts wider die Hunderttausende, die dieser Meinung sind, – dieser Meinung sein wollen.

Nein, Europa ist nicht gerecht, und so haben die braven Juden unrecht, die – auf ihre Leistungen und ihren guten Willen pochend – nichts als Gerechtigkeit verlangen. Denn jetzt sollen sie Rede stehen und auf diese Frage antworten: *da dir so von deinen Mitmenschen begegnet wird, wie begegnest du ihnen?* Merkst du nichts von diesem Haß, von dieser unüberwindlichen Abneigung um dich her, so bist du danach. Merkst du es und machst du dich nur nichts wissen, so bist du noch schlimmer. Am schlimmsten aber, wenn du dich damit tröstest, daß die Abneigung jenen andern gelte, die da mauscheln, mit ihren Preziosen protzen, sich breit und laut machen und, kurz: das Östlich-Allzuöstliche nicht ablegen können. Du irrst, mein Freund, du selber bist gemeint. Dir eben, trotz deines europäischen Gebarens und Aussehens, verzeiht man den Juden nicht.

---

* „Parerga" II: Über Religion.

Machen wir uns doch nichts vor: wir Juden, unter uns, mögen den Eindruck haben, als sprächen wir als Deutsche zu Deutschen – wir *haben* den Eindruck. Aber mögen wir uns immerhin ganz deutsch fühlen, *die andern fühlen uns ganz undeutsch.* Wir mögen nun Max Reinhardt heißen und die Bühne zu ungeahntem Aufschwung beflügeln, oder als Hugo von Hofmannsthal einen neuen poetischen Stil an Stelle der verbrauchten Schillerschen Bildersprache setzen oder als Max Liebermann die moderne Malerei führen: *wir* mögen das deutsch nennen, die andern nennen es jüdisch, sie hören das „Asiatische" heraus, sie vermissen das „germanische Gemüt", und wenn sie schon die Leistung – mit Vorbehalten – anerkennen müssen, *sie wünschten, wir leisteten weniger.* Der Jubel, mit dem ein Schmidtbonn, Eulenberg, Schönherr und andre Unverdächtige begrüßt werden, ist nun einmal anders als der, den die unsern zu hören bekommen, es klingt darin ein Ton, der den Juden demütigt, wenn seine Ohren nur fein genug sind, ihn herauszuhören; es ist im Vergleich zu den Stimmen, die Hofmannsthal und Schnitzler begrüßen, derselbe Unterschied, wie das anfeuernde Geschrei der Zuschauer bei einem Wettrennen, je nachdem der Liebling der Menge oder eine Unerwarteter, Unwillkommener sich dem Siege nähert; hier klingt der Beifall wie abgetrotzt, dort springt er von selbst hervor, rufend: dich wollen wir, du gehörst zu uns und wir zu dir! Wer die Lage durchschaut, dem ist es ein tragikomischer Anblick zu sehen, wie gewisse liberale Tageszeitungen sich gebärden, als sprächen sie zum deutschen Volke. Das „deutsche Volk" denkt gar nicht daran, das „Berliner Tageblatt" zu lesen, zum preußischen Junker, zu Soldaten, zum Beamten, zum Landmann dringt die Stimme [287] keines feuilletonistischen Juden. Wovor die Herren sich so sehr entsetzten, das ist schon beinahe Wirklichkeit geworden: eine jüdische Literatur in Deutschland, von Juden für Juden geschrieben. Man muß nur Augen im Kopfe haben und Mut und Ehrlichkeit, sie zu benutzen.

Das ist die Lage. Ich sage nicht darüber, ob es mit Recht oder Unrecht so ist, ob wir es verdient haben, daß es so ist. Ich sage nicht, wem es zur Ehre und wem zur Schmach gereicht. Ich sage nur: so ist es, das ist das Problem. Hiermit gilt es, sich abzufinden. *Was tun wir jetzt?* lautet die ernste Frage. Gibt es eine Antwort?

Betrachten wir die Möglichkeiten!

Wir könnten zunächst den Versuch machen, aufzuklären, unser Recht auf den deutschen Boden, auf die deutsche Kultur verteidigen, die Irrtümer widerlegen, Verdächtigungen und Verleumdungen abwehren. Diese Taktik ist bisher von den wenigen befolgt worden, denen die Klärung der Lage überhaupt am Herzen lag. Sie hat sich als ganz verfehlt erwiesen, wie es nicht anders sein konnte. Denn nicht so steht es, daß man uns nicht mag, weil man uns für minderwertig usw. hält, sondern umgekehrt: man verleumdet, verdächtigt, schmäht, verkennt uns, weil man uns nicht leiden kann. Wir können unsre Gegner leicht ad absurdum führen und ihnen zeigen, daß ihre Feindschaft unbegründet ist. Was ist damit bewiesen? Daß ihr Haß *echt* ist. Wenn alle Verleumdungen widerlegt, alle Entstellungen berichtigt, alle falschen Urteile über uns verbessert sind, so bleibt die Abneigung selbst als unwiderleglich übrig. Wer das nicht einsieht, dem ist nicht zu helfen.

Wir könnten ferner uns nicht darum kümmern, was die anderen zu unsern Literatur-, Kunst- und Kulturleistungen sagen, und wenn sie meinen, daß ihr Deutschtum durch unsre „Makler" und „Jobber", durch unsre „Parvenüs" und deren „Jargon" verdorben werde, es ihnen überlassen, sich dagegen zu wehren oder sonst sich abzufinden. Das tut denn auch die Mehrzahl der produktiven oder sonst wie öffentlich tätigen Judenheit. Aber darin werden wir andern Juden anfangen, sie zu stören. Über dies Problem *darf* man nicht hinwegkommen, an dieser Sache *muß* man sich stoßen, dieses Verhältnis ist unerträglich für jeden aufrechten Mann – und wer es erträgt, der hat ein unanständig dickes Fell oder ein elastisches Rückgrat. Die Herren Kritiker aus jüdischem Hause, die Hauptmanns Christusroman rezensieren, ohne mit einem Worte anzudeuten – was sage ich? – ohne mit der leisesten Regung zu empfinden, daß sie nicht zu dem Publikum gehören, für das der Dichter schrieb; die Herren Literaturhistoriker, die, ohne sich jemals etwas dabei zu denken über Luther und die Reformation arbeiten; die Herren Poeten, die sich als „deutsche Dichter" unter dem Weihnachtsbaum photographieren und veröffentlichen lassen, wir werden sie aus ihrer Naivität und Objektivität aufscheuchen, wir werden ihnen die

Frage, um die sie sich herumdrücken, vor aller Welt in die Ohren schreien, wir werden sie zwingen, sich als Juden zu bekennen oder sich taufen zu lassen.

Man tut immer so, als wäre man über derlei Skrupel erhaben. In Wahrheit aber liegt die Sache ganz anders. Um als deutscher Jude hochzukommen, um in dieser zwiespältigen Situation, mit einer Gleichberechtigung, die nur auf dem Papiere steht, als Mensch zweiten Ranges sich durchzusetzen, darf man nicht zu feinfühlig sein, oder man zerbricht. [288]

Aber muß man denn emporkommen? Die allerbesten von uns sind wahrscheinlich an diesem unmöglichen Leben entzweigegangen; gerade die Stärksten, die ganz Geraden, haben wahrscheinlich ihr Bestes *nicht* geleistet. Vielleicht haben die nicht ganz unrecht, die uns das eigentlich Schöpferische absprechen, vielleicht fehlt die ganz große Leistung – aber nicht weil die großen Männer fehlen, sondern weil die Lebensbedingungen fehlen, unter denen allein die *geniale Persönlichkeit*, der *produktive Charakter* möglich ist. Wenn das wahr ist, dann mußten die, denen jeder Kompromiß gegen die Natur geht, die nicht gebogen, nur gebrochen werden können, zugrunde gehen, da sie die Zeit nicht ändern konnten. Aber inzwischen hat sich die Zeit geändert, und bald wird der Jude, der in der Halbheit und Verworrenheit der bisherigen Zustände gedeihen kann, sich damit moralisch kompromittieren. Warum gibt es soviel jüdische Journalisten? Ein Journalist ist ein Spiegel: die Bilder des Tages auffangen und zurückwerfen, das ist seines Wesens. Ist es jüdisch, nur Spiegel zu sein, statt selbst zu schaffen? Ihr behauptet es, viele glauben es. Ich aber sage: nein! Sondern wer nichts war als ein Spiegel, anschmiegsam, gewandt, wer sich abzufinden, vorliebzunehmen wußte, der kam in unsrer jüdisch-halben Situation obenauf. So mußte man sein, um sich in einer Umgebung von Verächtern durchzusetzen. Wer so war, dem glückte es. Wer aber mehr war, wer zur Ganzheit der Persönlichkeit strebte, der mußte an der Unmöglichkeit, ganz zu sein, zerbrechen. Ein Schaffender braucht die Resonanz der Massen; vielmehr: das macht ihn zum Schaffenden, daß die Stimmen der Massen, die Stimmen der Zeit alle in seiner Seele tönen. Welch ein Mißklang in der Seele eines deutschen Juden! –

Der „liberale" Jude von heute wendet allerdings ein: „Was willst du? Ich habe das Ghetto innerlich und äußerlich abgelegt und bin im Vollbesitz westeuropäischer Kultur. Niemand könnte aus meinen Schriften merken, daß mein Urahn mit Kaftan und Schläfenlocken einherging." Edler Freund! Den Juden zum Europäer zu wandeln war freilich die Aufgabe – vor 150 Jahren. Inzwischen ist es selbstverständlich geworden, daß man in einer Gesellschaft von anständig gekleideten, leidlich gebildeten und wohlerzogenen Menschen nicht auffalle; es ist die Voraussetzung, von solchen allein ist hier die Rede. Wer aber heute noch immer nichts weiter von sich verlangt, als daß er sich des Europäertums bemächtige, ist von vorgestern. Er steht noch immer an derselben Stelle, an der einst Moses Mendelssohn stand. Dem Freunde Lessings gereicht es zur Ehre, dies gewollt und durchgesetzt zu haben. Die kulturelle Gleichheit mit den andern mußte freilich erreicht werden, sie lag auf unserm Wege. Sie ist aber erst der halbe Weg, sie stellt sich heraus als die Halbheit selbst und sie ist jedenfalls etwas, das wir Juden so oder so überwinden müssen.

Steht also nicht zu hoffen, unsre Stellung innerhalb der deutschen Kultur durch Aufklärung usw. zu ändern, ist es andrerseits gerade den Besten unter uns unmöglich, die Sache auf sich beruhen zu lassen und harmlos fröhlich im deutschen Dichterwald auch ihr Liedlein anzustimmen: so müssen wir denn schließlich aus dem Zustand des Leidens und der bloßen Abwehr zur Tat und zum Angriff übergehen. Endlich einmal werden wir es satt bekommen, uns „Mangel an Schöpferkraft", „kühle [289] Verstandesdichtung", „Frivolität", „Witzelei" vorwerfen zu lassen. Wenn wir denn durchaus das „deutsche Gemüt" nicht verstehen sollen, endlich einmal werden wir einsehen, daß unser jüdisches Gemüt noch viel weniger verstanden wird. Und endlich einmal werden wir auf die Ehre, ein deutscher Dichter zu heißen und deutsche Kultur zu machen, verzichten. Denn, weiß Gott! der deutsche Parnaß sollte einen Juden nicht locken! Wessen er sich dort oben zu versehen hat, lehrt das Beispiel Heinrich Heines. Mag man über ihn als Menschen und Künstler denken, wie man will: das Romanzero steht doch einmal als unvergleichliche Leistung in der deutschen Literatur, und Heines politische und Zeitgedichte werden an Bildkraft, Witz, schlagender

Wirkung von keinem der andern politischen Dichter erreicht. Statt dessen aber klammert man sich, um den Poeten zu beurteilen, an das Jugendwerk des Buches der Lieder, als wäre es die einzige Frucht seiner Lyrik. Wollen wir seine Schwächen, namentlich seine moralischen vertuschen? Im geringsten nicht; sondern wir Juden haben noch zehnmal mehr Grund, unsern Großen in die Seele und auf die Finger zu gucken. Aber wir wollen, daß mit gleichem Maße gemessen werde. Haben die Deutschen nicht ihrer Macher wie Kotzebue und Raupach gehabt? Nicht ihren Wieland, der im Leben, mehr noch in seinen Schriften schlüpfrig sein konnte wie nur einer und der noch dazu ein bloßer Nachdichter war, fast nur klug und formgewandt, ohne eine Spur von echter Originalität? Haben nicht viele Romantiker ihre Religion gewechselt, hat nicht Friedrich Schlegel sich zu Metternichs Kreatur erniedrigt, ist nicht Herwegh ein Franzose und Deutschenfresser geworden? Tadelt man sie, so geschieht es mit der Achtung, die ihre Leistungen fordern. Aber was hinter Heine her tönt, dem man – mit Recht und Unrecht – ungefähr dieselben Dinge vorwirft, klingt ganz anders; es ist ein Gebrüll maßloser Verleumdung, Entstellung, Verhöhnung, es ist das Toben derselben Rotten, die im Mittelalter in die Judenquartiere einbrachen, um im Namen Jesu Christi zu morden, zu brennen und vor allem zu rauben. Der Haß, der hier rast, gilt jedem von uns, den Ruhm oder Macht oder Geld über die andern emporhöbe. Man zucke doch nicht verächtlich die Achseln über Adolf Bartels; der Weimarer Professor wäre leicht abgetan, nicht aber die Tausende, deren Meinung er ausspricht. Heinrich Heine, bisher noch immer der einzige jüdische Dichter von europäischer Bedeutung, ist ein Symptom. Wer es zu deuten weiß, dem wird die Lust vergehen, sich mit den ach! so viel glücklicheren deutschen Dichtern zu messen; er wird sein Bündel schnüren und seiner Wege gehen.

Seiner Wege gehen – aber welches ist unser Weg? Ich weiß nicht, wie andre darin empfinden – ich, wahrhaftig, wenn ich meinem Gefühle folgte, ich würde weichen; ich würde es nicht länger ertragen, übel gelitten zu sein, ich würde, was ich etwa an Fähigkeiten besitze, dorthin tragen, wo man sich ihrer gerne bedient, – wüßte ich nur, wo das wäre. Einen Weg ins Freie kennen wir nicht. Wir kennen ihn vielleicht, aber wir dürfen ihn nicht gehen.

Es gibt keine deutsche oder chinesische oder jüdische *Wahrheit* und folglich auch keine deutsche, chinesische, jüdische oder überhaupt nationale Wissenschaft, außer daß in der Praxis das Objekt der Wissenschaft national [290] verschieden ist, wie denn zum Beispiel die sogenannte Weltgeschichte für den Ostasiaten anders aussieht als für den Westeuropäer. Wohl aber gibt es nationale *Kunst.* Ja, es gibt *nur* nationale Kunst, und die vom alten Goethe erstrebte Weltliteratur kann doch nichts als eine Sammlung des Besten sein, was auf dem Boden fester und echter Volkstümlichkeit gewachsen ist. Das Nationale ist zwar nicht Ende und Ziel, aber doch die Wurzel jeder Leistung, und von Homer und der Bibel bis zu Tolstoi und Ibsen sind alle Großen zunächst in ihrem Volk und für ihr Volk groß gewesen.

Diese Einsicht pfeifen ja heute die Spatzen von den Dächern; „Weltbürgertum", „Internationalismus" – das wirkt schon fast altväterlich.

Merkwürdig schwer aber wird den Juden die Anwendung dieser Erkenntnisse auf sich selbst. Daß es etwas „Jüdisches" gibt, im Leben und in der Kunst, wird vorläufig ja fast immer als Vorwurf gemeint und daher von den meisten Juden überhaupt bestritten oder auf die russisch-polnisch-galizischen Brüder abgewälzt. Im Sinne jenes Nationalitätenprinzips jedoch ist an einem Juden das Jüdische gerade das Beste; oder wenigstens es kann und soll sein Bestes sein, die nationale Eigenart muß sich so steigern, verinnerlichen, veredeln lassen, daß sie zum Vorzug, zur Tugend wird, daß eine besondere Kraft und alle Leistungen daraus hervorquellen. Denn wenn die Juden nicht als Juden etwas wert sind, so sind sie überhaupt nichts wert. Wer das einsieht und will, muß auch die Mittel dazu wollen; er muß Bedingungen zu schaffen suchen, aus denen sich jüdisch-nationale Eigenart frei und leicht entwickeln kann, wie anderswo deutsche, englische, italienische Art. Für Volk wie für Kunst aber ist die Voraussetzung jeder Entwicklung eine Heimat, ein eigener Boden, und so ergibt die Anwendung der modernen Ideen des nationalen Individualismus auf die Juden: für das Volk – den Zionismus, für die Kunst – die Wiederbelebung hebräischer Sprache und hebräischer Poesie.

In der Tat: für einen produktiven oder sonstwie an der Kultur mitarbeitenden deutschen Juden wäre die einzige Rettung aus der Halbheit, aus dem Zwitterwesen, aus Verleumdung und Verdächtigung, aus Ungerechtigkeit und Übelwollen: der Sprung in die neuhebräische Literatur. Die einzige Rettung und zugleich die unfehlbar sichere: hier ist jungfräulicher Boden, sind Schaffensmöglichkeiten ins Unendliche, und hier hört jede ungerechte Vergleichung auf, hier wird kein Widerstand der Wirtsvölker gegen „Verjudung" ihrer Nationalliteratur mehr geweckt, hier wird das Wort Jude von selbst zum Ehrennamen; denn hier mit einem Male hat es keinen Sinn mehr, von uns etwas andres zu verlangen, als daß wir jüdisch sind, mit Leib und Seele, mit Sitten, Anschauungen, Empfindungen, mit Vorzügen und Fehlern. Wohl jenen Glücklichen, die auf dieser Bahn nach der Palme laufen dürfen!

Uns andern aber geht es wie Moses, der das gelobte Land schauen, doch nicht betreten durfte. Wir aus dem Ghetto Entlaufenen, wir glücklich-unglücklichen Erben westeuropäischer Kultur, wir Ewig-Halben, wir Ausgeschlossenen und Heimatlosen, wir können mit dieser neuen Möglichkeit nichts anfangen, der junge Frühling, der aus den alten Stämmen hebräischer Sprache längst zu keinem begonnen hat, für uns grünt er nicht, über unserm Leben steht das graue Wort: sich abfinden! [291]

Denn wir deutschen Juden, wir *heute Lebenden*, wir können ebensowenig hebräische Dichter werden, wie wir nach Zion auswandern können. Oder mit andern Worten: so sehr wir wünschen müssen, jüdische und nichtjüdische Deutsche kulturell reinlich voneinander zu scheiden, um aus dem Kompromiß, der Halbheit, der Menschen- und Mannesunwürdigkeit herauszukommen, so unmöglich scheint das, wenigstens in absehbarer Zeit. Denn trotz Verfolgung, Verhöhnung, Mißachtung ist das Judentum im Laufe einer mehr als tausendjährigen Gemeinschaft mit dem Deutschtum so eng in den Wurzeln verwachsen, daß beide nicht mehr voneinander gelöst werden können.

Die rassereinen Germanen mögen sich sträuben wie sie wollen, sie mögen (mit echt germanischer Logik) alles Gute für sich in Anspruch nehmen und alles Übel den Juden zur Last legen: sie werden doch die Tatsache nicht aus der Welt schaffen, *daß deutsche Kultur zu einem nicht geringen Teil jüdische Kultur ist.* Denn Europa überhaupt ist wahrscheinlich mehr jüdisch als man im allgemeinen weiß. Die Hegemonie Westeuropas über den Erdball ist sicher eines der interessantesten und nach seinen Ursachen schwierigsten geschichtlichen Probleme. Ohne Chamberlains chauvinistische Naivität, der alle großen Europäer einfach zu Germanen macht und die europäische Kultur germanische Kultur nennt, durch einen neuen Chauvinismus zu widerlegen, möchte ich doch fragen, ob der Geist der freien Unternehmung, der Europa dahin gebracht hat, wo es jetzt steht, nicht zum großen Teil Geist der jüdischen Unternehmung, jüdischer Geist der Unternehmung ist. Auch gibt es, bei aller Leugnung jüdischer Genialität, wie sie – nicht eben aus Bescheidenheit – von gewisser Seite heute beliebt wird, doch immerhin eine Reihe von jüdischen Namen, die aus der deutschen und europäischen Entwicklung nun einmal nicht mehr auszuschalten sind.

Und gar wir Juden! Wenn wir mit endlich erwachtem Mannesstolze dem deutschen Volke, das uns nicht mag, den Rücken kehren wollten: könnten wir je aufhören, zum größeren Teil Deutsche zu sein? Auch unser Leben ist eben nicht erschöpft mit „Jehova", dem „alttestamentlichen Gott des Zornes" und dem „Gesetz", wie Christen die Karte unsrer inneren Welt zu umreißen pflegen. Wir haben zwar – traurig genug! – die deutsche Erde kaum jemals gepflügt und seit zweitausend Jahren hat kaum einer von uns Brot gegessen, das er selbst gesät und geerntet hat. Dennoch aber gehört auch uns dieser Boden, in den wir seit so langer, langer Zeit unsre Toten betten, die, wenn sie zu Staub werden, trotz allen Rassefanatikern in deutschen Staub zerfallen müssen. Der deutsche Frühling ist auch uns ein Frühling, wie der deutsche Winter unser Winter war, und gegen diesen seit unzähligen Generationen miterlebten Wechsel der Jahreszeiten, was bedeutet unserm Herzen der östlich blaue Himmel, unter dem Palmen, Zedern und Oliven gedeihn? Ein Wunder allenfalls. Sind wir nicht aufgewachsen mit dem deutschen Märchen? Haben wir nicht mit Rotkäppchen und Dornröschen gespielt, waren wir nicht betrübt über Schneewittchen und froh mit den sieben Zwergen? Lebt nicht auch uns der deutsche Wald, dürfen nicht auch wir seine Elfen und Gnomen erblicken, verstehen nicht auch wir das Rauschen des Baches und den Gesang der Vögel?

Und weiter: auch wir sind Schüler der Griechen und Römer, auch [292] wir haben an Schiller unsre Ideale gebildet, auch wir haben über dem Faust gegrübelt und sind jung gewesen mit dem grünen Heinrich. Und wenn wir Ehrgeiz haben – und wir *haben* Ehrgeiz – welches sind die Vorbilder, die uns voranschreiten? Goethe und Lessing und Kant und Beethoven.

Wir heute Lebenden, wir schon Gewordenen und Fertigen, wir können das nicht abschütteln, nicht von uns tun, wie man ein Kleid wechselt. Wir wollen das alles auch nicht aufgeben: es hieße, uns das Blut unsres Lebens abzapfen. Aber wir wollen zugleich nicht mehr um eine Gunst betteln, die man uns solange vorenthalten hat und, nach einer kurzen Epoche scheinbarer Versöhnung von neuem vorenthält. Wir wollen nicht mehr Werte produzieren und uns immer dagegen sagen lassen, daß es Unwerte seien, die das Herrlich-Deutsche entstellen. Wir wollen nicht mehr unser Leben einsetzen für die Kultur eines Volkes, das unsre tätige Mitarbeit für jüdische Aufdringlichkeit erklärt. Wir wollen einem Lande, das uns soviel gegeben hat und dem wir dankbar seine Gaben doppelt und dreifach zu vergelten strebten, nichts mehr aufdrängen, da es unsern Dank nicht mag. Unser Verhältnis zu Deutschland ist das einer unglücklichen Liebe: wir wollen endlich männlich genug sein, uns die Geliebte, statt ihr endlos kläglich nachzuschmachten, mit kräftigem Entschlusse aus dem Herzen zu reißen – und bleibe auch ein Stück Herz hängen.

Ich habe gesagt, was wir wollen, was wir wollen *müssen*. Ich habe auch gesagt, warum wir es doch nicht wollen *können*. Das Problem aufzuzeigen, war meine Absicht. Es ist nicht meine Schuld, daß ich keine Lösung weiß.

Palliative will ich verschreiben, Linderungsmittel, bis einmal das Kraut gewachsen ist, das uns heilt – bis es einmal wieder Menschen gibt, moderne, gebildete, „europäische" Menschen, die auf jüdischer Erde, in einem jüdischen Volke jung gewesen sind, mit jüdischem Heimat- und Sprachgefühl, fern unsern Nöten, fern auch unsrer Halbheit.

Ich nenne zunächst das eine (es schmerzt, aber es hilft): sich laut und rücksichtslos, ich möchte beinahe sagen schamlos als Juden bekennen; seinen eindeutig kompromittierenden Namen nicht hinter germanisch klingenden und klirrenden Kriegsnamen verstecken. Nicht durchaus nur *für* Juden und *über* Juden schreiben, dichten, malen, aber überall und unbedingt als Jude wirken. Es fehlt uns noch das *Organ, das alles schaffenden Juden, eben als Juden, vereinigt,* ein Organ, das nicht religiösen oder politischen Einzel- und Parteizwecken dient, auch nicht die brave jüdische Gesinnung anstatt der guten Leistung passieren läßt, sondern nichts ist als eine Sammelstätte des Besten, was Juden in Deutschland leisten. Hätten wir es, es würde mancher christlich-germanische Rufer im Streit still werden, und mancher hocheuropäische Jude – sich zum Philosemiten bekehren.

Hätten sich so endlich auf dem deutschen Parnaß Juden und Nichtjuden reinlich geschieden, so würde dann von selbst – und dies ist das zweite Heilmittel, das ich zu raten weiß – die *Übertreibung des Nationalitätsprinzips* aufhören. Denn was jetzt hierüber gelehrt und geglaubt wird, ist kindische Übertreibung. Wir predigen zwar nicht [293] mehr eine „mosaische Konfession", sondern glauben an ein jüdisches Volk mit angeborenen unverwischbaren Merkmalen. Aber so einfach, wie sich in gewissen Köpfen hüben und drüben die Welt malt, ist sie denn doch nicht. Germanen und Juden als *Gegensätze* zu behandeln, ist eine Vergewaltigung, eine Fälschung. Mag uns immerhin manches trennen: was wir gemein haben, ist mehr, wenn man nur ehrlich genug ist, das Verbindende zu sehen. Denn wären wir auch nirgends sonst Genossen, so sind wir doch gewiß *Zeitgenossen* und haben alles miteinander gemein, was die Zeit an Aufgaben und Forderungen an uns heranträgt. Fast alle Kulturerscheinungen sind in Europa längst international: Humanismus und Renaissance waren es, Romantik und Naturalismus desgleichen. Das soziale Problem fordert uns alle zur Mitarbeit auf, und das Zeitalter der Maschine hat jedem von uns in gleicher Weise Nutzen oder Schaden gebracht. Und so bauen wir denn schließlich alle an demselben Werk und könnten uns alle in diesem Werke finden, wenn auch jeder es auf seine Weise fördert – gerade weil jeder es auf seine Weise fördert. Was uns unterscheidet, braucht uns ja nicht zu scheiden. Wenn wir Juden erst alle so weit sind, nichts andres sein zu wollen als Juden, so wird vielleicht auch Europa dahin gelangen, uns für nichts zu nehmen als für Juden, so wird es sich eingestehen, daß es uns braucht – als Juden.

Goethe sagt einmal zu Eckermann von irgendeinem Künstler, er litte daran, woran wir Modernen alle leiden, am *Stoff.* In der Tat: richtet man den Blick etwa auf griechische Kunst und ihre Gestaltung nationaler Mythen und Sagen oder auf die des Mittelalters, die an der unermüdlichen Variation christlich-religiöser Themen zur Höhe der Renaissancekunst emporklomm: so bietet uns die neuere Kunst, was die Objekte der Darstellung anlangt, ein Bild wilder Zerfahrenheit und Ratlosigkeit. Aus allen Völkern und Zeiten, aus allen Berufen und Gewerben, aus allen Höhen und Tiefen der Gesellschaft, aus diesseits und jenseits tragen unsre Künstler sich ihre Stoffe zusammen. Dieses haltlose Herumtappen ist ohne Zweifel, wie Goethe eben sagt, ein Schaden für die Kunst. Das Nationale, in Geschichte oder Sage, bietet dagegen immer einen gewissen Anhalt, hierzu hat jeder Mensch nicht eine zufällige oder willkürliche, sondern notwendige Beziehung. Aufschwung der Kunst fällt daher oft zusammen mit Betonung des Nationalen und der Wahl nationaler Stoffe.

Unter den produktiven Juden Deutschlands und Westeuropas hat nun die Behandlung jüdischer Stoffe in jüngster Zeit ungeheuer zugenommen. Einer nach dem andern setzt sich, mehr oder weniger bestimmt, mit dem Judenproblem auseinander, einer nach dem andern entdeckt das Judenproblem als *sein* Problem. Und dies ist das letzte und vielleicht wirksamste Palliativ, das ich vorzuschlagen weiß. Keineswegs freilich ist uns jüdische Kunst identisch mit der Behandlung jüdischer Stoffe. Dennoch aber liegt hier eine dringende und schöne Aufgabe für uns Juden. Denn soviel schon geschehen, *das* Judendrama, *der* Judenroman ist noch ungedichtet. Worauf es hier vor allem ankommt, ist die *Schaffung eines neuen Typus Jude*, neu nicht im Leben, sondern in der Literatur. Bekanntlich sehen wir alle das Leben, die Menschen, die Landschaft so, wie unsre Künstler sie uns vorsehen. Welches aber ist der Jude, den sie uns gezeigt haben? Shylock und Shylocks [294] Tochter! Dieses Vorbild ist so mächtig, daß sich kein Christ, trotz aller lebendiger Anschauung im täglichen Umgang mit Juden davon zu befreien wußte. Auch die Juden nicht (siehe Beer-Hoffmanns Grafen von Charolais), es sei denn, daß sie ins Idyll flüchteten und die Enge des Ghetto darstellten. Der dämonisch-lasterhafte Shylock und der karikierte oder gutmütig-komische Trödeljude – bisher gab es fast nur diese beiden Extreme. Der Jude, der unser Ebenbild ist, unser jüdisches Ideal des Juden fehlt noch. Jüdische Dichter, heran!

Wir führen einen Kampf mit zwei Fronten. Unsre Feinde auf der einen Seite sind die deutsch-christlich-germanischen Dummköpfe und Neidholde, die das Wort Jude zum Schimpfwort gemacht haben und alles, was von Juden kommt, „jüdisch" nennen, um es dadurch zu besudeln, zu verkleinern, zu verdächtigen. Wir unterschätzen diese Führer und ihren Anhang nicht; es sind ihrer mehr, als sie selbst wissen, und welcher Nichtjude nichts mit ihnen gemein haben will, prüfe sich sorgfältig, ob er nicht, gegen seinen Willen, sehr viel mit ihnen gemein hat.

Auf der anderen Seite stehen unsre schlimmeren Feinde, *die* Juden, die nichts merken, die unentwegt deutsche Kultur machen, die so tun, als ob, und sich einreden, man erkenne sie nicht. Das sind unsre wahren Feinde; sie gilt es, von den allzu sichtbaren Posten zu verdrängen, wo sie die Judenschaft repräsentieren als ein falscher Typus Jude, sie gilt es, mundtot zu machen und allmählich auszurotten, damit wir andern Juden wieder unsers Lebens froh werden können in dem einzigen, worin ein Mann sich stolz und frei fühlen kann: im offenen Kampfe gegen einen ebenbürtigen Gegner.

Ehe wir aber soweit sind, fordern wir Achtung vor einer Tragik, die wir hier mit schwerem Herzen vor aller Welt aufgedeckt haben.

Moritz Goldstein

* * *

Wir haben den Herrn Verfasser aussprechen lassen, ohne ihn an irgendeiner der Stellen zu unterbrechen, bei denen die Welt uns anders aussieht, als ihm. Wir haben auch nicht angedeutet, welche Stellen das sind, um dem Leser nirgendwo die Unbefangenheit zu beeinträchtigen. Mit unsrer Antwort oder Ergänzung mögen wir uns nicht beeilen, weil wir vorher gern sehen möchten, wie sich unsre jüdischen Mitbürger zu Goldsteins Ausführungen stellen.

Sprechsaal

Unter eigner Verantwortung der Einsender

Deutschtum und Judentum

Die bisherige Wirkung des Goldsteinschen Aufsatzes „Deutsch-jüdischer Parnaß", dem wir zur Einleitung einer Aussprache über Judentum und Deutschtum Raum gegeben haben, läßt sich schnell andeuten. In der Öffentlichkeit: lebhafte Besprechung in der rechtsstehenden, sogenannten „antisemitischen" Presse und vollständiges Stillschweigen in der liberalen und der sogenannten „jüdischen". Dagegen in den Zusendungen an uns genau umgekehrt: fast ausschließlich jüdische Verfasser.

Das kann sich alles noch ändern, warteten wir aber gar zu lange, so könnte mittlerweile vergessen werden, was zu einer fruchtbaren Besprechung gegenwärtig bleiben sollte. Wir geben deshalb heut der Entgegnung eines unsrer besten deutschjüdischen Schriftsteller Raum, Ernst Lissauers, und schließen an sie noch einige kurze Bemerkungen aus Zuschriften jüdischer Herren an, deren Äußerungen wir, um Wiederholungen zu vermeiden, kürzen. Über die Stellung der deutsch-nationalen Presse von der Rechten unterrichte derweilen ein Zitat.

* * *

Um das Problem zu durchblicken, das Moritz Goldstein zur Erörterung stellt, dazu bedarf es einer historischen Erkenntnis für die Vergangenheit und einer historischen Gelassenheit für die Zukunft; einer *historischen*: aus Erkennen geschichtlichen Werdens und geschichtlicher Notwendigkeit muß unsre Entscheidung erwachsen. Goldstein aber weiß vom Geschichtlichen, wie ich zeigen werde, nichts, und in einer Ungeduld, die zuinnerst auf einem unorganischen und unhistorischen Wesen erwuchs, rennt er stampfend, blind und zornig gegen die Tatsachen an. Er meint, klar zu sehen, und ist gefühlisch vage. Bevor ich ihm antworte, muß ich aussprechen, daß ich nicht etwa nur andrer Meinung bin, sondern ihn für unfähig halte, repräsentativ für gebildete deutsche Juden zu sprechen; eben um jenes Aufsatzes willen: andres kenne ich nicht von ihm.

Goldstein gräbt nirgends an die Wurzel. Er fragt sich nicht, was eigentlich ein Volk ist, und ob danach die Juden überhaupt noch ein Volk sind. „Der Staat", so hat ein Hochtory, der Junker von der Marwitz, vortrefflich definiert, „besteht nicht aus einem Aggregat von Menschen, die einen willkürlichen Gesellschaftsvertrag miteinander geschlossen haben, sondern er ist das geschichtliche Resultat des Zusammenlebens dieser Menschen auf einem bestimmten Fleck Erde." Auch ein Volk ist nicht nur ein Aggregat von Menschen, sondern gebunden durch die Art des Landes, Klima, wirtschaft-[7]liche Bedingungen. Otto Bauer, einer der bekanntesten unter den jüngeren Führern der österreichischen Sozialdemokratie (von jüdischer Abstammung) definiert in seinem Buch „Nationalitätenfrage und Sozialismus" Nationalität als: Charaktereigenschaft, hervorgegangen aus der Schicksalsgemeinschaft, die entsteht durch territoriale Gemeinschaft unter gemeinsamen wirtschaftlichen und politischen Bedingungen. Zwei Definitionen von entgegengesetzten Polen her sind angeführt. Ich bestreite, daß die Juden, die im Ghetto noch ein Volk waren, heute noch ein Volk sind: alle Kriterien dafür mangeln. Es fehlen die gemeinsame Sprache, die gemeinsamen Sitten, der gemeinsame Boden, das gemeinsame Klima, die gemeinsamen Gesetze. Sollte man mir aber entgegnen, daß weite Mengen Juden etwa im Osten Sitten und Sprache noch im Gegensatz zu den anderen Völkern gemeinsam haben, so sage ich, daß wir deutschen Juden eben nicht das Jargon sprechen, Kaftan und Peijes abgelegt haben und mit jenen nichts gemeinsam haben als die äußerliche Bezeichnung der großenteils innerlich nicht mehr bekannten Konfession. Wir sind nicht Volksgenossen mit jenen. Als ich mit jüdischen Mitschülern vor der Tür meines Berliner Gymnasiums stand, kam vom Bahnhof Friedrichstraße ein Mann im jüdischen Kaftan und mit Locken und frug uns: „Gibt es denn gar keine Juden in Berlin?" Und instinktiv habe ich ihm, innerlich, geantwortet: „nein"; denn er meinte anderes mit dem Worte als wir. Auch die Juden in Deutschland allein sind ebensowenig ein Volk, denn alle Kriterien stimmen für sie ebenfalls im engeren nicht. Auf der andern Seite aber sind die Juden als solche noch *erkennbar*. Der

Grund für *beide* Tatsachen ist, daß die Juden auf dem geschichtlichen *Wege* sind, ihre Volkheit zu verdunsten.

Dies ist das Entscheidende, was Goldstein verkennt: *die Juden sind in einem Zwischenzustand.* Sie kommen von einer Kulturgemeinschaft, dem Ghetto; sie gehen zu einer Kulturgemeinschaft, in die sie erst einwachsen. Man kann den Begriff der territorialen Gemeinschaft auf die räumliche Zusammendrängung im Ghetto anwenden; sie besteht nicht mehr. Gemeinsame politische und wirtschaftliche Bedingungen wurden einst durch die nur für die Juden gültigen Ausnahmegesetze gebildet; heut teilen sie ihre wirtschaftliche Situation großenteils mit der Bourgeoisie, ihre soziale vielfach mit dem Proletariat, dem etwa Offizierkorps und Verwaltung ebenfalls verschlossen sind. Ihre Stellung, eben ein Zwischenzustand, ist aus Herrschaft und Unterdrücktsein seltsam gemischt. Noch immer, niemand kann das leugnen, bestehen gewisse gemeinsame politische und wirtschaftliche Bedingungen für die deutschen Juden, und darum besteht auch noch eine gewisse Charaktergemeinschaft. Allein, diese Momente sind gegen früher ungemein weniger markant geworden, ein Vergleich mit den früheren Verhältnissen ist überhaupt unmöglich. Die Rechte, welche die Juden mit den anderen gemeinsam haben, sind weit zahlreicher und gewichtiger als die, von denen sie ausgeschlossen sind. Diese bindenden Bedingungen lösen sich außerdem mehr und mehr. Der Leiter der Hamburg-Amerika-Linie steht einem Krupp viel näher als dem jüdischen Kleinkaufmann in einem posenschen Nest. Vor der Emanzipation und noch lange während des neunzehnten Jahrhunderts war das anders.

Und endlich: da das *religiöse* Moment immer mehr für den deutschen Juden versinkt, so wird die innere Möglichkeit, zur Landeskirche überzutreten und auch äußerlich den Anschluß an die deutsche Kulturgemeinschaft [8] zu vollziehen, immer größer; er kann jene Bedingungen viel leichter abstreifen, als es früher möglich war.[*]

---

[*] Absichtlich gehe ich hier auf die Stellung des modernen Juden zum Christentum nicht ein, da die betreffenden Skrupel auch für moderne Christen gelten, sondern ich fasse die Taufe, entsprechend der Verwaltungspraxis, die die *Konfession* oft als Hindernis einer Laufbahn erklärt, als den Akt des Übertritts zur *Landes*kirche, als einen offiziellen, nicht bekennerischen, auf. Damit tue ich, was die

Die Juden sind in einem *Zwischenzustand.* Die Befreiung der Juden ist nicht hundert Jahre alt, sondern sie hat vor hundert Jahren begonnen und ist noch heute nicht vollendet. Diese hundert Jahre aber sind eine *außerordentlich kurze Spanne* Zeit. Der mangelhaft ausgebildete geschichtliche Sinn unsrer Epoche läßt Juden und Nichtjuden vielfach vergessen, daß die Juden siebzehnhundert Jahre in der Diaspora, an tausend aber unter Druck und Not waren, und daß die Schäden so langer Zeiten nicht ausgetilgt werden können in einem Jahrhundert. Stellt man aber diese Zahlen widereinander, so gewinnt die Judenfrage ein ganz andres Aussehen. Dann sieht man, daß die Juden zwar noch immer einen großen Teil von Eigenschaften besitzen, die aus der Ghettonot stammen und den Haß der Nichtjuden wecken, daß sie aber auf der andern Seite in verhältnismäßig außerordentlich hohem Maße bereits verloren gegangen sind, wie überhaupt die Assimilation *relativ* ungemein stark vorgeschritten ist.

Es ist nicht wahr, daß der Haß, zumal gebildeter Deutscher, den Juden als solchen treffe. Wahr ist, daß dem Juden ein starkes Vorurteil entgegentritt; aber die weitaus größte Menge der Nichtjuden ist innerlich bereit, dem einzelnen Juden gegenüber umzulernen. Daß aber die Juden als Gesamtheit vielfach noch den Haß wecken, das hängt eben mit den bereits angedeuteten, geschichtlichen Momenten zusammen, die kurz betrachtet werden müssen, weil sie für die Erkenntnis der Zukunft wichtig sind.

Die Juden sind kein Volk mehr, aber noch gemeinschaftlich kenntlich durch ihr Äußeres, Aussehen und auch Gebaren. So bilden sie noch eine gewisse Gemeinschaft. Aber zahllose Juden sind ihr bereits verloren gegangen, sie sind aufgegangen, ohne daß ihre jüdische Herkunft verspürt würde. Ihre Nachkommen sind Offiziere, Beamte, Lehrer. Wer bestimmte Berufe ausüben will, muß (wieder von dem in *diesen* Zusammenhängen äußerlichen Moment der Taufe abgesehen) nicht markant jüdisch gekennzeichnet, also schon mehr assimiliert sein. Viele gründlich Assimilierte sind auch äußerlich so

Logik der Tatsachen erfordert; meine eigene Stellung zur Taufe und zum Christentum, zum religiösen Problem überhaupt, ist hiermit nicht angerührt.

vollkommen auf- und dem Judentum verloren gegangen, daß sie dem Blick der Rassentheoretiker hüben und drüben nicht mehr erkennbar sind, aber Beweise und Beispiele wären für den Vertreter der Assimilation.

Das im eigentlichen Sinn Jüdische aber ist zusammengedrängt in einigen wenigen Berufen: statt daß die Juden verteilt wären, sind sie zusammengestaut an bestimmten engen Stellen, und dadurch belasten und belästigen sie selbstverständlich den Gesamtorganismus. Man hat die Juden unter Stein und Hardenberg, wie selbst der liberale Feldmarschall Boyen, der dem reformerischen Kreise angehört hat, bemerkt, im Verhältnis zum Volksempfinden zu rasch emanzipiert, – weshalb im Vormärz starke [9] Rückschläge erfolgt sind, wie auch nach 1848, – und auf der andern Seite doch wieder nicht radikal genug. Denn wir Juden genießen heut alle bürgerliche Freiheit (der genaue Termin, der das endgültig festgelegt hat, ist erst der 3. Juli 1869); aber in anderem Sinne sind noch Ghettotatsachen vorhanden. Die Juden sind Kauf- und Geldleute, Ärzte, wie im Mittelalter, und ihre Kräfte werden genau so in einseitiger Weise erzogen, wie damals. Statt langsam die Juden einströmen und ihre einseitige Verstandesbildung sich verbreitern zu lassen, wiederholt man den Fehler des Mittelalters und züchtet die Hypertrophie von Kräften weiter, unter der die andern Volksteile dann *durch Naturgesetz* leiden müssen. Es soll aber hiermit kein Vorwurf erhoben werden; denn weder für Hardenberg vor hundert Jahren war ein andres Zeitmaß der Emanzipation möglich, noch kann man die betrübliche Reaktion nach den Befreiungskriegen ohne weiteres verurteilen. Es waren eben viele hundert Jahre Judenhaß, Judenverbildung voraufgegangen, und da gilt es *geschichtlich erkennende Geduld: Not von Jahrhunderten können Jahrzehnte eben nicht schlichten.*

Noch eins aber verdient herausgehoben zu werden. Der Haß gegen das Judentum flammte auf in der Zeit nach 1870, also in einer Zeit gesteigerten Volksgefühls, in dem andrerseits aus wirtschaftlichen Gründen das Judentum mit verblüffender Gewalt emporschwoll. Goldstein sieht nämlich nicht nur nirgends das Geschichtliche, sondern auch nicht das Soziologische. Er faßt die Judenfrage im luftleeren geistigen Raum, und sie ist doch verändert und verwachsen mit vielen anderen Fragen. Das Mittelalter hatte die Juden zu Kapitalisten erzogen; kein Wunder, daß sie im Zeitalter des Kapitalismus zu ökonomischer Herrschaft gelangten. Der Haß gegen die Juden ist aber vielfach Haß gegen den Kapitalismus, wie denn die vorkapitalistischen Parteien (Agrarier, Handwerker) vornehmlich Antisemiten sind.

Ein hauptsächliches Kennzeichen des Judentums scheint mir sein Konservativismus, den es im Mittelalter bewährt hat. Er herrscht auch noch in Rußland, wo die Juden unfrei und unter sich sind. Sobald die Zeit, vornehmlich die französische Revolution, die Mauern des Ghetto niedergerissen hatte, taten sie Sitten, Bräuche, Sprache rasch von sich ab. Man bedenke: noch um 1785 war das Hochdeutsch den meisten Juden ungeläufig, als Schriftsprache ihnen völlig fremd. Zwar haben die Juden an dem deutschen Geburtenüberschuß ihren Anteil; da aber beständig Juden aus der jüdischen Gemeinde austreten, so vermehren sie sich unvergleichlich viel langsamer als die Nichtjuden, und der Prozentsatz verringert sich dauernd. Vor allem aber: immer weniger gebildete Juden lassen ihre Kinder Hebräisch lernen, immer weniger feiern die jüdischen Feste.

Goldsteins Meinungen beruhen auf dem Dogma von der Unveränderlichkeit der semitischen Rasse, mit diesem Dogma arbeitet er ebenso leichtfertig wie die antisemitischen Gegner. Das ist ein naturwissenschaftliches Problem, das aber mit wissenschaftlicher Exaktheit bisher noch niemand gelöst hat. Zum allermindesten ist die Frage nicht spruchreif; die Befreiung der Juden ist noch jung und noch unvollkommen, und Assimilation braucht Weile.

Ich weiß nicht, welches die unverwischbaren Merkmale der jüdischen Rasse sein sollen, ich sehe nur, daß ihr Eigenschaften durch das Ghetto [10] anerzogen sind, die in der Freiheit langsam (langsam!) schwinden. Diese „unverwischbaren Merkmale" nennt Goldstein nicht: einmal nennt er auch unsre Eigenschaften „geheimnisvoll".

Wenn die deutschen Juden, wie Goldstein fordert, als solche sich abschließen, so entsteht im besten Fall eben eine Gruppe von deutschen Juden, die, da sie einmal von der deutschen Kulturluft umschlossen sind, stets ebenso wenig Zusammenhang mit denen der andren Länder haben wird, wie jetzt, eher immer weniger. Der Haß gegen die Juden beruht auf der Hypertrophie ihrer wirtschaftlichen Eigenschaften; der ist keine bloße Empfindung, sondern hat seine klaren Gründe. Man muß einmal erkannt haben, wie sich die Natur, die sich für jede Verrückung des Gleichgewichts rächt, auch hier gerächt hat: die Juden, zu Zinsnehmern und Wucherern im Anfang gepreßt, wurden eben dadurch die Geißeln derjenigen, die ihnen den Wucher aufnötigten. Wenn nun die Juden sich absondern, so werden die ihnen angezüchteten hypertrophischen Kräfte fortkultiviert werden, so daß sie immer mehr auf Deutschland lasten. Das Ziel muß sein: Vertrauen zu erwerben suchen, und auf diese Weise allmählich – eben mit dem historischen Wissen um das Zeitmaß organischen Werdens – eine Verminderung und Beseitigung dieser Hypertrophie herbeiführen.

Eine ruhige Betrachtung zeigt, daß die Entwicklung der Juden diesen natürlichen Verlauf nimmt. Ein großer Teil des deutschen Volkes, alle die, die auf der linken Seite stehen, die der fortschrittlichen Volkspartei und der Sozialdemokratie angehören, teilen die von Goldstein gekennzeichnete Abneigung nicht oder nur in geringem Maß. Das Vertrauen der proletarischen Massen haben die jüdischen Führer nicht minder als die arischen. Andrerseits ist die antisemitische Bewegung stark abgeschwollen: das beweist nicht nur das Fiasko der österreichischen Christlichsozialen, sondern auch das Schmelzen unsrer antisemitischen Grüppchen. Außerdem erwachen in der konservativen Partei entsprechende Tendenzen: in der Kreuzzeitung ist vor einiger Zeit angeregt worden, aus dem Tivoliprogramm die antisemitischen Punkte zu tilgen. Mit alledem soll nicht die Abneigung zahlloser Deutschen gegen die Juden bestritten werden. Sie besteht und ist historisch durchaus verständlich. Wir Juden brauchen Zeit; wir erwarten die demokratische Epoche, in der die Juden nicht in der Opposition und Kritik stehen, sondern sich mehr verteilen, vielfältig wirken und gemach ihre Einseitigkeit ablegen können.

Goldstein spricht, mit Recht, kein Wort von dem religiösen Moment, eben weil er allen Ton auf das Rassemäßige legt. Er übersieht aber die große *negative* Bedeutung des religiösen Moments für diese Gedankengänge. Die Juden, die einen besondern Glauben bekannten und sich als das auserwählte Volk Gottes erklärten, bewahrten mit Standhaftigkeit diesen Glauben, und das ist ihr hoher Ruhm. Sie wurden zusammengehämmert durch den Druck, der von seiten der Kirche auf sie preßte. Dem Katholizismus eignet das Prinzip der alleinseligmachenden Kirche, er wirbt von Natur. Sie waren die „Ungläubigen": zur Zeit der Kreuzzüge wüteten die Judenverfolgungen besonders heftig; gerade weil es Qual war, Jude zu sein, hielten die Juden zusammen. Ihre Religion war wahrhaft „religio": bindendes Band; in der Zeit des Glaubens hatte es einen tiefen Sinn, Jude zu sein. Dies Band ist heute aber gefallen. Die religiösen Gegensätze sind geschwunden, sie haben keinen besondern Gott mehr [11] und dünken sich nicht mehr das auserwählte Volk. Das einzige gewaltige Band, das die Juden zusammengehalten hat, ist zerrissen. Die Zahl der gläubigen Juden ist, zumal unter den Gebildeten, ganz gering und schwindet mit jedem Tage mehr.

Die Teilnahme der Juden an der deutschen Literatur nun ist allerdings ungemein groß, und sie hat ihr bisher nur teilweis zum Vorteil, oft zum Nachteil gereicht. Aber man muß auch hier unterscheiden zwischen einem akuten und einem chronischen Zustand, zwischen spezifisch jüdischen und allgemeinen soziologischen Momenten. Der große Anteil der Juden insbesondere an der Kritik hängt eben wieder zusammen mit der einseitigen Ausbildung des Scharfsinns. In der Tat kommen in der Kritik der jüdischen Literaten oft dieselben Kräfte zur Geltung, die an anderen Stellen sich kauf- und bankmännisch auswirken. Sie sind Kritiker der Literatur, wie sie Kritiker der Regierung, wie sie Advokaten sind: infolge ihres angezüchteten Scharfsinns. Das ist zunächst etwas ganz Selbstverständliches: verwunderlich sind die Ausnahmen, von denen noch zu sprechen sein wird. Der jüdische Scharfsinn ist auf doppelte Weise gezüchtet worden: einmal durch die vielhundertjährige Beschäftigung mit theologischen Problemen, welche die natürliche Konsequenz ihres Glaubens an ihre Auserwähltheit und Sendung war und mit ihrem Drange nach religiös-nationaler Behauptung zusammenhing; und dann durch die Beschränkung auf Handel und Wucher, die Schläue und kombinatorische Logik erfordern. Allein was den Anteil der jüdischen Dichter an der Literatur betrifft, so ist das ebenso wie vieles andere eine soziologische Erscheinung: die Bourgeoisie, der die Juden großenteils angehören, hat überhaupt viele mehr oder minder fragwürdige Talente hervorgebracht, und neben den jüdischen kann man entsprechend viele germanische bourgeoise Auchtalente ganz gleicher Artung nennen.

Was indes den Beifall anbelangt, der die Dichter grüßt, so hört die Empfindlichkeit Goldsteins falsch. In seiner Kontrastierung: Schmidtbonn-Eulenberg und Schnitzler-Hofmannsthal sind *diese* Fehler: Eulenberg ist mehr als ein Jahrzehnt ununterbrochen durchgefallen, Juden haben ihm zuerst zugejubelt und den Weg gebahnt; Hofmannsthal ist kein Jude, sondern Halbjude, und der Grund, daß Schmidtbonn anders wirkt als Schnitzler und Hofmannsthal, ist ein ästhetischer: er ist ein echter, starkwüchsiger Dichter, wie wir ihn selten gehabt haben, Schnitzler und Hofmannsthal sind höchstens seine Kulturpoeten.

Alles, was Goldstein wie im allgemeinen so auch in literarischer Beziehung aufzeigt, ist nicht isoliert zu betrachten, sondern hängt mit allgemeinen, teils soziologischen, teils hier auch ästhetischen Fragen zusammen, zum Teil aber mit der allgemeinen individualistischen Zerklüftung der Nation, über die ich an anderer Stelle ausführlich spreche, und auf die hier nicht eingegangen werden kann.

Aber auch hier zeigt sich eine Wandlung, ein Abflauen des zersetzenden kritischen zugunsten eines positiven Geistes. Goldstein selbst deutet hiervon etwas an. Gerade die nur witzige, spitze Kritik wird von jüdischen Schriftstellern aufs leidenschaftlichste bekämpft, gerade Juden treten der Überschätzung Heines entgegen. Für Liebermann etwa ist der wesentlich germanisch-national geleitete „Kunstwart", zum Beispiel mit einer besonderen [12] „Mappe", energisch eingetreten. Der Ästhetizismus und das Artistentum werden von Juden vielfach mit Leidenschaft bekämpft.

Wichtiger als die nur natürliche und logische Tatsache, daß die Juden noch vielfach in der Literatur jüdische Eigenschaften zeigen, ist die Tatsache, daß es Juden gibt, die durchaus deutsche Schriftsteller sind. Ich nenne da, um nur *ein* Beispiel zu geben, einen in den sechziger Jahren wirkenden Mann: Emil Kuh, der einer der größten deutschen Kritiker war, und dabei jüdischer Abstammung. Er war in die harte Schule Hebbels gegangen; unter Schmerzen ist er von ihm assimiliert worden. Von ein paar Entgleisungen ins „Bildern", die man allenfalls jüdisch nennen könnte, abgesehen: man zeige, wo sich in seiner die zartesten und lautersten Tiefen der deutschen Lyrik erfühlenden Kritik jüdisches Wesen erweist. Und andrerseits, wenn jenes „Bildern" Judentum erweist, dann ist Anastasius Grün, der Graf Auersperg, ein Jude. Ist Artistentum und Ästhetizismus jüdisch, dann sind Stefan George und Rainer Maria Rilke, die Urchristen, gewißlich Juden. Wenn jüdische Literarhistoriker, die protestantische Luft mit jedem Atemzug einsaugen, nicht über Luther arbeiten dürfen, dann dürfen Arier, die den Orient nie sahen, nicht über Mahommet schreiben.

Ich will die schwere Lage des deutschen Juden, der sich assimilieren, insbesondere des deutschen Juden, der in der deutschen Nation als geistiger Führer wirken, als deutscher Dichter schaffen will, nicht beschönigen. Aber die historische Stelle, an der die Entwicklung des Judentums steht, bedingt es eben, daß da eine schwere Arbeit zu leisten ist.

Sache des deutschen Juden ist es, die schwere Lage zu erkennen und in ihr auszuharren. Nicht bei denen ist das Heil, die zum Rückzug blasen und eine palästinensische Enklave in Deutschland herstellen wollen, sondern bei denen, die in dem unaufhaltsamen Zersetzungs- und Assimilationsprozeß die Vordersten sind. Man wählt sich die Stelle nicht, wo man steht, man folgt einer Stimme, einem Befehl. Wer in seinen Schriften noch jüdischen Geist verlautbart, wird das Vertrauen der deutschen Nation nicht erwerben; wer es kann, nun, der beweist eben, daß er aus einem Juden ein Deutscher ward. Und dies gibt es, das wird es immer mehr geben: der erstaunliche Weg, den die Juden in diesen hundert Jahren, mit all ihren Rückschlägen, zurückgelegt haben, erweist es. Auf solchem Posten zu stehen, ist nicht leicht; aber darauf kommt es auch nicht an. Solche Männer werden ihre jüdische Herkunft und ihren jüdischen Namen nie verleugnen, aber sie werden auch nicht beständig das Judentum betonen, dem sie sich entfremdet haben.

Nur zweierlei ist möglich: entweder: auswandern; oder: deutsch werden. Dann aber: sich eingraben, einwurzeln mit aller Kraft, mit allen Adern, allen Muskeln sich zum Deutschen erziehen, die Sache der Deutschen zu der eigenen machen. Und in dieser seiner Pflicht aushalten: „trotz Hohn und Spott" von Antisemiten und Zionisten.

Durch solch Leben sich durchzuschlagen, das will allerdings ein besonder Stück Robustheit. „Wohl dem, der es hat erfahren und kann sich dennoch retten und wahren der Seele Hoheit."

Ernst Lissauer

* * *

Handelt es sich darum, ob Goldstein in *allem* recht hat – oder darum, ob Tausende und Abertausende der besten und selbstbewußtesten Juden [13] wie er empfinden? Uns junge Juden soll man hören, die wir nicht in den Jahren kühlen Wägens und Prüfens und vorsichtigen Urteilens uns zum Gedanken einer jüdischen Renaissance wandten, wie man sich eine Weltanschauung erwirbt – uns! die wir erfüllt von deutschen Idealen, mit sehnender Seele alles Deutsche umfassend, plötzlich erkannten: wir haben uns geirrt! Und mit blutendem Herzen einen stolzen Palast nach dem andern zusammenbrechen sahen! Wer hat das erlebt? Er wird uns begreifen. Aber unter den Trümmern unsrer Ideale fanden wir etwas wieder, das uns retten konnte: Stolz! Bisher war's der Stolz des Deutschen. Nun wurde er zum Judenstolz!

Wir, die wir diesen Judenstolz besitzen, wollen gehört werden: Gebt Raum, daß wir uns strecken können! In eurem Lande zerdrückt ihr uns, gebt uns ein eigenes. Wir wollen eine Kultur schaffen, die eurer um nichts nachsteht. Ihr aber seid die los, die nach so Vieler Auffassung euer Wachstum hemmen. Wir wollen eure Großen lieben und ehren, weil sie auch unsre Götter waren. Aber wir wollen auch unsre eignen Großen hervorbringen. Das können wir nicht, weil ihr's nicht wollt.

Wir wollen ein *Selbst* sein!

Ich sehe einen ehrwürdigen Zug silberhaariger Männer – Professoren, Geheimräte, Bankherren usw. – dem Redaktionstempel des Kunstwarts sich nahen. Mit monotoner Stimme, als handle es sich um ein fachmännisches Gutachten, sprechen sie: „Wir sind das offizielle Judentum. Wollt ihr wissen, was Jude sein heißt, fragt uns. Der da zu euch redete, ist ein Feigling, der nicht wagt, den Kampf um unser Recht bis zum Letzten zu kämpfen, der in trotziger Bubenart sagt: „wir wollen nicht mehr unser Leben einsetzen für die Kultur eines Volkes, das unsere tätige Mitarbeit für jüdische Aufdringlichkeit erklärt". Wir aber wollen keinen „Sprung in die neuhebräische Literatur", weil wir kein jüdisches Volk *wollen*, weil wir uns wohl fühlen als Handlanger deutscher Kultur, weil wir darauf verzichten, selbst Kulturschöpfer zu sein – wir offiziellen Vertreter der deutschen Judenheit!"

Mögt ihr verzichten, wir wollen es nicht. Mögt ihr euch mit den Brocken begnügen, die man hin und wieder den hungernden Hunden hinwirft, wir sind nicht so anspruchslos.

Doch noch ein Wort an euch, ihr Offiziellen, ihr Retter und Verteidiger des Deutsch-Judentums: Warum seid ihr nicht diejenigen, die das *erste* Wort sprechen, warum eilt ihr immer nur dann herbei, wenn ihr für euren Thron fürchtet, warum wagt keiner aus euren Reihen, dies Judenelend aufzudecken, das größer ist als der schlimmste Progrom? Warum?

Weil ihr es nicht kennt, es nie gesehen habt, weil ihr noch einmal jung werden müßtet, um es erfassen zu können.

H. R.

* * *

Wie ist es möglich, daß ein jüdischer Kritiker ein Buch wie den „Emanuel Quint" bespricht, und daß seine Besprechung – was das Wichtigste ist – bei Nichtjuden Einfluß, Macht gewinnt? Die Tatsache dieses Einflusses, dieser Macht ist natürlich von der größten Bedeutung. Denn ohne sie würde der jüdische Kritiker ja eine höchst belanglose Persönlichkeit sein, und gerade das bestreitet Herr Goldstein, wie es längst vor ihm vornehme und unvornehme Antisemiten bestritten haben. [14]

Nun, jene bedeutungsvolle Tatsache wäre völlig unmöglich, wenn wirklich zwischen dem mit deutscher Kultur durchsetzten Juden und der Menge der Nichtjuden jene tiefreichenden Unterschiede bestünden, an die Herr Goldstein und seine Vorgänger glauben. Die Sozialpsychologie hat uns gelehrt, daß ein Einfluß – wenn man von der ganz hervorragenden, also der genialen Persönlichkeit absieht – nur da erzielt werden kann, wo die Menge für diesen Einfluß prädestiniert ist, das heißt, wo zwischen dem beeinflussenden und dem beeinflußten Faktor eine tiefinnerliche Wesensverwandtheit besteht. Ein Genie aber hat die jüdische Publizistik, und dazu rechne man mit Dr. Goldstein die Kritiker, die Theaterleute, die Mitglieder der germanistischen Universitätsseminare u. a., bisher noch nicht hervorgebracht. – Aber die kollektivistische Richtung der Sozialpsychologie, die etwa an Comte, Taine, Burckhardt und Lamprecht orientiert ist, hat uns eine noch wichtigere Erkenntnis gebracht: daß nämlich – immer vom „Genie" abgesehen – die beeinflussende Persönlichkeit selber nur ein Produkt ihres „Milieu" ist, das heißt, daß sie erst durch die Menge bedingt ist, auf die sie später ihren Einfluß ausübt.

Von solchen Erwägungen aus ergibt sich uns der tiefgreifende Widerspruch, der in Goldsteins Fundamentalsatz liegt: „Wir Juden verwalten den geistigen Besitz eines Volkes, das uns die Berechtigung und die Fähigkeit dazu abspricht." Entweder: diese Verwaltung ist bedeutungslos; dann lohnt es sich nicht, daß von ihr soviel Aufhebens gemacht werde. Ist sie aber nicht bedeutungslos, dann ergibt sich eben daraus, daß der jüdische Zeitungsmann oder der jüdische Theaterdirektor *Produkte ihrer nicht jüdischen Umgebung* sind, daß zwischen ihnen und ihrer Umgebung nur gewisse äußerliche Unterschiede bestehen. Diese Unterschiede heute, das heißt knapp hundert Jahre nach dem Beginn der Judenemanzipation, zu leugnen, liegt mir fern. Es fragt sich nur, ob man sie nach weiteren hundert Jahren der Emanzipation und der Mischehe wird leugnen können. Eines aber ist heute schon klar: wenn ein galizischer Jude, der den Kaftan trägt und seine talmudische Weltanschauung für die einzig berechtigte hält, Theaterkritiker etwa beim Berliner Tageblatt werden wollte, so würde er ein Hohngelächter erwecken, und niemand, weder Nichtjuden noch Juden, ja nicht einmal Zionisten, würden in ihm einen „Verwalter des geistigen Besitzes des deutschen Volkes" sehen.

Dr. J. H.

* * *

Nun ein Blatt von der Rechten, die „Deutsche Tageszeitung":
Also: *Trennung der Kulturkreise.* Das ist die praktische Forderung
Goldsteins. Damit könnte das deutsche Volk sehr zufrieden sein,
und wäre die Sache so, so würden auch die Juden sehr bald gewahren (was Goldstein noch nicht glauben kann in seiner Bitterkeit),
daß das deutsche Volk sie nicht haßt, daß es nur das Bedürfnis hat,
seine Gesamtkultur der eigenen Art entsprechend auszugestalten,
und daß ihm aus diesem Grunde die jüdische Kulturherrschaft von
heute naturgemäß unerträglich ist. Es ist die Notwendigkeit des
Kampfes gegen diese Einflüsse, die schließlich auch die Abneigung
schaffen muß. *Die Abneigung würde aber verschwinden mit dem Aufhören des Notwehrzustandes.* Die Kultur ist der Lebenssaft eines Volkes. Zwei verschiedene Bäume gedeihen nicht gleich gut auf dem
gleichen Boden; wo die Tanne wächst, ist die Linde [15] nicht am
Platze. Wer dieses einfache Beispiel begreift, der versteht auch Goldsteins Klageruf im Kunstwart.

Aber dieser Klageruf wird schwerlich Früchte tragen. Goldstein
spielt wohl keine Rolle in den jüdischen Verbänden, sonst müßte er
darüber unterrichtet sein, daß man dort ganz anderen Zielen ent-
gegenstrebt als denen, die er zeigt, und daß man dort sein Vorgehen
recht unlieb empfinden wird. Weiß er nicht, daß wir rund 150 rein
jüdische Literaturvereine in Deutschland haben (also solche, die
überhaupt keinen Nichtjuden aufnehmen), und daß so mit aller
Gewalt auf unkontrollierten und für uns unkontrollierbaren Wegen
jüdische Dichtung und Kunst unserem Volke als deutsche aufgezwungen wird? Und das ist nicht das einzige, was dazu zu sagen
wäre. Aber als vor wenigen Jahren ein Verband deutschvölkischer
Schriftsteller entstand, der auch seinerseits jüdisches Blut ausschloß,
da zeterten eine ganze Reihe „deutscher" Blätter aus Leibeskräften
über diese Sache und suchten die deutschen Literaten bei dem Ehrgefühl zu fassen, daß sie es ablehnen sollten, sich mit solcher Deutlichkeit als Nichtjuden zu bekennen. So steht es bei uns. Es scheint,
Moritz Goldstein weiß noch nicht alles, was man zu der von ihm
angepackten Frage wissen muß, um klar zu sehen. Und deshalb ist
auch nicht anzunehmen, daß die Juden seinem Rate folgen werden.
Im Gegenteil. Wenn man die Dinge sieht, wie sie liegen, ist die

Beherrschung der deutschen Kultur durch die Juden nur ein *Teilziel*, nur ein vorläufiges, und das Trachten der Judenheit geht – ihren alten Verheißungen gemäß – sehr wesentlich weiter.

Wenn unser Volk das erst allgemein erkennen wird, dann allerdings darf man wohl hoffen, daß sich die Vorschläge Goldsteins erfüllen. Dann sorgen die Deutschen dafür (wir hoffen, daß sie die Kraft dazu noch aufbringen werden); denn die Juden von sich aus tun es sicherlich nicht. Und ein altes deutsches Sprichwort sagt: „Wenn man die Ohren des Wolfes gesehen hat, ist er nicht mehr gefährlich."

* * *

Bei der außerordentlichen Bedeutung der jüdischen Frage werden wir den Erörterungen darüber noch einen weiteren „Sprechsaal" vorbehalten. Auch dann wollen wir aller Vorsicht wegen immer noch einige Wochen lang auf etwaige *öffentliche* Besprechungen warten, damit uns keiner nachsagen kann, wir redeten vorschnell. Dann aber muß mit unserm eignen Schlußwort diese Aussprache für den Kunstwart auch erledigt sein.

Aussprachen mit Juden

Wenn wir eine förderliche Aussprache über Juden und Nichtjuden wollten, so schien es erwünscht, zunächst Juden zu hören. Als eine Forderung der Ritterlichkeit: sie fühlen sich durch uns beschwert, und wenn das Umgekehrte für sehr viele Nichtjuden gleichfalls gilt, so sind doch sie in der Minderheit. Weiter: ich meine, wer irgendwie besonnen und haßlos denkt, kann die Tragik nicht leugnen, an der gerade die tüchtigsten Juden unter uns leiden, eine Tragik, die an sich schon zu achtungsvoller Behandlung auch die geneigt machen sollte, die ihrerseits aus dem Zusammenwohnen der beiden Völker auch eine Tragik des Deutschtums erwachsen glauben. Wer aber für solche Gründe nichts übrig hat, wird wenigstens den dritten anerkennen: nur wenn unsre jüdischen Mitbürger zuerst sprachen, konnten sie *unbefangen* sprechen. Ohne das Gefühl voreingenommener Zuhörerschaft, wie unter sich, ganz und gar offenherzig. So kam uns Goldsteins Aufsatz überaus willkommen. Mir sind dann gegen neunzig, großenteils sehr umfängliche Manuskripte, bis auf ein halbes Dutzend von *jüdischen* Verfassern zugegangen. Machte es diese Zahl ganz unmöglich, auch nur einen großen Teil davon wiederzugeben, so bin ich mir doch bewußt, absichtlich keinen von jüdischer Seite mir mitgeteilten Gedanken unterdrückt zu haben, der meiner Einsicht nach wesentlich oder charakteristisch war. Mir scheint in der Tat: Goldsteins Aufsatz und die zweimal im „Sprechsaal" aufgenommenen Erwiderungen und Ergänzungen geben ein formen- und farbenreiches Spiegelbild vor allem davon, *wie unsre Juden denken.* Wo ist ein ähnliches auf knappem Raume zu finden? Betätigen wir den Einsendern unsern Dank durch das Bemühen, sie zu verstehen, und durch ebenso offene Aussprache unserseits.

Unserseits – ich möchte von vornherein sagen, wen ich unter den „wir" verstehe. Diejenigen Schreiber und Leser des Kunstwarts, die sich gleich mir deutschnational fühlen „bis in die Knochen", aber (ausweislich der Mitarbeit von Juden an unserm Blatte dieses ganze Vierteljahrhundert hindurch:) *nicht* antisemitisch. Wir wissen, daß es Arbeiten gibt, für welche die Juden besser befähigt sind, denn wir, und glauben, daß wir für andre besser befähigt sind, denn sie, wir hoffen, daß bei ernstem Willen beiderseits ein friedliches Miteinanderwirken möglich wäre, aber wir sind überzeugt, daß dies auf die jetzige Weise nicht lange mehr geht. So versuchen wir, eine *Verständigung* zunächst zwischen *Führern* hüben und drüben *vorzubereiten. Versuchen* das, weil wir glauben, daß es versucht werden muß, um schwere Kulturkämpfe zu vermeiden, hoffen aber bei der wachsenden Erregung der Geister *nicht* auf baldigen breiten Erfolg.

Um nun zunächst vom Tatbestand zu reden: Wir sind gleich so vielen Juden davon überzeugt, daß die Abneigung gegen das Judentum in den letzten Jahrzehnten gewachsen ist. Die antisemitischen Parteien [226] haben sich verkleinert, weil der Masse ihre Programme je länger je mehr unausführbar erschienen, aber der Antisemitismus gedieh. Er ist in allen Parteien da, auch in der Sozialdemokratie. Von seinen mannigfaltigen Ursachen sei zunächst die augenfälligste berührt: der im Verhältnis zur Volkszahl unverhältnismäßig große Geldreichtum der westeuropäischen Judenschaft. Wenn Nichtjuden sich darüber aufhalten, daß die guten Plätze im Theater, die luxuriösesten Kleider, die teuersten Wohnungen vorzugsweise Juden gehören oder daß etwa, wie ich jüngst behaupten hörte, die Luxuszüge von Berlin zur Riviera so gut wie ausschließlich von Juden besetzt seien, so mag man verächtlich von *Neid* sprechen: man hat ein Recht dazu, es ist meistens welcher dabei. Er wird auch nicht dadurch entschuldigt, daß ein Teil der reichen Juden ihr Geld in einer Weise verwenden, die das ästhetische Empfinden der Nichtjuden verletzt. Mag aber Neid dabei sein, er ist nicht das einzige, was hier wirkt. Bei den Besseren kommt zunächst das Gefühl einer großen *Ungerechtigkeit* dazu – freilich, es macht sie selber ungerecht: man hält für die Folgen der kapitalistischen Wirtschaftsordnung diejenigen verantwortlich, die durch die Schuld unserer Vorfahren zur einseitigen Ausnutzung dieser Wirtschaftsordnung gezüchtet worden sind. Aber nun: Geld ist ja Macht. Deshalb, meinen wir, müßte ein gerecht denkender Jude den Angehörigen eines Wirtsvolkes ohne Entrüstung nachfühlen können, daß sie in der ungeheuren Güteranhäufung in jüdischen Händen Gründe zu schwerer Besorgnis um ihr Volkstum finden. Wer sich in diese Dinge vertieft, dem wachsen sie ja zu immer größeren Maßen aus. Ich gehe mit Sombart nicht zusammen, aber er ist doch wahrhaftig alles andre eher, als ein reaktionärer Herr, er ist nicht nur ein moderner, sondern nach mancher Leute Ansicht ein hypermoderner. Wenn einer wie er dazu kommt, das Judenproblem „das größte Problem der Menschheit" zu nennen, „von dessen Lösung der letzte unter uns auf das empfindlichste berührt wird", so sollte das denen zu denken geben, die meinen, hier sei alles im behaglichsten Stand.

Haben wir eben Erscheinungen berührt, die in das besondere Gebiet dieser Zeitschrift wie gewaltige Gebirge von jenseits der Grenzen hereinblicken, so rückt in das Zentrum unsrer besonderen Arbeit jene Behauptung Goldsteins, die er selbst in den Brennpunkt stellt: *„Wir Juden verwalten den geistigen Besitz eines Volkes, das uns die Berechtigung und die Fähigkeit dazu abspricht."* Man vergegenwärtige sich, was das heißt: auf mehr als hundert Nichtjuden kommt eine Jude, und dieser eine fremden Stamms verwaltet den geistigen Besitz der andern hundert. Was sind wir Nichtjuden, falls das ganz wahr ist: des Gängelns, Päppelns und der Erziehung durch andre bedürftige Kinder, gedankenlahme Weltfremde, verschwärmte Ideologen, Willensschwachmatiker oder schlechtweg Troddel? Goldstein hat vollkommen recht, wenn er selbst jene „Tatsache" „ungeheuerlich" nennt. Ist sie eine Tatsache?

Es ist möglich, daß Goldstein übertreibend stilisiert. Aber das wissen alle jüdischen und nichtjüdischen Kenner unsrer Zustände, die sich nichts vormachen oder vormachen lassen: der jüdische Einfluß im deutschen Geistesleben ist nicht nur in Theater und Konzert, er ist in [227] Kunst und Wissenschaft überhaupt, er ist durch die „Stimme der öffentlichen Meinung", die Presse in unserm gesamten Kulturleben ganz unverhältnismäßig größer, als den Menschenzahlen: 60 Zehntausend und 65 Millionen entspräche. Wenn jüdische Beurteiler selbst, wie Goldstein, in ihrer Auffassung noch viel weiter gehen, dürfen wir zum mindesten *das* unterm consensus so ziemlich omnium als Grundlage unsrer Aussprache annehmen.

Nun ist die weitere Frage: haben die Juden diese ihre Vormachtstellung ihrer besseren Befähigung für die betreffenden Ämter und nichts anderm zu danken? Die meisten jüdischen Schriftsteller – wenn ich ihn recht verstehe, auch Goldstein – scheinen dieser Meinung, auch Sombart. Ich meinerseits glaube: so gewiß unter heutigen Verhältnissen der Jude vor dem gleichbefähigten Nichtjuden benachteiligt ist, wenn er Beamter oder Offizier werden will, so gewiß ist er aus Gründen ganz andrer Art sehr oft bevorzugt, wenn er sich einem von irgendwelchem obrigkeitlichen Einfluß freien Berufe widmet. Zunächst: *Geld* haben, wie oben besprochen, im Durchschnitt die westeuropäischen Juden mehr, und Geld unterstützt ja auf das allerwesentlichste alle Möglichkeiten des Vorwärtskommens in freien Berufen. Weiter: Unter den Juden, die keines haben, werden viele unterstützt durch die jüdische Hilfsbereitschaft, den jüdischen Familiensinn, das jüdische Rassengemeinschaftsgefühl. Auch der Juden Geschäftstüchtigkeit, ihre Betriebsamkeit, ihre Anpassungsfähigkeit stärken den jüdischen Bewerber hier. Wir vermeiden alle Bewertungen, weil die Berufung auf solche Eigenschaften, die an sich neutral oder schätzenswert sind, vollkommen genügt, um die Vorherrschaft der Juden in der Kulturarbeit auch *dann* zu erklären, wenn man sie nicht für höher begabt dafür hält als die Nichtjuden. Denn die erwähnten Eigenschaften, die den jüdischen Kulturarbeiter in diesem *Berufe* fördern, bedeuten trotzdem fast immer *außerberufliche* Werte. Der unbemittelte, unbetriebsame, schwerfällige Mensch ohne Rückhalt an Familie oder Freundschaft kann ja bekanntlich trotzdem ein besserer Geistesarbeiter sein, als der wohlangepaßte und gewandte, der ihn beim Wettbewerbe um Einfluß besiegt hat.

Denken unsre jüdischen Mitbürger nun: und mögt ihr Nichtjuden meinen, es seien unsrer zu viel an unsre Kultur-Arbeiter-Posten gekommen, so hättet ihr doch keinen Grund, mit der Art der *Ausübung* unsrer Kulturverwaltung unzufrieden zu sein – so beurteilen sie diese Verwalterschaft eben aus ihrem Volksgefühl und Volksdenken heraus. Zwar gaben wir schon zu, daß der Jude für viele Gebiete ganz sicher ebenso gut oder besser als im Durchschnitt der nichtjüdische Deutsche befähigt ist, meistens zum Beispiel dort, wo die von Sombart hervorgehobene „Gescheitheit" den Ausschlag gibt. Ich für mein Teil glaube, daß unsre Antisemiten die Gebiete, auf denen nichtjüdischer und jüdischer Geist kollidieren *müssen*, viel größer annehmen, als sie sind. In Handel und Industrie, bei der wissenschaftlichen Tatsachenermittelung und praktischen Tatsachen-

Benützung (z. B. durch Arzt, Chemiker, Ingenieur) sowie auf weiten Feldern des praktischen Lebens *können* sie und wir nicht nur neben-, sondern auch mitsammen in Frieden und Nutzen arbeiten [228] und einander helfen. Vielleicht ist es letzten Endes nur eine *Organisationsfrage*, ob wir das auch auf den Gebieten können, wo Unwägbarkeiten der Phantasie und des Gefühls mitwirken, die sich je nach der Volksart nicht nur verschieden färben, sondern gestalten. Aber diese Gebiete scheinen mir wieder von jenen unterschätzt, die hier fundamentale Unterschiede im Wesen der beiden Völker überhaupt bestreiten. Die Verschiedenheiten können sich vom scheinbar Kleinsten bis zum Größten zeigen, von der Geste des Schauspielers, dem Pinselstrich des Malers, dem Tremolo des Musikers, dem Tonfall des Redners bis zu der Weltanschauung, welche die Lebensführung bestimmt. Und sie zeigen sich in allen Künsten und in aller Kritik der Juden für feinfühlige Nichtjuden als Fremdheiten. Ist es uns andern zu verdenken, wenn wir hier von der „Verwaltung" *unsres* „geistigen Besitzes" durch jüdischen Geist ein Eindringen fremden und also für *unsre* Kulturpflege *unechten* Volkfühlens befürchten? Wir tun das manchmal sogar da, wo die betreffenden jüdischen Verwalter der besten Absicht und des besten Glaubens sein mögen, gerade dem *nationalen* Fühlen ihres Wirtvolkes zu dienen. Denn es wird nicht allzu häufig sein, daß sie das *können*. Beruht doch der außerordentliche Wert des Judentums in der Kultur gerade auf ihrem Anregen durch Fremdes, in ihrem Wirken als „Sauerteig". Gott bewahr uns davor, auf den Kultur-Sauerteig verzichten zu wollen. Aber *mehr* Sauerteig als Brotteig, das geht nicht. Nicht nur neben, sondern *vor* dem Fremden muß das *uns* Heimische, das *uns* Volksmäßige, das in *unsern* Tiefen Ursprüngliche stark gehalten werden, sonst kommt heraus, was in Japan herauskommt, wenn man nicht bloß all das Europäische in die *Zivilisation* herüberholt, sondern auch die Kultur, die Kunst europäisieren will. Wie kann der eine fremden Stammes und fremder Geschichte für die hundert andern zum Pfleger ihrer *Eigen*werte berufen sein?

Den tatsächlich erreichten Zustand kann der leidenschaftliche Antisemit nicht viel anders schildern, als der begeisterte Jude Goldstein im Anschluß an den vorhin zitierten Satz. „Niemand bezweifelt im Ernst die Macht, die die Juden in der Presse besitzen. Namentlich die Kritik ist, wenigstens in den Hauptstädten und ihren einflußreichsten Zeitungen, geradezu im Begriff, jüdisches Monopol zu werden. Ebenso bekannt ist das Vorherrschen des jüdischen Elementes im Theater: fast sämtliche Berliner Theaterdirektoren sind Juden, ein großer, vielleicht der größte Teil der Schauspieler desgleichen, und daß ohne jüdisches Publikum ein Theater- und Konzertleben in Deutschland so gut wie unmöglich wäre, wird immer wieder gerühmt oder beklagt. Eine ganz neue Erscheinung ist, daß auch die deutsche Literaturwissenschaft im Begriff scheint, in jüdische Hände überzugehen, und es ist, je nach dem Standpunkt, komisch oder tragisch, die Mitglieder der ‚germanischen' Seminare unsrer Universitäten zu überblicken. (Ich selbst habe dazu gehört.) Wie viele Juden endlich es unter den ‚deutschen Dichtern' gibt, weiß so manch ein Hüter deutscher Kunst zu seinem Zorne." Mit oder ohne Zorn, wissen tun wir's in der Tat. Auch in der bildenden Kunst ist zwar nicht durch die Produktion, wohl aber durch die Kritik und den Kunsthandel die jüdische Beteiligung außer-[229]ordentlich groß. Wohl denn, man bedenke immer wieder dreierlei. Erstens: diese Kulturpflege gibt sich durchaus, als wäre sie die *allgemeine* deutsche aller fortschrittlich Gesinnten. Zweitens: wir dagegen finden einen großen Teil ihrer Urteile, ihrer Bestrebungen uns fremd, wir finden sie sehr oft wurzellocker, nouveautésüchtig, ohne Sinn für Werte, die uns wesentlicher sind, als die Lieblingswerte dieser andern Kulturverwalter – und sehen nun doch *sie* auf unsre Kunst, auf unser Volk an tausend Enden *wirken*. Und dabei sind wir, drittens, wie sich aus dem vorhin Gesagten ergibt, davon überzeugt: daß nicht etwa bessere künstlerische und wissenschaftliche Befähigungen den Juden diese Vormachtstellung verschafft haben. Sondern sehr großen Teils die Einrichtungen des Kapitalismus, sowie Reichtum, Betriebsamkeit, gegenseitige Förderung und jene andern, größtenteils durchaus achtbaren, aber doch für diese eigentliche Kulturarbeit, „außersachlichen" Eigenschaften. Sollen wir etwa damit zufrieden sein?

Goldstein hat vollkommen recht, wenn er sagt: „Das hatten die Christen, als sie den Parias in ihrer Mitte einen Anteil an der europäischen Kultur gewährten, nicht erwartet und nicht gewollt", „sie begannen sich zu wehren, sie begannen wieder uns fremd zu werden, sie begannen uns im Tempel ihrer Kultur als eine Gefahr zu betrachten." So entwickelte sich der heimliche soziale Widerstand der Gesellschaft. Der Offizierstand und große Teile der Beamtenschaft wurden den Juden nur immer mehr verschlossen, der Zugang zu andern Kreisen wesentlich erschwert. Dieser Ausschluß *an sich* wird jedem mit vollem Recht unsinnig erscheinen, weil sich unzweifelhaft auch unter den Juden tüchtige Offiziere und Verwaltungsbeamte finden ließen. Es liegt hier ein verschleierter Akt nationaler Notwehr vor, um dem übermäßigen Einfluß auf den andern Gebieten, wo's noch anging, entgegenzubaun. Deshalb bleibt der Akt doch häßlich und falsch, schon weil die Taufe an jüdischem Wesen nicht nur nichts ändert, sondern, vorteilshalber vorgenommen, eine ungünstige Auslese besorgt, eine „Prämierung der Charakterlosigkeit", jedenfalls der Schwäche. So kam auch in christliche Kreise den Juden gegenüber ein System hier freilich sehr durchsichtiger Verschleierung. Der „Kavalier" nimmt keine Juden in seinen Klub – macht nichts, wie im Simplizissimus der Leutnant die Kommerzienratstochter tröstet: „Herr Papa sieht ja doch abends die janzen Mitglieder bei sich", und seine Tochter heiratet man, wenn sie sich nur „schmaddern" läßt. „Wasser allein tut's freilich nicht", ironisiert man, macht aber doch auch die soziale Gleichstellung von der Taufe abhängig. „Verschleierung" ebenso auf der andern Seite. Schon in den Namen nach dem bekannten Rezept, wie aus Moses Pinkeles aus Warschau über Herrn Moritz Wasserstrahl aus Frankfurt Monsieur Maurice de Lafontaine aus Paris wird, und bei den Geistesbesitzverwaltern vor allem auf dem Wege der Pseudonyme, die nach und nach bürgerliche Namen werden. Verschleierung durch die Art des Sich-Gebens, Verschleierung durch Verheimlichen der Verbindungen, Verschleierung durch Reden und Schweigen. „O rühret, rühret nicht daran", an die Judenfrage. Öffentlich, heißt das, denn unter sich betreibt man's hüben und drüben desto [230] munterer. Wieviel wird an Würdelosigkeit dabei auf beiden Seiten gepflegt! Es gibt ja keine gräulicheres Gegenbeispiel zu einer wahrhaftigen Ausdruckskultur, als das gegenwärtige Verhältnis von Juden und Nichtjudentum in Deutschland.

Was ist die Aufgabe?

Das Endziel können die, in deren Namen ich spreche, nie und nimmer dort sehen, wo es den Antisemiten erscheint. Schon deshalb nicht, weil wir glauben, daß nicht *ein* Volkstum allein, und sei es das beste, auf allen Gebieten die Höchstleistung der menschlichen Gesamtkultur entwickeln kann, wenn auch jedes Volkstum zu ihr nichts Wertvolleres beizutragen vermag, als sein Eigenes. *Uns stellt sich demnach die Aufgabe so: die Arbeit von Juden und Nichtjuden derart zu organisieren, daß beide ihre, der menschlichen Gemeinschaft nützlichen Vorzüge höchstmöglich entwickeln können, während sie sich gegenseitig mindestmöglich hemmen.*

Für unser Blatt jedoch liegt eine große Gruppe von Erscheinungen, die hier mitwirken, jenseits des Arbeitkreises, vielleicht die größte und wichtigste von allen: die, welche aus dem Kapitalismus entstanden sind. Dem käme ja nicht einmal eine Rassenpolitik an den Leib. Andererseits sind ihm im Judentum selber die bis jetzt erfolgreichsten Feinde erwachsen, man denke an die Sozialdemokratie, ihre Begründer und ihre Führer. Mit dem Niedergang des Kapitalismus ginge an hunderttausend Stellen die Vorherrschaft des Judentums von selber zurück. Immerhin könnten hier einige kaum anfechtbare Maßregeln mithelfen. Beispielweis: die Verstaatlichung des Annoncenwesens, die zugleich eine schöne Staatseinnahme gäbe und die Bevorzugung von gepachteten Liebkindzeitungen auf Kosten der Inserenten sowohl wie der Sachlichkeit verhindert würde. Es ist kein sehr rühmlicher Anblick, wie der Staat um diese Aufgabe herumgeht, weil ihm vor dem ideal angetönten Geschäfts-Wehgesange der Zeitungen grauset. Übrigens hätten ja von den Zeitungen selbst nur die davon zu fürchten, die mit faulen Ködern im Trüben fischen.

Begrenzen wir unsre Aussprache, so ist die weitere Frage die: was wünschen die Juden selber?

In ihren Kreisen bilden sich zwei große Hauptgruppen. „Wahrt und stärkt euer Judentum!" fordern die einen, „geht im Nichtjudentum auf!" die andern. Ratschläge nach der einen oder andern Richtung zu äußern, wäre für uns Nichtjuden ebenso anmaßend wie zwecklos. Es wäre beleidigend, nach der einen oder andern Seite hin „Vorteile" zu verheißen. Und schon deshalb zwecklos, weil es ja gar nicht Frage des Willens ist, ob einer sein Volkstum ablegen kann. Wir stehen wartend dem gegenüber, was drüben werden mag. Und könnten wohl, wenn sich nur andres änderte, gleich gut mit beiden Hauptparteien im Judentum leben.

Den Wert eines rassigen seiner selbst bewußten Judentums gering-zuschätzen, das schiene mir nach all den Werten, die es gebildet hat, eine nahezu erstaunliche Dummheit. Wir achten den Zionis-mus durchaus, sind aber fern davon, den Juden, die ihr Volkstum pflegen wollen, deshalb ihr Wohnrecht in Deutschland oder ihre Zugehörig-[231]keit zum deutschen Volk im politischen Begriff abzustreiten. Die Bereicherungen der Gesamtkultur durch jüdisches Wesen können nur um so besser wirken, je rassiger, je „urtümli-cher" sie sind. Und gerade die Juden, die selbst ihre Volksver-schiedenheit von den Nichtjuden energisch betonen, werden um so mehr begreifen, daß wir keine *Verschleierung*, daß wir im Gegenteil einen betonenden *Ausdruck* dieser Rasseverschiedenheit auch bei all jenen jüdischen Betätigungen wünschen, bei denen völkische Im-ponderabilien sind. Das *Judentum* wollen sie stärken, das *Judentum* veredeln, an das *Judentum* also wenden sie sich, dann geht es erst recht nicht an, daß ihre Zeitungen und Zeitschriften, ihre Theater, ihre Veranstaltungen welcher Art immer sich aus Geschäfts- oder Machtwillen geben, als wären sie Vertreter des *gesamten* vorwärts-strebenden Deutschtums. Eine unverdeckte jüdische Kulturpflege dagegen könnte mit der ihres Nichtjudentums bewußten deutschen so freundschaftlich nebeneinander und große Strecken lang zusam-mengehn, wie die jeden andern fremden Volkstums. Die besondern jüdischen Werte würden um so besser gelten, je reiner sie sind, wie schon jetzt der jüdische *Witz* durch das „Mauscheln" nicht verliert, sondern gewinnt. Eine Bemerkung, die ich durchaus ernsthaft und die ich abgewandelt auch für das jüdische *Pathos* meine. Ich z. B. habe das „Gewaltschrein", über das wir aus Unkenntnis lachen, in einer befreundeten Judenfamilie über einer Leiche mit angehört und dabei hier zum ersten Male erlebt, wie ergreifend jenes jüdische Pathos auch heute noch tönen kann, das aus der gegenwärtigen Deutschjudenliteratur fast verschwunden scheint. Es ist ja häufig gerade das Gemischte, Halbe, das Nichtgewagte, das Versteckte, das „Deutschelnde", was uns im jüdischen Schrifttum abstößt. Wäre nur nicht die Übergangszeit so schwierig! Die aus den Tiefen des Judentums erwachsene und allein ans Judentum sich wendende neue Semitenkultur, deren Anfänge ja da sind, wird auch uns mit der Zeit willkommene spezifische Werte offenbaren. Schon in der *Kritik* des Nichtjudentums, denn die jüdischen Augen sind ja scharf. Aber auch ihre *Produktion* dürfe viel wertvoller werden, als das meiste der gegenwärtigen pseudogermanischen, die ja gar nicht aus tiefen Wurzeln treibt. Die Sprache müßte wohl hebräisch oder „yiddisch" sein, aber es gibt ja Übersetzer. Der Gedanke, man wolle unser Volk jüdisch „verwalten", fiele bei solcher Literatur *made in Israel* ganz weg, und so würde sie von vielen auch unbefangener gewürdigt. Welches Volk ist denn an und für sich zugänglicher für fremde Werte als wir!

Gegenwärtig liegen die Dinge nach unsern Eindrücken so, daß gerade diejenigen Juden auf weniger allgemeine Sympathie rechnen können, die ihr Volkstum auflösen wollen. Man sieht vielfach die *Notwendigkeit* nicht ein, da ja auch der rassenbewußte Jude, so lange er unserm Staatsverbande angehört, staatlich ein Deutscher ist, dem keiner das Recht verweigern kann, in staatlichen Angelegenheiten mitzuraten und mitzutaten. Man glaubt auch in sehr weiten Kreisen nicht recht an die *Möglichkeit*. Obgleich doch in allen Völkern, bei denen die Judenemanzipation weit zurückliegt, die Ähnlichkeit von Wirt- und Gastvolk gewachsen ist! Wie dem sei: es kann doch [232] wohl dem Juden und dem Halbjuden nicht vorgeschrieben werden, zu welchem Volke sein Wille geht. Geht er zu uns, so ist's doch wohl seine Sache, zu versuchen, wie weit er's im Sichanpassen und Sicheinfügen bringt. Nur wolle der Jude seinerseits unsre Meinung darüber, was man als das Stärkere in ihm empfindet, ob das Deutsche oder das Jüdische, uns Nichtjuden überlassen. Sonst erscheint er aufdringlich. Wer sich Samuel Lublinski oder Jakob Löwenberg oder Abraham Kohn nennt, ist uns Denkenden nun einmal sympathischer, als wer seinen Namen „mausert". Vorläufig wenigstens – vielleicht fühlt eine Zukunft anders, die unter Verschleierungen weniger zu leiden hat.

Verschleierungen – wir mögen an die Judenfrage herankommen, von welcher Seite wir wollen, was wir immer wieder als die unerläßliche *Vorbedingungen* einer irgendwie dauerhaften Verständigung mit dem Judentum treffen, das ist die Herstellung *klarer* Zustände. Der Kampf gegen das Verschleiern auf *beiden* Seiten ist es, zu dem sich nach unsrer Meinung die weitsichtigen unter den Führern hüben und drüben zu allererst vereinigen sollten. Vorläufig fehlt sogar die Vorbedingung für diese Vorbedingung: die Möglichkeit, offen, sachlich und ruhig an weit hörbarer Stelle auch mit dem Gegner zu sprechen. Sie fehlt so gänzlich, daß wir glauben: *praktisch wichtiger als alle Theorie ist zunächst das energische Öffnen solcher Sprechplätze.*

Denn wo wären sie? Die Parlamente sind keine, da ihre Redner als Wortführer von Parteien reden, die auch „in Judensachen" im wesentlichen, wenn nicht durch Programme, so mindestens durch Traditionen gebunden sind. Ähnliches gilt von den großen Zeitungen, wie verschieden sie unter sich sein mögen. Organe vorgestimmter Parteien sind gleich den liberalen die Zeitungen der Konservativen und des Zentrums. Und doch kann man in den ausgesprochen judenfeindlichen und judenfreundlichen Blättern immer noch eher sprechen: die „sanften" Blätter, vor allem die vom Generalanzeiger-Typ verstummen vor Schreck, wenn die Judenfrage erwähnt wird. Entweder die eine oder die andre Abonnenten- oder gar Inserentengruppe könnte ja verletzt werden. „*Quieta non movere!*" – wenn auch das „*quieta*" nur für die Zeitungstechnik gilt, nicht für das Leben. So schweigen sie nicht bloß von den Schutz- und Trutzbewegungen der Judenschaft in ihrem Verhältnis zu den Christen, nein, auch von den großen wichtigen völkischen und ethischen internen Bewegungen im Judentum, die ihm auch in Christenaugen nur zur Ehre gereichen können. Die Frage, die ein deutscher Denker noch jüngst als die wichtigste Frage der gesamten Kultur bezeichnet hat, die mindestens eine der allerwichtigsten Fragen der deutschen Kultur ist, sie „darf" außerhalb einseitig urteilender Parteileute nicht „angeschnitten" werden. Die Spannung im Kessel wächst fortwährend, und man sieht das sicherste Mittel gegen Explosionen im Wegnehmen der Alarmpfeifen und im Verstopfen der Sicherheitsventile.

Nun schreibt Goldstein in seinem Kunstwartbeitrage im Anschluß an die Behauptung von der jüdischen Verwaltung deutschen Geistes einen sehr merkwürdigen Satz. Wer von ihr, meint er, „nichts weiß [233] und nichts wissen will, ist die Mehrzahl der Juden selber. *Sie merken nichts von der Rolle, die wir im deutschen Kulturleben spielen, und wachen ängstlich darüber, daß auch die andern nichts merken.*" Hier stimmt etwas mit der Logik nicht, denn wovon ich nicht will, daß man's merkt, das weiß ich eben. Äußerungen wie diese sprechen nicht dafür, daß die Antisemiten ganz unrecht haben, wenn sie die Juden an der Nebelbrauerei stark beteiligt halten. Wollen sie beweisen, daß sie das nicht sind, so bitten wir sie also zunächst um *Offenheit* ihrerseits. Es spricht wirklich nicht für solche, daß in der gesamten Tagespresse, so weit sie unter jüdischem Einfluß steht, der Goldsteinsche Kunstwartaufsatz vollkommen ignoriert worden ist, während gleichzeitig mehr als achtzig Einsendungen jüdischer Verfasser bewiesen, welche Wichtigkeit man ihm in ihren Kreisen beimaß.

Da wir bei Wünschen unserseits an das Judentum sind: wir beschweren uns ferner über Mangel an *Duldsamkeit* gegen abweichende Meinungen seitens der jüdischen Presse, weil ohne sie keine Erörterung fruchtbar werden kann. In einer Abhandlung über den „Sombart-Rummel" meinte das Organ der *„Alliance israélite"* jetzt eben erst: Der Jude ließe sich leidigerweise von Christen eher etwas sagen als von Stammesgenossen –, eine Äußerung, die vielleicht anfechtbar ist, aber hier nicht erörtert werden soll. Dann fuhr es fort: Es gebe doch *einen* Fall, wo es sofort damit vorbei sei: „nämlich, wenn der betreffende Christ auch nur im leisesten Geruche des Antisemitismus steht." Anders gesagt: wen ich auch nur im leisesten Verdacht habe, mein Gegner zu sein, auf den höre ich nicht, von dem lerne ich also auch nichts – eine Auffassung, die der unter uns vertretenen Forderung, den Gegner zu begreifen und vom Gegner zu lernen, schnurgerade entgegenläuft. Wer so denkt, kommt aber auch leicht in Gefahr, jenen „leisesten Geruch" zu spüren, wo er nicht ist. Wie stark das Feind-Wittern bei jeder Bemängelung manche noch befangen macht, das bezeugt gerade wieder die Umwendung im Verhalten gegen Sombart, seit man erkannte, daß er doch nicht *nur* Bewunderer des Judentums ist. Er mag sich zu Äußerungen versteigen, wie: daß die Juden bei ganz freiem Wettbewerb bald Inhaber fast aller Katheder sein würden, da sie ja viel gescheiter seien als die Nichtjuden, er mag sie als Führer und Träger der kapitalistischen Kultur bewundern, er mag selbst die Erfolge des deutschen Handels und andre deutsche Erfolge wesentlich ihnen zuschreiben, ja, er mag behaupten, sie vor allem hätten den großen ethischen Ton ins Menschheitskonzert gebracht, trotzdem: er hat *auch* Ungünstiges über sie gesagt, hat dabei durch den *Ton* ihnen gegenüber nicht immer eitel Respekt verraten – also ist er, trotz „kurzer Augenblicke der *Erleuchtung*", ein *Feind*, dem man *nicht zuhören* soll. Diese jüdische Überempfindlichkeit ist durch die geschichtliche Entwicklung durchaus erklärlich, sie lebt ja auch nur in einem *Teile* des Judentums, und sittlich betrachtet ist dieser Teil kaum der schlechteste, ist er jedenfalls erfreulicher, als der würdelose. Aber eine erkenntnisfördernde Aussprache mit ihm ist sehr erschwert. Übrigens: in unserm Kreise wäre solche Reaktion erst recht nicht am Ort, denn wir gebil-[234]deten Nichtjuden vom Kunstwart haben *bewiesen*, daß wir unserseits uns sehr viel gefallen lassen, um den andern zu hören, zu verstehen. Wenn ein Nichtjude die Behauptung wagen wollte: „Das jüdische Volk läßt seinen gesamten geistigen Besitz von Nichtjuden verwalten" – ich frage unsre jüdischen Leser, Hand aufs Herz: würde man dann in ihren Kreisen nicht ohne weiteres über die empörende *Beleidigung* aufbrausen oder wehklagen? Unsre Leser haben das ruhig hingenommen, weil sie an dem guten Glauben Goldsteins nicht zweifelten und meinten: wer auf jede Bemängelung seines persönlichen oder völkischen Wesens wie eine Neurasthenische im gefährlichen Alter mit Tränen oder Geschrei antwortet, der mag sich einen Hausaltar der Verehrung bauen, es bleibt dann sein privater. – Die, in deren Namen ich spreche, hielten es ferner für ersprießlich, wenn man bei Auseinandersetzungen zwischen Juden und Nichtjuden nicht immer wieder auf *„Rassenhaß"* oder gar *„Glaubenshaß"* zukäme. Darf wirklich ein gebildeter Jude heutzutage in *Deutschland* auch nur beim antisemitischen *Pöbel* noch von *Glaubens*haß reden, geschweige beim deutschen *Gebildeten*? Und in den Kreisen unsrer gebildeten Nichtjuden noch von *Rassenhaß*, von wirklichem Rassen-*Haß*, nicht bloß von einer Rassen-*Antipathie*, die sich durch persönliche Eigenschaften von Fall zu Fall überwinden ließe? Wäre die gemeinsame Arbeit an tausend Stellen, wären die jüdischen Offiziersehen möglich, wenn es einen Rassen*haß* gegen die Juden auch nur in den konservativsten Schichten gäbe? Trotzdem kommt man uns noch oft genug mit

Rassenhaß und Glaubenshaß, betont in sich den „Deutschen mosaischen *Glaubens*", statt den „jüdischen Deutschen", und überhebt
sich der ernsthaften Erörterung über unser Verhältnis zueinander,
indem man Andersdenkende ohne weiteres als mittelalterliche Menschen zu entwerten sucht. Wir bedauern schließlich die Neigung,
Männer, die aus ehrlicher Sorge um ihr Volkstum tatsächlich Antisemiten geworden sind, wie wir *nicht*, wir bedauern: daß man keine
Scheu trägt, sie frischweg als *Narren* hinzustellen. Man verspottet
sie mit einer Miene weit überlegenen heitern Weltmanntums, als
könnte sie ja unmöglich jemand ernst nehmen – aber wer glaubt
denn dieser Miene? Selbst solche Entgleisungen sind höchst erklärlich aus der höchst erklärlichen Beteiligung und Beunruhigung der
Gemüter, doppelt, weil es an unerfreulichen Erscheinungen auf der
nichtjüdischen Seite ja auch nicht fehlt. Aber sie kommen durchaus
nicht nur bei der Polemik im geistigen Unter- und Mittelstande
vor; zumal mit dem „Glaubens-„ und „Rassenhaß" warten noch heute
gelegentlich sogar jüdische Universitätsprofessoren auf. Und gerade
dadurch beleidigen, reizen und helfen sie ihrerseits, die „Schmach
des Jahrhunderts" auszubreiten.

Aber das sei gern zugestanden: auch wir Nichtjuden müssen in
manchem eine sachliche und politisch wertvolle Erörterungstechnik
erst lernen. Nicht nur, daß wir nicht „Forderungen" aufstellen dürfen, von denen der ruhig Überlegene von vornherein erkennen muß:
sie sind nicht durch Evolution, sie sind höchstens durch Revolution
zu erfüllen, sie kämen also erst dann einmal, vielleicht, in Frage,
wenn alle Versuche der Verständigung fehl schlügen. Daß auf eine
Be-[235]schränkung der einmal gewährten jüdischen Rechte oder
gar eine Aufhebung der Judenemanzipation kein Jude eingehen *kann*,
versteht sich von selbst. Wir können aber auch nicht weiter kommen, wenn wir die Juden als ein gegenüber den Nichtjuden min-
derwertiges Volk behandeln, denn es verstehe sich ja doch von selbst,
daß die ihres Judentums stark Bewußten im innersten Herzen ihr
Volk so gewiß für das bessere halten, wie wir Nichtjuden innersten
Herzen das unsrige. Für Vergleichsverhandlungen ist die Annahme
geboten, daß ihr und unser Volk gleichwertig seien. Und wir sind
da jetzt zwei Parteien im Prozeß. Jede ist überzeugt, daß *sie* im Rechte
ist, jede hat auch vielleicht sehr zureichenden Grund, über die and-

re „böse" zu sein. Aber beide erkennen auch, daß ein für beide Teile annehmbarer Vergleich besser wäre als Dauerprozeß, dessen Kosten hüben und drüben vom Besten zehren und der schließlich doch nur mit einem Urteil enden könnte, aus dem ein neuer Prozeß entstände, wenn nicht noch schlimmeres. Wollen solche Parteien verhandeln, so müssen sie die Vorwürfe und Herabsetzungen überhaupt unterlassen, die beleidigen. Da sie nun einmal verschieden fühlen und also bewerten, wäre auch der Versuch eines Aufrechnens aussichtslos. Auch sind wir, gleich den andern, zum *„Riechen"* veranlagt, unserseits zum Judenriechen also, ist doch sogar dem Antisemiten Richard Wagner sein verehrter Ludwig Geyer eine Weile lang des Judentums suspekt gewesen, weil er nicht wußte, wie gut germanische Geyers es gab und aus wie christlicher Kirchendiener- und Stadtpfeiferfamilie jener Geyer stammte. Desgleichen müssen wir uns vor dem *Verallgemeinern* hüten. Ich zum Beispiel davor, daß ich des jetzt so schweigsamen Georg Witkowski menschliche Besonderheiten nicht aus „Rassen- und Glaubenshaß" den von Goldstein hervorgehobenen „jüdischen Germanisten" insgesamt anrechne. „Keine Späße in so ernster Sache!" *Nein*, ich spreche im Ernst. Es ist alle Zeit so gewesen, daß man nicht ans Judentum der Leute dachte, so lange man bei ihnen nichts Ärgerliches sah, daß aber, fand man was, flugs das „da habt ihr's!" kam. Und wer sich frei davon weiß, der werfe den ersten Stein.

Es ist auch kein Scherz, wenn ich zum Schlusse bekenne: ich weiß, daß ich mich mitsamt meinem Kunstwart nun wieder einmal zwischen zwei Stühle gesetzt habe. Falls mir nicht das Benefiz des Beschweigens gewährt wird, wird man zur Rechten sagen „wie links!" und zur Linken „wie rechts!" Beiderseits jedoch: „Hat er etwa gezeigt, wie die Judenfrage sich lösen läßt? Nichts hat er davon gezeigt!", womit ich mich auch nur einverstanden erklären kann. Nichts hab ich getan, als für unsern Kreis darauf hingewiesen, wie sich meiner Meinung nach die Vorbereitung der Vorbereitung ach, auch nur *anstreben* ließe – will sagen: die Vorbereitung einer erwachsener, vernünftiger und vorurteilsloser Männer würdigen, nicht von vornherein zum Auslauf ins Gezänk bestimmten *Aussprache*. Eine sachliche Erörterung, die das Entnebeln und Entwirren ruhig, besonnen, unfeindschaftlich, womöglich freundschaftlich versuchte, jenes Entnebeln und Entwirren, das seinerseits erst darüber aufklären würde, wie denn hinter den rosigroten oder dunkelgrauen Schleiern die Dinge eigentlich stehn. Dann erst könnten die Fragen: „was ist [236] weiter zu tun?", und: „läßt sich ein Dauerfriede erreichen oder nicht?" einigermaßen unakademisch drankommen. Daß die andern Deutschen ihren Geistesbesitz immer weiter von einer so kleinen Minderheit verwalten ließen, das mutet ihnen doch wohl auch kein Jude zu. Anderseits aber denken wir Nichtjuden durchaus nicht daran, auf dem Wege zum freien Europäertum, das sich mit gutem Deutschtum sehr wohl verträgt, die jüdische Mitarbeit abzuweisen. Wir wollten uns ihrer so gern, und sie könnte sich unsrer freuen. Wir wollen uns auch gegenseitig anregen, nur: *wir wollen einander nicht fälschen.* So schwierig ein reinliches Scheiden und nach ihm ein Sich-Verbünden oder Verbinden hier ist, möglich ist es wohl *noch* ohne „Kulturkrach". Wie lange noch?

A

Sprechsaal
Unter fachlicher Verantwortung der Einsender

Aussprache zur Judenfrage

Was mit dem Abdruck der folgenden Einsendungen beabsichtigt wird, darüber ist teils schon früher auf diesen Blättern gesprochen worden, teils geschieht das im Leitaufsatze des vorliegenden. Die Hin- und Widerrede in diesem heutigen „Sprechsaal" hier ergänzt die vorige (XXV, 13) und schließt sie für diese erste Erörterung ab. Wie ich selber denke, sagt der Leitaufsatz, ich brauche also hier nicht nochmals zu betonen, daß ich mich mit keinem der Sprecher identifizieren kann. Da wir voriges Mal fast ausschließlich Juden hörten, mögen diesmal auch einige Christen sprechen. Um die Gegensätze der Meinungen in ihrer ganzen Schroffheit zu zeigen, geben wir auch einem Antisemiten entschiedenster Richtung das Wort. Die Widersprüche haben wir in nichts gemildert, nur auf beiden Seiten alles unterdrückt, was als persönliche Beleidigung aufgefaßt werden konnte.

Für den, welcher sich ernsthaft mit der Judenfrage, oder vielmehr den Judenfragen, auseinandersetzen will, erwähnen wir ein paar neue Schriften auch hier, ohne unsere Absichten mit der Tendenz irgendwelcher davon in Eines zu setzen. *Sombart, „Die Juden und das Wirtschaftsleben"* (Duncker & Humblot), ein trotz aller Einwände dagegen nicht zu entbehrendes Werk, das historisch wissenschaftlich zu betrachten sucht, also nicht polemisieren will. In Ergänzung dazu hat Sombart bekanntlich seinen persönlichen Standpunkt gegenüber den Bewegungen von heute in der kleinen Schrift *„Die Zukunft der Juden"* (ebenda) niedergelegt. Weiter seien erwähnt: *„Der neue Jude"* von Georg Hecht (Leipzig, Gustav Engel), *„Die Juden in Deutschland"*, „von einem jüdischen Deutschen" (Berlin, Karl Curtius), *„Drei Reden über das Judentum"* von Martin Buber, gleichfalls einem Juden (Frankfurt, Rütten & Loening).

* * *

Mit dem Artikel von Moritz Goldstein wird das Problem des Judentums in seiner Tiefe angerührt. Nur auf dieses *Grund*problem sei einiges erwidert; im Schema, und outriert und in absichtlicher Einseitigkeit, wie sich damit versteht. Mein Gegner wird [237] nicht glauben, daß ich irgendeinen Einwand nicht bewußt übersehe, wenn ich gegen die Thesis die Antithesis setze:

1. Der Haß des geborenen Antisemiten kommt nicht von den Juden;

2. das innere Leid des Judentums kommt nicht von den Antisemiten. Der Antisemit haßt; er haßt nicht den Juden. Der Jude leidet an sich selber; nicht am Antisemiten.

Daraus folgt:

1. daß mit dem Aufhören des Judentums der Haß des Antisemiten nicht weggenommen würde,

2. daß mit dem Aufhören des Antisemitismus das Leid des Juden nicht weggenommen würde.

Daraus folgt:

1. daß mit dem Trachten nach der Beseitigung des Judentums der entladungsbedürftige Haß des Antisemiten einen falschen Weg geht,

2. daß mit dem Trachten nach der Beseitigung des Antisemitismus das erlösungsbedürftige Leid des Juden einen falschen Weg geht.

In beiden Fällen ist die menschliche Illusion vom Geheilt-werden-können, vom „Glück" im Gegensatz, durch die Beseitigung der als unglückmachend gedachten Umstände, am Werke.

Daraus folgt:

1. daß auch bei der höchsten Reinheit der Juden der Antisemitismus nicht aufhören würde,

2. daß auch bei der Reinigung des Antisemiten vom Antisemitismus das Leid der Juden nicht aufhören würde.

Damit ist nicht gesagt:

1. daß der Antisemit nicht nach einer inneren Einkehr streben soll,

2. daß der Jude nicht nach höchster Reinheit streben soll; sondern für beide nur:

Geht *in* euch; erkennt die *wirkliche* Wurzel eurer Triebe.

Haß und Leid sind hier physiologisch, nicht psychologisch; geborener Haß und geborenes Leid. Sie sind gar nicht durch die Umstände entstanden; sie werden also auch nicht durch das Wegnehmen der Umstände beseitigt. Der geborene Antisemit muß hassen; er steckt in einem vergifteten Organismus. Der heutige Jude muß leiden; er ist eine späte Rasse, er trägt das Leid des Welkens. Sein Leid ist Erbleid.

So gibt es keine Heilung für das Judentum?

Das heutige Judentum besteht aus einem noch gesunden Teil und einem abwelkenden Teil; von jenem aus vollzieht sich seine Regeneration, von diesem aus seine Degeneration.

Therapie: das Gesunde weiter stärken, das Kranke abwelken lassen.

Bei der heutigen Inzucht der Juden aber wird fortwährend das Gesunde mit dem Kranken weiter vermischt; das Kontagium in die gesunden Schichten hineingetragen. Hier liegt die eigentliche Gefahr für das Judentum; in seiner fortschreitenden Selbstvergiftung.

Was not tut ist die Heirat der gesunden Stämme untereinander; sowie die Auffrischung mit gesundem andern Blute. Der „Untergang"? Es kommt nicht darauf an, daß Juden sind, sondern daß hohe Menschen sind.

Dann mag der Antisemitismus sein Auge wo anders hinwenden. Seid ihm dankbar: er hat euch erzogen. Er hat euch stärker gemacht. Er hat das Schwache abfallen lassen. [238]

Aber was geht euch oben heute der Pöbelruf des Antisemitismus aus der Tiefe unten an? was gehen euch überhaupt Meinungen an? – Gelassen weiter aufwärts steigen. –

Paul Cohn, Charlottenburg

* * *

Mancher mag denken, die „deutschen" Juden seien in so geringer Zahl vorhanden, daß ein wesentlicher Einfluß derselben auf die Rasse nicht zu befürchten wäre. Ein Einfluß besteht aber in gewissem Maße schon jetzt, und welchen Umfang würde er annehmen, wenn aus den unerschöpflichen Reservoiren des Ostens alljährlich Tausende und Abertausende von Juden einwandern, um „deutsch" zu werden? Wir Deutschen wollen nicht die Lösung der Judenfrage dadurch herbeiführen, daß wir uns dem Judentum in die Arme werfen, wir wollen in erster Linie bleiben was wir sind. Wenn die Juden meinen, sie wären als uralte Rasse der Auffrischung dringend bedürftig, und dies könne nur durch reichliche Aufnahme fremden Blutes geschehen, so ist ihnen zu erwidern, daß es nicht unsere Aufgabe ist, für den Bestand fremder Rassen Sorge zu tragen, sondern nur für die eigene, für die aber bedeutet die Verbindung mit einer gealterten *keine* Regeneration.

F. W.

* * *

Will man das Verhältnis einer Bevölkerungsgruppe zu ihrer Umgebung darstellen, so empfiehlt es sich, zunächst die innere Struktur dieser Gruppe zu untersuchen. Die hat Goldstein aus mir unbekannten Gründen unterlassen. Es wäre aber ungerecht, ihm, wie Lissauer es tut, Mangel an historischem Sinn vorzuwerfen. Seine Ausführungen gründen sich vielmehr, wenn ich sie recht verstehe, auf eine sehr bestimmte Auffassung der geschichtlichen Entwicklung der deutschen Juden, die zwar der Auffassung Lissauers entgegengesetzt, aber mindestens ebenso haltbar wie diese ist. Goldstein hat mehr die von außen her kommenden Momente betont, die die deutschen Juden *zusammendrängen*. Im folgenden soll der Versuch gemacht werden, seine Ausführungen durch einige Andeutungen über die inneren Mächte, die sie *zusammenhalten*, zu ergänzen und zugleich den Ausführungen Lissauers zu entgegnen.

Gibt es ein jüdischen Volk? In Palästina wohnen wieder Tausende von Juden, deren Schul- und Umgangssprache das Hebräische ist. Das neuhebräische Schrifttum hat Essayisten wie Achad Howun, Dichter wie Bialik, die in jeder europäischen Literatur einen hohen Rang einnehmen würden. In Rußland wohnen Millionen Juden, die jüdisch sprechen, völlig von ihrer Umgebung abgesondert leben und eine eigene Literatur geschaffen haben. Es erscheinen eine ganze Reihe hebräischer und jüdischer Zeitschriften und Zeitungen. Daß es also ein jüdisches Volk gibt, ist schon hiernach unbestreitbar; freilich hat dieses Volk noch kein großes Zentrum, wo es seine eigene Kultur frei und unter günstigen wirtschaftlichen Bedingungen entwickeln kann. Es ist daher in seiner Produktivität gehemmt, ja in seiner Existenz ständig bedroht. Wo die wirtschaftlichen und politischen Bedingungen für das zerstreute Volk besser werden, tritt zugleich eine rapide Assimilation an das „Wirtsvolk" ein. Sprache und Sitte werden vertauscht mit denen der Umgebung. Das jahrhunderte-[239]lang verachtete und getretene Volk will sich der Gleichberechtigung als würdig erweisen, indem es alle nationale Eigenart abzustreifen und, wo das nicht gelingt, zu leugnen sucht – ein typisches Merkmal des Parvenüs.

Dieser Assimilationsprozeß hat nun ein Jahrhundert lang den in Deutschland wohnenden Teil unseres Volkes angegriffen und droht, vereint mit anderen Momenten (abnehmende Vermehrung usw.) ihn zu dezimieren. Es fragt sich nun: wie weit ist die Assimilation fortgeschritten, wie weit können die deutschen Juden von heute überhaupt noch zum jüdischen Volke gerechnet werden? Über die innere Lage eines großen Teiles von ihnen mag eine Stelle aus Bubers „Drei Reden über das Judentum" orientieren.

„Ursprünglich findet sich der einzelne eingestellt in einen Kosmos, der sich aus seinen Eindrücken aufbaut und in dem das Ich nun die Gefühlsbetonung hergibt. Aus diesem Kosmos werden ihm zwei große Bezirke durch ihre Umgrenztheit und Deutlichkeit vor allen gegenwärtig: die Heimat, Erde und Himmel in ihrer vertrauten Besonderheit, und der Menschenkreis, der sich ihm in der Grundform des Verkehrs, der Sprache, und in der Grundform des Handelns, der Sitte, mitteilt, ihn einbezieht und teilnehmen läßt. Auf diesen drei konstanten Elementen seines Erlebens, Heimat, Sprache und Sitte, baut sich das Zugehörigkeitsgefühl des einzelnen zu einer Gemeinschaft auf, die weiter ist als die urgegebene Gemeinschaft der Familie und die wahlgeborene Gemeinschaft der Freunde. Er fühlt sich zu denen gehörig, die mit ihm die gleichen konstanten Elemente des Erlebens haben, und ihre Gesamtheit empfindet er auf dieser Stufe als sein Volk.

Viele bleiben auf dieser Stufe stehen. Uns kommt es darauf an, den zu betrachten, der weiter geht. Was ihn weiter führt, ist das eingeborene, bei vielen Menschen sich abstumpfende, bei anderen aber wachsende und reifende Verlangen nach Dauer, nach bleibender Substanz, nach unsterblichem Wesen. Er entdeckt, daß es nicht allein konstante Formen des Erlebens gibt, sondern auch eine konstante Existenz, alles Erlebens stetigen Träger. Wie das Kind das Ich seiner Körperhaftigkeit, so entdeckt er das Ich seines Geistes zuletzt: als dauernde Substanz.

Das Kind erfuhr bei der Entdeckung des Ichs seine Begrenztheit im Raume; er erfährt seine Unbegrenztheit in der Zeit. Das Verlangen nach Dauer leitet seinen Blick in der Entdeckung seines Ichs über die eigene Lebensspanne hinaus. Dies ist die Zeit jener seltsam weitschwingigen, pathetischen und schweigsamen Gefühle, die nie hernach in gleicher Gewalt wiederkehren, auch wo sie sich zur Idee klären und runden: Unsterblichkeit der Seele, Unsterblichkeit der Kraft, Unsterblichkeit des Werkes und der Tat. Dieser junge Mensch, den der Schauer der Ewigkeit angerührt hat, erfährt in sich, daß es ein Dauern gibt. Und er erfährt es noch nackter und noch heimlicher zugleich, mit all der Einfalt und all dem Wunder, die um das Selbstverständliche sind, wenn es *angesehen* wird: in der Stunde, da er die Folge der Geschlechter entdeckt, die Reihe der Väter und der Mütter schaut, die zu ihm geführt hat, und inne wird, was alles an Zusammenkommen der Menschen, an Zusammenfließen des Blutes zu ihm geführt, welcher Sphärenreigen von Zeugungen und Geburten ihn emporgerufen hat. Er fühlt in dieser Unsterblichkeit der Generationen [240] die Gemeinschaft des Blutes, und er fühlt sie als das Vorleben seines Ichs in der unendlichen Vergangenheit. Und dazu gesellt sich, von diesem Gefühl gefördert, die Entdeckung des Blutes als der wurzelhaften, nährenden Macht im einzelnen, die Entdeckung, daß die tiefsten Schichten unseres Wesens vom Blute bestimmt, daß unser Gedanke und unser Wille zu innerst von ihm gefärbt sind. Jetzt findet und empfindet er: die Umwelt ist die Welt der Eindrücke und Einflüsse, das Blut ist die Welt der beeindruckbaren, beeinflußbaren Substanz, die sie alle in ihren Gehalt aufnimmt, in ihre Form verarbeitet. Und nun fühlt er sich zugehörig nicht mehr der Gemeinschaft derer, die mit ihm gleiche konstante Elemente des Erlebens haben, sondern der tieferen Gemeinschaft derer, die mit ihm gleiche Substanz haben. Einst kam er zu dem Gefühle der Zugehörigkeit aus der äußeren Erfahrung, nun aus der inneren. Auf der ersten Stufe repräsentierte das Volk ihm die Welt, nun die Seele. Jetzt ist ihm das Volk eine Gemeinschaft von Menschen, die waren, sind und sein werden, eine Gemeinschaft von Toten, Lebenden und Ungeborenen, die zusammen eine Einheit darstellen; und dies ist eben die Einheit, die er als den Grund seines Ichs empfindet, seines Ichs, das in diese große Kette als ein notwendiges Glied an einem von Ewigkeit bestimmten Orte eingefügt ist. Was alle Menschen in dieser großen Kette geschaffen haben und schaffen werden, das empfindet er als das Werk seiner innersten Eigentümlichkeit; was sie erlebt haben und erleben werden, das empfindet er als sein innerstes Schicksal. Die Vergangenheit seines Volkes ist sein persönliches Gedächtnis, die Zukunft seines Volkes ist seine persönliche Aufgabe. Der Weg des Volkes lehrt ihn sich selbst verstehen und sich selbst wollen.

Dieses Sicheinstellen in die große Kette ist die natürliche Situation des einzelnen in seinem Verhältnis zum Volke, von der Subjektivität aus betrachtet. Der natürlichen subjektiven Situation entspricht aber nicht immer eine natürliche objektive. Diese ist dann gegeben, wenn das Volk, dem sich der einzelne auf der ersten Stufe, und das Volk, dem er sich auf der zweiten Stufe zugehörig fühlt, dasselbe sind; wenn die Gemeinschaft derer, die mit ihm die gleichen konstanten Elemente haben, und die Gemeinschaft derer, die mit ihm die gleiche Substanz haben, dieselbe sind; wenn die Heimat, in der er aufwuchs, zugleich die Heimat seines Volkes ist; wenn die Sprache und die Sitte, in denen er aufwuchs, zugleich die Sprache und die Sitte seines Blutes sind; wenn das Volk, das ihm die Art seines Erlebens gibt, zugleich um ihn lebt.

Diese natürliche, objektive Situation ist in dem Verhältnis des Juden, insbesondere des Westjuden, zu seinem Volke nicht gegeben. Alle Elemente, die ihm die Nation konstituieren, sie ihm zu einer Wirklichkeit machen könnten, fehlen, alle: das Land, die Sprache, die Lebensformen. Das Land, in dem er wohnt, dessen Natur ihn umfängt und seine Sinne erzieht, die Sprache, die er spricht und die seine Gedanken färbt, die Sitte, an der er teil hat und von der sein Tun die Bildung empfängt, sie alle sind nicht der Gemeinschaft seines Blutes, sind einer andern Gemeinschaft zugehörig. Die Welt der konstanten Elemente und die Welt der Substanz sind für ihn zerfallen. Seine Substanz entfaltet sich nicht vor ihm in seiner Umwelt, sie ist in tiefe Einsamkeit gebannt, und die einzige Gestalt, in der sie sich ihm darstellt, ist die Abstammung."

Diese nationale Substanz im deutschen Juden leugnet Lissauer. Er [241] selbst gibt zu, daß die Juden im Ghetto noch ein Volk waren. Er gibt zu, daß trotz der Assimilation „angezüchtete Eigenschaften" sich erhalten haben; die ursprünglichen Eigenschaften, die doch eigentlich tiefer sitzen, sollen dagegen „verdunstet" sein. Interessant ist dabei, daß etwa der Scharfsinn kurzweg als angezüchtet betrachtet wird. Sicher ist er in den Jahrhunderten der Zerstreuung durch äußere Einwirkungen gesteigert worden, aber sollte keine hervorragende Disposition für ihn bei dem Volk des Geistes vorhanden gewesen sein, dem Volke, dem die Idee des abstrakten Gottes entstanden ist? Die Juden, sagt Lissauer, bilden heute in Deutschland, abgesehen von der Hypertrophie des wirtschaftlichen Triebes und andern angezüchteten Eigenschaften nur noch infolge einiger Äußerlichkeiten eine gewisse Gemeinschaft. Können wir wirklich annehmen, daß die Besonderheit der Sprechart, der Geste nur äußerlich sei? Will man denn wirklich bestreiten, daß die augenfälligen Unterschiede der körperlichen Beschaffenheit, selbst wenn man sie nicht als Symptom seelischer Unterschiede ansieht, das Seelenleben mitbestimmen müssen? Die durchschnittlich frühere Geschlechtsreife des Juden zum Beispiel muß doch wesentlich mitwirken bei Gestaltung seiner inneren Entwicklung. Die raschere Vollendung der Gesamtentwicklung muß bis ins einzelne Tempo oder Intensität des Erlebens steigern. Der augenfällige körperliche Unterschied des jüdischen und nichtjüdischen Deutschen ist notwendig mit einem inneren Unterschied, mit einer Verschiedenheit der nationalen Substanz verbunden.

Die rein geistige Vermischung mit dem Wirtsvolk hat bisher eine völlige Assimilation nicht zustande bringen können. Sie hat freiwillig einen neuen Typus erzeugt: den Juden, der deutsch sein *will* bis ins Innerste – einen Typus, dessen Eigenschaften von denen des Deutschen aber meist ebenso abweichen wie die des Volljuden, nur in anderer Weise. Freilich gesellt sich der geistigen Vermischung die körperliche durch Mischehe in steigendem Maß. Fraglich ist nur, wie lange dies Maß noch steigen wird. Hier hat Lissauer in spezifisch moderner Weise den Willen der deutschen Juden als Faktor ihrer Entwicklung einfach übersehen. Er verlängert historische Linien und konstruiert so ein Zukunftsbild; die Menschen, willenlos, werden von der Entwicklung vorwärtsgeschoben. Es ist aber eine durchaus willensmäßige Reaktion eingetreten, über die Lissauer nicht orientiert zu sein scheint. Seit Mendelssohn und besonders seit der Emanzipation haben die Juden freilich viel von ihrer nationalen Eigenart preisgegeben; mit der Wandlung auch der letzten „konstanten Elemente" in fremdartige ist die nationale „Substanz" immer tiefer und immer verborgener ins Innerste zurückgedrängt worden. In dem Maße aber, in dem nun Fremdes sich der Seele Israels mischte, wurde es auch immer stärker als fremd empfunden. Während eine unfest gewordene äußere Schicht der deutschen Judenheit – vielleicht der größere Teil – „verdunstet", tritt im Innern eine Konsolidierung ein, die Bildung eines festen Kerns, der Willen und Kraft hat, zu bleiben. Gerade das Wachsen des historischen Sinnes, dessen bisherigen Tiefstand bei der Moderne Lissauer beklagt, bringt es mit sich, daß wir den Zusammenhang mit Ahnen und Enkeln wiederum fühlen; die Stammeseigenart wird im Individuum so stark empfunden, daß der Selbsterhaltungstrieb des einzelnen instinktiv sich zu dem der Stammeseigenschaft weitet: Wir wollen [242] die ererbte Art nicht aufgeben und wollen, daß sie nach uns weiterlebt in unseren Kindern mit demselben innersten Wollen, das uns um die Erhaltung des eigenen Lebens kämpfen heißt. Dieser Wille, verbunden mit religiösen und politischen Strebungen, schloß deutsche Juden, besonders unsere Jugend, zu großen Verbänden zusammen, die Taufe und Mischehe entschieden ablehnen und, obwohl größtenteils nicht national-jüdisch, jüdische Kulturwerte pflegen. Diese Organisationen sind der Zahl nach sehr bedeutend und wachsen beständig. Beständig wächst auch die „Zionistische Vereinigung für Deutschland". Nach den Mitteilungen der „Organisation für hebräische Sprache und Kultur" wird das Hebräische immer mehr in Deutschland gepflegt, besonders in den geistig führenden Kreisen, der akademischen Jugend. Alles Symptome, die das völlige Verschwinden der deutschen Juden, das Lissauer vorschwebt, höchst unwahrscheinlich machen. Im Gegenteil sind immer weniger Juden verloren zu geben, zieht der jüdische Nationalismus, wenn auch langsam, immer weitere Kreise. Und was das Wichtigste ist: der nationalgesinnte Jude findet immer häufiger in geduldiger Bemühung um jüdische Art und Sprache den Weg zur Seele seines Volkes, der der Weg zu seiner eigenen Seele ist.

Es ist an dieser Stelle unmöglich, näheres über die nationale Eigenart der Juden zu sagen. Es sind von Sombart, Buber u. a. geistvolle Versuche hierzu gemacht worden, über deren Richtigkeit noch nicht geurteilt werden kann. Diese Materie ist heute noch gar nicht mit Sicherheit zu erfassen. Ist es im allgemeinen schon schwierig, vielleicht letzten Grundes unmöglich, das Wesen einer Nation begrifflich klarzulegen, wieviel mehr bei diesem zerstreuten Volk, das, überall von Fremden umgeben und beeinflußt, nichts völlig Eigenes mehr lebt und hervorbringt; Wesentliches und Zufälliges sind hier allzu schwer zu scheiden. Genug, daß wir ein Wesentliches fühlen; mag dies Gefühl vage sein, wie Lissauer sagt, es ist stark, und unsre Pflicht ist, durch unsre Arbeit es zu klären. Wohlgemerkt: soweit Klarheit möglich ist; auch Lissauer würde keine wissenschaftlich begründete Definition deutschen Wesens geben können. So verstanden, bleibt er selber „gefühlisch vage".

Immerhin tritt das jüdische Wesen in der deutschen Literatur sichtbar genug hervor. Hier soll nur einiges besonders Augenfällige angedeutet werden. Die Stellung der jüdischen Dichtung in der Gesamtdichtung Deutschlands mögen zwei Aussprüche bezeichnen, die, anderen Zeiten geltend, zugleich eine Einsicht in die Konstanz des jüdischen Geistes gewähren. In der Bibel heißt es von den Götzendienern: „Denn so sie mit seinem Geschöpf umgehen und nachdenken, werden sie gefangen im Anschauen, weil die Kreaturen so schön sind, die man siehet." (Weisheit Salomos, Kap. 13, Vers 7.) Von der anderen Seite her sieht Goethe in der „Diana der Epheser", ebenfalls Juden (Urchristen) und Götzendiener gegenüberstehend. Der Schmied, der in seiner Werkstatt den Schmuck der Göttin formt, hört

„Eines Gassenvolkes Windsbraut,
    Als gäb's einen Gott so im Gehirn,
    Da hinter des Menschen alberner Stirn,
    Der sei viel herrlicher als das Wesen,

An dem wir die Breite der Gottheit lesen. [243]
Der alte Künstler horcht nur auf,
Läßt seinem Knaben auf dem Markt den Lauf,
Feilt immer fort an Hirschen und Tieren,
Die seiner Gottheit Kniee zieren,
Und hofft, es könnte das Glück ihm walten,
Ihr Angesicht würdig zu gestalten."

Der gleiche Gegensatz ist hier erfaßt, der zwischen der intellektuell-abstrakten Atmosphäre Heinescher und der gemütlich-konkreten Goethescher Gedichte besteht. Bei keinem Deutschen wird die Materie so ganz in den Dienst rein geistiger Energien gestellt wie bei dem Juden Mombert. Der Deutsche erfaßt die sinnliche Gestalt und ahnt in ihr den Geist. Der Jude erlebt den Geist und erschafft aus ihm zu seinem Dienst erst die sinnliche Welt. Die Bildlichkeit des Hohenliedes ist an sich höchst unsinnlich: „Sein Haupt ist das feinste Gold." Das Gefühl ist hier körperfrei, es lebt nicht wie das Goethes in der sinnlichen Welt wie in einem Leibe, von ihr wesentlich bedingt: es schafft sie beliebig um, es gibt ihr die Form, die seine Sonderart am stärksten ausdrückt. Bei dem Deutschen Dauthendey finden wir in der „Ewigen Hochzeit" eine Annäherung an diese Bildlichkeit, die aber für ihn Periode blieb. Bei der Jüdin Lasker-Schüler ist sie ganz rein wiederzufinden. Natürlich muß es heute unter den deutschjüdischen Dichtern viele geben, in deren Werk die Spuren ihrer Abstammung mehr oder weniger verwischt sind: bedeutende sind gerade unter diesen nicht.

Hier komme ich aus andern Gedankengängen auf den praktischen Vorschlag Goldsteins: ein zentrales Organ für jüdisches Schrifttum in deutscher Sprache zu schaffen. In der zionistischen Bewegung ist immer mehr der Gedanke der nationalen Regeneration in den Vordergrund gerückt. Als unsere wichtigste Aufgabe für dieses Land erscheint uns, die wurzellose Judenheit Deutschlands wieder in den Boden jüdischen Geistes zu verwurzeln. Heute kämpfen viele deutsche Juden um eine Assimilation, die den meisten schon das eigene Wesen versagt – ganz abgesehen vom Willen des deutschen Volkes, dessen Angehörige Mischehen fast nur um wirtschaftlicher Vorteile willen eingehen. Es entstehen Zwittermenschen und eine

Zwitterkultur voll innerster Unsicherheit und Haltlosigkeit. Wie tief mag wohl die nationale Gesinnung eines Mannes im Instinkt eines Mannes wurzeln, der das Verschwinden der Gemeinschaft, der er entstammt, begrüßt und befördert? Es ist notwendig, daß ein Sammelpunkt für jüdisches Geistesleben geschaffen werde. In der Arbeit bewußter Juden wird sich die Gestalt des jüdischen Geistes klarer und sicherer abzeichnen. Der, der zu uns gehört, wird diese Zugehörigkeit tiefer erkennen und fühlen. Die große Frage, vor der heute der deutsche Jude steht: bist du in erster Linie Deutscher oder Jude? wird nachdrücklicher unentrinnbarer als jetzt gestellt sein.

Wie wird sich das Verhältnis des deutschen Staatsbürgers jüdischer Nation zu seinen Mitbürgern gestalten? Lissauer stellt die Alternative: Aufgabe der Sonderart oder Auswanderung. Diese Problemstellung muß aufs schärfste zurückgewiesen werden. Nationalität ist keine politische, sondern eine kulturelle Angelegenheit. Es gibt deutsche Staatsbürger polnischer Nation; was würde Lissauer wohl sagen, wenn man den Polen diese Alternative stellte: Aufgabe ihres Polentums oder Auswanderung? [244] Zahlreiche Nationaljuden werden durch äußere und innere Beziehungen in Deutschland festgehalten. Zur Auswanderung auffordern kann sie höchstens einer der ihren, der die Auswanderung für notwendig zur Erhaltung der Nation hält, nie ein Außenstehender wie Lissauer. Das Recht zum Aufenthalt in Deutschland ist so wenig an nationale wie an religiöse Bedingungen geknüpft. Die staatsbürgerlichen Rechte und Pflichten des Deutschen werden nicht berührt durch seine nationale Stellung – es sei denn wider das Recht, wider die Verfassung.

Lissauer glaubt, daß die „Hypertrophie des wirtschaftlichen Triebes" bei einer weiteren Absonderung der Juden sich verstärken und „auf Deutschland lasten" werde. Nun hat im Ghetto dieser Trieb entschieden hinter geistigen – religiösen – Trieben zurückgestanden und ist erst in den haltlosen Zeiten der Assimilation zur Herrschaft gelangt. Der Sieg des Nationaljudentums – ein Sieg der Idee über die Bequemlichkeit würde am ehesten geeignet sein, starke ideale Interessen den wirtschaftlichen gegenüberzustellen. Welche merkwürdige Verblendung übrigens, zu glauben, das wirtschaftliche Genie der Juden „laste" auf Deutschland. Ich glaube mit

Sombart, daß die Rettung jeder Eigenart einen Gewinn für die gesamte menschliche Kultur bedeutet.

Die deutschen Juden befinden sich in einem Übergang. Ein Teil wird völlig unter den Deutschen aufgehen, ein Teil wird zum nationalen Judentum zurückfinden. Setzt der Zionismus sein Programm durch, so wird in Palästina ein kulturellen Zentrum für die Judenheit der ganzen Welt geschaffen, dem auch das Geistesleben der deutschen Juden sich angliedern wird. Jedenfalls wird sich die jüdisch-nationale Kultur immer mehr so gestalten, als ob ein solches Zentrum bestände. Selbst der Übergang zur neuhebräischen Literatur ist nicht für alle unmöglich; ich selber denke diesen Weg zu gehen. Freilich werde ich wohl stets auch in deutscher Sprache schreiben müssen: es wäre lächerlich, das Deutsche, das sich mit uns verwoben hat, zu leugnen. Soweit in uns aber das Jüdische überwiegt, müssen wir es bewußt und bestimmt in den Mittelpunkt unseres Lebens und Schaffens stellen, um etwas Ganzes zu werden.

Die deutschen Juden werden einen geschlossenen Kulturkreis bilden, sie werden eine eigene Literatur und Kunst, vielleicht sogar – neben der amtlichen, deutschen – eine eigene Sprache haben. Ich glaube aus guten Gründen, daß die nationaljüdische Bewegung in Deutschland früher oder später alle Kraft an die Verbreitung der hebräischen Sprache wenden wird, denn nur sie wird fähig sein, uns unser Judentum vollends zur Wirklichkeit zu machen. Ob das Verhältnis zur Umgebung besser oder schlechter sein wird als heute, das ist schwer vorauszusagen. Es ist zu hoffen, daß die nationale Toleranz fortschreiten wird, wie auch Lublinski annahm, und daß politische und wirtschaftliche Beziehungen immer mehr von kulturellen, wie es Religion und Nation sind, unabhängig werden. Sicher freilich ist das nicht, aber keine Unsicherheit darf uns abhalten, den Weg zu gehen, den unser Wesen uns vorschreibt.

Franz Quentin

* * *

Nicht unerwähnt bleiben darf in dieser Polemik außer dem Scharfsinn noch eines: die kolossale instinktive Energie, mit der der Jude für alles entritt, was zu ihm gehört, sei es nun jüdisch oder nichtjüdisch, Sache [245] oder Ideal, Individuum oder Gemeinschaft. Diese unzertrennliche Zusammengehörigkeit nach innen, verbunden mit der freundschaftlichen und rein verstandesmäßigen Stellungnahme zu allem, was außen steht, mußte die Juden zum Haß und zur Gefahr werden lassen für eine Rasse, deren Wesen und Ideal darin beruht, sich zu allem Lebendigen als zu einem Geschwisterlichen zu stellen.

Und da hilft auch die historische Erklärung nichts: jenen jüdischen Charakterzug finden wir im ganzen Alten Testament. Übrigens: heißt nicht „historisch erklären" bloß die Sache um eine Stufe zurückschieben?

Nun soll man sich aber wohl hüten, deswegen die Juden wegstoßen zu wollen. Sind nicht jene *beiden* Eigenschaften, der Scharfsinn sowohl wie das intensive Zusammenhalten nach innen, äußerst *wertvolle* Eigenschaften, besonders die letztere, und sollten wir nicht versuchen, sie in den Dienst unserer Ideale einzugliedern?

Mir ist es, es handle sich nur noch darum, daß die deutschen Juden sich dessen besser bewußt werden, was eigentlich bei Deutschen als deutlich empfunden wird.

H. L.

* * *

Ich wanderte im vergangenen Herbst, mich der stillen Schönheit der Landschaft freuend, durch ein kleines Heidedorf von wenigen Häusern, in dem sicherlich nie ein Jude gewohnt, wahrscheinlich nie ein Jude einen Christen gekränkt hat. Da ruft ein Bürschchen von etwa acht Jahren mir schimpfend nach: „Jud! Jud!" Aus fröhlichem Sinnen schreck ich auf, und als ich mich umschau, läuft der Kleine davon. – Wie kommt das Kind dazu, mir so grausam wehzutun? Solcher Haß muß ererbt sein. Wenn seit vielen Jahrhunderten die Kinder in Schule, Kirche und Haus belehrt werden, diese Menschen, die Juden haben unsern Heiland getötet: ist es nicht ein löbliches Gefühl, das jenes Kind zu seinem Schimpfen treibt? Und wie viele Erwachsene stehen noch unbewußt unter dem Bann dieses anerzogenen oder ererbten Gefühls! Ihr Glaube ist vielleicht geschwunden, aber der Haß ist geblieben. Wen aber Erziehung, Kultur und Geschichte davon freigemacht haben, wer unsre wirklichen oder vermeintlichen Fehler nach des Dichters Wort: „Wir lähmen sie und grollen, dass sie hinken" beurteilt, der ist doch aus überströmendem, aber falsch geleitetem Nationalgefühl leicht geneigt, in dem Juden einen andern, einen Fremden zu sehen, einen, der nicht zu seinem Volkstum gehört, obschon wahrlich der Unterschied zwischen einem Norddeutschen und Süddeutschen in vieler Hinsicht größer ist als zwischen einem norddeutschen Juden und einem norddeutschen Christen. Wo aber alle diese Gründe die Abneigung nicht erklären, da ist mit ziemlicher Sicherheit darauf zu schließen, daß Neid, Mißgunst oder irgendeine von einem Juden erlittene Unbill mit im Spiele sind. „Der und der hat mir unrecht getan", das sagt gar nichts, aber „der Jude hat mir unrecht getan", das ist leider für viele Behauptung und Beweis zugleich. Ein deutscher Jude darf ja kein Offizier werden. Aber es sollte einmal ein jüdischer Leutnant seinen Kameraden im Rang vor ihm vergiftet haben, um selber schneller steigen zu können, es sollte einmal ein jüdischer Hauptmann seinen Major erschossen haben, um dessen Gattin heiraten zu können – wer hätte die [246] scheußliche Tat und ihre Täter allein verdammt? Würde es nicht „die Juden! die Juden!" aus unzähligen Kehlen und Blättern geschrien haben? Das ist noch ein schlimmes Erbübel aus alter Zeit, daß wir alle die Verantwortung für den einzelnen tragen sollen. In dieser traurigen Gewohnheit bekundet sich nicht nur der Haß gegen uns, er hat auch vielfach seinen Grund darin.

So suche ich mir die Abneigung, die nicht in allen, aber in vielen Kreisen des deutschen Volkes gegen die Juden herrscht, zu erklären; sie ist echt, sie ist tief, und sie fragt nicht nach Recht und Gerechtigkeit. So weit gehe ich auch mit Goldstein; aber sonst kann ich ihm nicht folgen.

Wir Juden beklagen uns, daß unsre Gegner unsern Wert, unsre Leistungen unterschätzen, hüten wir uns, daß wir sie überschätzen. Und das gut Goldstein. Schon der Titel seiner Ausführungen klingt, wenn er nicht ironisch gemeint ist, nach Überhebung, ist grundfalsch, ist ein Widersinn, ein Unding. Es gibt keinen deutsch-jüdischen Parnaß, ebensowenig wie es einen deutsch-polnischen oder einen deutsch-wendischen gibt. Was in deutscher Sprache an dichterischen Werken geschrieben ist, gehört zur deutschen Literatur oder nicht. Ein Mittelding gibt es nicht. Oder will Herr Goldstein mit seiner Überschrift nur andeuten, daß eine große Zahl deutscher Dichter jüdischer Herkunft ist? Wenn dem so wäre, wer wird bei Dichtern *zählen*? Es gibt auch keine jüdische Literatur in Deutschland, die von Juden für Juden geschrieben ist, und ebensowenig besitzen wir irgendwelche „geheimnisvolle Eigenschaften", kraft deren wir mehr leisten könnten als andere. Es ist selbstverständlich, daß die Juden, die eine uralte Kultur haben – „wir andern sind von heut, sie aber reichen bis an der Schöpfung Wiege", sagt Grillparzer – die selbst in den Zeiten der grausamsten Verfolgung geistig tätig gewesen sind, unter denen es nie einen Analphabeten gegeben hat, daß die Juden, denen bis vor einem Jahrhundert, ja in manchen Gegenden bis vor einigen Jahrzehnten Handwerk und Ackerbau verboten waren, sich jetzt auch vorwiegend auf den Gebieten betätigen, die ihnen immer offen standen: auf dem kommerziellen und dem geistigen. Es mag eine verhältnismäßig außergewöhnlich große Anzahl jüdischer Dichter und Schriftsteller geben; aber stehen sie in erster Reihe? Wer von ihnen, um nur von der Literatur zu reden, stellt sich unter den Lyrikern der Gegenwart neben Liliencron? Wer unter den Dramatikern neben Hauptmann? Wer unter den Epikern neben Spitteler? Ich wünsche von Herzen, ich könnte Namen nennen, aber es geht nicht. Und darum und aus vielen andern Gründen stellt Goldsteins Formulierung des Problems nicht eine ungeheuerliche *Tatsache* dar, sondern lediglich eine ungeheuerliche *Behauptung*. Nein, wir verwalten nicht den geistigen Besitz des deutschen Volkes; wir helfen, ihn mitverwalten, und daß ein großer Teil des deutschen Volkes uns dazu die Berechtigung und Fähigkeit abspricht, ist freilich noch traurig genug. Wir arbeiten mit an der deutschen Kultur, und das sollte man uns gerecht und neidlos anerkennen. Die größte Ungerechtigkeit aber begeht hier der Staat, oder wenn man will, seine Verwaltungsbehörden, und das Beispiel von oben wirkt nach unten. Noch immer wird der Treubruch, um nicht zu sagen der Meineid, belohnt. Hut ab vor jeder ehrlichen Überzeugung, und wenn einer nach schweren inneren Kämpfen seinen Glauben wechselt, so hat der andre ehrerbietig zu schweigen. Wer es aber irgend-[247]eines äußern Vorteils halber tut, der ist charakterlos. – Ein jüdischer Oberlehrer, sagt man, ist nicht geeignet, deutsche Kinder Geschichte und Deutsch, die sogenannten Gesinnungsfächer, zu lehren, ist nicht der rechte Mann, ihnen Luthers Wort: Hier stehe ich, ich kann nicht anders! einzuprägen. Sobald er aber sagt: Hier stehe ich, ich kann auch anders! dann hat er mit einem Male die volle Würdigkeit dazu erlangt. Und ähnlich so mit den Professoren, den Richtern, den Offizieren, ja sogar den Ingenieuren. Schlimmere Simonie ist nie getrieben worden!

Goldsteins Behauptungen sind nicht nur vielfach übertrieben, sondern auch in sich voller Widersprüche. Auf der einen Seite redet er von der großen Macht der Juden, ihrem gewaltigen Einfluß in der Kritik, ihrer Beherrschung des Theaters, und auf der andern behauptet er, der Jubel, mit dem ein christlicher Autor im Theater begrüßt werde, sei ein ganz anderer, freudigerer, anfeuernder als der, den jüdische Autoren hörten. Ich weiß nicht, wie es in andern Städten ist, aber noch klingt mir der rückhaltlose Jubel in den Ohren, mit dem Hofmannsthal und auch Schnitzler in Hamburg begrüßt wurden. Man frage doch einmal die Dichter selber, was sie zu Goldsteins Behauptung sagen. Und man frage auch – Eulenburg.

Wagners Ausspruch: „Deutsch sein, heißt, eine Sache um ihrer selbst willen tun", ergänzt Goldstein mit Recht dahin, daß das ein Merkmal *jedes* echten Strebens sein. Und doch behauptet er kurz vorher, daß es nichts „Schämenswerteres für uns Juden gäbe, als den Mann unterstützt zu haben, der uns auf das Unzweideutigste von seiner Seite gewiesen". Wenn die Juden Wagners Werk für ein großes hielten, gibt es denn einen bessern Beweis für ihr Deutschtum in seinem Sinn oder für ihr echtes Streben, als daß sie es unterstützen – trotz Wagner. Und ist es nicht eine schöne Ironie der Geschichte, daß Wagner sich für die Aufführung seiner Werke einen Helfer in dem Generalmusikdirektor Levy, dem Sohn des Rabbiners in Gießen, holen mußte?

Wie kommt Goldstein dazu, zu behaupten, daß „unsre Künstler" uns keinen andern Typus Jude als Shylock und Shylocks Tochter gezeigt hätten, und daß kein Christ sich von diesen Vorbildern befreien könne. Goldstein wäre wirklich zu bedauern, wenn er keine andern Juden in der Literatur und keine andern Christen im Leben kennt. Man schämt sich fast, an Lessings Nathan und an Grillparzers Esther zu erinnern. Es ist zu beklagen, daß der Nathan in unsern Schulen nicht zu solch lebendiger Wirkung kommt, wie sie von ihm ausgehen könnte, wobei ich gleich bemerken möchte, daß wir Juden, wenn wir uns in Nathans Weisheit sonnen, gewöhnlich gar nicht daran denken, daß ein *Christ* ihn geschaffen hat. Es wäre sehr gut, wenn man drüben nicht vergäße: so können Juden denken, und hüben: so haben Christen gedacht. Juden und Christen, die vor allem mit Nathan eins nicht vergessen: daß sie Menschen sind. Wer solch freie, vorurteilslose christliche Freunde gefunden, Freunde, denen er rückhaltlos sein Weh und Leid, auch sein jüdisches Leid, anvertrauen kann, der kommt über manche Bitterkeit des Tages hinweg.

Wir verwalten den geistigen Besitz des deutschen Volkes, behauptet Herr Goldstein, aber er hält es für ungebührlich, daß ein Jude über Luther und die Reformation schreibt. Und warum denn nicht? Wird nicht vielleicht gerade ein Jude am unbefangensten Luther beurteilen und sein Werk würdigen können? Und warum sollte ein jüdischer Dichter nicht ein [248] Weihnachtsgedicht machen dürfen? Erlebt er nicht jedes Jahr den Zauber der Weihnachtsstimmung, der sich ihm auf Markt und Straße entgegendrängt? Wer will einem Dichter, dem nichts Menschliches fremd sein soll, denn überhaupt vorschreiben, was er darf? Nur wahr, nur erlebt, nur empfunden, nur dichterisch gestaltet muß es sein. Hat nicht Heine, den übrigens Herr Goldstein in so merkwürdiger Weise verteidigt, neben seiner „Prinzessin Sabbath", seinem „Jehuda Halevi", die „Wallfahrt nach Kevlaar" gedichtet? Wüßte man nicht, von wem sie wäre, man würde glauben, dieses Gedicht könnte nur aus der Seele eines frommgläubigen Katholiken geboren sein. Das eben macht den Dichter. Außerdem, würde Herr Goldstein es als unangenehm oder ungebührlich empfinden, wenn ein christlicher Dichter, ergriffen von der Weihe eines Versöhnungsabends, sein Gefühl in einer Dichtung aussprächte?

In wessen Namen spricht Goldstein eigentlich? Wer gibt ihm das Recht, zu sagen „und endlich einmal werden wir auf die Ehre, ein deutscher Dichter zu heißen und deutsche Kultur zu machen, verzichten". Nein, Herr Goldstein, das werden die deutschen Juden nicht; sie müßten sonst eben aufhören, *deutsche* Juden zu sein.

Merkwürdig! Wie eng, wie unauflöslich wir deutsche Juden mit dem Deutschtum verknüpft sind, das schildert Goldstein ganz ergreifend. Um so verwunderlicher ist es, daß er mit den Zionisten liebäugelt, daß er die einzige Rettung in dem Sprung „in die neuhebräische Literatur" sieht, um freilich im nächsten Augenblick wieder zu sagen, wir können ihn nicht mitmachen. Der Zionismus kann uns nicht helfen, er mag eine Lösung, eine Erlösung für die unterdrückten, ihrer Menschenrechte beraubten russischen Juden bedeuten, mag ihnen vielleicht eine glanzvolle, reiche Zukunft bieten, für uns deutsche Juden ist er nicht einmal ein „Linderungsmittel". Wir haben uns unser Vaterland unter schweren Kämpfen, mit mehr Blut und Schweiß errungen als unsre Vorfahren ihr gelobtes Land, wir wohnen auf seinem Boden seit mehr denn einem Jahrtausend, für ihn haben unsre Väter auf den Schlachtfeldern geblutet, hier ruhen unsre Toten, und hier ist die Heimat unsrer Seele. *Wir sind Deutsche, und wir wollen es bleiben!* Wir lieben unser Vaterland mit aller Kraft unsres schwergeprüften Herzens, und wenn Goldstein sagt, es ist eine unglückliche Liebe und eines Mannes unwürdig, so erwidern wir mit Goethe: „Wenn ich dich liebe, was geht's dich an?"

Daß wir dabei unsrer Väter nicht vergessen, daß wir uns stolz und frei als Juden bekennen, ist selbstverständlich, ist einfache Ehrenpflicht eines anständigen Menschen. Ist doch die Treue die Wurzel der jüdischen Geschichte.

Unsre Liebe und unsre Treue können wir aber nicht besser beweisen, als wenn wir unbeirrt durch alle Angriffe aus den Reihen unsrer Gegner oder aus unsern eignen Reihen uns redlich bemühen, das Beste zu leisten, was wir leisten können, unserm Vaterland zu dienen mit allen unsern Kräften.

So, Herr Goldstein, denke ich mir die Antwort auf Ihre Frage: „Da dir so von deinen Mitmenschen begegnet wird, wie begegnest du ihnen?"

Die Entwicklung der Menschheit schreitet langsam vorwärts; aber sie schreitet vorwärts. Als Lessing vor etwa 160 Jahren sein kleines Lustspiel „Die Juden" schrieb, meinte ein Kritiker, der Vorgang des Stückes [249] sei kaum möglich, denn solch einen anständigen oder edlen Juden, wie darin geschildert würde, gäbe es nicht. Dreißig Jahre später erschien der Nathan und wurde schon geglaubt. Wenige Jahre später wurde der Leibzoll abgeschafft, den bis dahin jeder Jude zahlen mußte, und endlich vor hundert Jahren erhielten wir die Bürgerrechte. Nach abermals hundert Jahren – wir haben hoffen und warten gelernt – wird es vielleicht keinem einzigen mehr einfallen, zu bezweifeln, daß wir Deutsche sind, wie denn schon heute ungezählte der besten und feinsten Geister es nicht tun. Nur dürfen wir unsrer Menschenwürde nichts vergeben, nur müssen wir uns selber als Deutsche fühlen und als Deutsche wirken – trotz alledem!

Jakob Loewenberg

* * *

Es wäre außerordentlich viel geschehen, wenn die Juden wagen würden, sich getrost auch Juden zu nennen, es würde manche klägliche Heuchelei vermieden und viel Verächtliches wäre beseitigt. Wem fiele es wohl ein, einen Chinesen oder Japaner seines Volkstums wegen zu mißachten. Würden sich diese aber nicht lächerlich machen, wenn sie sich nach einem langen Aufenthalte in Deutschland als Deutsche hinzustellen versuchen würden?

Welcher Deutsche ist nicht stolz darauf, andere völkische Eigenschaften verstehen zu können und anders geartete Kunst zu begreifen? Würden wir nicht jede „jüdische" Kunst, gleichgültig ob Dichtung, Musik oder bildende Kunst, achten, sie wohl gar wie alles Außerdeutsche überschätzen?

Wir Deutschen kämpfen doch nur dagegen, daß sich ein fremdes, anders empfindendes, anders denkendes Volk als deutsch bezeichnet. Warum nennt sich der deutsche Jude nicht stolz „deutschjüdisch" oder „jüdisch-deutsch", wenn ihm „jüdisch" nicht genügt.

Kulturfördernd hat auch der Jude gewirkt, er hat im Sturme sich das Wissen seiner Gastgeber erobert und ist oft zum Meister geworden. Es ist aber anderseits klar, daß der Jude selbst gar nicht begreifen kann, wieweit er „Deutscher" geworden ist. Wenn er selbst sich auch völlig als Deutscher fühlt, wenn er selbst keinen Unterschied wahrnimmt, so ist damit doch nicht bewiesen, daß keiner vorhanden ist.

Wir Deutschen fühlen solche Unterschiede und sind überzeugt, daß ein volles Hineinempfinden ineinander undenkbar ist; wir sträuben uns deshalb dagegen, eine Kunst oder ein Wirken als deutsch bezeichnet zu finden, das nicht deutsch ist oder das wir nicht als deutsch empfinden.

Wir müssen deshalb dagegen kämpfen, daß ein anderes Volk – sei es mehr- oder minderwertig, das ist ganz gleich dabei –, daß Fremde auf allen beherrschenden oder bestimmenden Posten stehen. Ohne weiteres müssen wir dementgegen zugeben, daß der Jude von seinem Standpunkte aus recht hat: „Wir Juden verwalten den geistigen Besitz eines Volkes, das uns die Berechtigung und Fähigkeit dazu abspricht."

Wir Deutschen oder sonstigen Nordeuropäer wollen aber unseren Besitz geistig und stofflich selbst verwalten, sogar auf die Gefahr hin, es schlechter zu tun als der Jude. Deshalb ist es richtig: diese „ungeheuerliche Tatsache, die Juden ebenso wie Nichtjuden das Blut aufregen muß, fordert unerbittlich zu Maßregeln auf. Dieser Konflikt muß auf irgendeine Weise gelöst werden." Und wieder wäre der erste große Schritt offenes, ehrliches Bekennen! [250]

„Niemand bezweifelt im Ernst die Macht, die die Juden in der Presse besitzen." Ja, das Judentum besitzt die Presse fast ganz. Trotzdem ist es richtig, daß nicht offen der Jude zum Juden spricht, weil auch hier verächtliches Verbergen seines Judentums vom Juden geübt wird.

Das Judentum beherrscht die Kritik, das Theater und die Konzerte. Ist es aber darum deutsch oder sind diese darum deutsch? Haben wir nicht gerade dadurch eine fremdvölkische Kunst und Förderung dieser Kunst innerhalb unseres Volkes, einer Kunst, die in gutem Glauben „deutsche Werke" zu schaffen meint, während sie in Wirklichkeit jüdische Kritik übt und jüdische Kunst schafft?

Eine jüdisch-völkische Kunst braucht darum ja nicht schlechter zu sein als deutsch-völkische Kunst.

Wohl gibt es keine andere Wahrheit als die „Wahrheit", aber niemand hat „die Wahrheit". Verschieden sind auch die Wege zu ihr und wie jedes Volk andere Wege wandelt, so müssen auch die erreichten Ziele verschiedenartig erscheinen, wie jedes Gebäude, jede

Landschaft sich anders darstellt je nach dem Punkte, auf dem man steht, oder nach dem Wege, auf dem man kommt.

Zu ähnlicher Weise muß auch jedem anderen Volke das Wagnersche Wort: „Deutsch sein heißt eine Sache um ihrer selbst willen tun", von seinem Standpunkte aus falsch erscheinen. Völkisches Empfinden kann ein Volk dem andern nicht beweisen, kein Volk kann ein anderes restlos verstehen. Freudig aber wollen wir mit den Juden zu höheren Zielen streben, wie mit den Franzosen und mit den Engländern.

Die Auffassungen Schopenhauers von der jüdischen Geschichte und die Chamberlains von der Wirkung des Nordrassenblutes zu Höchstleistungen der Völker sind gleichfalls nur die folgerichtigen Ergebnisse des verschiedenen Standpunktes. Uns Nordländern erscheint das höchste Kultur, was wir bringen; wir können nur dort höchste Kultur sehen, wo Nordländer sie schufen, und wir fühlen, daß Chamberlain für uns recht hat.

Wir bringen die Sonne in die Gräberwelt des Südländers. Mit dem Verschwinden des Nordländerblutes sehen wir die Kultur versinken.

Der Selbsterhaltungstrieb zwingt uns zur Verteidigung, zur Reinhaltung und zur Reinigung unserer Kultur und unserer Rasse.

Wir fangen jetzt endlich an, die Wirkung des Judentums in der christlichen Kirche historisch und fachkritisch zu begreifen. Es will uns die Verquickung des Nazareners, des Galiläers mit dem Judentum und der Aufbau seiner Lehre auf dem Alten Testamente als ein Fluch und als eine Gefahr erscheinen. Auch wir müssen ehrlich sein und bekennen; dann hindert uns nichts, die vorzüglichen Eigenschaften des Judentums zu erkennen und seine Verdienste zu achten und zu ehren.

Möge der Jude sich selbst achten als: Juden, dann werden ihn auch wir Deutschen achten und gern neben ihm streiten. Auch Europa wird gerecht sein, wenn der Jude nicht überall Deutscher oder Österreicher oder anderen Volkes sein will, sondern Jude und daneben Europäer als Bewohner Europas.

Nur der Jude kann Liebermann als „deutschen" Maler empfinden, uns Deutschen kann er nur ein großer Maler sein, ein großer unter vielen anderen von verschieden völkischen Anlagen und Leistungen. Wir Deutschen müssen dagegen auftreten, daß uns seine Kunst als Verkörperung deutscher [251] Kunst vorbildlich genannt wird; uns kann sie nur eine Richtung sein, eine Richtung europäischer Kunst, die uns ebenso wesensfremd bleiben muß wie die französische Kunst, die uns mit allen Mitteln der Reklame als alleinseligmachende Kunst hingestellt wird.

Ähnlich empfinden wir bei Hofmannsthal und Schnitzler und aus dem gleichen Grunde lehnen wir das Berliner Tageblatt als deutsche Zeitung ab. Als deutsch-jüdische Zeitung würden wir seine Leistungen anerkennen.

Es wünscht darum auch kein Deutscher, daß der Jude weniger leiste, aber jeder wünscht, ich möchte sagen verlangt, daß der Jude sein Werk als jüdisch bezeichne und ich wiederhole: nur der Jude selbst empfindet es als deutsch.

H. M.

Die Juden in Literatur und Volk

Der Kunstwart hat sich ein großes Verdienst damit erworben, daß er Moritz Goldsteins Aufsatz über den „Deutsch-jüdischen Parnaß" wiedergegeben hat. Daß die Presse des Tages solche Erörterungen meidet, ist bekannt und nicht gar zu sehr verwunderlich, wenn man bedenkt, daß ohne die jüdischen Anzeigen nur sehr wenige deutsche Blätter bestehen können, und daß das Judentum diese Tatsache systematisch nutzt, um aus der Presse alles fernzuhalten, was ihm nicht zusagt und unmittelbare Einwirkungen zu seinen Gunsten durchzusetzen. In Thüringen hat jüngst der Schriftleiter eines Freisinnblattes wider diesen Stachel geleckt; das Anzeigengeschäft stockte sofort, und der Schuldige wurde samt seinem Verleger vor die Machthaber der Synagogengemeinde zitiert, wo sich beide in einem von der Judenschaft niedergelegten Beschlusse durch Unterzeichnung verpflichteten, alles „Antisemitische" dem Blatte fernzuhalten und im Gegenteil den Antisemitismus zu bekämpfen. Es kam ein ganz regelrechtes Protokoll über den Akt zustande, wie bei einer Gerichtsverhandlung. Der arme Schächer von Redakteur, wohl weder durch tieferes Wissen noch durch Charakter allzusehr beschwert, unterwarf sich, um nicht seine Brotstelle einzubüßen. Ein ganz ähnlicher Fall – nur daß man dabei auf schriftliche Festlegungen verzichtet hat – ereignete sich in den letzten Monaten bei einer verhältnismäßig großen, politisch rechtsstehenden Zeitung in einer sächsischen Großstadt. Und wiederum ein ähnlicher Fall betraf eine medizinische Zeitschrift, die in Straßburg erscheint und in deren inkrimiertem Aufsatze von den Juden überhaupt nicht die Rede gewesen war, sondern nur von den „Ärzten östlicher Herkunft", die in Berlin nicht zur Ehre des Standes gereichten. Der Mut des betreffenden Blattes zeigte sich dann darin, daß es erklärte, unter den fraglichen Elementen befänden sich noch weit mehr „Germanen" als Juden. Ich könnte noch viele solche Fälle verzeichnen, aus denen ersichtlich ist, wie systematisch und zielbewußt das Judentum an der Beherrschung auch jenes Teils der Presse arbeitet, der nicht unmittelbar in jüdischen Händen ist. Von den Leiden solcher Redakteure, die Bescheid wissen und einer deutschen Gesinnung sind, welche über den üblichen Schützenfestpatriotismus hinausreicht in vertiefte Betrachtungen der völkischen Fragen, könnte ich traurige Lieder singen. Der Außenstehende macht sich von der Sachlage durchaus keinen Begriff. Und darum auch haben wir in der Presse so viele verbogene oder aufgeweichte Charaktere. Aus ihrer Überzeugung heraus arbeiten können bei weitem die meisten Tagesschriftsteller überhaupt nur dann, wenn ihre Über-[252]zeugung eben philosemitisch ist. Denn die Zeitung, die Zeitschrift ist ein Geschäft. Vielleicht fragt der geneigte Leser da oder dort einmal vorsichtig nach. ...

Soviel zur Erklärung des mangelnden Widerhalls von Goldsteins Aufsatz in der Geschäftspresse und in der Presse der politischen Linken. Selbst sehr weit rechts gerichtete Blätter haben sich zum Teil erst nach langem Zögern erlaubt, ein paar Sätze des Aufsatzes zu zitieren, aber ohne jede eigene Bemerkung dazu.

Und nun zur Streitfrage selbst.

Vom Umfang und der Wirkungsweise der jüdischen *Organisation* hat unser deutsches Volk keine blasse Ahnung. Es gibt nichts so vollkommen zwecksicher Ausgebildetes; auch die Orden der katholischen Kirche – obgleich sich auch da Nationales mit Internationalem mischt und das erstere die Saugpumpe, das letztere aber das

Sammelreservoir darstellt – können einen Vergleich damit nicht aushalten. Darum lacht auch der Wissende über die Angst bestimmter deutscher Volkskreise gegenüber dem Jesuitismus, während von den weit schlimmeren Gefahren der jüdischen Organisation niemand eine Ahnung hat. Diese Dinge *müssen* hier kurz gestreift werden, wenn sie auch *anscheinend* nicht zum Thema gehören, weil keine Frage der Welt allein aus einer Fachbetrachtung heraus zu lösen ist: Alles hängt mit allem zusammen.

Zunächst: es bestehen in Deutschland nicht nur 150 reinjüdische, *satzungsgemäß* reinjüdische Literaturvereine, wie in der „Deutschen Tageszeitung" zu lesen war, sondern 256! 231 davon sind wieder in einem Verband jüdischer Literaturvereine zusammengeschlossen! Man vergegenwärtige sich einmal den Einfluß, der darin beschlossen liegt! Glaubt nun irgend jemand, diese Vereine werden sich bemühen, uns Deutsche die bedeutenden Dichter *unseres* Blutes (und darum auch unserer Geistesartung!) sehen zu lehren? Das *könnten* diese Vereine nicht einmal. „Du gleichst dem Geist, den du begreifst, nicht mir." So sagt der Erdgeist zum Faust. Dies Wort hat umgekehrt gleiche Berechtigung: „Du begreifst den Geist, dem du gleichst!" Ohne Blutsmischung geht ein Deutschwerden nicht, und dabei büßen wir ein, ohne daß die Juden gewinnen. Unser Volk wird dadurch in seinen Instinkten verzerrt, unständig, zerfahren – man sehe doch nur auf die mischblütige Masse der Großstädte! Und die unglücklichen Zwitterwesen, die aus der Vermischung hervorgehen, kämpfen ihr ganzes Leben lang bewußt oder unbewußt den Kampf ihrer zwei Wesenheiten. Überwiegt in einem solchen Menschenkinde die arische Mitgift, so wird es der verbissenste Judenfeind. Der reine Germane haßt den Juden nicht, auch wenn er sich gegen ihn wehren muß. Er ehrt auch in ihm ein Stück Gotteszugehörigkeit. Aber der Mischblüter, der zum klaren Denken und Empfinden erwacht, der haßt das Niedrigere in sich, das ihn hemmt, die deutsche Geistesart völlig zu fassen. In ihm ist ein Sehnen, ein Begehren lebendig, das aus einem vom deutschen Blutserbe stammenden leisen Ahnen geboren ist, und das niemals Erfüllung finden kann. Diese Erkenntnis aber wird zum Elternhaß, zum Haß gegen das Judenblut überhaupt. In *diesem* Sinne will es bewertet sein, wenn es in der Edda in Walvaters Runenzauber heißt:

„Ein sechstes weiß ich. Wenn ein Mann mich sehrt
Mit fremdes Baumes Wurzel: [253]
Nicht mich versehrt, *den Mann verzehrt*
Das Verderben, mit dem er mir drohte."

Der Baum ist im Sinne der Esche Yggdrasil, des germanischen
Rassenbaumes gedacht. Und daß es das „Sechste" ist: sechs = sex,
die Sexualität. Auch Sombart erkennt ja – man kann ihn gewiß
keinen Judenfeind nennen – daß die Abwehr gegen das Judentum
notwendigerweise um so stärker werden muß, je mehr die Einglie-
derung der Juden in unser Volkstum durch Blutsvermischung fort-
schreitet. Und Fichte sowohl als Ernst Moritz Arndt haben vor hundert Jahren ungehört mit allem Nachdruck vor solcher Vermischung
gewarnt, die aber namentlich durch das Kirchentum und seine ver-
meintliche Missionspflicht den Juden gegenüber gefördert wurde
und wird. Man täusche sich nicht darüber, und ich will es deshalb
mit aller Überzeugtheit und Deutlichkeit aussprechen: *das deutsche
Volk wird eher mit einem durch die Welt hallenden Ruck das Christentum völlig abwerfen und aus der Weltanschauung seiner Väter
Bewahrungskraft schöpfen, als daß es sich auf die Dauer sein Blut ver-
unreinigen läßt*! Es muß dem Leser überlassen bleiben, wie ernst
oder wie wenig ernst er das hier Gesagte nehmen will. Aber es gibt
Dinge, die lang übersehen werden, bis sie plötzlich *im Sturm* kommen.

Jedoch: zurück zum jüdischen Organisationswesen. Die oberste
mir erkennbare Instanz ist die *jüdische Loge*. Nicht die Freimaurer-
logen, von denen die meisten jetzt durch ein Jahrhundert jüdische
Mitglieder aufgenommen haben und dadurch an den Rand des Ver-
derbens geraten sind, so daß sie jetzt ersichtlich darnach trachten,
sich zu reinigen. Auch nicht die Odd Fellow-Logen, die ja größtenteils
jüdischen Bestandes sind. Nein, *reinjüdische Geheimlogen*, die in
Deutschland zehn Oriente haben und die geistige Auslese des Judentums zur Führung und Oberleitung aller für die jüdischen
Willensziele fruchtbar zu machenden Kräfte in sich sammeln. Wer
weiß etwas davon? Aus Amerika sind sie gekommen in der zweiten
Hälfte des verflossenen Jahrhunderts.

Eine Zweitauslese sammelt sich in der *Alliance Israélite Universelle*, die über die ganze Erde verstreut ist, in Paris ihren Hauptsitz hat, in Deutschland aber rund 10 000 Mitglieder zählt und da unter Führung des Berliner Geheimen Kommerzienrats Goldberger steht. Durch sehr geschickte „Doppelmandate" ist die Verbindung zwischen diesen Verbänden hergestellt, und ich begreife somit unschwer, daß der Durchschnittsjude, obwohl er mittelbar von der obersten Zentrale geleitet wird, doch von dem Bestehen zum Beispiel der Geheimlogen selbst nicht die mindeste Ahnung hat.

Nun kommt der *„Hilfsverband Deutscher Juden"*, anscheinend nur eine Wohltätigkeitsorganisation. *Anscheinend*, sage ich. Auch da wieder das Spiel mit den führenden Persönlichkeiten. Des weiteren der *Verband deutscher Juden*, der es zu wenig findet, dass an den deutschen Universitäten nur 2½ Prozent der Ordinarien, 8 Prozent der Extraordinarien und 12 Prozent der Privatdozenten ungetaufte Juden sind, während die Juden nur 1 Prozent unseres Volkes ausmachen! Er hat allen Ernstes darüber kürzlich eine Denkschrift ausgearbeitet, in der für uns Deutsche, wenn wir überhaupt noch lesen können, geradezu schamerregende Verhältnisse aufgezeigt werden – freilich [254] in anderem Sinne als es der Verband der deutschen Juden meint. Er zeigt zu alledem nur die Verhältnisziffern der ungetauften und der selbst übergetretenen Juden an den Hochschulen; es fehlen noch die Abkömmlinge getaufter Juden und die blutsmäßigen Halbjuden. Würden sie miterfaßt, so würden wir gewahren, daß mindestens ein Viertel aller deutschen Hochschullehrer dem jüdischen Blutkreise angehören. Deren innerer Zusammenhang ist aber so fest, daß sie das ganze Hochschulwesen beherrschen. Vielleicht meint der verehrte Leser, das sei in der „Schnüffelei" doch zu weit gegangen. Aber ich werde noch zeigen, wieso das wichtig ist.

Mittlerweile: es folgen nun die *Rabbinerverbände*, die sich durchaus nicht nur um Religion in dem Sinn kümmern, wie wir den Begriff aufzufassen gewohnt sind. Da haben zwar orthodoxe (talmudische) und freie Rabbiner ihre eigenen Verbände, aber die sind wieder in einer besonderen Organisation zusammengefaßt, und soweit ihr Tun über engste Kultfragen hinausreicht, stehen sie der arischen Welt gegenüber einig da. Ihren jedem Wollenden sichtbaren Ausdruck findet diese Tatsache im Bestehen und der Tätigkeit des „*Zentralvereins deutscher Staatsbürger jüdischen Glaubens*", der mehr als 10 000 Mitglieder an allen größeren Orten Deutschlands zählt und die Judenschaft in dem, was *ihr* religiöse Dinge sind, so geschlossen vertritt, als ob es da Auffassungsverschiedenheiten im Judentum überhaupt nicht gäbe. Wohl ein halbes Dutzend mal hat dieser Verein nun schon den Hammer-Herausgeber Theodor Fritsch auf die Anklagebank gebracht, weil dieser – belegt! – die jüdischen Religionslehren aus Talmud und Schulchan-aruch sowie die Verheißungen und Erzählungen der Thora so bezeichnete, wie sie eben dem germanischen Wesen ausschließlich erscheinen können, und mehrfach hat der Verein infolge des römischen Formalrechts, dessen wir uns erfreuen, eine Verurteilung dieses treuen Kämpfers für unser Volkstum erreicht. Aber nicht nur ihm ging es so; die Zahl der vom Zentralverein deutscher Staatsbürger jüdischen Glaubens erhobenen Anklagen gegen deutsche Männer ist Legion. Und so wird durch formalrechtliche Verurteilungen allzu häufig der Eindruck der Feststellung verwischt: dass die Gleichberechtigung der sogenannten jüdischen Religion in Deutschland eine Schmach ist, weil diese Religion geradezu unglaubliche Lehren birgt und außerdem nicht nur Seelenbefriedigung bieten will, wie die christliche, sondern zugleich tägliches Leben, Verfassung, Recht und Gesetz in sich schließt. (Talmud, Dibbre David § 37: „Einem Nichtjuden etwas aus unsern Religionslehren mitteilen, ist soviel als alle Juden töten; tut man das Erstere, so muß notwendig das Letztere darauf folgen. Denn wüßten die Nichtjuden, was wir gegen sie lehren, würden sie uns dann nicht alle totschlagen?") Das ist ein besonderes, allerwichtigstes Kapitel; denn jeder Jude, der heute vor uns steht – mag er noch so „liberal" sein und vom Talmudglauben sich ganz und gar abgewendet haben – ist das Produkt einer 2000 jährigen Erziehung und Vererbung nach diesen ungeheuerlichen Lehren. Das kann weder er selbst aus sich beseitigen, noch kann es seine Nachkommenschaft in Jahrhunderten. Wir können die Juden darum beklagen, aber ändern können wir's nicht, und vor allem darf nicht unser Volkskörper dauernd von dieser Tatsache den Schaden haben.

Bisher war nur von den Organisationen die Rede, die sich auf das [255] Religionsjudentum gründen, und da wäre noch gar mancher Verband zu erwähnen, wenn ich nicht fürchten müßte, zu weit zu geraten. Aber auch die *getauften Juden*, die *Judenabkömmlinge* und *Halbblüter*, ja, selbst die *Arier mit jüdischen Frauen* oder sonstigen jüdischen Anverwandten werden in die internationale Organisation des Judentums eingegliedert. Ebenso die Leute, die in starker wirtschaftlicher Abhängigkeit von Juden stehen. Sie sind zusammengeführt im *„Verein zur Abwehr des Antisemitismus"*, während die wirklichen Juden für die in ihrem Willen höheren Verbände frei sind. Dieser Verband wird vom freisinnigen Abgeordneten Gothein (getauft) geleitet und wer auch nur sein Ausschußverzeichnis einsehen kann, begreift, wie es in den heute führenden Kreisen unseres Volkes in bezug auf die Blutsfrage ausschaut. Das Judentum erreicht aber nicht nur einen unerhörten Machtzuwachs durch diesen Verband, sondern es erweckt auch die Täuschung, als handle sich da um *deutsche* Männer, während nahezu alles Mischblut ist oder sonst in besonders engen Verhältnissen zum Judentum steht. Dieser Verband arbeitet nun wieder mit dem „Zentralverein d. d. St. j. Gl." Hand in Hand und besitzt mit ihm gemeinsame Führer, während nach außen hin nur die Nichtjuden ersichtlich werden. Der Abwehrverein muß sozusagen die Schuhputzerarbeit im Dienste des Judentums verrichten. Er hat unlängst einen „Antisemitenspiegel" veröffentlicht, der das mit aller Deutlichkeit zeigt. Da werden die blutsdeutsch gesinnten Männer durch Anführung einzelner aus dem Zusammenhang gerissener Worte aus ihren Schriften verdächtigt als Gegner des Monarchen (tiefer Bückling), als Gegner der christlichen Kirchen und des evangelischen Bundes oder der katholischen Kirchen (kordial-devote Händedrucke); als Verächter der breiten Volksschichten (gönnerhaftes Lächeln), als Gegner der Behörden und des Wahlrechts und der Parteien, und so ziehen sich die widerwärtigsten Denunziationen durch das ganze dicke Buch.

Von diesem Verbande gehen nun wieder die Fühlfäden in die verschiedenen kulturellen und politischen Parteien. Der mit einer Jüdin verheiratete Bassermann ist Führer der Nationalliberalen (die haben außerdem noch Friedberg, Paasche, Stresemann, den Frhrn.

von Heyl aus der „Wormser Ecke" usw. als Männer, die für ihre Person oder ihre Familie dem jüdischen Blutkreise angegliedert sind); für die Fortschrittlichen und Sozialdemokraten wird man mir eine Aufzählung der äußerst zahlreichen Namen ersparen; selbst bei den Freikonservativen hat das Judentum derartige Helfer in Frhrn. von Zedlitz, Arendt, dem „Kulturkonservativen" Grabowsky, und bei der deutschkonservativen Partei, in der ihm solche Männer nicht zu Verfügung stehen, hat es in den vergangenen Jahren zuweilen nach dem Bibelwort gehandelt: „Macht euch Freunde mit dem ungerechten Mammon ..." Wie es am Hofe – Entschuldigung! – an den Höfen steht, brauche ich wohl kaum darzulegen; die Juden-Nobilitierungen unter Wilhelm II.; die Berliner Kirchenbauten, die zu einem nicht geringen Teil aus jüdischen Zweckleistungen bestritten sind; die Tatsache, daß Kaiser Wilhelms Generaladjutanten bis auf einen jüdischen Blutes sind; die neue Kaiser-Wilhelm-Stiftung für Forschungsinstitute: das alles spricht hinreichend für sich. Man braucht nichts dazu zu sagen. Daß sich der alte Adel das bieten läßt, das wird ihn in der Geschichte der Zukunft wahrscheinlich noch teuer zu stehen kommen. Denn es gibt [256] keinen andern Adel als den des Bluts; aus Urtagen ist diese Weisheit in der Welt, und sie wird nie dauernd daraus verbannt werden können. ...

Nun überblicke man nochmals in Gedanken diesen Riesenapparat! Die Alliance Israélite allein vereinnahmt im Jahre 11 Millionen Mark! Man kann ohne weiteres rechnen, daß insgesamt alljährlich – nur in Deutschland – gegen 30 Millionen Mark für Zwecke des Judentums fließen; vielleicht lacht mich ein guter jüdischer Kenner der Verhältnisse noch aus mit dieser Zahl! Und nun die internationale Verfilzung, deren Umfang und Dichte ich hier nicht einmal andeuten möchte! Und bei uns die Antikirchenbewegung, die Mutterschutzbewegung, der Neumalthusianismus, die Frauenstimmrechtsbewegung – alles ist ja jüdisch geleitet! Und dann die Presse! Die Firma Rudolf Mosse hat das „Berliner Tageblatt", das heute ¼ Million Bezieher zählt, im Jahre 1870 nach dem noch vorhandenen an die gesamte Judenschaft Deutschlands gerichteten Aufruf ausschließlich „zur Vertretung der besonderen jüdischen Interessen" gegründet, und das Blatt ist diesem Programm treu geblieben bis heute, aber die deutschen Leser ahnen nichts davon! Und sonst kontrolliert die Firma Rudolf Mosse Tausende deutscher Zeitungen, für welche sie das Inseratengeschäft ganz oder teilweise in Händen hat! In die anderen teilen sich die anderen jüdischen Anzeigengeschäfte. Die „Frankfurter Zeitung" Sonnemanns ist jüdisch im gleichen Sinne, ebenso die „Vossische Zeitung", die „Berliner Morgenpost" und die „B.Z. am Mittag", die „Breslauer Zeitung" und „Breslauer Morgenzeitung" und ungezählte angeblich deutsche Zeitungen und Zeitschriften.

Würde unser Volk wissen, wie viele christliche Geistliche jüdischen Blutes sind und an welchen einflußreichen Posten solche Herren sitzen – es würde staunen. Unsere Armee ist in dem tagsüblichen Sinne wohl judenrein; aber wir haben Generäle jüdischen Blutes! In irgendeiner Weise, sei es auch unter Täuschung solcher Leute selbst, weiß man sie immer an untergeordneter Stelle für die Bestrebungen des Judentums einzufangen. Ein bedeutender Führer der Alliance Israélite in Wien hat ausdrücklich erklärt, daß auch der getaufte Jude, auch der Mischblüter noch zur Judenschaft gehören, und das Leitwort der Alliance heißt: *Ganz Israel bürgt für einander!*

Wen wundert da noch die Tatsache, daß Juda in allen Ländern der Erde Herr ist, auch in unserem lieben Deutschland, und daß es so nahe ist an der Erfüllung seiner alten biblischen Verheißung, wonach es „alle Völker fressen" werde?

Wer die Streitfrage über unsern Parnaß aus diesen Gründen heraus hat ansehen lernen, der weiß, daß sie *nicht als Literaturfrage allein* zur Entscheidung gebracht werden kann, und daß sie auch nie und nimmer durch *guten* Willen einer beteiligten Seite entschieden wird. Der Kunstwart darf dieser Auffassung getrost Raum geben; wenn seine Leitung nicht handeln will wie die eingangs erwähnten Verleger und Redakteure, so ist er jetzt der höchsten jüdischen Ungnade sicher. Hoffentlich weiß er sie zu tragen. Dem Judentum ist nämlich gegenwärtig nichts peinlicher als die Erörterung seiner Vormachtstellung auf allen Gebieten, weil es gewahr wird, daß man nicht mehr schimpft, wie es ehedem die Antisemiten taten, sondern daß man hinter seine Vorhänge schaut. [257]

Ephraim Unrast ist der Held eines Romans „Der Weg nach Zion" von dem angesehenen jüdischen Schriftsteller Kurt Münzer. Der Roman ist im vorigen Jahre wegen Unzüchtigkeit beschlagnahmt worden. Mir aber sei hier eine Anführung daraus erlaubt, denn vielleicht glaubt der Leser dem Juden selbst, was er mir nicht glauben würde. Da heißt es:

„Nicht nur wir Juden sind so entartet und am Ende einer ausgesogenen, aufgebrauchten Kultur. Alle Rassen von Europa – vielleicht haben wir sie infiziert, haben wir ihr Blut verdorben. Überhaupt ist ja alles heute verjudet. Unsere Sinne sind in allen lebendig, unser Geist regiert die Welt. *Wir sind die Herren*, denn was heute Macht hat, ist unseres Geistes Kind. Mag man uns hassen, uns fortjagen, mögen unsere Feinde nur über unsere Körperschwäche triumphieren. Wir sind nicht mehr auszutreiben. *Wir haben uns eingefressen in die Völker, die Rassen durchsetzt, verschändet, die Kraft gebrochen*, alles mürbe, faul und morsch gemacht mit unserer abgestandenen Kultur. ...

... Innen, tief innen glühte das Herz, fraß ein unsterbliches Feuer, von Haß und Rache genährt. Sie leckten den Speichel auf der Unterdrücker, sie leckten ihre Füße, sie leckten ihren After, krochen höher unaufhaltsam, wuchsen und wuchsen. Die Knie strafften sich, der Kopf hob sich, hob sich über den Unterdrücker, der *umschmeichelt erlegen* war. Der Jude stand da, die schwere Not jahrhundertelanger Friedlosigkeit in den entzündeten Augen, den Rücken gebeugt von den Erinnerungen erlittener Schläge. ... Aber hinter allem glühte der Triumph des erschlichenen Sieges. Die Welt war verjudet, in Judengeist und Judenlaster zersetzt. Das war die Rache!"

Goldstein hat recht: es sind die Besten der ario-germanischen Rasse, die heute gegen die germanische Volks- und Kulturverwüstung aufstehen. Aber es sind noch nicht genug. Die meisten auch von den Erkennenden wagen nicht Farbe zu bekennen und haben keine Hoffnung mehr. Der Glaube an die deutsche Zukunft und die daraus entspringende Aufopferungsfähigkeit muß in ihnen erst wieder wachsen. Dann aber ...

Siehst du im Schoß
Der Welt die tausend Fragen?

Die Zeit wird groß,
Wenn sie die Deutschen tragen.

Es wächst der Geist
In allen deutschen Gauen,
Der aufwärts weist
Zu Kraft und Gottvertrauen.

Durch Nacht zum Licht!
Kein Zaudern und kein Zagen!
Wir zweifeln nicht:
Bald fängt es an zu tagen.

Der dumpfe Schlag
Der Mitternacht verhallte.
Auf steigt der Tag!
Allvatergeist, du walte!

Ph. Stauff

Dr. Goldstein, dem wir Stauffs Behauptungen über jüdische Organisationen wie die übrigen Sprechsaalbeiträge unterbreitet hatten, hat darauf mit dem in diesem Heft abgedruckten „Schlußwort" geantwortet. Seine Replik unterbreiteten wir dann dem Antisemiten Stauff, der seinerseits antwortet, was wir, wie all das Für und Wider dieser Polemik, dem Leser einfach als *Material zur Bildung eines eigenen Urteils* vorlegen:

Es ist Tatsache, daß 256 jüdische Vereine für jüdische Geschichte und Literatur in Deutschland bestehen, und daß davon 231 zum „Verband der Vereine für jüdische Geschichte und Literatur" in Berlin zusammengeschlossen sind. Selbstverständlich hindert uns Deutsche gar nichts, zu glauben, daß diese Vereine keinen Einfluß auf die Geschichtsauffassung unserer Tage und den Literaturmarkt unsrer Tage nähmen. Es ist aber – selbst wenn man sich auf einen derartigen Standpunkt stellen wollte – doch ganz selbstverständlich, dass sich dort die jüdischen Preß- und Literaturzusammenhänge einstellen mit der bekannten Gipfelung in der schon von Scherr erwähnten Unsterblichkeitsversicherung auf Gegenseitigkeit. Das Interesse an nationaljüdisch auftretender, hebräischer Literatur wäre auch viel zu gering, jene Vereine zu halten. Daß nicht in den *Satzungen* steht, man wolle den Literaturmarkt zugunsten des Judentums kontrollieren oder jüdische Literatur als deutsche ausgeben – das nehme ich freilich *auch* an. Es wundert mich nicht einmal, wenn „Christen" dort Vorträge halten. Nur Deutsche werden's kaum sein.

Daß ich aus Geheimlogen Zahlen über die Geldverwendung nicht mitteilen kann, versteht sich am Rande. Aber die Deutschen sollen erst einmal wissen, *daß* diese internationalen jüdischen Logenzusammenhänge vorhanden sind! Daß die Logen in jüdischem Sinne nur Wohltätigkeitszwecke verfolgen, ist mir so sicher wie jenes andre, daß der Jesuitenorden nur religiöse Ziele hat. Auch die „Alliance Iraélite" ist in jüdischen Augen nur ein Wohltätigkeitsinstitut. Sie war gelegentlich des Ritualprozesses von Xanten so wohltätig (oder war das der Hilfsverein?), die etwa 120 000 Mark betragenden Prozeßkosten zu decken. Sie verschaffte im Ritualmordprozeß von Tisza Eßlar den Angeklagten Rechtsbeistände und setzte die Freisprechung in der 4. Verhandlung der Sache durch, nachdem 3 Gerichte die Angeklagten als völlig überführt und des Todes schuldig erkannt hatten. Ministerpräsident Andrassy aber erwiderte auf eine Interpellation im Wiener Reichsrate: „Wir waren von der Schuld der Angeklagten überzeugt; ebenso überzeugt waren wir aber auch, daß, wenn die des Mordes an der Salomossi Angeklagten verurteilt werden, noch an demselben Tage in Österreich sämtliche Juden totgeschlagen worden wären und die österreichischen Finanzen vor dem Ruin gestanden hätten." Selbstverständlich kann man die Betätigung der Alliance als reine Wohltätigkeit betrachten, auch wenn der jüdische Einfluß auf die Tagesgrößen unseres Geisteslebens mobil gemacht wird, daß diese ihre Namen zu einem öffentlichen Einspruch gegen den „Ritualmordwahn" hergeben und so mithelfen, ein schwebendes russisches Gerichtsverfahren nach dem Willen des Judentums zu beeinflussen.* Auch das mag Wohltätigkeit sein, wenn

---

* Hat Goldstein in der demokratischen „Welt am Montag" vom 15. Juli [259] den Aufsatz Dr. Felix Theilhabers über die „Alliance Iraélite" gelesen? Hier werden

in den „Archives israélites" 1864 gesagt ist: [259]

„Die Juden sind eine Nationalität. Wir sind Juden, weil wir als Juden geboren sind. Das Siegel des Juden wird uns durch unsere Geburt aufgeprägt und dieses Siegel können wir niemals verlieren, wie es ablegen; selbst der Jude, der seine Religion verleugnet, der sich taufen läßt, hört nicht auf Jude zu sein, und alle Pflichten eines Juden obliegen ihm fort und fort."

Es ließe sich noch manches zur Veranschaulichung beitragen, welcher Art Wohltätigkeitsauffassung der jüdischen Organisationen ist. Die angebliche Übertreibung der Etatshöhe möge nachgewiesen werden. Ich habe die Zahl nicht aus den Fingern gesogen. Über den „fortgesetzten Verfassungsbruch", gegen den sich der Staatsbürger-Zentralverein zu wenden habe, möchte ich mich nicht auslassen. Wir tragen schwer genug an dem Erbe des unseligen Hardenberg, der in jüdischer Schuldknechtschaft war und deshalb die Judenemanzipation durchsetzen mußte – gegen den Widerspruch Arndts, Fichtes und des Freiherrn von Stein. Tatsächlich haben wir ja selbst jüdische Offiziere genug, wenn auch getaufte; an den Hoch- und Mittelschulen sind die Juden längst ungeheuer bevorzugt, in den Richterstand sind sie eingedrungen, und getauft funktionieren sie in sehr erheblicher Zahl als christliche Geistliche bis zum Konsistorialrat hinauf. Denn was den jüdischen Organisationen eine Selbstverständlichkeit ist: daß das *Blut* den Menschen baut, das dürfen ja wir Deutschen nicht sehen. „Gerechtigkeit", „Humanität" und „Aufklärung" sind *Phrasen*, wenn sie von einem Juden und einem Deutschen gleichzeitig in den Mund genommen werden. Das ist ja der beliebte Schlagwortetanz! Ein menschliches Produkt jahrhundertelanger talmudischer Erziehung muß naturnotwendig einen ganz anderen Begriff von Gerechtigkeit, Humanität und Auf-

---

von jüdischer Seite die Juden darauf aufmerksam gemacht, daß man die orientalischen Juden aus den Machenschaften der französischen Jingoisten retten müsse. Denn: die Alliance Iraélite ist, wie das auch *Philippsohn* in seinem Werk über die Geschichte der Juden in der Neuzeit ausführt, deutschfeindlich. Theilhaber sagt: *„Die Alliance hat nur das eine Ziel, als französisch nationaler Faktor zu wirken."* So schreiben also andre Juden über das reine Wohltätigkeitsinstitut Goldsteins.

klärung haben, als es mit der Sorge für deutsche Volkserhaltung irgend verträglich ist.

Die *zionistische* Organisation ist mir nicht im Wege, aber sie kommt hier nicht in Frage. Würde sie mächtig genug, und erwiesen sich ihre Ziele als ernst, so wäre ich mit einem sehr bedeutenden Gelehrten des verflossenen Jahrhunderts der Meinung, wir sollten den Juden Palästina erobern. Vorausgesetzt, daß sie *alle* bereit wären, dahin zu gehen ...

Ph. Stauff

Schlußwort

Ein kurzes Schlußwort, zu dem mir die Freundlichkeit des Kunstwarts Gelegenheit gibt, muß ich zu einer Entgegnung benutzen, die mit unserer prinzipiellen Diskussion eigentlich nichts zu tun hat. Es gilt einige sogenannte tatsächliche Berichtigungen.

Die Deutsche Tageszeitung schrieb: „Weiß er nicht, daß wir rund 150 [260] rein jüdische Literaturvereine in Deutschland haben (also solche, die überhaupt keinen Nichtjuden aufnehmen), und daß so mit aller Gewalt auf unkontrollierten und für uns unkontrollierbaren Wegen jüdische Dichtung und Kunst unserem Volke als deutsche aufgezwungen wird"? Diese Behauptung, die an ihrer Stelle wenig geschadet hätte, ist in das Aprilheft des Kunstwarts und von dort in den Türmer (Heft 8) übergegangen und damit vielen Tausenden vor Augen gekommen; in vorliegender Nummer macht Ph. Stauff aus den 150 Vereinen ihrer 250. Ich fordere dagegen auf, nicht etwa diese 250 Vereine, auch nicht 150 herzuzählen, sondern *einen einzigen zu nennen*. Wo gibt es in Deutschland einen Literaturverein, der nur Juden aufnimmt, mit dem offenen oder geheimen Zweck, jüdische Dichtung und Kunst als deutsch auszugeben? Wo gibt es überhaupt einen jüdischen Verein für deutsche Literatur oder Kunst? Die Behauptung der Deutschen Tageszeitung und des Ph. Stauff ist glatt unwahr. Was es gibt und worauf man sich allenfalls berufen kann, sind Vereine für jüdische Geschichte und Literatur, d. h. harmlose, sogar etwas langweilige Vereine mit dem einzigen Zweck, Juden mit ihrer eigenen jüdischen Geschichte und ihrer eigenen jüdischen Literatur wieder bekannt zu machen, Dinge, die dank der „liberalen" Erziehung der letzten 100 Jahre unter uns einigermaßen in Vergessenheit geraten sind; auch keineswegs „unkontrollierbar"; denn ebenso gut wie Christen dort Vorträge halten (siehe die „Jahrbücher für jüdische Geschichte und Literatur"), können Christen zuhören oder Mitglieder werden, wenn sie Lust dazu haben.

Ph. Stauff weiß noch andere Dinge über jüdische Organisationen zu erzählen. Er fragt, wer etwas von jüdischen Geheimlogen wisse. Ich frage ihn, was *er* von jüdischen Geheimlogen weiß, und ob er etwas anderes weiß, als daß es Logen gibt, deren Zweck gegenseitige Unterstützung der Brüder und ihrer Angehörigen in Not und Unglück ist; Vereinigungen, die das Wohltun, freilich geheim, jedenfalls mit einer Zartheit üben, wie es sehr wahrscheinlich außerhalb des Judentums nicht gekannt wird. Von der Alliance Israélite Universelle meldet Ph. Stauff, daß sie 11 Millionen Mark jährlich einnehme, sagt aber nicht, wozu sie das Geld gebraucht. Er läßt das erraten. Und nach dem Zusammenhang *muß* der Leser raten: Zur Knebelung des nichtjüdischen Europas. In Wirklichkeit verwendet die Alliance, ihren Satzungen gemäß, die Einnahmen dazu, um denjenigen Juden, die von ihren christlichen Mitbürgern um wirtschaftliche und moralische Existenz gebracht worden sind, ein Unterkommen und ein menschenwürdiges Los zu schaffen. Ich weiß im Augenblick nicht, wie groß der jährliche Etat der Alliance ist – 11 Millionen ist eine maßlose Übertreibung –; aber das weiß ich, daß die gesamten Einnahmen lange nicht hinreichen, um das unsägliche Elend der Juden des Ostens auch nur einigermaßen zu lindern. Vom „Zentralverein deutscher Staatsbürger jüdischen Glaubens" berichtet Ph. Stauff, daß er mehr als 10 000 Mitglieder umfasse; aber nicht, daß diese 10 000 Juden sich zusammengeschlossen haben, um auf legalem Wege dem fortgesetzten Verfassungsbruch ein Ende zu machen, der darin besteht, daß uns die staatsrechtlich gewährleistete Gleichberechtigung faktisch vorenthalten wird. Daß der „Verein zur Abwehr des Antisemitismus" ein Werkzeug in den Händen der jüdischen Organisation sei, um auch Tauf-[261]juden und Judenabkömmlinge für ihre Zwecke zu fangen, gegen diese Verdächtigungen mag sich der Verein selbst wehren!

Wir erklären: Es gibt keine anderen jüdischen Vereinigungen als solche, die in voller Öffentlichkeit, auf dem Boden des Rechts und der Landesgesetze ihre Ziele verfolgen, und es gibt keine anderen Ziele jüdischer Vereine, als die der Gerechtigkeit, der Humanität und der Aufklärung. Es gibt überhaupt nur eine einzige jüdische Organisation, die Partei zu bilden sucht, die jüdische Politik treibt und das jüdische Volk als Volk vorwärts stoßen will. Das ist die zionistische Organisation. Von ihr, die freilich nicht in seinen Kram paßt, schweigt Ph. Stauff.

Aber wozu rede ich denn? Ph. Stauff hat sich im voraus gegen alle meine Einwendungen gedeckt: Ich habe „offenbar keine Fühlfäden in die jüdischen Geheimorganisationen hinein"; ich bin ein reiner Tor; ich weiß von nichts.

Von dieser Stauffschen Behauptung, daß die internationale Judenheit in einem geheimen Einverständnis stehe und die Welt schlau nach jüdischen Zwecken lenke, geht eine gerade Linie zu den uralten Anklagen, daß wir Christenkinder schlachten, Hostien schänden, die Brunnen vergiften, mit den Türken konspirieren. Was findet nicht Glauben, wenn es die Juden verdächtigt? Wer nimmt sich die Zeit, das Judentum zu studieren und sich selbst ein Urteil zu bilden? Und wie sollen wir die Verdächtigungen widerlegen? Ich habe keinen Zweifel darüber gelassen, daß wir fortan den ehrlichen Kampf diesem faulen Frieden vorziehen. Aber gegen Vorurteil und Mittelalter gibt es keine Waffen.

Den jüdischen Gegnern des Nationaljudentums aber erwidere ich mit einem Lächeln: Unter den Kämpen, die gegen den Gedanken eines jüdischen Volkes aufgetreten sind – warum befindet sich unter ihnen kein deutscher Christ? Ist das Zufall? Peinlicher Zufall! Denn nur dessen Einwand könnte doch etwas beweisen. Das Jakob Loewenberg, allen Deutschen und einigen Juden zum Trotz, die jüdische Nation leugnet, was soll damit bewiesen werden?

Und um auf unser Thema vom deutsch-jüdischen Parnaß zurückzukommen: Wer zweifelt denn, daß ein Jude deutscher Schriftsteller vom Range Emil Kuhs werden kann? Wenn euch das genügt! Wer zweifelt denn, daß ein Jude es dahin bringen kann, daß man ihn nicht als Juden erkennt, zumal aus seinen Schriften? Wenn ihr unoriginell genug seid! Und wenn ihr den Ehrgeiz habt, nicht erkannt zu werden! *Wir* haben den entgegengesetzten Ehrgeiz.

Nationaljudentum ist ein Erlebnis. Es läßt sich freilich nicht beweisen; es läßt sich auch nicht widerlegen. Genug, das Dokument ist da; hundert Dokumente sind da. Das andere wollen wir abwarten und inzwischen unsern Weg weitergehen.

Moritz Goldstein

Kulturkonflikt

Offene Aussprache hat schon manches leidige Verhältnis gebessert, manche Gegensätze gemildert und ein friedliches Nebeneinander ermöglicht, wo man früher glaubte, in jedem Falle und unter allen Umständen gegeneinander wirken zu müssen. Ferdinand *Avenarius*, der Herausgeber des „Kunstwart", hat den Wunsch, das Prinzip der Aussprache auch auf jenes Gebiet anzuwenden, auf dem nach *Sombart* das „größte Problem der Menschheit" beruht: auf die Judenfrage. Genauer gesagt: auf die kulturelle Judenfrage.

Vor einigen Monaten war die Aussprache in den Spalten des „Kunstwart" bekanntlich durch einen Aufsatz Moritz *Goldsteins*, betitelt: „Deutsch-jüdischer Parnaß", eröffnet worden. Der Aufforderung des Herausgebers, die Erörterungen fortzuspinnen, folgten etwa neunzig Autoren, unter denen sich bezeichnenderweise nur sechs Nichtjuden befanden. Aus diesem Wust von Einsendungen hat *Avenarius* nun eine Auswahl getroffen, von der er sagt, er sei sich bewusst, „absichtlich keinen von jüdischer Seite mitgeteilten Gedanken unterdrückt zu haben, der seiner Einsicht nach wesentlich oder charakteristisch war".

Und so kommen denn wohl auch die Vertreter aller irgendwie wesentlichen Anschauungen über die deutsch-jüdische Kulturfrage zu Worte. Auf jüdischer Seite die Vertreter der mehr oder minder konsequenten Assimilation und des bewussten Judentums, bei den Nichtjuden meist Leute, die durchaus deutschnational empfinden, aber den Antisemitismus weit von sich weisen, und andererseits eine ausgesprochener Antisemit, dessen Judophobie ihn das jüdische Gespenst in allen Ecken in hundertfacher Vergrößerung erkennen läßt*.

Daß eine solche Diskussion – die sich von der seichten und wichtigtuerischen Art der so beliebten Rundfragen über das Judentum himmelweit unterscheidet – nicht auf das Blatt beschränkt bleiben konnte, in dem sie angeschnitten worden war, ist verständlich.

---

* Wir empfehlen dringend, die Aeußerungen dort nachzulesen, wo sie erschienen sind.

Ebenso selbstverständlich ist es, nach Sombarts Erfahrungen, daß die sogenannte Judenpresse sich wieder einmal in allen Tonarten darüber ausgeschwiegen hat. Denn das ist ja eben die Politik der „Verschleierung", die so lange Jahre hindurch von Juden und liberalen Nichtjuden zum Schaden beider betrieben wurde und gegen die sich *Avenarius* in seiner eigenen Aeußerung zu dem Thema auflehnt.

Lange wird's nicht dauern, und er wird von diesen Leuten – trotz seiner ausdrücklichen Verwahrung – zum Antisemiten gestempelt und in seiner literarischen und wissenschaftlichen Bedeutung herabgesetzt werden.

Dieses Vorgehen dürfte allerdings noch blamabler ausfallen und noch mehr auch den Schein des Rechts entbehren, als in *Sombarts* Fall. Denn *Avenarius* wägt vorsichtig seine Worte, zügelt sein Temperament und gibt sich keine Blöße. Er enthält sich jedes Werturteils, und verzichtet darauf, die Schuldfrage irgendwie in die Erörterung hineinzuziehen. Er rechnet mit den gegebenen Verhältnissen, und diese Verhältnisse scheinen ihm sich zu einer Krise, zu einem „Kulturkrach" zuzuspitzen. Er hat den Glauben, daß sich einer derartigen Katastrophe durch eine Aussprache „Wie sie erwachsener und vernünftiger Männer würdig ist", vorbeugen lasse.

„Wir wissen, daß es Arbeiten gibt," sagt Avenarius, „für welche die Juden besser befähigt sind, denn wir, und glauben, daß wir für andere besser befähigt sind, denn sie, wir hoffen, daß bei ernstem Willen beiderseits ein freundliches Nebeneinanderwirken möglich wäre, aber wir sind überzeugt, daß dies auf die jetzige Weise nicht lange mehr geht."

Letzten Endes erscheint ihm als Aufgabe: „Die Arbeit von Juden und Nichtjuden derart zu organisieren, daß beide ihre, der menschlichen Gemeinschaft nützlichen Vorzüge höchstmöglich entwickeln können, während sie sich gegenseitig mindestmöglich hemmen."

Avenarius hat von jüdischer Art, wo sie sich gibt, wie sie ist, jene Achtung, die der wirklich national Empfindende dem nationalen Besitzstand eines anderen Volkes immer entgegenbringen wird.

„Den Wert eines rassigen, sich selbst bewußten Judentums gering zu schätzen, das schiene mir nach all den Werten, die es gebildet hat, eine nahezu erstaunliche Dummheit. Wir achten den Zionismus durchaus, sind aber fern davon, den Juden, die ihr Volkstum pflegen wollen, deshalb ihr Wohnrecht in Deutschland oder ihre Zugehörigkeit zum deutschen Volk im politischen Begriff abzustreiten. Die Bereicherungen der Gesamtkultur durch jüdisches Wesen können nur um so besser wirken, je rassiger, je natürlicher sie sind."

Die Herren *Geiger* und Konsorten werden Mühe haben, Avenarius zu überzeugen, daß sie als berufene Hüter des Deutschtums es besser wissen müßten.

Avenarius' Grundforderung, daß die „Sprechsäle" erst einmal geöffnet werden sollen, ist von jüdischer Seite schon einmal erhoben worden. Theodor *Herzl* hat die öffentliche Diskussion der Judenfrage in allen ihren Teilen immer wieder verlangt, und wir Zionisten haben sie stets angestrebt, weil wir wußten, daß das Judentum bei solcher Aussprache nur gewinnen konnte. Die Verweigerung dieser Sprechplätze, war das stärkste Mittel, durch das das Assimilationsjudentum glaubt, uns bekämpfen zu können. Wieviel dadurch für ein gedeihliches Zusammenleben von Juden und Christen gewonnen werden könnet, zeigt der erste aufrichtige Versuch im „Kunstwart", dem wir Dank schulden für die vornehme und taktvolle Art, in der es sein Vorhaben durchgeführt hat. Das selbstbewußte Judentum und der Zionismus haben bei diesen Erörterungen nicht schlecht abgeschnitten. Wir glauben aber auch, daß Moritz Goldstein, mit der Art, wie er unseren Standpunkt vertreten hat, dem Ansehen unserer ganzen Gemeinschaft gedient hat. Von dieser Plattform aus führen wir den Kampf gegen den Antisemitismus. Wo es gilt, für unsere verfassungsmäßigen Rechte einzutreten, da werden wir uns den Vertretern aller Auffassungen im Judentum als treue Waffengefährten zugesellen. Wo es sich aber darum handelt, die Kulturkreise zwischen Judentum und Deutschtum abzugrenzen, da werden wir – wohl auf lange hinaus – bei verständigen Nichtjuden mehr Verständnis und Achtung finden, als bei denen, die unseres Blutes sind und sich nach unserer wohlbegründeten Ueberzeugung auf dem falschen Wege befinden.

Der Kunstwart und die Judenfrage.
Von *Ludwig Geiger*.

I.

Ich habe einige Zeit gezögert, auf zwei Artikel einzugehen, die in der von F. Avenarius herausgegebenen Zeitschrift „Der Kunstwart", erstes Märzheft 1912 und zweites Augustheft desselben Jahres, erschienen sind. Die „Deutsche Tageszeitung" hat dies mehrfach gerügt, ja einer der Redakteure oder Mitarbeiter hat mir sogar freundlich angeboten, die 75 Pfennig zum Ankauf eines Heftes zu leihen oder zu schenken. Ich habe es aber nicht für nötig gefunden, von diesem hochherzigen Anerbieten Gebrauch zu machen.

Jetzt, da ich diese Artikel gelesen habe, muß ich sagen: wozu der Lärm? War es wirklich nötig, daß man sich über die Ausführungen des Herrn Moritz Goldstein aufregte, die in dem Märzheft standen, und ist es wirklich angebracht, die Erörterungen des Augustheftes als eine bedeutungsvolle Erscheinung zu betrachten? Ich muß auf beide Fragen mit Nein antworten und halte es absolut für keinen Schaden, daß ich erst jetzt über diese Artikel mich ausspreche.

Der Märzartikel führt die Ueberschrift „Deutsch-jüdischer Parnaß". Nachdem der Verfasser die Zurücksetzung der Juden erwähnt, die Vorwürfe Wagners und Chamberlains auseinandergesetzt hat, bemerkt er, daß das Verfahren der Juden bisher ein doppeltes gewesen sei, daß aber dieses Verfahren verkehrt genannt werden müsse. Die einen hätten versucht, ihre christlichen antisemitischen Gegner und die Deutschen überhaupt aufzuklären, hätten aber mit dieser Aufklärungsarbeit keinen Erfolg gehabt, die anderen hätten sich um das Gerede nicht gekümmert, hätten weiter als Dichter, als Kritiker, als Literarhistoriker und Historiker geschaffen und sich keineswegs gescheut, auch über Luther und die Reformation zu arbeiten.

Ich gestehe nun meinerseits, daß diese beiden bisher befolgten Methoden die einzigen sind, die uns deutschen Juden übrig bleiben, zu denen wir das Recht und die Pflicht haben. Wir sind Deutsche und haben den Anspruch darauf, als Deutsche in jedem Zweig der deutschen Kultur mitzusprechen. Wir sind Juden und haben die Pflicht, unsere Feinde, in welchen Lagern sie sich auch befinden, zu belehren, aufzuklären, zurückzuweisen.

Der Verfasser meint nun – und gerade dieser Passus hat viel Aufsehen erregt, während er nach meiner Meinung so verkehrt, grundfalsch ist, daß ein ernstdenkender Mensch sich mit derartigen Dingen gar nicht beschäftigen sollte – folgendes: „In der Tat: für einen produktiven oder sonstwie an der Kultur mitarbeitenden deutschen Juden wäre die einzige Rettung aus der Halbheit, aus dem Zwitterwesen, aus Verleumdung und Verdächtigung, aus Ungerechtigkeit und Uebelwollen der Sprung in die neuhebräische Literatur. Die einzige Rettung und zugleich die unfehlbar sichere: hier ist jungfräulicher Boden, sind Schaffensmöglichkeiten ins Unendliche, und hier hört jede ungerechte Vergleichung auf, hier wird kein Widerstand der Wirtsvölker gegen „Verjudung" ihrer Nationalliteratur mehr geweckt, hier wir das Wort Jude von selbst zum Ehrennamen; denn hier mit einem Male hat es keinen Sinn mehr, von uns etwas anderes zu verlangen, als daß wir jüdisch sind, mit Leib und Seele, mit Sitten, Anschauungen, Empfindungen, mit Vorzügen und Fehlern. Wohl jenen Glücklichen, die auf dieser Bahn nach der Palme laufen dürfen!"

Das einzige, worin der Verfasser recht hat, ist der Satz, der ziemlich am Schluß seiner Abhandlung steht: „Keineswegs freilich ist uns jüdische Kunst identisch mit der Behandlung jüdischer Stoffe. Dennoch aber liegt hier eine dringende und schöne Aufgabe für uns Juden. Denn soviel schon geschehen, *das* Judendrama, *der* Judenroman ist noch ungedichtet. Worauf es hier vor allem ankommt, ist die *Schaffung eines neuen Typus Jude*, neu nicht im Leben, sondern in der Literatur. Bekanntlich sehen wir alle das Leben, die Menschen, die Landschaft so, wie unsere Künstler sie uns vorsehen ... Der Jude, der unser Ebenbild ist, unser jüdisches Ideal des Juden, fehlt noch. Jüdische Dichter, heran!"

Was den übrigen Teil des Goldsteinschen Aufsatzes betrifft, so muß ich bemerken, daß er des Aufhebens wirklich nicht lohnt. Den Zionisten war er recht, weil er das Hebräische empfahl und das von so vielen Zionisten geäußerte Wort, eigentlich seien die Juden keine Deutschen und hätten kein Recht, sich an deutscher Geistesarbeit zu betätigen, wiederholt und weiter ausführt. Die Antisemiten, denen ja der Zionismus sehr recht ist, nahmen hauptsächlich Anstoß an einem Satze, und so ungern ich mit dieser Partei an einem Strang ziehe, so muß ich doch gestehen, daß sie nicht unrecht haben. Goldstein nämlich sagt: „Wir Juden verwalten den geistigen Besitz eines Volkes, das uns die Berechtigung und die Fähigkeit dazu abspricht." Dieser Satz ist von Anfang bis zu Ende falsch. Es ist nicht wahr, daß das deutsche Volk uns die Berechtigung und die Fähigkeit abspricht, am geistigen Besitz der Nation teilzunehmen. Das tut nur ein ganz kleiner, verschwindender [542] Bruchteil, weder der Staat, der Dutzende von Professoren und Lehrern anstellt, ihnen die Unterweisung der Jugend und die Belehrung der Studierenden als Amt auferlegt, noch das große gebildete Publikum, das die Schriften, die von Juden herrühren, begierig verschlingt. Wenn auch bei den Dichtungen von Blumenthal, Schnitzler, Fulda, Kadelburg, Franzos, Philippi, Fritz Mauthner, um nur einige wenige hervorzuheben, einer unter vielen Hunderttausenden gesagt hat: „Bah, das Werk ist von einem Juden", den wirklichen Genuß dieser Werke, die Erbauung an den ernsten, die Belustigung an den heiteren, hat sich fast niemand durch die Erwägung stören lassen, daß die Verfasser dem Judentum angehören. Bei den hundert und aberhundert Werken auf dem Gebiete der Naturwissenschaften, der Medizin, der Jurisprudenz, der Geschichte und der Literaturwissenschaft hat noch kein Verständiger gesagt, sie taugen nichts, weil sie von Juden sind, oder hat auch nur daran gedacht, daß die Verfasser Juden sind. Und um speziell auf die deutsche Literaturgeschichte zu kommen, die ungebildete Antisemiten den Juden verwehren möchten: mir ist in den 33 Jahren, da ich das Goethe-Jahrbuch herausgebe, nur von einem Hirnverbrannten der Vorwurf des jüdischen Wesens gemacht worden, und die Hunderttausende, die Bielschowskis Goethebuch und R. M. Meyers Deutsche Literaturgeschichte des 19. Jahrhunderts gelesen und sich daran erfreut haben, haben nicht die geringste Störung in ihrem Genuß dadurch empfunden, daß die Verfasser Juden waren.

So viel gegen die Behauptung Goldsteins, daß das deutsche Volk „uns die Berechtigung und die Fähigkeit abspricht".

Was aber den Anfang des Ausspruchs Goldsteins betrifft. „Wir Juden verwalten den geistigen Besitz eines Volkes usw.", so ist dies ein Satz, bei dem Herr Goldstein entweder nichts gedacht oder seinen Gedanken sehr schief ausgedrückt hat. Denn durch seine Ausspruchsweise sind die Gegner dazu verführt worden, zu meinen, daß wir behaupten, *allein* diesen geistigen Schatz gepachtet zu haben und zu behüten. Kein denkender Jude hat dies jemals behauptet oder auch nur gedacht. Soll der Satz einen Sinn haben, so kann er nur heißen, daß *auch* wir diesen geistigen Schatz *mit*verwalten, so gut wie es die christgeborenen Deutschen tun, daß wir uns bestreben, in ehrlichem und friedlichem Wetteifer mit ihnen diese geistigen Schätze zu heben, zu ergründen und zu vermehren.

II.

Dies ist, was ich über den Goldsteinschen Artikel zu sagen habe. Ich und viele mit mir haben Behauptungen, wie sie in obigem ausgeführt sind, schon sooft gemacht, daß wir höchst erstaunt sein mußten, daß derartige Bemerkungen, wie sie Herr Goldstein auszusprechen für gut fand, wirkliches Aufsehen gemacht haben.

Der Herausgeber des „Kunstwarts" war anderer Meinung und wurde durch seinen Leserkreis in seinem Irrtum gestärkt. Er meinte in den Ausführungen Goldsteins nicht die Stimme eines einzelnen, sondern der Gesamtheit der Juden zu vernehmen, und fühlte sich veranlaßt, nun seinerseits im Augustheft seiner Zeitschrift einen Artikel zu veröffentlichen: „Aussprachen mit Juden." Aber was er selbst hier sagt, und was er sich von anderen schreiben läßt, ist wirklich kaum der Rede wert. Was diese Herren schreiben, manche, die sich damit begnügen, die Initialen ihres Namens hinzuzusetzen, oder, wie die Herren Ph. Stauff und Franz Quentin, deren Namen ich bei dieser Gelegenheit zum erstenmal gehört habe, und deren Darlegungen so unbedeutend und nichtssagend sind, daß ich es für Papierverschwendung und Zeitvergeudung halten würde, darauf überhaupt einzugehen, ist absolut wertlos. Was Herr Goldstein dann in seinem Schlußwort vom Nationaljudentum sagt, ist für uns eine völlig abgetane Sache. Wir kennen keinen Nationaljuden, sondern nur eine jüdische Glaubensgemeinschaft, wir sind Deutsche und verlangen für uns, wie Herr Avenarius selbst, den ich durchaus nicht zum Antisemiten stempeln will, der aber bei dieser Gelegenheit seine völlige Verkennung dessen gezeigt hat, was in jüdischen Kreisen gedacht wird, welche Anspruch auf irgendwelche Bedeutung haben, „das Recht, deutsch zu sein bis auf die Knochen".

(Schluß) [AZJ 76, Nr. 47]

Die einzige Antwort auf die Goldsteinschen Ausführungen, die wirklich Beachtung verdient, ist die des Herrn Jakob *Loewenberg*. Sie begegnet sich völlig mit den Anschauungen, die diese Zeitung immer vertreten hat, und die sie vertreten wird, so lange ich an ihrer Spitze stehe. Mit ausdrücklicher Erlaubnis des Verfassers bringe ich sie an dieser Stelle zum Abdruck. Sie lautet:

„Ich wanderte im vergangenen Herbst, mich der stillen Schönheit der Landschaft freuend, durch ein kleines Heidedorf von wenigen Häusern, in dem sicherlich nie ein Jude gewohnt, wahrscheinlich nie ein Jude einen Christen gekränkt hat. Da ruft ein Bürschchen von etwa acht Jahren mir schimpfend nach: „Jud! Jud!" Aus fröhlichem Sinnen schreck ich auf, und als ich mich umschaue, läuft der Kleine davon. – Wie kommt das Kind dazu, mir so grausam wehzutun? Solcher Haß muß ererbt sein. Wenn seit vielen Jahrhunderten die Kinder in Schule, Kirche und Haus belehrt werden, diese Menschen, die Juden, haben unsern Heiland getötet: ist es nicht ein löbliches Gefühl, das jenes Kind zu seinem Schimpfen treibt? Und wie viele Erwachsene stehen noch unbewußt unter dem Bann dieses anerzogenen oder ererbten Gefühls? Ihr Glaube ist vielleicht geschwunden, aber der Haß ist geblieben. Wen aber Erziehung, Kultur und Geschichte davon freigemacht haben, wer unsere wirklichen oder vermeintlichen Fehler nach des Dichters Wort: „Wir lähmen sie und grollen, dass sie hinken" beurteilt, der ist doch aus überströmendem, aber falsch geleitetem Nationalgefühl leicht geneigt, in dem Juden einen anderen, einen Fremden zu sehen, einen, der nicht zu seinem Volkstum gehört, obschon wahrlich der Unterschied zwischen einem Norddeutschen und Süddeutschen in vieler Hinsicht größer ist als zwischen einem norddeutschen Juden und einem norddeutschen Christen. Wo aber alle diese Gründe die Abneigung nicht erklären, da ist mit ziemlicher Sicherheit darauf zu schließen, daß Neid, Mißgunst oder irgendeine von einem Juden erlittene Unbill mit im Spiele sind. „Der und der hat mir unrecht getan", das sagt gar nichts, aber „der Jude hat mir unrecht getan", das ist leider für viele Behauptung und Beweis zugleich. Ein deutscher Jude darf ja kein Offizier werden. Aber es sollte einmal ein jüdischer Leutnant seinen Kameraden im Rang vor ihm vergiftet haben, um selber schneller steigen zu können, es sollte einmal ein jüdischer Hauptmann seinen Major erschossen haben, um dessen Gattin heiraten zu können – wer hätte die scheußliche Tat und ihre Täter allein verdammt? Würde es nicht „die Juden! die Juden!" aus unzähligen Kehlen und Blättern geschrien haben? Das ist noch ein schlimmes Erbübel aus alter Zeit, daß wir alle die Verantwortung für den einzelnen tragen sollen. In dieser traurigen Gewohnheit bekundet sich nicht nur der Haß gegen uns, er hat auch vielfach seinen Grund darin.

So suche ich mir die Abneigung, die nicht in allen, aber in vielen Kreisen des deutschen Volkes gegen die Juden herrscht, zu erklären; sie ist echt, sie ist tief, und sie fragt nicht nach Recht und Gerechtigkeit. So weit gehe ich auch mit Goldstein; aber sonst kann ich ihm nicht folgen.

Wir Juden beklagen uns, daß unsere Gegner unseren Wert, unsere Leistungen unterschätzen, hüten wir uns, daß wir sie überschätzen. Und das gut Goldstein. Schon der Titel seiner Ausführungen klingt, wenn er nicht ironisch gemeint ist, nach Ueberhebung, ist grundfalsch, ist ein Widersinn, ein Unding. Es gibt keinen deutsch-jüdischen Parnaß, ebensowenig wie es einen deutsch-polnischen oder einen deutsch-wendischen gibt. Was in deutscher Sprache an dichterischen Werken geschrieben ist, gehört zur deutschen Literatur oder nicht. Ein Mittelding gibt es nicht. Oder will Herr Goldstein mit seiner Ueberschrift nur andeuten, daß eine große Zahl deutscher Dichter jüdischer Herkunft ist? Wenn dem so wäre, wer wird bei Dichtern *zählen*? Es gibt auch keine jüdische Literatur in Deutschland, die von Juden für Juden geschrieben ist, und ebensowenig besitzen wir irgendwelche „geheimnisvolle Eigenschaften", kraft deren wir mehr leisten könnten als andere. Es ist selbstverständlich, daß die Juden, die eine uralte Kultur haben – „wir anderen sind von heut, sie aber reichen bis an der Schöpfung Wiege", sagt Grillparzer –, die selbst in den Zeiten der grausamsten Verfolgung geistig tätig gewesen sind, unter denen es nie einen Analphabeten gegeben hat, daß die Juden, denen bis vor einem Jahrhundert, ja in machen Gegenden bis vor einigen Jahrzehnten Handwerk und Ackerbau verboten waren, sich jetzt auch vorwiegend auf den Gebieten betätigen, die ihnen immer offen standen: auf dem kommerziellen und dem geistigen. Es mag eine verhältnismäßig außergewöhnlich große Anzahl jüdischer Dichter und Schriftsteller geben; aber stehen sie in erster Reihe? Wer von ihnen, um nur von der Literatur zu reden, stellt sich unter den Lyrikern der Gegenwart neben Liliencron? Wer unter den Dramatikern neben Hauptmann? Wer unter den Epikern neben Spitteler. Ich wünsche von Herzen, ich könnte Namen nennen, aber es geht nicht. Und [554] darum und aus vielen andern Gründen stellt Goldsteins Formulierung des Problems nicht eine ungeheuerliche *Tatsache* dar, sondern lediglich eine ungeheuerliche *Behauptung*. Nein, wir verwalten nicht den geistigen Besitz des deutschen Volkes; wir helfen, ihn mitverwalten, und daß ein großer Teil des deutschen Volkes uns dazu die Berechtigung und Fähigkeit abspricht, ist freilich noch traurig genug. Wir arbeiten mit an der deutschen Kultur, und das sollte man uns gerecht und neidlos anerkennen. Die größte Ungerechtigkeit aber begeht hier der Staat, oder, wenn man will, seine Verwaltungsbehörden, und das Beispiel von oben wirkt nach unten. Noch immer wird der Treubruch, um nicht zu sagen der Meineid, belohnt. Hut ab vor jeder ehrlichen Ueberzeugung, und wenn einer nach schweren inneren Kämpfen seinen Glauben wechselt, so hat der andre ehrerbietig zu schweigen. Wer es aber irgendeines äußern Vorteils halber tut, der ist charakterlos. – Ein jüdischer Oberlehrer, sagt man, ist nicht geeignet, deutsche Kinder Geschichte und Deutsch, die sogenannten Gesinnungsfächer, zu lehren, ist nicht der rechte Mann, ihnen Luthers Wort: Hier stehe ich, ich kann nicht anders! einzuprägen. Sobald er aber sagt: Hier stehe ich, ich kann auch anders!

dann hat er mit einem Male die volle Würdigkeit dazu erlangt. Und ähnlich so mit den Professoren, den Richtern, den Offizieren, ja sogar den Ingenieuren. Schlimmere Simonie ist nie getrieben worden!

Goldsteins Behauptungen sind nicht nur vielfach übertrieben, sondern auch in sich voller Widersprüche. Auf der einen Seite redet er von der großen Macht der Juden, ihrem gewaltigen Einfluß in der Kritik, ihrer Beherrschung des Theaters, und auf der anderen behauptet er, der Jubel, mit dem ein christlicher Autor im Theater begrüßt werde, sei ein ganz anderer, freudigerer, anfeuernder als der, den jüdische Autoren hörten. Ich weiß nicht, wie es in anderen Städten ist, aber noch klingt mir der rückhaltlose Jubel in den Ohren, mit dem Hofmannsthal und auch Schnitzler in Hamburg begrüßt wurden. Man frage doch einmal die Dichter selber, was sie zu Goldsteins Behauptung sagen. Und man frage auch – Eulenburg.

Wagners Ausspruch: „Deutsch sein, heißt, eine Sache um ihrer selbst willen tun", ergänzt Goldstein mit Recht dahin, daß das ein Merkmal *jedes* echten Strebens sein. Und doch behauptet er kurz vorher, daß es nichts „Schämenswerteres für uns Juden gäbe, als den Mann unterstützt zu haben, der uns auf das Unzweideutigste von seiner Seite gewiesen". Wenn die Juden Wagners Werk für ein großes hielten, gibt es denn einen bessern Beweis für ihr Deutschtum in seinem Sinn oder für ihr echtes Streben, als daß sie es unterstützen – trotz Wagner. Und ist es nicht eine schöne Ironie der Geschichte, daß Wagner sich für die Aufführung seiner Werke einen Helfer in dem Generalmusikdirektor Levy, dem Sohn des Rabbiners in Gießen, holen mußte?

Wie kommt Goldstein dazu, zu behaupten, daß „unsere Künstler" uns keinen andern Typus Jude als Shylock und Shylocks Tochter gezeigt hätten, und daß kein Christ sich von diesen Vorbildern befreien könne. Goldstein wäre wirklich zu bedauern, wenn er keine anderen Juden in der Literatur und keine anderen Christen im Leben kennt. Man schämt sich fast, an Lessings Nathan und an Grillparzers Esther zu erinnern. Es ist zu beklagen, daß der Nathan in unseren Schulen nicht zu solch lebendiger Wirkung kommt, wie sie von ihm ausgehen könnte, wobei ich gleich bemerken möchte, daß wir Juden, wenn wir uns in Nathans Weisheit sonnen, gewöhn-

lich gar nicht daran denken, daß ein *Christ* ihn geschaffen hat. Es
wäre sehr gut, wenn man drüben nicht vergäße: so können Juden
denken, und hüben: so haben Christen gedacht. Juden und Christen, die vor allem mit Nathan eins nicht vergessen: daß sie Menschen sind. Wer solch freie, vorurteilslose christliche Freunde gefunden, Freunde, denen er rückhaltlos sein Weh und Leid, auch
sein jüdisches Leid, anvertrauen kann, der kommt über manche
Bitterkeit des Tages hinweg.

Wir verwalten den geistigen Besitz des deutschen Volkes, behauptet Herr Goldstein, aber er hält es für ungebührlich, daß ein Jude
über Luther und die Reformation schreibt. Und warum denn nicht?
Wird nicht vielleicht gerade ein Jude am unbefangensten Luther
beurteilen und sein Werk würdigen können? Und warum sollte ein
jüdischer Dichter nicht ein Weihnachtsgedicht machen dürfen?
Erlebt er nicht jedes Jahr den Zauber der Weihnachtsstimmung,
der sich ihm auf Markt und Straße entgegendrängt? Wer will einem
Dichter, dem nichts Menschliches fremd sein soll, denn überhaupt
vorschreiben, was er darf? Nur wahr, nur erlebt, nur empfunden,
nur dichterisch gestaltet muß es sein. Hat nicht Heine, den übrigens
Herr Goldstein in so merkwürdiger Weise verteidigt, neben seiner
„Prinzessin Sabbath", seinem „Jehuda Halevi", die „Wallfahrt nach
Kevlaar" gedichtet? Wüßte man nicht, von wem sie wäre, man würde glauben, dieses Gedicht könnte nur aus der Seele eines frommgläubigen Katholiken geboren sein. Das eben macht den Dichter.
Außerdem, würde Herr Goldstein es als unangenehm oder ungebührlich empfinden, wenn ein christlicher Dichter, ergriffen von
der Weihe eines Versöhnungsabends, sein Gefühl in einer Dichtung aussprüche?

In wessen Namen spricht Goldstein eigentlich? Wer gibt ihm das
Recht, zu sagen „und endlich einmal werden wir auf die Ehre, ein
deutscher Dichter zu heißen und deutsche Kultur zu machen, verzichten". Nein, Herr Goldstein, das werden die deutschen Juden
nicht; sie müßten sonst eben aufhören, *deutsche* Juden zu sein.

Merkwürdig! Wie eng, wie unauflöslich wir deutsche Juden mit
dem Deutschtum verknüpft sind, das schildert Goldstein ganz ergreifend. Um so verwunderlicher ist es, daß er mit den Zionisten
liebäugelt, daß er die einzige Rettung in dem Sprung „in die neuhe-

bräische Literatur" sieht, um freilich im nächsten Augenblick wieder
zu sagen, wir können ihn nicht mitmachen. Der Zionismus kann
uns nicht helfen, er mag eine Lösung, eine Erlösung für die unterdrückten, ihrer Menschenrechte beraubten russischen Juden bedeuten, mag ihnen vielleicht eine glanzvolle, reiche Zukunft bieten, für
uns deutsche Juden ist er nicht einmal ein „Linderungsmittel". Wir
haben uns unser Vaterland unter schweren Kämpfen, mit mehr Blut
und Schweiß errungen als unsre Vorfahren ihr gelobtes Land, wir
wohnen auf seinem Boden seit mehr denn einem Jahrtausend, für
ihn haben unsre Väter auf den Schlachtfeldern geblutet, hier ruhen
unsere Toten, und hier ist die Heimat unsrer Seele. *Wir sind Deutsche, und wir wollen es bleiben!* Wir lieben unser Vaterland mit aller
Kraft unsres schwergeprüften Herzens, und wenn Goldstein sagt, es
ist eine unglückliche Liebe und eines Mannes unwürdig, so erwidern wir mit Goethe: „Wenn ich dich liebe, was geht's dich an?"

Daß wir dabei unsrer Väter nicht vergessen, daß wir uns stolz
und frei als Juden bekennen, ist selbstverständlich, ist einfache Ehrenpflicht eines anständigen Menschen. Ist doch die Treue die Wurzel der jüdischen Geschichte.

Unsre Liebe und unsre Treue können wir aber nicht besser beweisen, als wenn wir unbeirrt durch alle Angriffe aus den Reihen
unserer Gegner oder aus unseren eigenen Reihen uns redlich bemühen, das Beste zu leisten, was wir leisten können, unserem Vaterland zu dienen mit allen unseren Kräften.

So, Herr Goldstein, denke ich mir die Antwort auf Ihre Frage:
„Da dir so von deinen Mitmenschen begegnet wird, wie begegnest
du ihnen?"

Die Entwicklung der Menschheit schreitet langsam vorwärts; aber
sie schreitet vorwärts. Als Lessing vor etwa [555] 160 Jahren sein
kleines Lustspiel „Die Juden" schrieb, meinte ein Kritiker, der Vorgang des Stückes sei kaum möglich, denn solch einen anständigen
oder edlen Juden, wie darin geschildert würde, gäbe es nicht. Dreißig Jahre später erschien der Nathan und wurde schon geglaubt.
Wenige Jahre später wurde der Leibzoll abgeschafft, den bis dahin
jeder Jude zahlen mußte, und endlich vor hundert Jahren erhielten
wir die Bürgerrechte. Nach abermals hundert Jahren – wir haben

hoffen und warten gelernt – wird es vielleicht keinem einzigen mehr einfallen, zu bezweifeln, daß wir Deutsche sind, wie denn schon heute ungezählte der besten und feinsten Geister es nicht tun. Nur dürfen wir unserer Menschenwürde nichts vergeben, nur müssen wir uns selber als Deutsche fühlen und als Deutsche wirken – trotz alledem!"

Das große Hassen.
Von *Ludwig Geiger*.

In einer Zeitschrift, die mir bisher unbekannt war, „Janus, kritische Halbmonatsschrift für deutsche Kultur und Politik, 1913, Heft 2", steht ein Aufsatz von Cheskel Zwi Klötzel „Das große Hassen, ein Beitrag zur Judenfrage in Deutschland". Die Redaktion begleitet ihn mit folgender Anmerkung: „Wir geben gerne im folgenden einem überaus ehrlichen, offenen Bekenntnis eines überzeugten Zionisten Raum, ohne uns selbst zu den hier ausgesprochenen Gedanken irgendwie zu bekennen. Achtung vor einer Ueberzeugung und Interesse dafür, wenn sie offen und ehrlich zum Ausdruck gebracht wird, scheint uns in allen Kulturfragen von großer Wichtigkeit zu sein. Die Judenfrage als eine der hauptsächlichsten und aktuellsten Kulturfragen soll demnächst weiter von uns behandelt werden."

Da der Aufsatz auch in jüdischen Blättern übel vermerkt worden ist, da ferner antisemitische Zeitungen bereits beginnen, daraus Kapital zu schlagen, so gehe ich darauf ein, damit mein Schweigen nicht mißdeutet wird.

Der Aufsatz hebt an mit dem Hinweis auf den neu aufgelegten Roman von A. M. Goldschmidt: „Der Jude" und bezeichnet als Grundgedanken des Buches „den Gedanken der ewigen Feindschaft zwischen Judentum und Christentum". Als sein eigenes Bekenntnis spricht der Verfasser folgenden Satz aus: „Dem Antisemitismus, dem Judenhaß, steht auf jüdischer Seite ein großes Hassen alles Nicht-jüdischen gegenüber; wie wir Juden von jedem Nichtjuden wissen, daß er irgendwo in einem Winkel seines Herzens Antisemit ist und sein muß, so ist jeder Jude im tiefsten Grunde seines Seins ein Hasser alles Nichtjüdischen."

Nachdem er diesen Gedanken etwas weiter ausgeführt, versteigt er sich zu einem zweiten Ausdruck seiner persönlichen Ueberzeugung in den Worten: „In Wirklichkeit ist nichts in mir so lebendig als die Ueberzeugung dessen, daß, wenn es irgend etwas gibt, was alle Juden der Welt eint, es dieser große erhabene Haß ist."

Er gibt sodann die folgende Phrase zum besten: „Man nennt uns eine Gefahr des Deutschtums. Gewiß sind wir das, so sicher, wie das Deutschtum eine Gefahr für das Judentum ist." Und verlangt, nachdem er einen falschen Satz Goldsteins auch für sich in Anspruch genommen, zum Schluß: „Ob wir die Macht haben oder nicht, das ist die einzige Frage, die uns interessiert, und darum müssen wir danach streben, eine Macht zu sein und zu bleiben."

Gegen diese Bemerkungen muß ich nun meinerseits, und ich glaube auch im Namen der meisten deutschen Juden, erklären, daß all das, was der Verfasser sagt, der reinste Nonsens ist, und daß die Gedanken und Ansichten, die er nicht nur für seine Person ausspricht, von keinem von uns auch nur im entferntesten gehegt werden.

Erstens: die Juden sind durchaus nicht *Hasser* alles Nichtjüdischen. Beweis dafür ist, daß alle ernsten, strebenden deutschen Juden sich bemühen, auf den verschiedensten Gebieten des deutschen Lebens zu arbeiten – denn man befördert nicht das, was man haßt – daß sie eifrig bestrebt sind, einzudringen in die Entwicklung der Vergangenheit, teilzunehmen an den Arbeiten der Gegenwart, daß sie mit ihrem christlichen Genossen auf dem Gebiete der Politik, Wissenschaft und Literatur gemeinsam im brüderlichen Wetteifer tätig sind. Kann man wirklich deutsches Wesen hassen und so intensiv, wie viele von uns es tun, in das Wesen Goethes, Schillers, der deutschen Literatur, der deutschen, selbst der mittelalterlichen Geschichte sich versetzen? Es ist eine grobe Verkennung der Wahrheit, wenn der Verfasser von Haß spricht; wir alle lieben vielmehr die deutsche Entwicklung, *lieben* die Deutschen von ehedem und von heute.

Zweitens: es ist nicht wahr, daß das, was alle Juden der Welt eint, der große und erhabene Haß ist. Zunächst sind die Juden der ganzen Welt gar nicht geeint. Man kann das in dem augenblicklich wütenden Kriege sehen: die Juden der Balkanstaaten sind Serben und Bulgaren, die Juden in der Türkei sind Türken; es ist keinem Juden eingefallen, etwa als Jude auf die Seite der Feinde überzugehen, sondern jeder kämpft innerhalb seiner Nation, der er durch Geburt und durch liebende Ueberzeugung angehört. Ebenso fühlen der deutsche und französische Jude, um nur von ihnen zu sprechen, so stark ihr Glaubensbewußtsein, so innig ihre Treue zu ihrer Religion auch ist, als Deutsche und als Franzosen; wirken sie zusammen für die Juden anderer Länder, so ist der Grund dazu nur das Mitleid für die wegen ihres Glaubens Bedrückten, die Anhänglichkeit an ihre angestammte Religion.

Drittens: wir sind keine Gefahr für das Deutschtum; das Deutschtum ist keine Gefahr für uns. Fast trage ich Bedenken, hundertmal Gesagtes immerfort zu wiederholden, aber ich bekenne nochmals ausdrücklich in meinem Namen und im Namen vieler Tausende: wie das Judentum dem Deutschtum manches, das Deutschtum dem Judentum unendlich vieles ge-[566]geben hat, so glauben wir alle, daß diese wohltätige Ergänzung die heilsamsten Früchte in aller Zukunft tragen wird, daß das friedliche Zusammenarbeiten, jene geistige Assimilation, beiden, dem Deutschtum und dem Judentum, zum großen Heile geraten muß.

Viertens: wir wollen keine Macht sein, weder in nationaler noch in pekuniärer Beziehung, sondern wir wollen ein Teil der großen deutschen Nation sein. Wenn wir wirklich eine Macht anstreben, so kann das nur in dem Sinne geschehen, daß wir unser Geld und unsere Intelligenz in den Dienst des deutschen Vaterlandes stellen, kämpfend, aber nur mit den Waffen des Geistes für unser Recht, das uns vorenthalten wird, kämpfend aber auch für das Heil Deutschlands, für die Erringung der allgemeinen Freiheit.

Ein Ausländer wie der Verfasser des Artikels, gegen den diese Bemerkungen sich richten, der von unseren Verhältnissen, unseren Gedanken und unseren Zukunftsplänen nichts versteht, hat nicht das Recht, in unserem Namen zu sprechen.

Das grosse Hassen*.
Ein Beitrag zur Judenfrage in Deutschland.

Von *Cheskel Zwi Klötzel*, Hamburg.

Der Verlag von Axel Juncker hat einen Roman aus dem vormärzlichen
Dänemark durch Neuauflage der Gegenwart wiedergeschenkt. Im
Jahre 1912 ist ein Buch wiedergeboren, das 1846 geschrieben wur-
de, der Roman „Ein Jude" von Meier Aaron Goldschmidt.

Das ist kein Zufall, daß man dieses Buch jetzt wieder ans Tageslicht zieht. Vielleicht, daß man noch mehr ausgraben wird aus den
Schätzen der Vergangenheit, zur Illustration und Förderung einer
der größten Weltfragen, die speziell in Deutschland heute aktueller
als je ist: die Judenfrage. Ich erinnere kurz an die letzten wissenschaftlichen Arbeiten eines Sombart und verweise auf die, – sagen
wir ruhig „Mode" der „Judenromane", wie sie sich nach Schnitzlers
„Weg ins Freie" bis heute durchgesetzt hat.

Da ist es doppelt interessant, zwischen all diesen Gegenwarts-
stimmen über die „Judenfrage" einen Ruf aus der Vergangenheit zu
vernehmen, einen Ruf aus einer Zeit, die wir innerlich wie äußerlich überwunden zu haben glauben. Und noch ein Umstand erhöht
besonders den Wert dieses Buches: es kommt aus Dänemark. Dänemark ist eines jener Länder, in denen die „Judenfrage" als Kulturfrage kaum je aufgerollt worden ist, in dem noch heute kaum eine
Spur von Antisemitismus zu finden ist, da es immer nur verhältnismäßig sehr wenig Juden gezählt hat. Man darf das ruhig auf die
vormärzliche Zeit zurückprojizieren; mag immerhin Dänemark von
damals seinen Juden nicht einsichtsvoller und toleranter gegenüber-

---

*   Wir geben gerne im folgenden einem überaus ehrlichen, offenen Bekenntnis eines überzeugten Zionisten Raum, ohne uns selbst zu den hier ausgesprochenen
Gedanken irgendwie zu bekennen. Achtung vor einer Überzeugung und Interesse dafür, wenn sie offen und ehrlich zum Ausdruck gebracht wird, scheint uns in
allen Kulturfragen von großer Wichtigkeit zu sein. Die Judenfrage als eine der
hauptsächlichsten und aktuellsten Kulturfragen soll demnächst weiter von uns
behandelt werden.

gestanden haben als die übrigen Länder; seine äußeren Verhältnisse haben es damals wie heute an die Peripherie des Schlachtfeldes gestellt, auf dem der Kampf um und gegen das Judentum toben durfte.

Aus dieser Peripherie nun kommt in Meier Aaron Goldschmidts Roman ein Buch von rücksichtsloser Ehrlichkeit, ein [58] Buch, das groß genannt werden müßte, selbst wenn die zunftmäßige Kritik ihm den Charakter eines Kunstwerkes absprechen würde. Und diese ganze große Offenheit, dieses mit grausamer Deutlichkeit und Klarheit geschriebene *Bekenntnis* einer gefährlichen *Erkenntnis* schreibt Meier Aaron Goldschmidt auf das erste Blatt seines Werkes:

> „Und ich will Feindschaft setzen zwischen dir und dem Weibe, und zwischen deinem Samen und ihrem Samen. Der soll dir den Kopf zertreten und du wirst ihn in die Ferse stechen." (1. Buch Mose, 3, 15)

Mit diesem Leitmotiv hat Goldschmidt einen Gedanken ausgesprochen, den zu äußern sich heute jeder hütet: den Gedanken *der ewigen Feindschaft zwischen Judentum und Nichtjudentum!* Vor nichts hat man heute mehr Angst auf seiten des Judentums als vor dem offenen und ehrlichen Bekenntnis: *„Dem Antisemitismus, dem Judenhaß, steht auf jüdischer Seite ein großes Hassen alles Nichtjüdischen gegenüber; wie wir Juden von jedem Nichtjuden wissen, daß er irgendwo in einem Winkel seines Herzens Antisemit ist und sein muß, so ist jeder Jude im tiefsten Grunde seines Seins ein Hasser alles Nichtjüdischen.["]* Ich hüte mich wohl, „Antichrist" oder ähnliches zu sagen, denn vielleicht gerade dem Christentum gegenüber ist unser Hassen am lauesten, weil wir im Christentum von heute einen Feind nicht zu sehen brauchen.

Dieses große „jüdische Hassen" hat einmal in der Weltliteratur eine wahrhaft geniale künstlerische Würdigung gefunden: in Shakespeares Shylock. Über all das Übertriebene, dem Charakter des Lustspiels Entsprechende sehen wir notgedrungen hinweg, vor uns steht ein Jude, mehr der Jude, der Jude, der haßt!

Gewiß, es hat vielleicht niemals einen Juden gegeben, den es wirklich nach dem Fleischstück aus der Brust eines Antonio gelüstet hat. Sicherlich, daß heute kein Jude mit dem Nerogedanken herumläuft: „Das ganze Nichtjudentum auf einem Hals – und uns das Messer in die Hand!" Sicherlich, daß viele der zahlreichen „Annäherungsversuche", Assimilationsbestrebungen auf jüdischer Seite so ernst und liebevoll gemeint sind wie die tragikomische Judenmission auf der anderen Seite. Aber – trotz alledem: *wie im innersten Herzen eines jeden Christen das Wort „Jude" kein völlig harmloses ist, so ist jedem Juden der Nichtjude der „Goi", was beileibe keine Beleidigung ist, aber ein deutliches, nicht mißzuverstehendes Trennungszeichen.* Und seien wir offen: wir mögen den einzelnen Nichtjuden noch so hoch schätzen, wir mögen mit ihm befreundet und sogar ver-[59]schwägert sein: das *Nichtjudentum* als unpersönliche Masse, als Geist, Wirkungssphäre, Kultureinheit, das stellt ein jeder von uns – wer wagt das zu leugnen! – *hinter das Judentum!* Ich glaube, man könnte beweisen, daß es im Judentum eine Bewegung gibt, die das getreue Spiegelbild des Antisemitismus ist, und ich glaube, dieses Bild würde vollkommen werden wie nur je irgend eins. Und das nenne ich das „große jüdische Hassen".

Vielleicht ist dieser Ausdruck zu hart, oder besser: zu unpräzise. Aber es liegt mir daran, um keinen Preis die Wahrheit abzuschwächen; gebe ich zu, daß es kein Hassen ist, so muß ich doch darauf bestehen: *ist's kein Hassen, so kommt's doch dem Hassen am nächsten; drum laßt's mich Hassen nennen.*

Wer unter uns kein seelischer und geistiger Kastrat ist, wer nicht überhaupt impotent ist, zu hassen, der hat an diesem Haß teil! Gerne sei zugegeben, daß es manchem gegen den Strich geht, aber das ist nur ein Beweis für die Lebenskräftigkeit dieses Hasses! Ich bin nicht befugt, im Namen des Judentums zu sprechen; vielleicht habe ich gerade über diese Dinge noch nie ein Wort mit Juden gewechselt; aber diese Verwahrung ist rein juristischer Form, *in Wirklichkeit ist nichts in mir so lebendig als die Überzeugung dessen, daß, wenn es irgend etwas gibt, was alle Juden der Welt eint, es dieser große, erhabene Haß ist.*

Ich glaube, darauf verzichten zu müssen, irgend einen wissenschaftlichen Grund, etwa historischer oder psychologischer Natur, aufzuspüren. Ich fühle diesen Haß, diesen Haß gegen etwas Unpersönliches, Unangreifbares als ein Stück meiner Natur, das in mir reif geworden ist, für dessen Wachstum und Entwicklung ich ein Naturgesetz verantwortlich machen muß. Und darum erscheint es mir schamlos, wenn man sich dieses Hasses, als eines Stückes Natur, schämt, niedrig und gemein, wenn man ihn versteckt. Denn das erscheint mir als der Kern alles Menschentums: sich seiner Natur bewußt zu sein und für sie einzustehen.

Man nennt uns eine Gefahr des „Deutschtums". Gewiß sind wir das, so sicher, wie das Deutschtum eine Gefahr für das Judentum ist! Aber will man von uns verlangen, daß wir Selbstmord begehen? An der Tatsache, daß ein starkes Judentum eine Gefahr für alles Nichtjüdische ist, kann niemand rütteln. Alle Versuche gewisser jüdischer Kreise, das Gegenteil zu beweisen, müssen als ebenso feige wie komisch bezeichnet werden. Und als doppelt so verlogen wie feige und komisch! Aber noch sonderbarer muß es anmuten, wenn Nichtjuden allen Ernstes an uns das Verlangen stellen, der Betätigung unseres natürlichen Hasses zu entsagen, wenn sie Zurückhaltung, Bescheidenheit, Demut von uns erwarten. Wenn sie verlangen, ernstlich ver-[60]langen, uns unseres gefährlichen Charakters zu entkleiden, geistig abzurüsten, unsere Waffen zu zerbrechen, noch ehe der Kampf begonnen, uns auf Gnade und Ungnade zu ergeben!

Den Juden des Mittelalters machte man zum Vorwurf, daß sie alles Gold an sich zögen und es dann nicht wieder herausgäben. Man half sich ja leicht – mit Gewalt. Die Juden der Gegenwart machen es genau so mit dem geistigen Gold, wir werden sehen, ob es dem Deutschtum möglich ist, es ihm abzunehmen. „Der gesamte geistige Schatz Deutschlands liegt in Händen der deutschen Juden." Diese Behauptung Goldsteins im „Kunstwart" hat ernstlichen Widerstand noch nicht gefunden. Im Gegenteil, sogar die grobantisemitische Presse hat es bestätigt. Man mag in seinem jüdischen Herzen für das Judentum hoffen und wünschen, was man will; heute leben wir noch in Deutschland, heute sind wir noch *deutsche* Juden, weh uns, wenn es uns nicht gelingt, im Deutschtum zu bleiben. Wir können nach Recht hier nicht fragen, denn auf unserer Seite steht das höchste Recht, das der Lebensnotwendigkeit! *Ob wir die Macht haben oder nicht,* das ist die einzige Frage, die uns interessiert, und darum müssen wir danach streben, *eine Macht zu sein und zu bleiben!*

Cheskel Zwi Klötzel, Das grosse Hassen.

Das Judentum kann nur geistig überwunden werden! Werdet stark im Nichtjudentum, stärker, als wir im Judentum sind, so werdet ihr Sieger bleiben!

Das grosse Hassen.
Ein Beitrag zur Judenfrage In Deutschland.

I.

Der in unserem 1. Oktoberheft veröffentlichte Artikel Cheskel Zwi Klötzels „Das große Hassen" hat, wie nicht anders zu erwarten war, gleich nach seinem Erscheinen einen Sturm der Entrüstung in den verschiedensten Lagern hervorgerufen. Daß aber heute nach mehreren Monaten die Wogen der Erregung noch immer nicht geglättet sind, überzeugt uns von dem tatsächlichen, kaum vorher zu bestimmenden Werte des berüchtigten Artikels, mag dieser Wert nun in der bestrittenen Richtigkeit oder in der vielgeschmähten Unrichtigkeit seiner Behauptungen bestehen.

Die See der öffentlichen Meinung geht noch immer hoch; sie will, einmal gereizt, ihr armes Opfer haben. Ob sie sich dann befriedigt legen wird?

Die breitflatternde Fahne eines Idealisten hat den Kampf heraufbeschworen, eines Mannes, der vor den heiligsten Kämpfen seines Herzens sich nicht drückte und wand, der, zu „jung" zur Reporterlüge, eben so sprach, wie's ihm sein Mund befahl. Daß die Annahme des Artikels auch dem „Janus" einige „wohlgemeinte" Seitenhiebe eintrug, ist selbstverständlich und nicht weiter verwunderlich. Ja wir sind darüber so wenig aufgeregt, daß wir auch heute noch vollständig objektiv unseren Lesern eine Reihe von Gegenschriften und Pressenotizen übermitteln, die ihnen zur Klärung der angeschnittenen Frage verhelfen sollen.   H. L. H.

Schreiben der Zionistischen Vereinigung für Deutschland.

Sehr geehrte Redaktion !

Im zweiten Heft 1912/13 Ihrer geschätzten Zeitschrift veröffentlichen Sie einen „Beitrag zur Judenfrage in Deutschland" aus der Feder des Herrn Cheskel Zwi Klötzel, Hamburg. Aus dem Umstande, daß

Sie diesen Artikel in einer Fußnote ausdrücklich „als das Bekenntnis eines überzeugten Zionisten"* bezeichnen, muß bei jedem Leser, dem die Bestrebungen des Zionismus fremd sind, die Annahme geweckt werden, daß die Ansichten des Herrn Klötzel von der zionistischen Partei vertreten werden oder zum mindesten eine nahe liegende Konsequenz ihrer Anschauungen bedeuten, die von vielen ihrer Anhänger gezogen wird. Wir bit-[451]ten Sie daher, unserer Erklärung Raum zu geben, daß die Darlegungen des Herrn Klötzel durchaus subjektiver Natur und unabhängig von irgend einer parteiischen Gruppierung innerhalb des Judentums sind. Wir Zionisten hoffen gerade durch unsere Arbeit die Reibungsflächen zu vermindern und dadurch ein friedliches Nebeneinander von Juden und Nichtjuden auf der Grundlage gegenseitiger Achtung zu ermöglichen.

Indem wir Ihnen für Ihr Entgegenkommen im voraus bestens danken, zeichnen wir

mit vorzüglicher Hochachtung
Zionistische Vereinigung
für Deutschland
Der Vorsitzende: *Hantke.*

Das große Lieben.

Es ist tief bedauerlich, daß immer wieder Leute auftreten, die entweder im Namen der Juden oder der Nichtjuden sprechen, oder im Namen eines großen Teiles beider. Und immer mit einer Bestimmtheit, als sprächen sie das letzte Wort in der Angelegenheit, ja, als hätte man sie extra eingesetzt, das entscheidende Wort zu sprechen. Das soll übrigens weniger Herrn Cheskel Zwi Klötzel treffen, der immerhin noch eine gewisse Bescheidenheit für sich in Anspruch nimmt, als manche Freunde der Juden, von denen an sagen kann: Gott bewahre uns vor unseren Freunden. Der Sinn ihrer Salbadereien ist gewöhnlich der: Seid tolerant gegen die Juden, aber allerdings ein wenig Recht haben ja die Antisemiten. Das nebenbei.

---

* Die Bezeichnung Klötzels als eines „überzeugten Zionisten" geschah auf Wunsch des Herrn Verfassers. Die Redaktion.

Wie kann man nur schlechthin von einer Judenfrage sprechen? Es gibt folgende Arten von Juden. 1. Polnische und russische, halbasiatische, ganz barbarische. 2. Aus diesen hervorgegangene Orthodoxe in nichtrussischen Ländern. 3. Zivilisierte Orthodoxe und Reformierte. 4. Solche, die nur äußerlich Juden bleiben, aber mit der jüdischen Religion nichts mehr zu tun haben. 5. Getaufte, mit dem Judentum in gar keinem Zusammenhange mehr stehende Personen. 6. Abkömmlinge derselben im dritten, vierten etc. Gliede. Alle diese Kategorien werden von den Antisemiten unter dem Namen Juden zusammengefaßt, und nicht nur von diesen. Es bedarf wohl keiner Beweise, um darzutun, daß die sechste Kategorie den Nichtjuden und Christen tausendmal näher steht als der ersten Kategorie. Und dennoch sollen auch die längst dem Judentum Entronnenen von dem großen Hassen beseelt sein? Auch nicht im allertiefsten Winkel ihres Herzens. Was ist denn Wahres an diesem großen Hassen überhaupt? Es trifft nur die Antisemiten, wie jeder Mensch mit gesunden Sinnen seine bitterste [452] Feindschaft dem entgegensetzen wird, der ihn wirtschaftlich oder moralisch vernichten will. Mit dem letzten Antisemiten wird auch der letzte Shylock sterben.

Der gebildete Jude und Judenabkömmling steht meist auf dem kosmopolitischen Standpunkte Goethes, der das große Lieben proklamierte, wenn er dabei auch allerdings nicht gerade an die Judenfrage, die es damals auch nicht gab, dachte. Es lohnt nicht, viel Worte darüber zu machen. Antisemitismus, Zionismus und Partikularismus jeder Art werden an den Fortschritten des Verkehrs und der Technik verrecken. Es wird die Zeit kommen, in der die Menschen, die auf sonst nichts stolz sein können, auch nicht Gelegenheit haben werden, auf den Zufall ihrer Geburt stolz zu sein. Eine Zeit, in der nur die Tüchtigen jeden Volkes, jeder Religion jeder Abstammung zählen werden.

Paul Hein, Berlin W. 30.

Das kleine Lieben.

Eine bündige Antwort an Herrn Cheskel Zwi Klötzel, den Autor
des Beitrages zur Judenfrage: *„Das große Hassen."*

Sie verzeihen schon, Herr Cheskel Zwi Klötzel, wenn ich sage: Ihr
Beitrag zur Judenfrage entstammte einer literarischen Idee – nichts
sonst. –

Eine literarische Idee ist ein Einfall, eine Überraschung, eine Auto-
suggestion, die keine Ruhe läßt, bis man ihr Form gegeben hat. Es ist
schon möglich, daß der Roman von Meier Aron Goldschmidt sie
Ihnen suggeriert hat. Ich wüßte sonst nicht, warum Ihnen das Motto
der Bibel (I. Buch Mose 3,15) nicht genügt hätte, um Ihrer Idee Hintergrund zu geben. –

Der Gedanke der ewigen Feindschaft zwischen Judentum und
Nichtjudentum ist nicht neu. Die Assimilation hat es gar nie versucht, diese Feindschaft auszurotten. Sie hat sich einfach verleugnet –
sich und ihr Judentum. Davon ist gar nicht zu sprechen. Der Deutsche, der englische Manieren nachahmt, steht auf derselben Stufe.
Der Engländer lächelt darüber, wie der Jude, der sich seines Blutes
bewußt ist. –

Jawohl, es ist eine Blutfrage. Und weil ich das tief erkenne, sage
ich: das große Hassen ist eine literarische Idee, sonst nichts. Das Wort
Jude ist keinem Christen gleichgültig – ganz gewiß. Der vorurteilslose Christ sagt, denkt oder fühlt es, wenn er eine Handlung sieht, die
ihn an das gemahnt, was er in der Schule, zu Hause, auf dem Markt
oder in der Gesellschaft als „jüdisch" charakterisiert zu hören pflegte.
Der Jude wieder (darin haben Sie Recht!) gibt sich legärer, wenn er
unter Glaubensgenossen ist, lächelt, wenn er sieht, wie Geradheit von
Verschmitztheit über-[453]tölpelt wird; lehnt sich auf, wenn er die
Wirkungen kleiner Eigenheiten als die Auswüchse innerer Verkom-
menheit angesprochen und behandelt sieht; sein Blut siedet, wenn
der Stamm das entgelten soll, was einzelne Charaktere verschulden;
kann es nicht fassen, wenn der Einzelne die Feindseligkeiten von Jahrhunderten zu tragen hat.

Aber – Hassen? Das große Hassen?!

Als ich noch sehr jung war, habe ich einen Roman geschrieben: „Das Rätsel: Jude". Sie als Zionist werden von ihm gehört haben. Er ist schlecht komponiert. Aber auch dumm in der Idee. Ich klammerte mich damals an Heinrich Heines Wort: „Das Judentum ist keine Religion – das Judentum ist ein Unglück ..."

Sie aber, Herr Cheskel Zwi Klötzel, wollen noch mehr sagen: Das Judentum ist eine Krankheit, ist ein Fieber. Dagegen müssen wir uns wehren. Wir, – die wir es nie geleugnet haben, daß wir Juden sind. Wir, die ebensoviel gelitten haben als Sie. Wir, – die das Ghetto kennen und die Gesellschaft. Wir sagen: *Das große Hassen ist ein hübsch erfundenes Wort, vielleicht auch eine bitter durchlebte Erfahrung. Aber nicht mehr. Denn genau so wenig wie wir unser Judentum verleugnen (besser man sagt: unser Judsein) – genau so wenig haben wir das Bedürfnis, unser kleines Lieben zu verleugnen. Und dieses Lieben gehört dem „Goi", allem Geraden und Aufrechten, allem, was nicht winkelzügig, allem, was reinlich und reinen Herzens ist.*

Wir sagen: *es ist nicht wahr*, daß wir nicht das Leben sehen können wie der Nicht-Jude. Wir können es zuweilen nicht so leben – daran ist der fanatische Jude (mit seinem großen Hassen) genau so viel schuld wie der borninierte Nicht-Jude, der hinter unseren Taten und Worten Shylock-Gelüste sucht.

Herr Cheskel Zwi Klötzel: Ich glaube sowenig an eine „Verschweißung" wie Sie. Wie ich kaum glaube, daß der Deutsche mit dem Italiener je Ähnlichkeit annehmen wird (um nicht noch krassere Art-Gegensätze anzuführen). Aber das ist auch gar nicht nötig. Wenn jeder von uns nur das kleine Lieben hat – das Menschlich-Reinliche seiner Impulse und das Göttlich-Vertiefte seiner Natur – schüren Sie nicht! Die Gegensätze – sie können sich wunderbar ergänzen. –

Sie sprechen von Dänemark: „in dem heute noch kaum eine Spur von Antisemitismus zu finden ist." Da kennen Sie Dänemark schlecht. Das „große Hassen" ist auch dort vorhanden. Ich könnte Ihnen einige in Deutschland vergötterte Literaten nennen, in deren Gesellschaft ich das große Hassen kennen lernte. Aber – nun – es war eben gar nicht das große Hassen Ihrer litera-[454]rischen Idee. Die Natur, das Meer haben die Gegensätze ausgeglichen, indem sie auch dem Juden blaue Augen gaben. Und wenn man vom Juden spricht, denkt man an den Schacher früherer Jahrhunderte – oder an die literarische Ideen einiger Fanatiker.

Wir Juden haben gar keinen Anlaß, unser Judsein zu verleugnen, wenn dieses Judsein sich im Temperament, in Tat und Werk ausprägt. Der „Goi", der Nicht-Jude wird uns nacheifern, in Dingen, die seiner Wesensart liegen; wird uns anfeinden, dort, wo er uns nicht folgen kann. Endlich aber wird er mit uns rechnen wie mit allen Ereignissen und Tatsachen.

Wir haben aber gar keine Ursache, protzig eine Überwindung herauszufordern. Herr Cheskel Zwi Klötzel: *Wolfgang von Goethe ist eine Überwindung von Jahrhunderten jüdischen Geistes.* Worunter ich verstehe: *Große Menschlichkeit!*

Rottach am Tegernsee.   *Awrum Halbert*

Das grosse Hassen.
Ein Beitrag zur Judenfrage in Deutschland.*
II.

(Vgl. Janus II, Heft 2 und 9.)

„Das große Hassen."

Cheskel Zwi Klötzels Artikel „Das große Hassen", der in dem Gedanken gipfelt, daß dem Antisemitismus, dem Judenhaß, ein großes Hassen alles Nichtjüdischen gegenüberstände, [508] krankt an *innerer* Unwahrhaftigkeit. Das ist schon daran ersichtlich, daß er ausdrücklich glaubt, „darauf verzichten zu müssen, irgend einen wissenschaftlichen Grund, etwa historischer oder psychologischer Natur, aufzuspüren. Ich fühle diesen Haß gegen etwas Unpersönliches, Unangreifbares als ein Stück meiner Natur, das in mir reif geworden ist, für dessen Wachstum und Entwicklung ich ein Naturgesetz verantwortlich machen muß."

Daß Klötzel etwas von einem Naturgesetz in sich fühlt, ist richtig. Alle Menschen tragen es in sich, nicht nur der Jude gegen den Nichtjuden, sondern Mensch gegen Mensch: den *Selbsterhaltungstrieb.* Und daß der oft die Formen des Hasses annimmt, weiß jeder. Aber das ist kein Haß des Nichtjuden gegen den „Juden" und des Juden gegen den „Goi", sondern gegen den „Aussauger" und den „Unterdrücker". Und auf beiden Seiten schwindet er mit seinen Ursachen.

Klötzel aber behauptet, der Haß sei – wenigstens auf jüdischer Seite – naturnotwendig. Der Jude *muß* hassen, weil er Jude ist. Ich könnte die von Klötzel verschmähte historisch-psychologische Erklärung seiner Behauptung geben: durch eine zweitausendjährige Verfolgung und durch zweitausendjährige ingrimmige Wut gegen

---

* Auf den Wunsch des Herrn Cheskel Zwi Klötzel teilen wir gerne mit, daß Herr Klötzel sich seinerzeit der Redaktion des „Janus" gegenüber als entschiedenen Zionisten bekannte, keinesfalls aber gewünscht hat, als solcher offiziell gekennzeichnet zu werden. Es lag Herrn Klötzel also durchaus fern, seine Ausführungen als offiziellen oder auch nur offiziösen Zionismus zu qualifizieren.   H. L. H.

den Bedrücker bildeten sich bei unserem Volke psychische beziehungsweise physiologische Zustände, die den Juden zum Haß gegen die Welt prädestinierten. Doch könnte dieser Haß dann nicht im Unbewußten sein, er müßte allgemein klar als *Gefühl* oder sonst irgendwie in Erscheinung treten wie andere, durch die Geschichte bedingte Eigenarten der Juden. Nach Klötzels Ansicht geschieht dies auch. „Den Juden des Mittelalters machte man zum Vorwurf, daß sie alles Gold an sich zögen, um es dann nicht wieder herauszugeben. … Die Juden der Gegenwart machen es genau so mit dem geistigen Golde, wir werden sehen, ob es dem Deutschtum möglich ist es ihm abzunehmen.“

Das ist nach Klötzels Auffassung die Erscheinungsform unseres Hasses gegen die Welt beziehungsweise gegen die Deutschen.

Ich kann darunter nichts anderes verstehen, als daß das Judentum durch seine Vorherrschaft im Kulturleben die Nichtjuden geistig zu erdrosseln und unfähig zu machen suche, überhaupt schöpferisch tätig zu sein.

Ein solches Vorhaben könnte wirklich einem „großen erhabenen Hasse“ entsprechen. Aber, es fragt sich, ob diese geistige Erdrosselung *möglich* ist und ob sie in der inneren, dem einzelnen unbewußten *Absicht* des Judentums liegt.

Mit der Beantwortung dieser Fragen steht oder fällt Klötzels Behauptung. Ich verneine beide. Zunächst die *Möglichkeit* [509] der Erdrosselung. Sie könnte vielleicht da sein, wenn die Juden in den nächsten dreihundert – meinetwegen hundert – Jahren im gleichen Maße wie in den vergangenen hundert Jahren in das deutsche Geistesleben eindrängen. Das machen aber Antisemitismus National-Germanismus und – Zionismus unmöglich. Das deutsche Volk wehrt sich gegen die „Erdrosselung“. Mit gutem Erfolg. Der National-Germanismus gewinnt ständig an Ausdehnung. Der Zionismus erblickt in dem Überhandnehmen jüdischen Einflusses keinen Erfolg des Judentums, da er überzeugt ist, daß eine jüdisch-nationale Kultur bedeutungsvoller für die Welt sein wird. Auf keinen Fall würde jener Zustand die seelische Zerrissenheit des Diasporajuden beseitigen können, die ihren Grund hat in dem Gegensatze zwischen der Kultur des umgebenden Landes und den durch mehrtausendjährige Geschichte bedingten physiologischen Voraussetzungen der jüdi-

schen Psyche. Daher kämpft der Zionismus gegen ein weiteres Vordringen *halb*jüdischen Einflusses im geistigen Leben der Völker und
macht so mit dem National-Germanismus die von Klötzel ange-
nommene Erdrosselung unmöglich.

Die zweite Frage war, ob die Erdrosselung in der inneren, dem
Einzelnen unbewußten *Absicht* des Judentums läge. Das kann man
nun nicht ohne weiteres verneinen. Aber da nach dem oben schon
angeführten Naturgesetz – dem Selbsterhaltungstrieb – jede We-
senheit die Tendenz hat, sich geltend zu machen, so ist es grundfalsch, von einer besonderen Absicht beim *Judentum* zu sprechen.
Das Judentum versucht dasselbe, was vor zweitausend Jahren der
Hellenismus tat, was augenblicklich den Briten – vielleicht auch
den Deutschen – gelungen zu sein scheint, was in tausend Jahren
vielleicht den Slaven gelingen wird. Aber um solche Binsenwahr-
heiten zu verkünden, daß alle Wesen um ihre Existenz kämpfen,
dazu braucht es nicht Klötzels irreführenden Artikel im „Janus".
Aus dem Gesagten ergibt sich auch, daß seine Behauptung, „ein
starkes Judentum ist eine Gefahr für alles Nichtjüdische" ebenso
richtig ist wie etwa die Tatsache, daß ein starkes *Deutschtum* eine
Gefahr ist für alles *Nichtdeutsche*. Aber die Geschichte sorgt schon
dafür, daß auch das Gefährliche einmal wieder ungefährlich wird.
Nur irrt Klötzel, wenn er meint, das jetzige Judentum sei stark. Vor
zweitausend Jahren gab es einmal eines, das die Bibel schuf und ihr
die Menschheit unterjochte. Unser Judentum der Halbheit vermöch-
te das nicht, wenn es auch noch so sehr wollte!

Hugo Rosenthal, Grünberg i. Schl. [510]

Das große Hassen.*

… Da der Aufsatz auch in jüdischen Blättern übel vermerkt worden
ist, da ferner antisemitische Zeitungen bereits beginnen, daraus Kapital zu schlagen, so gehe ich darauf ein, damit mein Schweigen
nicht mißdeutet wird.

----

* Abgedruckt aus „Das große Hassen" von Professor Dr. Ludwig Geiger. (Allgemeine Zeitung des Judentums, 76. Jahrg., No. 48, S. 565/566.)

Der Aufsatz hebt an mit dem Hinweis auf den neu aufgelegten
Roman von A. M. Goldschmidt: „Der Jude" und bezeichnet als
Grundgedanken des Buches „den Gedanken der ewigen Feindschaft
zwischen Judentum und Christentum". Als sein eigenes Bekenntnis
spricht der Verfasser folgenden Satz aus: „„Dem Antisemitismus,
dem Judenhaß, steht auf jüdischer Seite ein großes Hassen alles
Nichtjüdischen gegenüber; wie wir Juden von jedem Nichtjuden
wissen, daß er irgendwo in einem Winkel seines Herzens Antisemit
ist und sein muß, so ist jeder Jude im tiefsten Grunde seines Seins
ein Hasser alles Nichtjüdischen."

Nachdem er diesen Gedanken etwas weiter ausgeführt, versteigt
er sich zu einem zweiten Ausdruck seiner persönlichen Überzeugung in den Worten: „In Wirklichkeit ist nichts in mir so lebendig
als die Überzeugung dessen, daß, wenn es irgend etwas gibt, was
alle Ideen der Welt eint, es dieser große erhabene Haß ist."

Er gibt sodann die folgende Phrase zum besten: „Man nennt uns
eine Gefahr des Deutschtums. Gewiß sind wir das, so sicher, wie
das Deutschtum eine Gefahr für das Judentum ist."

Und verlangt, nachdem er einen falschen Satz Goldsteins auch
für sich in Anspruch genommen, zum Schluß: „Ob wir die Macht
haben oder nicht, das ist die einzige Frage, die uns interessiert, und
darum müssen wir danach streben, eine Macht zu sein und zu bleiben."

Gegen diese Bemerkungen muß ich nun meinerseits, und ich
glaube auch im Namen der meisten deutschen Juden, erklären, daß
all das, was der Verfasser sagt, der reinste Nonsens ist, und daß die
Gedanken und Ansichten, die er nicht nur für seine Person ausspricht, von keinem von uns auch nur im entferntesten gehegt werden.

Erstens: die Juden sind durchaus nicht *Hasser* alles Nichtjüdischen.
Beweis dafür ist, daß alle ernsten, strebenden deutschen Juden sich
bemühen, auf den verschiedensten Gebieten des deutschen Lebens
zu arbeiten – denn man befördert nicht das, was man haßt – daß sie
eifrig bestrebt sind, einzudringen in die Entwicklung der Vergangenheit, teilzunehmen an den Arbeiten der Gegenwart, daß sie mit
ihren christlichen Genossen [511] auf dem Gebiete der Politik, Wis-

senschaft und Literatur gemeinsam im brüderlichen Wetteifer tätig
sind. Kann man wirklich deutsches Wesen hassen und so intensiv,
wie viele von uns es tun, in das Wesen Goethes, Schillers, der deutschen Literatur, der deutschen, selbst der mittelalterlichen Geschichte
sich versetzen? Es ist eine grobe Verkennung der Wahrheit, wenn
der Verfasser von Haß spricht; wir alle lieben vielmehr die deutsche
Entwicklung, *lieben* die Deutschen von ehedem und von heute.

Zweitens: es ist nicht wahr, daß das, was alle Juden der Welt eint,
der große und erhabene Haß ist. Zunächst sind die Juden der ganzen Welt gar nicht geeint. Man kann das in dem augenblicklich
wütenden Kriege sehen: die Juden der Balkanstaaten sind Serben
und Bulgaren, die Juden in der Türkei sind Türken; es ist keinem
Juden eingefallen, etwa als Jude auf die Seite der Feinde überzugehen, sondern jeder kämpft innerhalb seiner Nation, der er durch
Geburt und durch liebende Überzeugung angehört. Ebenso fühlen
der deutsche und französische Jude, um nur von ihnen zu sprechen,
so stark ihr Glaubensbewußtsein, so innig ihre Treue zur Religion
auch ist, als Deutsche und als Franzosen; wirken sie zusammen für
die Juden anderer Länder, so ist der Grund dazu nur das Mitleid für
die wegen ihres Glaubens Bedrückten, die Anhänglichkeit an ihre
angestammte Religion.

Drittens: wir sind keine Gefahr für das Deutschtum; das Deutschtum ist keine Gefahr für uns. Fast trage ich Bedenken, hundertmal
Gesagtes immerfort zu wiederholen, aber ich bekenne nochmals ausdrücklich in meinem Namen und im Namen vieler Tausende: wie
das Judentum dem Deutschtum manches, das Deutschtum dem
Judentum unendlich vieles gegeben hat, so glauben wir alle, daß
diese wohltätige Ergänzung die heilsamsten Früchte in aller Zukunft tragen wird, daß das friedliche Zusammenarbeiten, jene geistige
Assimilation, beiden, dem Deutschtum und dem Judentum, zum
großen Heile geraten muß.

Viertens: wir wollen keine Macht sein, weder in nationaler noch
in pekuniärer Beziehung, sondern wir wollen ein Teil der großen
deutschen Nation sein. Wenn wir wirklich eine Macht anstreben,
so kann das nur in dem Sinne geschehen, daß wir unser Geld und
unsere Intelligenz in den Dienst des deutschen Vaterlandes stellen,

kämpfend, aber nur mit den Waffen des Geistes für unser Recht, das uns vorenthalten wird, kämpfend aber auch für das Heil Deutschlands, für die Erringung der allgemeinen Freiheit.

Ein Ausländer wie der Verfasser des Artikels, gegen den diese Bemerkungen sich richten, der von unseren Verhältnissen, unseren Gedanken und unseren Zukunftsplänen nichts versteht, hat nicht das Recht, in unserem Namen zu sprechen.

Ludwig Geiger. [512]

Das Verhalten der Christen gegenüber den Juden.*

... Liebe läßt sich nicht erkaufen, aber uns ist allumfassende Liebe eine religiöse Pflicht durch die Weisungen: „Liebe deinen Nächsten wie dich selbst!" „Liebe den Fremdling, denn Fremdlinge waret ihr selbst in Ägypten!", „Die Frommen aller Völker haben Anteil am ewigen Leben!" Unsere „allgemeine" Menschenliebe beschränkt sich nicht auf die, welche uns durch Abstammung oder Religionsbekenntnis näher stehen, der Nächste ist uns jeder Mensch. *Den* lieben wir, ohne auf Gegenliebe zu rechnen, denn der wahre Jude ist von der Empfindung durchdrungen: „Wenn ich dich lieb habe, was geht es dich an?" Wenn einzelne Juden unter dem entsetzlichen Eindruck russischer Progrome, bei denen sie Unmenschliches dulden oder auch nur erschauen mußten, das *Hassen* gelernt haben, finden wir das erklärlich, weisen es aber für uns und für die Gesamtheit der Juden aufs schärfste zurück. Mit solchen Leuten haben wir Mitleid, aber keine Gemeinschaft, denn uns gilt das Wort der Antigone: *„Nicht mitzuhassen, mitzulieben sind wir da!"* Ein in Hamburg wohnhafter Herr *Cheskel Zwi Klötzel* hat den traurigen Mut besessen, in der Halbmonatsschrift „Janus" *„Das große Hassen"* mit der Judenfrage durch folgende Sätze in Verbindung zu bringen: „Wie im innersten Herzen eines jeden Christen das Wort „Jude" kein völlig harmloses ist, so ist *jedem Juden der Nichtjude der „Goi"*, was beileibe keine Beleidigung ist, aber ein *deutliches*, nicht *mißzu-*

---

* Abgedruckt. aus „Das Verhalten der Christen gegenüber den Juden" von A. L. (Im deutschen Reich, 18. Jahrg., No. 12, S. 550/551.)

verstehendes Trennungszeichen. Und seien wir offen: Wir mögen den einzelnen Nichtjuden noch so hoch schätzen, wir mögen mit ihm befreundet und sogar verschwägert sein, das Nichtjudentum als unpersönliche Masse, Geist, Wirkungssphäre, Kultureinheit, das stellt ein jeder von uns – wer wagt das zu leugnen! – *hinter das Judentum!* Ich glaube, man könnte beweisen, daß es im Judentum eine Bewegung gibt, die das *getreue Spiegelbild des Antisemitismus* ist, und ich glaube, dieses Bild würde vollkommen werden wie nur je irgendeins. Und das nenne ich das „große jüdische Hassen". Vielleicht ist dieser Ausdruck zu hart, oder besser: zu unpräzise. Aber es liegt mir daran, um keinen Preis die Wahrheit abzuschwächen; gebe ich zu, daß es kein Hassen ist, so muß ich doch darauf bestehen: [„]Ist's kein Hassen, *so kommt's doch dem Hassen am nächsten*; drum laßt's mich Hassen nennen. Wer unter uns kein seelischer und geistiger Kastrat, [513] wer nicht überhaupt impotent ist, zu hassen, der *hat an diesem Haß teil!*"

Nun – wir haben an diesem Hasse keinen Teil; wir halten fest an dem Judentum, dessen Vorschriften lauten: „Du sollst dich nicht rächen und keinen Zorn nachtragen!" Leute wie Herr Cheskel Zwi Klötzel scheinen gar keine Vorstellung davon zu haben, wie gewissenlos sie handeln, wenn sie ihre verbitterten, rein persönlichen Anschauungen einem großen Leserkreise als *allgemeine* jüdische Empfindungen bezeichnen. Das sind *diese* Anschauungen *nicht*; das können sie nicht sein, eben weil sie unjüdisch sind. Wir und Tausende mit uns wissen von diesem vermeintlichen Christenhasse *absolut nichts.* Man kommt fast auf die Vermutung, daß hinter solchen Äußerungen gar keine wirkliche Überzeugung steckt, sondern nur Effekthascherei und Sucht nach Paradoxen. „Das Verhalten der Christen gegen die Juden" wird sich hoffentlich immer nach dem „Verhalten der Juden gegen die Christen" richten; das aber soll und wird immer die Wahrheit des Satzes bekunden: „Nicht der Haß, nur die Liebe überwindet!"

A. L.

Das grosse Hassen.
Ein Beitrag zur Judenfrage in Deutschland.
III.
(Vgl. „Janus" 1912/13, Heft 2, 9 u. 10.)

Der innerjüdische Kleinkampf.*

Es fehlt allerdings auch nicht an Entgleisungen auf zionistischer Seite, die Veranlassung zu Klagen geben können. Mit Recht hat sich die jüdische Presse in Deutschland gegen einen Artikel gewandt, der im „Janus" erschien von einem Herren Klötzel,** der in einer Fußnote der Redaktion als Zionist bezeichnet wird, obwohl er den weitesten zionistischen Kreisen unbekannt ist, ein Artikel, der sich „Das große Hassen" betitelt und von dem Hasse der Juden gegen ihre nichtjüdische Umwelt handelt. Ich kann mir nichts unzionistischeres denken, als solchen Haß, denn der Zionismus, der in nationaler Beziehung ein so klares, offenes Verhältnis zu den Nichtjuden schafft, der die psychologischen Grundlagen der beiderseitigen Assimilationsfähigkeit so rückhaltlos dargelegt hat, entfernt theoretisch und praktisch das Moment des Hasses aus den Beziehungen beider Teile zueinander. Ich erwähne aber das Beispiel, um zu zeigen, daß wir Zionisten und [569] Nichtzionisten nicht in den Fehler verfallen dürfen, der uns bei unseren gemeinschaftlichen Gegnern so sehr mißfällt, daß wir Äußerungen eines Einzelnen der ganzen Gruppe an die Rockschöße hängen. Er dürfte bei gutem Willen auf beiden Seiten nicht schwer fallen, eine ohne Satzung und Treuschwur zusammengehaltene Liga von Männern zu finden, die den Ausschreitungen in den jüdischen Kleinkämpfen ein Gegengewicht setzt und die ohne etwa den Versuch zu machen, weit klaffende sachliche Anschauungen überbrücken zu wollen, dem guten Ton, der allein unserer jüdischen Stellung würdig ist, Eingang in unsere Verhandlungen zu verschaffen.

---

* Abgedruckt aus „Der innerjüdische Kleinkampf", von Dr. Julius Moses, Mannheim. (Israelitisches Familienblatt, 14. Jahrg., No. 50, S. 2.)

** Vgl. hierzu die Berichtigungsnote im „Janus" 1912/13, Heft 10, S. 507.

Die große Anmaßung.*

Ein jüdischer Mann mit dem nahezu tragikomischen Namen *Cheskel Zwi Klötzel* aus Hamburg tauchte in einer neuen Münchener Zeitschrift *„Janus"* auf mit einem denkwürdigen Artikel, den er als einen Beitrag zur Judenfrage in Deutschland bezeichnet und *„Das große Hassen"* nennt. Die Schriftleitung bemerkte dazu, daß sie damit „einem überaus ehrlichen, offenen Bekenntnis eines Zionisten Raum gäbe", aber den Zionismus des Verfassers haben wir in seinem Beitrag beim besten Willen nicht entdecken können. Oder der Zionismus, wie wir ihn bisher kannten, hat gelogen, und jetzt erst enthüllt er uns durch Zwi Klötzel seine wahren Ziele mit folgenden Worten: „Man mag in seinem jüdischen Herzen für das Judentum hoffen und wünschen, was man will; heute leben wir noch in Deutschland, *heute sind wir noch deutsche Juden, weh uns, wenn es uns nicht gelingt, im Deutschtum zu bleiben.*" Nun, wenn Zion in Zio bleiben will, so danken wir bestens für einen derartigen Zionismus. Überhaupt zeugt der Artikel, mag er noch so offen gemeint sein, von einer so großen Anmaßung, daß er besser *diese* Überschrift getragen hätte. Nimmt er doch in Anspruch, das *Nichtjudentum hinter das Judentum* zu stellen, den niederen jüdischen Haß gegen alles Germanische als *groß* und *erhaben* bewerten zu dürfen und die anmaßende Behauptung Goldsteins im „Kunstwart": „Der gesamte *geistige Schatz Deutschlands* liegt in *Händen der deutschen Juden*" als eine Wahrheit ausrufen zu können. Die große Anmaßung geht sogar bei ihm so weit, daß er offenbar die *Vormachtstellung* des Judentums in Deutschland predigt und mit Hilfe seines Bekenntnisses vom großen Hasse gegen uns dieses Ziel zu erreichen trachtet.

Nur gut von dem Hamburger Cheskel Zwi Klötzel, daß er das, was die jüdische Welt heute noch vielfach leugnet, un-[570]umwunden zugibt, nämlich, daß die *Judenfrage eine der größten Weltfragen* sei, und daß sie *speziell in Deutschland* heute aktueller wäre als je. Nun mache man sich aber einmal diese weltgeschichtliche Perspektive klar: Wir wollen annehmen, die Juden hätten den deutschen Staat besessen, und wir wären diejenigen gewesen, die nach

---

* Abgedruckt aus der „Staatsbürgerzeitung", Berlin, 10. Novbr. 1912.

der Zerstörung Jerusalems als Nomaden über die ganze Welt versprengt wurden und schließlich hier in Deutschland Einlaß begehrt hätten. *Wie wäre es uns da wohl ergangen!* Hätten wir jemals erwarten dürfen, daß uns Eindringlingen das herrschende Judentum liebevoll ans Herz gesunken wäre? Und vorausgesetzt, daß die siegende Kraft nicht auf unserer Seite war, hätten wir es überhaupt gewagt, für uns das gleiche Recht zu verlangen wie die Herren im Hause, die Herrscher im Lande. Und nun ist es doch umgekehrt, und was haben wir im Lauf der Jahrhunderte den jüdischen Eindringlingen nicht alles gegeben! Sie haben alles mit uns gemeinsam, und nur noch ein ganz geringes haben wir vor dem Rassejuden als etwas besonderes voraus: *Wir haben das Vorrecht, uns als Führer im Kriege, als Offiziere für unser Vaterland totschießen zu lassen.* Jetzt ist es wohl klar, welch unerhörte Anmaßung in dem Gebaren eines jüdischen Schriftstellers liegt, uns in einer (hoffentlich!) deutschen Zeitschrift sein großes Hassen so frank und frei ins Gesicht zu schleudern. Daß aber diesem Manne auf sein anmaßendes Benehmen nicht ein einziger großer Zornesschrei des deutschen Volkes antwortet, das zeugt für den beklagenswerten *Tiefstand unseres Nationalgefühls*, der noch immer unser Fluch ist und uns nicht in die Höhe kommen läßt. Es wäre ja gar nicht denkbar, daß jüdische Gäste bei uns, den Gastgebern, den Herren im Hause, eine so anmaßende Sprache führen dürften, wenn das Deutsche Reich auch *eine geistig geeinte Nation* darstellen würde!

Bekenntnisse einer jüdischen Seele.*

Der Zionist Cheskel Zwi Klötzel (er heißt wirklich so!) in Hamburg legt in der Zeitschrift *„Janus"* (Heft 2, 1912/13) ein Bekenntnis ab, das äußerst wertvoll ist und für das er öffentlichen Dank verdient. Unter der Überschrift *„Das große Hassen"* beichtet er ehrlich, wie der Haß gegen alle nichtjüdischen Menschen ein unauslöschlicher Trieb in jeder jüdischen Seele sei – eine Tatsache, die leider dem größten Teile der gebildeten Menschheit unbekannt ist und die nun

---

* Abgedruckt aus dem „Hammer", Leipzig, 15. Novbr. 1912.

hoffentlich, nachdem sie von einem [571] Juden eingestanden wurde, nicht mehr als eine böswillige Erfindung „ruchloser Antisemiten" hingestellt werden kann.

Klötzel knüpft an die Neu-Ausgabe eines im Jahre 1846 geschriebenen Buches, des Romans „Ein Jude" von Meier Aaron Goldschmidt an. Er rühmt an diesem Buche die rücksichtslose Ehrlichkeit, mit der ein Hebräer hier, unter Berufung auf das Bibelwort: „Ich will Feindschaft setzen zwischen deinem Samen und ihrem Samen ... du wirst ihn in die Ferse stechen, aber er wird dir den Kopf zertreten" – den unversöhnlichen Haß des Juden gegen alle nichtjüdischen Menschen eingesteht. Klötzel faßt das Bekenntnis, vor dessen offener und ehrlicher Anerkennung das Judentum von heute große Angst habe, in die Worte zusammen:

> „Dem Antisemitismus, dem Judenhaß, steht auf jüdischer Seite ein großes Hassen alles Nichtjüdischen gegenüber. Wie wir Juden von jedem Nichtjuden wissen, daß er irgendwo in einem Winkel seines Herzens Antisemit ist und sein muß, so ist jeder Jude im tiefsten Grunde seines Seins ein Hasser alles Nichtjüdischen."

Bemerkenswert ist dabei noch der Nachsatz: „Ich hüte mich wohl, „Antichrist" oder ähnliches zu sagen, denn vielleicht gerade dem Christentum gegenüber ist unser Hassen am lauesten, weil wir im Christentum von heute einen Feind nicht zu sehen brauchen." – In der Tat hat ja die kirchliche Lehre von heute die in jedem natürlichen, unverbildeten Menschen vorhandene instinktive Abneigung gegen alles Jüdische künstlich zu unterdrücken gewußt, und so ist sie zu einem Begünstiger und Befürworter des Judentums geworden, besonders durch das lächerlich mißverstandene Wort vom „Volke Gottes".

Gut also, daß ein Jude eingesteht: wir fürchten das heutige Christentum nicht, denn wir sehen keinen Feind in ihm. Das will sagen, wir Juden nehmen das heutige Christentum nicht sonderlich ernst. Das Christentum Christi war allerdings anderer Art; er sah in den Juden die Kinder des bösen Geistes und die Feinde aller rechtschaffenen Menschheit: „Euer Vater ist der Teufel, und nach eures Vaters Gelüsten wollet ihr tun," rief Christus den Juden entgegen, als sie sich für „Kinder Gottes" ausgeben wollten. (Ev. Joh. 8, 44.) – Doch hören wir, was Klötzel weiter sagt:

„Dieses große „jüdische Hassen" hat einmal in der Weltliteratur eine wahrhaft geniale künstlerische Würdigung gefunden: in Shakespeares Shylock. Über all das Übertriebene, dem Charakter des Lustspiels Entsprechende sehen wir notgedrungen hinweg; vor uns steht ein Jude, mehr: der Jude, – der Jude, der haßt!

Gewiß, es hat vielleicht niemals einen Juden gegeben, den es wirklich nach dem Fleischstück aus der Brust eines Antonio gelüstet hat. Sicherlich, daß heute kein Jude mit dem Nero-Gedanken herumläuft: „Das ganze Nicht-[572]judentum auf einen Hals – und uns das Messer in die Hand!" Sicherlich daß viele der zahlreichen „Annäherungs-Versuche", Assimilations-Bestrebungen auf jüdischer Seite so ernst und liebevoll gemeint sind wie die tragikomische Judenmission auf der anderen Seite. Aber – trotz alledem: wie im innersten Herzen eines jeden Christen das Wort „Jude" kein völlig harmloses ist, so ist jedem Juden der Nichtjude ein „Goi" – was beileibe keine Beleidigung ist, aber ein deutliches, nicht mißzuverstehendes Trennungszeichen. Und seien wir offen: wir mögen den einzelnen Nichtjuden noch so hoch schätzen, wir mögen mit Ihm befreundet oder sogar verschwägert sein: das Nichtjudentum als unpersönliche Masse, als Geist, Wirkungs-Sphäre, Kultureinheit, das stellt ein Jeder von uns – wer wagt das zu leugnen! – hinter das Judentum! Ich glaube, man könnte beweisen, daß es im Judentum eine Bewegung gibt, die das getreue Spiegelbild des Antisemitismus ist, und ich glaube, dieses Bild würde vollkommener werden wie nur je irgend eins. Und das nenne ich das „große jüdische Hassen".

… „Ich bin nicht befugt, im Namen des Judentums zu sprechen; vielleicht habe ich gerade über diese Dinge noch nie ein Wort mit Juden gewechselt; aber diese Verwahrung ist rein juristischer Form: in Wirklichkeit ist nichts in mir so lebendig, als die Überzeugung dessen, daß, wenn es irgend etwas gibt, was alle Juden der Welt eint, es dieser große, erhabene Haß ist."

„Ich glaube, darauf verzichten zu müssen, irgend einen wissenschaftlichen Grund, etwa historischer oder psychologischer

Natur, aufzuspüren, ich fühle diesen Haß, diesen Haß gegen etwas Unpersönliches, Unangreifbares, als ein Stück meiner Natur, das in mir reif geworden ist, für dessen Wachstum und Entwicklung ich ein Naturgesetz verantwortlich machen muß. Und darum erscheint es mir schamlos, wenn man sich dieses Hasses, als eines Stückes Natur, schämt, niedrig und gemein, wenn man ihn versteckt. Denn das erscheint mir als der Kern alles Menschentums: „sich seiner Natur bewußt zu sein und für sie einzustehen." (Das mögen sich viele Zaghafte auf unserer Seite merken! – D. Schriftl. d. „Hammer".)

„Man nennt uns eine Gefahr des Deutschtums. Gewiß sind wir das, so sicher, wie das Deutschtum eine Gefahr für das Judentum ist! Aber will man von uns verlangen, daß wir Selbstmord begehen? An der Tatsache, daß ein starkes Judentum eine Gefahr für alles Nichtjüdische ist, kann niemand rütteln. Alle Versuche gewisser jüdischer Kreise, das Gegenteil zu beweisen, müssen als ebenso feige wie komisch bezeichnet werden. Und als doppelt so verlogen wie feige und komisch! Aber noch sonderbarer muß es anmuten, wenn Nichtjuden allen Ernstes an uns das Verlangen stellen, der Betätigung unseres natürlichen Hasses zu entsagen, wenn sie Zurückhaltung, Bescheidenheit, Demut von uns erwarten."

Also waren die Antisemiten – nach dem Zeugnis des Herrn Klötzel – die einzigen Deutschen, denen man Feigheit und Verlogenheit nicht vorwerfen kann! – Und die mehr Tiefblick besaßen als andere.

Nun wohl, das ist das Wort eines ehrlichen Mannes, das wir hoch zu schätzen wissen! Nun sollten aber auch alle Ehrlichen auf unserer Seite dafür sorgen, solch ehrliches Bekenntnis in unserem Volke zu verbreiten, damit Alle wissen, woran sie sind. Denn unser rechtschaffener Abwehrkampf gegen die jüdischen Anmaßungen und Übergriffe war nur deshalb bisher erfolglos, weil die Masse unserer Gebildeten – und Ungebildeten – mit Altweiber-Sentimentalität stetig die Partei der Juden nahm [573] und von allen Nichtjuden verlangte, sie sollten den unverkennbaren jüdischen Haß und die ebenso unleugbaren jüdischen Verbrechen gegen Geist und Sitte unseres Volkes immer nur mit Liebe, Geduld, Nachsicht, Toleranz erwidern. Wie ungleich mußte ein Kampf sein, wenn der eine Teil sich zum schonungslosen Haß berechtigt fühlt, während der andere immer nur Duldung, Nachgiebigkeit und Beschönigung üben zu müssen glaubte! Sind die Juden auf ihren Haß stolz, so wollen wir es auf den unsrigen sein! Erst wenn wir einander mit gleichen Waffen gegenübertreten, ist von einer ehrlichen Mensur die Rede. Bisher ließen wir uns die Hände binden und sollten auch noch „Dankeschön" sagen für die Schläge, die wir bekamen. Das nannte man christliche Demut und Humanität. Wir können es den Juden nicht verargen, wenn sie uns wegen solchen Verhaltens für schwachsinnig hielten und mit Spott und Überhebung auf uns herab sahen. In der Tat, wir haben ein Jahrhundert lang auf den Gebrauch unserer gesunden Sinne verzichtet und alle Regungen der Vernunft unterdrückt, um einem albernen Humanitäts-Dusel gerecht zu werden. Das offene Bekenntnis der Feindschaft auf jüdischer Seite muß nun endlich den Wahn zerstören. Der Krieg ist angesagt, und ein Feigling ist, wer gegen den Feind nicht seinen Mann stellt, ein Verräter, wer ihm gar Vorschub leistet.

Man mache sich folgendes klar: Ist das Christentum die Lehre der Liebe gegen Jedermann, so ist das Judentum die Lehre des Hasses gegen Jedermann, der nicht zum jüdischen Stamme gehört. Solange das nicht erkannt ist, tappen wir im Dunkeln und liefern uns selber unseren Feinden aus. Wurde uns gelehrt, den Feind nicht zu hassen, trotzdem er uns Schlimmes antut, ihm auch noch die andere Wange hinzuhalten, wenn er uns die eine schlägt, seine Bosheiten mit Wohltaten zu vergelten, so gehörte für den jüdischen Feind wahrlich wenig Kunst dazu, uns zu überwinden. Wir stimmen denen nicht bei, die da meinen, die christliche Lehre wäre eigens von Juden dazu erfunden, um die arischen Völker widerstandslos in die Hände der semitischen Ausbeuter zu liefern. Jedenfalls könnte dies nur von der *entarteten* kirchlichen Lehre gelten, nicht von dem Christentum Christi; denn Christus haßte und verabscheute die Juden und sah in der Bekämpfung des jüdischen Wesens seine eigentliche Aufgabe. Schade, daß unsere Pastoren ihn darin so schlecht verstanden haben und ihm so wenig nachfolgen!

Klötzel schließt seine Betrachtungen mit einer Art Drohung. Er sagt etwa: den Juden des Mittelalters habe man vorgeworfen, das

Gold der Völker an sich gebracht und damit eine wucherische Be-
drückung geübt zu haben; heute hätten die Juden das geistige Gold
der Nationen an sich gerissen (also fremde Gei-[574]stesschätze sich
angemaßt) und sie würden sie ohne Kampf nicht herausgeben. Er
spielt auf die Äußerung Goldstein's im „Kunstwart" an: „Der gesamte geistige Schatz Deutschlands liegt in den Händen der deutschen Juden."

Klötzel meint weiter, der Kampf der Juden gegen die anderen
Völker sei eine bloße Machtfrage; die Juden hätten zu beweisen, ob
sie die beherrschende Stellung über allen anderen Völkern behaupten könnten; sie müßten danach streben, eine Macht zu sein und
zu bleiben. Er gibt uns den guten Rat, in unserem Nichtjudentum
stärker zu werden, als der Jude in seinem Judentum ist, dann würden wir Sieger sein. Das Judentum könne nur geistig überwunden
werden. –

Mögen das unsere liberalen Judenverehrer beherzigen! Wir vom
„Hammer" hatten diesen Rat nicht nötig, denn unsere Arbeit zielt
seit Jahrzehnten dahin, den Deutschen in Denkungsart, Religion
und Rassen-Bewußtsein zu festigen und stärker zu machen, als je
ein Jude sein konnte. Aber gerade um dieser ehrlichen Selbst-
festigungs-Arbeit willen genießt der „Hammer" den giftigsten Haß
des Judentums.

Wir „verstockten Antisemiten" erfahren ja allerdings aus Klötzel's
Bekenntnissen nichts Neues, denn wir wissen, schrieb ein Diodor
vor 1900 Jahren: „Die Juden sehen in allen Völkern ihre Feinde und
vererben unter sich den Haß gegen die Menschen." Er bezeichnete
ihre Satzungen als menschenfeindlich und unsittlich. (Universal-
Geschichte 34, 1.) Auch Tacitus wusste, daß Moses den Juden Lehren gab, „die denen aller anderen Völker zuwiderlaufen" (Hist. V, 4
und 5). Und unser wackerer Fichte warnte schon vor mehr als 100
Jahren vor dem jüdischen Geheimstaat, dem „Staat im Staate, der
auf den Haß gegen das gesamte menschliche Geschlecht aufgebaut"
ist. (Über die franz. Revol. 1793). Leider weiß die Mehrheit unserer
Gebildeten von diesen Urteilen nichts.

Vielleicht aber werden die Lauen und Verworrenen, die Leser des
„B. T." und ähnlicher Semiten-Blätter, die ja ein Judenwort immer
höher anschlagen, als die ehrliche Meinung eines Deutschen, durch

obige Geständnisse zu der Überzeugung bekehrt, daß der heimliche Krieg zwischen Juden und Deutschen eine unleugbare Tatsache ist, daß es sich hier um Freiheit oder Unterwerfung handelt, um Sieg oder Untergang, und daß ein Lump ist, wer in diesem heiligen Kampfe nicht entschlossen auf der Seite seines Volkes steht.

Wenn die Hebräer sich rühmen, daß nichts so fest und innig sie verbinde wie der gemeinsame Haß gegen die Nichtjuden: sollte der Abscheu gegen den Juden (als die Verkörperung einer untermenschlichen Gesinnungsart) nicht auch eine sittlich erziehe-[575]rische Wirkung äußern und ein inniges Band um alles höher geartete Menschentum schlingen können? Jedenfalls sind edlere Naturen in dem tiefen Abscheu vor jenem Zerrbild des Menschentums einig. Auch das ist ein Naturgesetz! Sollte es aber gelingen, die geistig Blinden in unserem Volke sehend zu machen (was wäre die jüdische Macht und Herrlichkeit, wenn nicht Hunderttausende verblendeter Deutscher freiwillig ihr Schergen- und Knechtsdienste leisteten!), dann wird es um die Macht und Herrlichkeit Juda's geschehen sein; – dann wird der Tag kommen, wo der Schlange der Kopf zertreten wird.

Das große Hassen.
Ein Beitrag zur Judenfrage in Deutschland.

(Schlußwort.)

Die Aussprache, die sich an meinen Aufsatz in Nr. 2 des „Janus"
1912/13 geschlossen hat, ist beendet. Ich habe als Referent im
Schlußwort das Fazit zu ziehen. Es ist ebenso einfach wie eindeutig:
Ich stehe mit meinen Behauptungen isoliert da, es hat sich niemand gefunden, der mir auch nur im Min-[43]desten beigepflich-
tet hat. Wenigstens öffentlich ist dies nicht geschehen, und nur ein
öffentlich gesprochenes Wort käme hier in Betracht.*

Einem so entschiedenen „Nein" auch noch fernerhin ein absolu-
tes „Ja" entgegensetzen zu wollen, das hieße wohl, sich in den Ruf
der Verbohrtheit bringen oder in die Wahrhaftigkeit und Aufrich-
tigkeit der Teilnehmer der Debatte Zweifel setzen, die unter anständigen und ehrliebenden Menschen nicht gestattet sind.

Andererseits bin ich von dem, was ich damals gesagt zu haben
vermeinte, noch heute in allem Wesentlichen voll und ganz überzeugt. Nur darüber bin ich zu einer früher nicht gehegten Erkenntnis gekommen, daß ich scheinbar garnicht gesagt habe, was zu sagen mir am Herzen lag, es nicht so gesagt zu haben, daß ein Mißverstehen seitens Einsichtiger unmöglich war. Ich bin mir heute vor
allem dessen bewußt, daß ich das Wort „Haß" in einer Weise interpretiert habe, die zu sehr abseits des allgemeinen Sprachgebrauchs
liegt, um gerechtfertigt zu erscheinen. Wenn ich mir angesichts dieser Tatsache von einem uns allen bekannten Stilisten der älteren
Schule sagen lassen mußte, ich sei von der Krankheit meiner Generation, „der subjektiven Sprachwillkür", angesteckt, so weiß ich mich
doch so weit von ihr unabhängig, daß ich durchaus alles das *mir* zur
Schuld rechne, was aus dieser Tatsache entstanden ist. Vielleicht
erkennt der eine oder andere der geneigten Leser aus dem Folgen-

---

* Allerdings nicht jedes. „Staatsbürgerzeitung" und „Hammer" mögen sich hier
möglichst getroffen fühlen.

den den Ursprung der Überzeugung, mich durchaus korrekt ausgedrückt zu haben.

Man muß den eigentümlichen, tiefgehenden Eindruck kennen, den der Verlauf der Kunstwartdebatte über Goldsteins Artikel „Deutsch-jüdischer Parnaß" auf den größeren und besseren Teil des deutschen Judentums gemacht hat, – und in besonderem Maße auf die jüdische Jugend, – um zu begreifen, wie stark die Anregung aus ihr für die wurde, die nach einer ernsten und unbedingten Vertiefung des Judentums als Volkstum streben und die mit ehrlicher Freude entdeckt haben, daß ein geistig und menschlich unbedingt hochstehender Nichtjude das Gleiche fordern zu müssen meinte, was sie selbst vergeblich zu schaffen sich bisher bemüht hatten. Die Öffnung von freien Sprechplätzen, von Avenarius für die Judenfrage zum erstenmal in die Tat umgesetzt, bedeutet in der innerjüdischen Entwicklung ein Ereignis, dessen Tragweite unsere Enkel sicherlich besser werden abschätzen können, als wir es heute zu tun vermögen. Unter den ersten, die dem Beispiel des Kunstwart folgten, war der Janus, und wenn ich ihm dafür an dieser Stelle als Hauptbeteiligter danke, so glaube ich wenigstens in *diesem einen* Punkte mit allen, die an der Aussprache teilgenommen haben, eines Sinnes zu sein.

Mit meinen Ausführungen glaubte ich der Forderung unbedingter Offenheit gerecht zu werden, die in der Judenfrage allein, – wie letzten Endes wohl in allen Fragen, – Klarheit bringen kann. Es schien mir nicht das Unwesentlichste, es einmal herauszusagen, daß man sich im allgemeinen ein falsches Bild mache von dem inneren Verhältnis des Juden zum Nichtjuden. Das „offizielle" Judentum, das heißt jene kleine Clique sozial Gesättigter, die besonders [44] in der Presse die Hand am Heft haben und die öffentliche Meinung „machen", malen so rosenrot, daß man vor lauter Ekel das Tintenschwarz als angenehm empfinden könnte, in dem der berufsmäßige Antisemitismus uns in dieser Beziehung besonders gern zu schildern pflegt. Es zeugt letzten Endes doch von wenig gutem Geschmack, wenn man nur aus lauter Honig, Liebe und Wohlgefallen zusammengesetzt sein will. Es ist letzten Endes doch reichlich widerlich, wenn in einer Zeit, die an Skrupeln nicht übermäßig reich ist, deren ganzer Lebenszuschnitt einen starken Egoismus auch des

Gefühls fordert, wenn man in einer solchen Zeit vom Judentum behaupten will, es sei zwar allgemein angefeindet, es müsse sich nach hundert Seiten hin mit allen Kräften seiner Haut wehren, aber – alles um Liebe! „Liebet Eure Feinde! – das Wort des Juden Jesus von Nazareth – das „offizielle" Judentum von heute macht den Anspruch, man solle ihm glauben, es sei der Erfüller dieses Wortes.

„Das" Judentum aber, das in seinen „Offiziellen" die denkbar schlechteste Repräsentation besitzt, „das" Judentum fühlt und denkt anders. Das fühlt, – und es wird sich dessen immer mehr bewußt werden, – daß es seiner Menschlichkeit bestes Teil ist, zwischen der Engelglorie und der Teufelsstraße zu schweben. Es weiß sich frei von allem Häßlichen, von der häßlichen Suggestion einer Liebe à la „Heilsarmee" ebensosehr wie von den niedrigen Gelüsten und Instinkten des antisemitischen Judenpopanzes. Aber es weiß sich *nicht* frei von Liebe und Haß *überhaupt.* (Muß denn der Haß immer etwas Häßliches sein?) Es liebt und es haßt. Von seinem Haß glaubte ich so gesprochen zu haben, daß ihm der Ausdruck des Menschlichen geblieben war. Vielleicht versäumte ich dabei, von seiner Liebe zu sprechen.

Einer meiner Entgegner hat zu meinem Worte vom „großen Hassen" das Wort vom „kleinen Lieben" gesetzt. Und er hatte von ihm gesagt:

„Dieses Lieben gehört dem Goi, allem Geraden und Aufrechten, allem, was nicht winkelzügig, allem, was reinlich und reinem Herzens ist."

Setze ich neben diesen Satz einen anderen, den ich dem Romane entnehme, von dessen biblischem Motto ich ausgegangen war, so habe ich in vier Zeilen das „grosse Hassen" und das „kleine Lieben" beieinander, und man sehe, ob's nicht dasselbe ist!

Die Stelle lautet:

„Ja, Liebeskummer ist es, ... aber das Unglück ist, daß soviel Haß in der Liebe ist! All mein Denken, all meine Neigung gehört den Christen, und ich möchte mir wünschen, an der Spitze eines Heeres gegen sie anrücken zu können, ... um mir ihre Gegenliebe zu erzwingen."

Und etwas weiter:

„Lassen Sie mich's nur ehrlich heraussagen: Ich hab' es für eine Ehre gehalten, für eine Herablassung, wenn einer von ihnen an meiner Seite ging. Gibt es Haß genug auf dieser Welt, um solche Demütigung aufzuwiegen?"

Mehr als dieser Stellen bedarf es wohl nicht. Ja, es ist wahr: unser Lieben gehört allem Geraden und Aufrechten, allem, was nicht winkelzügig, [45] allem, was reinlich und reinen Herzens ist. Aber *das* bedurfte so sehr der Betonung nicht. Der Betonung bedurfte, daß wir gehindert sind, dieser unserer Liebe nachzugeben, uns ihr ganz hinzugeben. Gerade weil wir alles Ganze und Aufrechte lieben, grade darum empfinden wir es doppelt schmerzlich, daß *wir* kein Ganzes sein können und unsere Seele nicht ganz aufrecht zu wandeln vermag.

Denn der deutsche Jude ist nichts Ganzes und Einheitliches. Er ist die Inkarnation des Dualismus, des Zwiespältigen und Vielgeteilten. Daß dieser Dualismus der großen Masse mit der Zeit zur „zweiten Natur" wurde, tut nichts zur Sache. Denn es gibt Tiefen in einem jeden jüdischen Herzen, in denen dieser Dualismus ewig lebendig bleibt. In den entscheidenden Momenten, in denen die jüdische Seele wirklich in all ihrer Intensität wacht und lebt, da ist nichts in uns so mächtig wie das Gefühl dieses Dualismus. Und alles Streben, die Judenfrage in jüdischem Sinne zu lösen, läuft darauf hinaus, uns den Fluch dieses Dualismus zu nehmen. In diesem Sinne sagte Theodor Ha[er]zl vom Zionismus, er sei „die Rückkehr zum Judentum vor der Rückkehr ins Judenland". Welches Gefühl könnte wohl fast die gesamte akademische jüdische Jugend Deutschlands zum Zionismus führen als das der Unerträglichkeit, mit wachen Sinnen ein Zwischenstufendasein zu führen, sich jeder Möglichkeit beraubt zu sehen, zu einer wahren „Persönlichkeit" sich auszuwachsen. Denn zu einer wahren Persönlichkeit gehört doch wohl in erster Linie eine geistige Bodenständigkeit, ein sich beheimatet Fühlen in einem starken und lebensfrohen Volkstum. Wir haben ein Jahrhundert daran laboriert, dieses Heimatsrecht im uns ursprünglich fremdem Volkstum zu erreichen, glaubten uns und dem fremden Element es abtrotzen zu können. Wir haben Fiasko erlitten. Nicht nur nach außen hin, wo sich gewisse Seelen mit einem „Wenn ich dich liebe, was geht's dich an?" prächtig abgefunden haben und den Wert eines platonischen Verhältnisses priesen, sondern mehr noch im eigenen Innern, wo wir beschämt uns selbst gestehen mußten, daß sich unser Bestes, das Erbe unseres verlorenen Volkstums, erhalten hatte trotz aller Versuche, es aus uns herauszudrängen.

Wir sind im großen Ganzen heute zurückgekehrt, so wenig bewußt bei den meisten von uns Abkehr und Umkehr auch immer sein mag. Der jüdische „Nationalismus" ist viel größer, als man ahnt. Er schlummert im Unterbewußtsein der Allermeisten, und es mehrt sich ständig die Zahl derer, die sich bewußt in der einen oder der anderen Form zu ihm bekennen.

Sich des jüdischen Volksgedankens bewußt werden, sich ihm auch nur im Mindesten nähern, bedeutet, von einem Gefühl der *Fremdheit* ergriffen werden. Es ist nicht anders: wer seine *Eigenart* zu spüren beginnt, der muß den Abstand sehen zwischen ihm und anderen.

Dieses „Fremdsein" kann ein Sieger- und Imperatorengefühl sein. Wenn eine geistig sehr hochstehende Minderheit als Herrscherkaste, materiell oder geistig, über einer Masse minder Entwickelter steht und sich in ihr fremd fühlt, wenn dieses „Fremdsein" sie immer wieder auf ihre *eigene* Kraft, auf ihre *eigene* Art, auf ihr *eigenes* Sein verweist, wenn es sie lehrt, ihr Bestes *in sich* und *nur* in sich zu suchen, dann kann dieses Gefühl der „Fremdheit", [46] als das Bewußtsein der *Auserlesenheit*, ein Hochgefühl, kann die „Einsamkeit" eine *Heimat* werden. Und in diesem Falle kann dann auch die Frucht dieses Gefühlskomplexes eine Art „*Liebe*" zu denen sein, denen gegenüber man sich fremd und einsam fühlt. Es ist das die Liebe, die den *Missions*gedanken gebiert: Ich, der geistige Patrizier, der ich als Auserwählter unter Euch wandle und Euch ewig fremd bleiben werde, ich bringe Euch ein religiöses oder künstlerisches oder soziales Evangelium. Das ist die Wurzel aller „Pharisäerliebe", die sich in religiöser Missiontätigkeit ebenso charakteristisch zeigt wie in der „Liebe" der Bourgeoisie zum Proletariat, jener heuchlerischen Liebe, die mehr Schranken zieht und Mauern baut als aller Klassenhaß der Welt. Man braucht wohl nicht ins Proletariat und seine Empfindungswelt hineingeboren zu sein, braucht wohl auch nicht auf sozialistische Dogmen zu schwören, um das sagen zu dürfen.

Einen Beigeschmack ähnlicher Art hat für uns die „Liebe" des Nichtjudentums zu uns. Ghettomauern und gelber Fleck waren unsäglich traurige Dinge, die Zeichen unglaublicher Leidensperioden. Aber *einen* Vorzug hatten jene Zeiten vor den unsern: sie waren *ehrlich*! Sie legten unserm Gefühl keine Scheinpflichten auf, indem sie uns Scheinrecht gaben, und vor allem – sie haben uns erlaubt, mehr noch! sie haben uns *gezwungen, wir selbst zu bleiben*! Selbst ein Mendelssohn, der doch gewiß als die höchste Potenz dessen gelten kann, was zu seiner Zeit ins Judentum von deutschem Wesen eindrang, selbst er hat noch vom Judentum als von seiner „*Nation*" gesprochen, auch ihm ist der Begriff des „jüdischen *Volkes*" natürlichste Bezeichnung für die Gesellung gewesen, in der er geboren ward.

Man hat in gewissen jüdischen Kreisen schon seit langem darauf hingewiesen, die Emanzipation, deren Hundertjahrfeier von unsern „Offiziellen" als die Großtat unter anderen auch des deutschen Volkes vor kurzem begangen worden ist, daß diese Emanzipation im Grunde nichts gewesen als eine *logische* Folge des umwälzenden Einflusses der Revolutionsperiode. Man hat *uns* emanzipiert, aber man hat sich nicht selbst emanzipiert. Man ist drüben nicht frei geworden vom Nichtjudentum (und wird in alle Ewigkeit davon nicht freikommen können!) und wir haben uns trotz verzweifelter Anstrengung nicht vom Judentum emanzipieren können.

Das haben klare jüdische Köpfe schon bei Beginn der Emanzipationsepoche eingesehen. Um 1820 schrieb der Däne Meier Aaron Goldschmidt im gleichen Roman, den ich bereits zitiert habe.

> „Wir sind und bleiben Juden, so wie der Negerknabe schwarz ist und schwarz bleibt, wenn sie ihn noch so sehr „emanzipieren" wollen. Wie er werden auch wir emanzipiert, um einer Freiheit und Gleichheit willen, die uns vergiftet. Können sie jemals über dem Menschen den Juden vergessen? Steht nicht immer das Wort „Jude" in ihrem Bewußtsein wie eine Scheidewand?"

Darum hat die „Liebe" des Nichtjudentums zu uns den Beigeschmack einer „akademischen" Neigung, einer Liebe aus Prinzip.
Darum spüren wir immer und immer wieder die Mauer zwischen
hüben und drüben. Und weil wir keine „Heiden" sind, denen man
so gern die Prädikate „arm, verblendet" [47] gibt, weil wir nirgends
das Heilsevangelium vernehmen, das die Emanzipationsapostel uns
gebracht haben wollen, vor allem aber, weil wir nichts weniger wünschen können, als der Gegenstand einer solchen „Missionsliebe",
einer solchen Liebe aus Prinzip, zum Ideal einer unwirklichen politischen und menschlichen Gleichheit, behandelt zu werden, ist es
ganz unmöglich, daß unser inneres Verhältnis zum Nichtjudentum
ein anderes sein könne, als das des *Unterdrückten* zum *Unterdrücker*.

Es handelt sich natürlich hier nicht um ganz augenfällige Dinge,
sondern gerade um die allersubtilsten. Herr Wirklicher Geheimer
Regierungsrat Prof. Dr. *Ludwig Geiger*, der Führer des Assimilanten-
und Reformjudentums in Deutschland, wird keineswegs sagen können, es könne da nicht von „Unterdrückung" gesprochen werden,
wo die Juden in fast ausschließlicher Weise alle Staatsbürgerrechte
besitzen. Er hat Recht: Die Lage des „deutschen Staatsbürgers jüdischen Glaubens" ist so schlecht nicht. Aber wer darf denn in aller
Welt erklären, daß für ihn oder irgend einen nicht direkt verblöde-
ten Juden sein „Judentum" damit aufhört, daß man das Recht besitzt, Staatsbürgerrechte zu genießen, obwohl man sich, na z. B.
„Cheskel Zwi" nennt? Es ist das stärkste Zeichen geistiger Degeneration innerhalb des deutschen Judentums, daß man die Begriffe
„deutscher Jude" und „deutscher Staatsbürger jüdischen Glaubens"
in einen Topf wirft. Im „deutschen Staatsbürger jüdischen Glaubens" sind zwei Charakteristika zusammengebracht, die in gar keinem inneren Zusammenhang miteinander stehen. Der Begriff „deutscher Jude" aber ist die Bezeichnung für jene Mischung von Ur-
sprünglichem und Nichtursprünglichem in uns, in deren Vorhan-
densein die Ungereimtheit unserer Gegenwartsexistenz liegt. Die
Interessen des „deutschen Juden" sind ganz anders als die des „Staatsbürgers jüdischen Glaubens". Dieser strebt zum „Staatsbürgertum"
oft unter Preisgabe des Wesentlichen im Judentum, jener zum *Judentum*, auch wenn es ihm praktisch die Erreichung des Voll-

bürgertums erschweren sollte. Das *Judentum* wird unterdrückt. Wer von uns „deutscher Jude" sein muß, – und das müssen wir alle, – in dem ist das Judentum unterdrückt durch das Deutschtum.

Es ist gerade hier sehr schwer, gänzlich eindeutig zu sprechen. Wenn ich sage: das Judentum wird vom Deutschtum in uns unterdrückt, so soll damit nicht gesagt sein, daß die Deutschen in uns den Juden unterdrückten. Dieses Paradoxon löst sich so: wir werden hineingeboren in einen Zwiespalt, der als ein historisch Gewordenes nicht „Schuld" irgend eines Menschen oder irgend einer Gruppe sein kann. Aber das kann nichts daran ändern, daß wir uns in der Tat unterdrückt fühlen, unterdrückt fühlen vom Nichtjüdischen. Von den beiden Seelen in unserer Brust steht uns die jüdische näher, sie ist gleichsam unsere Mutterseele; das sollte es heißen, wenn ich sagte: „das Nichtjudentum als unpersönliche Masse, als Geist, Wirkungssphäre, Kultureinheit, das stellt ein jeder von uns ... hinter das Judentum![“]

Man mag nun darüber streiten, ob das Gefühl einem Unterdrücker gegenüber „Haß" sei oder nicht. Man erinnere sich zudem meiner eigenen Einschränkung: [48]

> „Vielleicht ist dieser Ausdruck zu hart, oder besser: zu unpräzise ... ist's kein Hassen, so kommt's doch dem Hassen am nächsten, drum laßt's mich Hassen nennen."

Von diesem Haß behauptete ich, und behaupte es auch heute noch, daß er wie nur irgend etwas, das einigende Band zwischen allen Juden der Welt sei. Denn wenn wir diesen Haß vom Negativen ins Positive projizieren, was ist er dann anders *als unsere unversiegbare Liebe zu allem Jüdischen.* Da wir unser Judentum unter den obwaltenden Umständen weit weniger im *Wachstum* spüren als an den *Grenzen*, die das uns umgebende Nichtjüdische für seine freie Entfaltung bildet, so lag der Ausdruck des „Hasses" näher als der der „Liebe".

* * *

Die Erklärung der „Zionistischen Vereinigung für Deutschland", deren Mitglied auch ich bin, veranlaßt mich, kurz auf die Konsequenzen aus meinen Ausführungen einzugehen, wie sie sich mir in Bezug auf das, was auf jüdischer Seite zu tun sei, darstellen. So wenig mir darum zu tun war, meine Ansichten als abgestempelten Zionismus zu äußern, so wenig weiß ich mich im Widerspruch zu den zionistischen Anschauungen. Wenn Herr Dr. *Hantke* geschrieben hat:

> „Wir Zionisten hoffen gerade durch unsere Arbeit die Reibungsflächen zu vermindern und dadurch ein friedliches Nebeneinander von Juden und Nichtjuden auf der Grundlage gegenseitiger Achtung zu ermöglichen,"

so lag mir nichts ferner, als etwa das Gegenteil zu behaupten oder selbst praktisch gegen diesen Grundsatz zu verstoßen. Auch ich bin überzeugt davon, daß der Zionismus die einzig mögliche Lösung der Judenfrage auch nach der Richtung hin ist, daß erst die Erreichung seines Zieles, die „Schaffung einer rechtlich gesicherten Heimstätte für das jüdische Volk in Palästina", uns die Möglichkeit gibt, ausschließlich unserer *Liebe* zu leben.

Wenn das jüdische Volk in Palästina wieder geistig und im allgemeinen Sinne des Wortes beheimatet sein wird, wenn wir dort jüdisches Leben, jüdische Sprache, jüdische Kultur und jüdische Kunst haben werden, dann, aber auch nur dann schwindet aller Grund zum Haß, denn dann werden wir wirtschaftlich und geistig zu einem einheitlichen Ganzen heranwachsen, werden wir zum „höchsten Glück der Erdenkinder", zur „Persönlichkeit" gelangen. An der Schwelle Erez Israels, beim Eintritt ins jüdische Land versenken wir unser „großes Hassen" ins Meer der Vergessenheit. Als *Volk* werden auch wir dem Berufe ganz gerecht werden, dem wir uns heute nicht ganz weihen können:

> „Nicht mitzuhassen, mitzulieben bin ich da!"

z. Zt. *Bosen*, Post Türkismühle.   *Cheskel Zwi Klötzel.*
(Birkenfeld.)

Moritz Goldstein

Der „Kunstwart"-Aufsatz zur Judenfrage

Der Zugang zur Presse ist mir ungewöhnlich schwer geworden, verglichen mit anderen, die denselben Weg einschlugen. Indessen in den letzten Jahren vor dem ersten Weltkrieg hatte ich immerhin eine Reihe von journalistischen Verbindungen hergestellt. Sie beruhten auf einem Erfolg, den ich inzwischen errungen hatte; dem einzigen meines Lebens, wenn man unter Erfolg versteht, daß man die öffentliche Aufmerksamkeit erregt und lauten Widerhall findet. Im zweiten Jahre meiner Ehe – 1911 – verfaßte ich eine große Abhandlung, die ich nannte „Deutsch-jüdischer Parnaß". Sie zu schreiben oder nicht zu schreiben lag nicht in meiner Wahl: sie brach sozusagen aus mir. Um ihre Entstehung zu erklären, muß ich mit ein paar Worten auf mein Verhältnis zum Judentum eingehen.

Mein Vater stammte aus einem Hause, das fest in der jüdischen Tradition wurzelte. Sein Vater, den äußeren Umständen nach ein kleiner Krämer in dem oberschlesischen Dorfe Chorzow bei Königshütte, muß dem inneren Format nach ein wahrer Patriarch gewesen sein. Er schickte seinen Ältesten aufs Gymnasium in der Hoffnung, ihn Rabbiner werden zu lassen, konnte die Mittel aber nur bis Tertia aufbringen und gab seinen Sohn zu dessen nie verwundenem Kummer nach Berlin in den Textilhandel. In einer harten Lehrzeit und der folgenden kärglichen und einsamen Berufsexistenz als Angestellter der angesehenen Firma N. Israel löste mein Vater in schweren seelischen Kämpfen, wie er uns oft erzählte, sich von dem jüdischen Ritual los, ohne im übrigen in seiner Treue zum Judentum je wankend zu werden. Was sich in ihm abspielte, war einfach, daß der Rausch der Emanzipation, der mit Moses Mendelssohn anfing und den Dichter Heinrich Heine mit sich davon trug, unter den Anregungen und Eindrücken der nüchternen aber lebendigen Stadt Berlin nun auch ihn erreichte. Er wurde in Bezug auf das Judentum, was er seinem ganzen Wesen nach war, ein aus tiefer Überzeugung liberaler Mann. Er gab das strenge tägliche Ritual auf, während die hohen Feiertage, sowie das Pessach- und das Chanuka-Fest wenigstens mit ihren gefälligen Bräuchen gehalten wurden.

Die Folge davon war, daß die Sitten des jüdischen Lebens mir fremd blieben. Ich hörte zwar davon und ich las auch darüber; aber das schafft nicht jene absichtslose Vertrautheit, die man offenbar nur erwirbt, wenn man das Ritual in der Kindheit um sich her mit angesehen und daran teilgenommen hat. Der Religionsunterricht in der Schule war ungenügend und ohne jedes geistige Niveau und konnte in mir nur Abneigung wecken. Dabei wäre ich und viele meiner Mitschüler zu packen gewesen, wenn man uns den rechten Händen anvertraut hätte. Zur Ergänzung, um uns eine Grundlage zu geben, vor allem eine gewisse Kenntnis des Hebräischen, hielt mein Vater uns Brüdern jahrelang einen Religionslehrer. Dieser Mensch, Volksschullehrer von Beruf, noch [185] jung, aber unansehnlich und ungepflegt, war eine vollkommene Null, auch ohne eine Spur von pädagogischem Geschick. In all den Jahren, bei wöchentlich einer zweistündigen Lektion, die vor meiner Barmizwah verdoppelt wurde, habe ich nichts gelernt, durchaus gar nichts, außer einem bißchen stümperhaften Lesens des Hebräischen, das mir längst wieder abhanden gekommen ist. Die Stunden bei ihm waren rein verschwendete Zeit.

An den hohen Feiertagen wurden wir zum Gottesdienst mitgenommen und wohnten ihm viele Stunden, am Jom Kippur fast den ganzen Tag bei. Das war für mich nicht weniger als ein Martyrium. Ich verstand nicht, was vorging; und bei dem Versuch, im Gebetbuch den deutschen Test zu verfolgen, langweilte ich mich zu Tode. Möglich, daß es an der Qualität der Übersetzung lag. Aber das war noch nicht alles. Mein Vater konnte sich damals Plätze in einer Synagoge nicht leisten, sondern wir mußten uns mit einem Betsaal begnügen. Der Aufenthalt dort verletzte alle meine Instinkte: der Raum war überfüllt, die Luft wurde bis zur Unerträglichkeit verdorben, die Beter um mich her empörten mich durch unschickliches Benehmen, der Kantor sang mißtönend, der Chor genügte nicht, auch die Predigt enttäuschte mich nur zu oft.

Nach alledem wäre es kein Wunder gewesen, wenn ich eine Abscheu vor der jüdischen Religion bekommen und ihr den Rücken gekehrt hätte. Jedoch was ich über meinen Vater ausgesagt habe, muß ich auch für mich in Anspruch nehmen: niemals bin ich in dem Gefühl meiner Zugehörigkeit zum Judentum oder besser zu den Juden wankend geworden. Aber freilich, ich hasse das Ritual. Es ist mir unmöglich zu beten oder gar in Gruppen oder nach einem Schema oder laut vor anderen zu beten. Wenn ich das mit ansehe, wie es sich bisweilen nicht vermeiden läßt, so bleiben mir die anderen völlig unverständlich; obwohl ich es wiederum als schweren Mangel meiner Bildung empfinde, daß ich nicht imstande wäre mitzutun, auch wenn ich wollte. Ich widersetze mich auch der Zumutung, daß, weil ich als Jude geboren bin, gewisse Anschauungen und Lehren für mich gelten sollen. Wäre es dem jüdischen Volke vergönnt geblieben, sein natürliches Leben auf eigener Scholle wie andere Völker zu führen, so wäre der Streit um „das Gesetz" vielleicht auch noch immer nicht entschieden. Aber der Kampf zwischen Orthodoxie und geistiger Selbstbestimmung hätte sich unter freiem Himmel abgespielt wie überall sonst in der Welt; und dabei wäre ich ganz gewiß mit Leidenschaft auf der Seite der Selbstbestimmung zu finden gewesen. Vielleicht stammt all dies nicht aus meinen Kindheitserfahrungen; vielleicht gehört es zu meinem Wesen.

Man darf fragen, was bei solcher Haltung überhaupt noch vom Judentum übrigbleibt; und warum und in welchem Sinne ich Jude bin. Darauf kann ich nur antworten: Ich bin mir einer historischen Tatsache und eines Traditionszusammenhanges mit Stolz bewußt. Das ist mein Judentum. Aber das genügt noch nicht. Wenn ich ganz aufrichtig gegen mich selbst bin, so muß ich gestehen: Ich bin Jude, weil ich es nicht ertrage; einer minderwertigen Gruppe anzugehören. Wenn die Juden schon verachtet sind, so sollen sie doch nicht verächtlich sein. Darum letzten Endes stelle ich mich offen und unerschrocken auf die Seite der Juden.

Das jüdische Problem hat mich von jeher in Atem gehalten. Nicht ohne Grund [186] dreht sich mein erstes Drama um Jerusalem, und eine von mir selbst wieder vernichtete Tragödie[.] „Die Jüdin von Passau" sollte ganz persönliche Nöte eines Juden ausdrücken. Schon früh griff ich das Thema auch für die Presse auf; ein paar solcher Abhandlungen erschienen in einer jüdischen Zeitschrift, verfaßt mit ganz ungenügendem Wissen, und ich würde mich nicht trauen, sie heute wieder zu lesen. Obwohl in einer blamablen Weise unwissend über das jüdische Ritual und die hebräische Sprache, habe ich mich doch immer wieder bemüht, mir einiges Wissen über jüdische Dinge anzueignen, und was ich so erworben habe, wird schließlich nicht ganz wenig sein, obwohl mir auf diesem Gebiet die Unsicherheit des Autodidakten anhaftet.

Andererseits wurzelt mein gesamtes geistiges Leben in der deutschen Kultur. Hätte ich – vor Hitler – nicht gewußt, daß ich Jude bin, und wäre ich nicht mit Willen Jude gewesen, so hätte ich mich mit völliger Unbefangenheit für deutsch gehalten; wie ja auch deutsch meine Muttersprache ist und das einzige mir natürliche Mittel des künstlerischen und schriftstellerischen Ausdrucks. Es ging mir darin wie vielen meinesgleichen.

Aber im Gegensatz zu den meisten anderen deutschen Juden jener Zeit gab mir dieser Zwiespalt ein Denkproblem auf, mit dem ich nicht fertig wurde; nicht fertig, trotz jahrelanger Anstrengung, es zu bewältigen. Mein innerstes Bedürfnis verlangte nach Einheitlichkeit und Natürlichkeit des Volkstums – und ich sah mich in einer Doppelheit, die mich in zwei Hälften zu zerreißen drohte. Die logische Folgerung wäre gewesen, mich für eine der beiden Seiten zu entscheiden, ganz jüdisch oder ganz deutsch zu werden: aber dazu konnte ich mich nicht entschließen. Ich glaube nicht, daß ich mich deswegen entschuldigen muß. Wenn ein Ehepaar in Scheidung lebt und man fragte die Kinder, ob sie mit dem Vater oder der Mutter gehen wollen, wie könnten sie eine Wahl treffen? Gerade die besseren könnten es nicht, nur diejenigen, denen ihr Herz erlaubte, die beiden Entscheidungen nach ihrem Vorteil gegen einander abzuwägen.

Immerhin lag mir der Versuch zu irgendeinem Entschluß durchaus nahe. Als daher während meiner Universitätszeit ein Freund aus meiner Kindheit mir die Theorie des Zionismus auseinandersetzte, war ich rasch gewonnen. Ich trat der Organisation bei und zahlte den Schekel, solange ich in Deutschland lebte. Durch meine Auswanderung und die wirtschaftliche Unsicherheit des Exils wurde diese Gewohnheit unterbrochen, und ich habe im Ausland nicht wieder einen persönlichen Zusammenhang mit Zionisten gefunden.

Aus dem vergeblichen Ringen mit dem jüdischen Problem ist der „Kunstwart"-Aufsatz hervorgegangen. Er macht keinen Vorschlag zur Lösung und treibt überhaupt keine Politik, wie er vielfach mißverstanden worden ist. Er stammt aus der seelischen Not des deutschen Juden, der schreibt, und bekennt diese Not. Wenn man will, mag man ihn lyrisch nennen.

Erst als die Arbeit fertig vorlag, fing ich an, darüber nachzudenken, was ich denn nun damit anstellen sollte, um sie an die Öffentlichkeit zu bringen; an eine möglichst große Öffentlichkeit. Im Grunde war ich ratlos. Schließlich sandte ich den Aufsatz an das „Berliner Tageblatt", sehr törichter Weise. Für eine tägliche Zeitung war er viel zu lang, und zugleich widersprach er aufs [187] äußerste der Haltung dieses Organs, das keine seelische Not eines deutschen Juden anerkannte und am liebsten das Bestehen einer Judenfrage geleugnet hätte. Ich bekam das Manuskript denn auch prompt zurück. Danach machte ich zwei weitere Versuche, mit demselben Mißerfolg. Stark entmutigt und fast ohne Hoffnung verfiel ich auf den „Kunstwart", die in München erscheinende angesehene Halbmonatsschrift, deren gläubiger Leser ich jahrelang gewesen war. Wäre der Aufsatz wiederum zurückgekommen, so hätte ich jeden weiteren Versuch mit ihm aufgegeben und ihn in meinem Schreibtisch vergraben, und alle Folgen der Veröffentlichung wären nicht eingetreten.

Indessen diesmal wurde er angenommen. Ich erhielt einen schmeichelhaften Brief des Herausgebers Ferdinand Avenarius; der mir zugleich ankündigte, die Veröffentlichung würde einige Zeit auf sich warten lassen. „Deutsch-jüdischer Parnaß" erschien dann im ersten Märzheft 1912; die Redaktion schützte sich vor unliebsamen Folgen durch eine Vorbemerkung.

Das Aufsehen war ungeheuer, in der Tat größer als die Wirkung irgendeiner anderen Presseveröffentlichung, die ich erlebt habe oder von der ich weiß. Die erste Reaktion, die mir vor Augen kam, war eine kleine Notiz in einem antisemitischen Blatt. Dann erschienen ähnliche Hinweise in anderen Blättern, zustimmend, ablehnend, dann größere Aufsätze, und schließlich erscholl die ganze deutsche Presse vom Lärm des Streites um den „Deutsch-jüdischen Parnaß".

Auch das Ausland nahm teil. Die „deutschen Staatsbürger jüdischen Glaubens" protestierten; die Zionisten spendeten jubelnd Beifall. Der „Kunstwart" selbst öffnete seine Spalten der Diskussion, die zum Teil in plumper Form geführt wurde – dies war schließlich ein Organ eines verbohrten Veteranen des Judenhasses, des Kritikers und Literarhistorikers Adolf Bartels. Der „Verein jüdischer Studenten" erhob den Aufsatz zur Pflichtlektüre in seinem Unterricht – ich erfuhr das durch meinen jüngeren Bruder Berthold, der damals dort aktiv war (im ersten Weltkrieg gefallen). Man forderte mich zu Vorträgen auf, ich nahm ein einziges Mal an und sprach in überfülltem Saal über Heine. In Ausnutzung meines Erfolges hätte ich die Laufbahn eines jüdischen Politikers einschlagen können. Aber das lag mir in gar keiner Weise, weder nach meinen Fähigkeiten noch nach meinen Neigungen. Ich sah wohl, was man von mir erwartete und was man brauchte. Jedoch das beruhte auf einer Verkennung dessen, was ich geschrieben und gewollt hatte: und insofern ich dieses Mißverständnis durchschaute, fühlte ich mich gar nicht behaglich in dem allgemeinen Aufsehen. Der Erfolg war mir eben auf einem ganz falschen Gebiete begegnet. Was an dem „Kunstwart"-Aufsatz literarische Leistung ist, erkannten nur wenige.

Die Bewegung, die ich aufgerührt hatte, zitterte lange nach; aber da an nationaljüdischer Politik oder an Demagogie sich nichts aus mir pressen ließ, so wurde es bald still um mich. Der Aufsatz ist auch nie wieder gedruckt worden und daher heute verschollen. Dennoch blieb das Andenken jahrelang lebendig und tauchte namentlich in der antisemitischen Literatur immer wieder auf. Als das Dritte Reich zur Beruhigung seines schlechten Gewissens ein Buch herausgab, betitelt „Die Juden in Deutschland" (München 1935), war dem „Kunstwart"-Aufsatz das ganze siebte Kapitel gewidmet. Es ging aber deutlich daraus her-[187]vor, daß sie nicht wußten, wer dieser Moritz Goldstein eigentlich ist, also auch nicht, daß er zur Redaktion der „Vossischen Zeitung" gehört hatte und als „Inquit" unzweideutig gegen die Nazis aufgetreten war; eine Tatsache, die in dem Buche ohne Zweifel erwähnt worden wäre, wenn man sie entdeckt hätte. Die gleiche Ignoranz verriet eine Erwähnung meiner und des „Deutsch-jüdischen Parnasses" durch den judenfressenden

Gauführer Julius Streicher in einer öffentlichen Rede, in der er mich neben Disraeli und Rathenau nannte. Wie wenig auch unter Juden meine Verfasserschaft noch bekannt ist, dessen wurde mir ein tragikomisches Zeugnis geliefert, während ich nach unserer Emigration in Italien lebte. Ein Bekannter erzählte mir, er habe in Berlin vor seiner Abreise mit jemandem über den Aufsatz gesprochen und dabei bemerkt: „Der Verfasset ist der ‚Inquit' der ‚Vossischen Zeitung'. Er lebt jetzt in Florenz, ich fahre zu ihm." Darauf der Gesprächspartner: „Wenn ‚Inquit' behauptet, er sei der Verfasset des ‚Kunstwart'-Aufsatzes, so schmückt er sich mit fremden Federn. Der echte Moritz Goldstein ist gefallen." Offenbar verwechselte er mich mit meinem Bruder Berthold, der in der jüdischen Studentenbewegung ein lebendiges Andenken hinterlassen hat. Aber der Verfasser des „Deutschjüdischen Parnasses" bin ich und nicht er. Der Aufsatz verdiente wohl, ausgegraben und wieder zugänglich gemacht zu werden.

Inzwischen ist fast ein halbes Jahrhundert verstrichen, viel Schicksal habe ich über mich hinweggehen lassen müssen wie jeder von uns, die deutsche Judenschaft von einst besteht nicht mehr, obwohl es noch, in alle Welt verstreut, deutsche Juden gibt. Der Widerspruch, mit dem ich damals gerungen habe, scheint gelöst für diejenigen, die in Israel leben, besonders wenn ihnen beschieden ist, dort aufzuwachsen. Wohl aber hat das Problem seine Aktualität behalten für Juden, die weiter an der Zerstreuung teilnehmen. Dies gilt vor allem für die Vereinigten Staaten von Amerika, wo heute (1958) mehr als fünf Millionen Juden ihre unangefochtene Heimat haben. Seinerzeit habe ich keine Lösung vorzuschlagen vermocht und weiß auch jetzt nichts zu raten. Indessen dürfen wir die Hoffnung hegen, daß, bevor ein Zwiespalt durchbricht, die Versöhnung der Gruppen auf dieser kleinen Erde soweit fortgeschritten sein wird, daß ein Mensch ohne seelische Not Bürger eines Staates und zugleich Jude sein kann.

(1958)

II.

Kommentare, Essays und Briefe

Elisabeth Albanis

Moritz Goldstein
Ein biographischer Abriß

Der Name Moritz Goldstein wird zu Recht mit dem 1912 veröffentlichten Aufsatz *Deutsch-jüdischer Parnaß* und der sich anschließenden Kunstwart-Debatte assoziiert. Goldstein selbst erkannte diese Veröffentlichung als seine bedeutendste und machte ein halbes Jahr vor seinem Tod noch folgenden Eintrag:

> „Ich habe meinen Aufsatz ‚Deutsch-jüdischer Parnaß‘, erschienen 1912, wiedergelesen, zum Teil mit lebhafter Zustimmung."[1]

Immer wieder wurde ihm bestätigt, daß die in seinem bekanntesten Aufsatz formulierten Gedanken paradigmatischen Charakter hatten.[2] Dennoch wäre es ein Fehler, Goldstein nur als den Menschen hinter der Kunstwart-Debatte zu betrachten und dabei zu übersehen, mit welcher Intensität er bereits vor, aber auch nach dem Erscheinen des *Deutsch-jüdischen Parnaß* die Problematik deutsch-jüdischer Identität erörtert hat.

Als Moritz Goldstein 97jährig im Upper West End von New York verstarb, hinterließ er einen Nachlaß, der sich von der Kaiserzeit über die Weimarer Republik, den Anfängen der nationalsozialistischen Herrschaft bis hin zu verschiedenen Stationen des Exils erstreckte. Bemerkenswert daran ist jedoch nicht allein die Zeitspanne, die durch veröffentlichte und unveröffentlichte Schriften dokumentiert wird. Vielmehr werden hierdurch die Aporien deutschjüdischer Identität durch die Kontrastierung unterschiedlicher kultureller Kontexte besonders deutlich.

Bereits in seinen frühen Schriften setzte Goldstein sich mit seiner Zugehörigkeit zum Judentum und seinem Verhältnis zur nichtjüdischen Umwelt auseinander. Gleichzeitig, und von ihm als Gegensatz hierzu empfunden, verfolgte er seit früher Jugend das Ziel, Schriftsteller oder – in seinen Worten – „deutscher Dichter" zu werden.[3] Diese beiden Aspekte seines Daseins, seine jüdische Identität und die Ambition, sich in der deutschen Literatur bewähren zu wollen, empfand Goldstein als miteinander unvereinbar. Die Ursache hierfür sah er sowohl in dem gesellschaftlichen Klima seiner Zeit, das von einem teilweise offenen, teilweise latenten kulturellen und sozialen Antisemitismus geprägt war, aber auch in seiner eigenen inneren Zerrissenheit dieser Ablehnung gegenüber. Zunächst versuchte sich Goldstein durch die Aufzeichnung von Aphorismen mit diesem Dilemma auseinanderzusetzen. Mit einer Zunahme an Integration und Selbstbewußtsein – so sah er besonders in seiner Promotion eine Form sozialer Bestätigung – fanden seine Überlegungen Eingang in programmatische Aufsätze, die er zunächst in jüdischen Zeitschriften veröffentlichte. Schließlich suchte Goldstein nach einer breiteren Leserschaft, die er im *Kunstwart* zu finden glaubte. Goldsteins Wahl dieses kulturkonservativen Forums für seinen bekanntesten Aufsatz beruhte jedoch auf keiner Strategie, sondern war ein durch die historischen Umstände bedingter Zufall. Der von Ferdinand Avenarius herausgegebene *Kunstwart* verfolgte mit der Publikation des Aufsatzes das Ziel, eine aus seiner Sicht längst überfällige Debatte zur Klärung der Fronten zwischen Juden und Deutschen im kulturellen Bereich zu erreichen. Das Zusammentreffen eines jungen kulturzionistischen Juden mit einem kulturkonservativen Blatt schuf die explosive Mischung, an der sich eine Debatte entzündete, deren Tragweite noch weit über das Jahr 1912 hinausreichte und die den Diskurs zur deutsch-jüdischen kulturellen Identität nachhaltig beeinflußte. Mit seiner stärkeren Einbindung in den allgemeinen Kulturbetrieb der Weimarer Republik, insbesondere durch seine redaktionelle Tätigkeit für die *Vossische Zeitung*, fand eine Rücksozialisierung statt, die Goldstein wieder stärker auf jüdische Foren für seine kulturzionistischen Schriften lenkte.[4] Während der Zeit der nationalsozialistischen Verfolgung, die Goldstein seine jüdische Herkunft per Dekret aufzwingt, wurde die persönliche Auseinandersetzung mit seiner Identität wiederum in den privaten Bereich verbannt.

Moritz Goldstein wurde als zweites von vier Kindern am 27. März 1880 in Berlin geboren. Sein Vater, Wilhelm Goldstein, von dem Moritz in Bezug auf sein Judentum schreibt, er habe sich in „schwe-

ren seelischen Kämpfen" von seiner Zugehörigkeit zur jüdischen
Religion gelöst[5], wurde 1850 im schlesischen Königshütte, heute
Chorzow in Polen, geboren.[6] Seine Mutter, Sophie Knopf, stammte
aus Mislowitz, welches ebenfalls im heutigen Polen liegt.[7] Seine Kindheit und Jugend, die Goldstein in seiner Autobiographie teilweise
in Anlehnung an die Bildungsromane Goethes und Stifters stilisiert, war von kleinbürgerlichen Verhältnissen und finanzieller Unsicherheit geprägt, die eher im Gegensatz zu den behaglichen Bil-
dungsmöglichkeiten des Protagonisten in Stifters *Der Nachsommer*
standen. Moritz Goldstein war das erste Mitglied seiner Familie, das
eine höhere Schule besuchte. Sein Vater, der gezwungen war, die
Schule zugunsten einer kaufmännischen Lehre früh abzubrechen,
litt laut Auskunft des Sohnes darunter, daß er solche Bildungschancen
verpaßt hatte. Ein völlig unbeschwertes Verhältnis fand auch Goldstein nicht zur Schule. Nachdem er ab 1886 für ein Jahr eine Privat-
schule besuchte, wechselte er 1887 auf das Luisenstädtische Real-
gymnasium.[8] Trotz schwacher schulischer Leistungen ging Goldstein 1891 auf Drängen seiner Eltern von dort auf das renommierte
Köllnische Gymnasium.[9] Ein Jahr zuvor hatte in Berlin eine Schul-
konferenz stattgefunden, an der Vertreter aller drei Schulformen teil-
nahmen, um über Aufbau, Lehrpläne, Abschlüsse und Zugangsbe-
rechtigungen zu beraten. Die Richtung, die die Bildungspolitik einzuschlagen hatte, wurde vom Kaiser selbst vorgegeben. Ihm ging es
vor allem darum, „nationale junge Deutsche zu erziehen und nicht
junge Griechen und Römer".[10] Mittelpunkt der neuen Geisteshal-
tung sollten der deutsche Aufsatz und der Geschichtsunterricht sein.
Mit dieser bewußten Abkehr von der Bildungsidee Humboldts, die
keine nationalhistorischen Wurzeln kannte und stattdessen die Uni-
versalität klassischen Bildungsgutes in den Vordergrund stellte, wurde
aufgehoben, was von George Mosse als Juden und Deutsche verbindende Grundlage gekennzeichnet wurde:

> „Jewish commitment to the humanistic ideal of *Bildung* was based
> on the correct perception that only through transcending a
> German past, which the Jews did not share, could Jew meet
> German on equal terms."[11]

Fortan sollte der Unterricht vor allem staatserhaltend sein und das neue Bewußtsein deutscher Einheit nach der Reichsgründung fördern.

> „Statt der formalen Bildung an alten Sprachen im christlichen Geiste soll nun die deutsche Nation im Vordergrund des Denkens stehen, nach außen zur Weltgeltung, nach innen zur Stützung der Monarchie."[12]

Auch die körperliche Ausbildung fand neue Relevanz. Der vorbildliche Deutsche sollte gesund sein. Kurzsichtigkeit und Unsportlichkeit wurden zum offiziellen Stigma. Unter dem Leitsatz der Gesinnungsbildung und sozialen Selektion steuerte Wilhelm II. seinen neuen Kurs für höhere Schulen an.[13] Vor dem Hintergrund dieses Nationalbewußtseins und des Körperkultes nahm Goldstein, der sich selbst als kränklich und unsportlich beschrieb, seine Studien im Gymnasium auf. Die Aufnahmeprüfung bestand Goldstein nur knapp und wurde infolgedessen in die Obersexta eingestuft, was nach dem heutigen Bildungssystem einer Rückversetzung ins fünfte Schuljahr entsprach. Als Goldstein aufgrund mangelnder schulischer Disziplin nicht von der Untertertia in die Obertertia, also von der 8. in die 9. Klasse, versetzt wurde, führte dies dazu, daß er zwei Jahre älter war als seine Mitschüler. Dennoch brachte der erzwungene Klassenwechsel für Goldstein ein Ende der Isolation mit sich. Während er außerhalb der Schule zuvor keinen Umgang mit seinen Mitschülern hatte, weil ihnen der gesellschaftliche Umgang mit Juden untersagt war, befand Goldstein sich in seiner neuen Klasse nicht mehr in der Minderheit.[14] In seiner Studie über die jüdische Jugend im Kaiserreich, stellt Chaim Schatzker fest, daß die von ihm ausgewerteten Memoiren deutscher Juden für die Kaiserzeit alle „diese innerliche Trennungslinie zwischen den christlichen und jüdischen Schülern" bestätigen.[15] Zwar hatte Goldstein nun den ersehnten Kontakt, fühlte sich dafür aber den jüdischen Mitschülern unterlegen, da er ihren Bildungsstand als dem seinen als weit voraus empfand. Seinen Erinnerungen zufolge vernachlässigte er die Schularbeit, hing stattdessen seinen Träumen nach und betrieb Naturstudien eher intuitiv als systematisch. In seinen ohne

Anleitung durchgeführten Experimenten zeigte sich ein bewußtes Nacheifern seines Vorbildes Goethe. Hierzu schreibt Goldstein in einer autobiographischen Schrift:

> „Als Junge von 12 Jahren wollte ich ein umgekehrter Goethe werden. Das heißt, es war mir gesagt worden, daß Goethe ein großer Dichter und außerdem ein Naturforscher gewesen ist. Ich meinerseits gedachte, ein großer Naturforscher und außerdem ein Dichter zu werden."[16]

Auch die Anlehnung an Stifter wird in seiner Darstellung zunehmender Hinwendung zur Natur deutlich. So teilte er mit dem Protagonisten des *Nachsommers* zum Beispiel die Sammelleidenschaft für Gesteine und Mineralien. Ebenso weist Goldsteins Beschreibung der stetig zunehmenden wohnlichen Verbesserung der Eltern durch Umzüge von der Oranien- in die Köpenickerstraße in Berlin Mitte und von dort in ein sogenanntes Gartenhaus in der Augsburgerstraße am Rande des Berliner Stadtteils Charlottenburg Parallelen zu Adalbert Stifters Beschreibung der Jugend Heinrich Drendorfs auf.[17] Dort, in der Nähe der großen unbebauten Fläche der Westeisbahn, fern der „tristen Höfe" und „kahlen Schächte" der Berliner Mietskasernen, erlebte Goldstein, wie er schreibt, zum ersten Mal bewußt den Wechsel der Jahreszeiten und „lernte Pflanzen und Lebewesen unterscheiden".[18]

Zwei Jahre nach dem Umzug in die Augsburgerstraße, wo die Familie Goldstein trotz niedrigerer Miete noch stets ein schweres Auskommen hatte, veränderte sich die wirtschaftliche Grundlage der Familie durch einen Stellenwechsel des Vaters zum Direktor der Kaisergalerie, der sogenannten Passage. Dieser vom Architekturbüro Kyllmann & Heyden zwischen 1869 und 1873 errichtete Einkaufs- und Unterhaltungskomplex im Neorenaissancestil sollte nach den imposanten Vorbildern in Mailand, Brüssel und Paris auch in Berlin einen „Mittelpunkt für das gesellschaftliche und kommercielle Leben" schaffen.[19] Als Goldsteins Vater um 1894 jedoch den Direktorsposten übernahm, waren Geschäfte und Umfeld der Passage infolge des Gründerkrachs bereits seit längerer Zeit im wirtschaftlichen und sozialen Abstieg begriffen. Der sich in Berlin Mitte befindliche Ge-

bäudekomplex, der eine Verbindung – daher der Name Passage –
zwischen Unter den Linden und der Behrenstraße schuf, war, laut
Aschenbrenner, „stets ein Spiegelbild der jeweiligen wirtschaftlichen
Lage". An Enttäuschungen gewöhnt, soll Goldsteins Mutter das
berufliche Angebot mit den Worten „Die Kalle ist zu schön" quit-
tiert haben – ein Ausdruck, den Goldstein dem Herausgeber seiner
Memoiren als „jüdische Redensart" erklärte.[20] Die neue Stelle brachte
einen erneuten Umzug mit sich. Der Familie wurde eine Wohnung
im Gebäude der Passage angewiesen, die innenarchitektonisch zwar
herrschaftliche Proportionen, vom sozialen Umfeld her jedoch etwas Anrüchiges, einen „Stich ins Unsolide", aufwies.[21] Dieser „halb-
seidene Charakter" mag vor allem von dem später hinzugekomme-
nen Anatomischen Museum herrühren, in dem ein „Extrakabinett"
Erwachsenen im fünfzehnminütigen Wechsel der Geschlechter se-
xuellen Anschauungsunterricht erteilte.[22] Die schillernden Figuren,
die nächtlich im Varieté auftraten, das Panoptikum mit seinen bi-
zarren und für den jungen Goldstein schauererregenden Darstellungen hinterließen einen tiefen Eindruck bei ihm. 1923 trug er
das Panoptikum in einem Artikel zu Grabe.[23] Wenige Jahre später
verarbeitete er auch seine Eindrücke der Kaiserpassage zu einem
Monument verblichenen Glanzes mit seinem Roman ‚Victoria-Palast'.[24]

Auf Anregung des Vaters besuchte Goldstein als Jugendlicher
Vorträge im Berliner Verein für jüdische Geschichte und Literatur.
Ein vom Vereinsgründer Gustav Karpeles gehaltener Vortrag über
Jerusalem während der hellenistischen Periode regte den Gymnasi-
asten Goldstein 1899 zu seinem ersten Dramenversuch *Alexander
in Jerusalem* an. Die geschichtsphilosophische Debatte um die geistige Verwandtschaft zwischen Hellenismus und Judentum, die bei
Karpeles in der Verschonung Jerusalems durch Alexander zum Ausdruck kommen sollte, befand sich zu diesem Zeitpunkt noch in
ihren Anfängen. Goldstein sah in der Begegnung der beiden Kulturen vor allem den Aufprall von weltlicher und religiöser Macht.
Alexanders Unverständnis gegenüber der jüdischen Religion, dem
Monotheismus, stellte Goldstein als Schwäche des Eroberers dar
und drückte hiermit womöglich auch die Intoleranz der ihn umge-

benden Mehrheit gegenüber der jüdischen Minderheit aus. Das Drama als ganzes blieb unveröffentlicht, jedoch wurde der erste Akt im *Jahrbuch für Jüdische Geschichte und Literatur* veröffentlicht.[25]

1900 machte Goldstein Abitur, zwei Jahre später als seine Klassenkameraden. Unter seinen Mitschülern war auch Alfred Döblin, mit dem Goldstein bis ins Exil losen Kontakt hielt. Obwohl Goldstein sich bereits früh darüber im Klaren war, daß er Dichter werden wollte, war ihm nicht deutlich, wie er dieses Ziel erreichen und vor allem, in welcher Beziehung es zur Wahl seines Studienfachs stehen sollte. Mit der vagen Idee, Kulturgeschichte studieren zu wollen, schrieb Goldstein sich auf den Rat eines Verwandten nach dem Abitur für das Fach Germanistik an der Berliner Friedrich-Wilhelms-Universität ein – einen Entschluß, den er im Hinblick auf seine schriftstellerischen Ambitionen im nachhinein für verfehlt hielt. Im Nebenfach hörte er Philosophie und als drittes Fach wählte er Kunstgeschichte hinzu, welches er später durch Englisch ersetzte. Mit Ausnahme eines auswärtigen Studiensemesters an der Universität München – während sein erster Beitrag für den *Kunstwart* unter dem Pseudonym Egon Distl erschien – verbrachte Goldstein sein Studium in Berlin.[26] Dies war das erste einer Reihe von Pseudonymen, die sich Goldstein zulegte, um nicht unter seinem wirklichen Namen zu publizieren, der ihm als eine „unmögliche Marke vor dem Publikum" erschien.[27] Dies war keinesfalls einer übertriebenen Sensibilität zuzuschreiben, da, wie Dietz Bering nachweist, Träger jüdisch klingender Namen als „Beispiele für onomastisch ablesbare Nicht-Assimilation" unter Spott und Diskriminierung zu leiden hatten. Eine Namensänderung hatte hingegen oft zur Folge, als „Beweis jüdischer Verstellungskunst" verurteilt zu werden.[28] Goldsteins Einstellung gegenüber seinem Namen scheint mit seinem Verhältnis zum Judentum in Einklang gestanden zu haben. So wie es ihm „völlig unerträglich" war, unter anderem Namen durchs Leben zu gehen, wo es nicht seine Veröffentlichungen betraf, war er auch nicht bereit, seine jüdische Identität aus dem sozialen und kulturellen Bereich auszugrenzen oder gar aufzugeben. Allerdings freundete sich Goldstein mit diesem Rückgriff auf Pseudonyme für publizistische Zwecke nicht vollkommen an und sprach in diesem Zusammenhang von einer „Zerspaltung" in drei Namen.[29]

Eindringlich beschrieb Goldstein seine Erfahrung mit dem antisemitischen Klima an der Universität. Das mangelnde Interesse studentischer Verbindungen, ihn, den Juden, zu ‚keilen‘, interpretierte er als Abweisung. Hierbei ist auffällig, daß Goldstein dieselbe Erfahrung an verschiedenen Stellen unterschiedlich auslegte. Während er in seiner 1948 abgeschlossenen Autobiographie lediglich darauf hinweist, daß die Studentenverbindungen es versäumten, an ihn heranzutreten, um ihn als Mitglied zu werben[30], lieferte er in seinem neun Jahre später in englischer Sprache veröffentlichtem Aufsatz gleichzeitig die Ursache für das mangelnde Interesse der Verbindungen an ihm:

> „It happened probably about the time when I went from school to university that I began to sense the problem under the smooth surface. From fellow-students I heard about the clashes between 'Aryans' and Jews at some universities in Austria. At my own Berlin University I learned that there were student clubs which not only excluded Jews, but strictly refused to accept the challenge to a duel from a Jew or, as it was called, 'to give satisfaction'... this refusal implied, and was meant to imply, that the Jew was a creature without 'honour'. I was too much of a German student to laugh at so childish a concept of honour; I felt deeply hurt. “[31]

Die Tragweite des Konzepts ‚Ehre‘ und die Bedeutung seiner Verletzung, Nichtachtung und Nichtzuerkennung für das männliche Bürgertum der Kaiserzeit hat Ute Frevert als ein alle Lebensbereiche durchdringendes nachgewiesen. Das Konzept der Ehre war zwar unsichtbar und insubstantiell, schreibt Frevert, dabei jedoch höchst sensibel und verletzbar.[32] Die Deklarierung jüdischer Studenten als „satisfaktionsunfähig“ bedeutete gleichzeitig ihre Klassifizierung als „Wesen ohne Ehre“. Es schloß sie vom gängigen Männlichkeitskult aus und bedeutete somit auch eine Form der Entmaskulinisierung.

Einer jüdischen Studentenverbindung beizutreten, schloß Goldstein hingegen, anders als später sein jüngerer Bruder Berthold, aus. Die Versuche, die Goldstein während dieser Zeit unternahm, sich dort anzuschließen oder Aufmerksamkeit zu erregen, verblieben sporadisch, abrupt und unbeholfen. Vor allem vor dem Professor für Literaturgeschichte, Erich Schmidt, den er in seinem Äußeren sowie seinem Auftreten mit Goethe verglich[33], hatte Goldstein große Scheu. Bezeichnend für Goldsteins Unsicherheit, die oftmals schon im voraus mit antisemitischen Anfeindungen rechnete, ist seine Darstellung einer Weihnachtsfeier unter Kommilitonen und Dozenten. Im Rahmen des hierarchisch strukturierten Germanistenstammtisches, dessen Atmosphäre Goldstein in seinem Nachruf auf Erich Schmidt beschrieb[34], steuerte Goldstein Selbstgedichtetes zur Unterhaltung der anwesenden Professoren und Studenten bei. Als einer der Professoren auf Goldsteins Darbietung verhalten reagiert, interpretiert Goldstein dies als „jene gewisse Befangenheit ..., die manche Leute befällt, wenn in ihrer Mitte ein Jude leistet, was ihrer Meinung nach ein Deutscher hätte leisten sollen"[35], übergeht dabei jedoch die Tatsache, daß er seine Vorstellung in Damenkleidern gab – für manchen Ordinarius womöglich durchaus ein Anlaß zur Befangenheit.

Einer unzweideutigen Konfrontation mit antijüdischen Ressentiments begegnete Goldstein indessen, als er mitten im Studium einberufen wurde, um seinen einjährigen Militärdienst abzuleisten. Trotz allgemeiner Wehrpflicht und herrschender Rechtsgleichheit blieben das Militär – wie auch die Universität – Sonderbereiche, in denen ein voremanzipatorisches preußisches Selbstverständnis vorherrschte, welches Juden von der Beförderung zu Professoren einerseits und zu Offizieren andererseits so gut wie ausschloß.[36] So erfuhr auch Goldstein die diskriminierende Haltung der preußischen Armee am eigenen Leibe, in dem er, neben persönlichen Herabsetzungen, von der Weiterbildung zum Reserveoffizier ausgeschlossen wurde. [37]

Nach Absolvierung des Militärdienstes promovierte Goldstein trotz seiner übertriebenen Ehrfurcht vor Erich Schmidt unter dessen Begleitung über ein Thema, zu dem er sich überredet fühlte. Als Goldstein 1906 seine Abhandlung zu dem Thema *Die Technik der zyklischen Rahmenerzählungen Deutschlands* bei Schmidt einreichte, glaubte er sich aufgrund seines Namens wiederum übergangen.[38] Schmidt bot Goldstein nicht die Aufnahme der Dissertation in die von ihm herausgegebene Reihe an. In Wirklichkeit jedoch hatte

Goldstein, in Erwartung einer Ablehnung, die Arbeit selber verlegen lassen und anschließend von Schmidt erfahren, daß dieser sie sehr wohl für seine Reihe in Betracht gezogen hätte. Erich Schmidt war es auch, der Goldstein zu seiner ersten Anstellung verhalf. Auf seinen Rat hin bewarb sich Goldstein beim Verlagshaus Bong & Co. und begann dort im Februar 1907 als Herausgeber der *Goldenen Klassiker Bibliothek*.[39] Dort wurde er mit der Neuauflage deutscher Klassiker betraut, erhielt in der Auswahl der Bearbeiter der einzelnen Bände freie Hand, mußte den Verlagsinhabern zu seinem Unmut jedoch die äußere Gestaltung der Bände sowie die Wahl des, wie er fand, reichlich abgeschmackten Reihentitels überlassen. In dieser Stellung blieb Goldstein bis zum Dezember 1914. Während seiner Tätigkeit als Herausgeber begann Goldsteins Phase der bewußten Dissimilation. Es scheint fast, als ob Goldstein die stärkere soziale Einbindung in den etablierten deutschen Kulturbereich, der sich ihm durch die Promotion und die Herausgebertätigkeit eröffnete, benötigte, um sich sogleich wieder von ihm zu lösen oder ihn doch zumindest in seinem totalen Machtanspruch zu hinterfragen. Mit seiner Anstellung beim Bong Verlag erlangte Goldstein auch die wirtschaftliche Grundlage, die für Heirat und Familiengründung erforderlich war. So heiratete er 1910 die Kunstgewerblerin Antonie (Toni) Schlesinger aus Breslau, mit der er 1913 seinen Sohn Thomas bekam.

Bereits kurz nach seiner Promotion veröffentlichte Goldstein zwei Aufsätze in der jüdischen Zeitschrift *Ost und West*. In seinem Aufsatz *Über das Wesen des Judentums* kommt er zu dem Schluß, daß Judentum nicht vornehmlich eine Religion ist, sondern etwas „Gewolltes und Gemachtes", welches auf einem Gesetz beruht.[40] Am Rande berührt er hier bereits die Frage nach den künstlerischen Fähigkeiten des jüdischen Volkscharakters.[41] In dem sich anschließenden Aufsatz *Geistige Organisation des Judentums* spricht Goldstein von einem Nationalbewußtsein der Juden, welches in Zeiten antisemitischer Anfeindung Stärkung bedarf. Er lehnt jedoch die Ansicht ab, daß es sich bei den „positiven Bewegungen" der Juden, von denen er den Zionismus dem allgemeineren Nationaljudentum unterordnet, um eine Gegenbewegung zur antisemitischen handelt.

Es sei eine „Schmach", empört er sich, den Antisemitismus als das Primäre aufzufassen und die Gegenbestrebungen der Juden als hierdurch hervorgerufene sekundäre Erscheinung. Vielmehr handelt es sich bei dem jüdischen Nationalbewußtsein um eine Erscheinung, die im Kontext eines allgemeinen europäischen Nationalbewußtseins hervorgetreten ist und gleichermaßen den Beweis für ein eigenes nationales Bewußtsein innerhalb Europas darstellt.[42] Hiermit propagierte Goldstein jedoch keineswegs einen Zusammenschluß mit jüdischen Bevölkerungsgruppen anderer europäischer Länder, sondern zielte vielmehr auf eine Stärkung des individuellen jüdischen Bewußtseins innerhalb der einzelnen Staaten ab. Die Form, die das jüdische Kulturbewußtsein innerhalb Deutschlands einnehmen sollte, war die einer geistigen Organisation. Dabei dachte Goldstein an den Aufbau konkreter Institutionen, die sich zur Aufgabe machen sollten, den „jüdischen Anteil am kulturellen Fortschritt" kenntlich zu machen.[43] „Geistige Organisation der Juden herstellen", faßt Goldstein zusammen, „heißt nichts anderes, als gesonderte jüdische Kulturinteressen schaffen".[44] Als Leitfigur wünschte Goldstein sich einen „Goethe der Juden in Deutschland", dessen Aufgabe es wäre, eine einigende Wirkung unter den deutschen Juden herzustellen.[45] Heinrich Heine, der nach Herkunft und dichterischer Leistung hierzu prädestiniert wäre, könnte wegen seines „zwiespältigen Menschentumes" und der „daraus folgenden schwankenden Stellung zu seinem Volke" diese Stellung nicht einnehmen.[46]

Wir nähern uns dem Jahr 1912, in dem Goldstein mit seinen Thesen zur jüdischen Kultur in Deutschland zum ersten Mal an eine breite Öffentlichkeit herantrat. Durch die Veröffentlichung des *Deutsch-jüdischen Parnaß* von dem zu diesem Zeitpunkt fast völlig unbekannten Goldstein in einer auflagenstarken Zeitschrift und durch die Vehemenz der sich anschließenden Debatte entsteht leicht der Eindruck, es handelte sich dabei um die spontane, losgelöste und einmalige Artikulation eines jungen jüdischen Publizisten. Für Goldstein selbst sah dies zumindest ganz anders aus. Zum einen hatte er, wie oben bereits erwähnt, ähnliche Ideen zuvor an eine jüdische Leserschaft herangetragen. Parallel hierzu hatte Goldstein sich mit der gleichen Thematik in seinen unveröffentlichten Schriften, seinem ‚Judenspiegel' und den ‚Formulierungen' beschäftigt und zum anderen erprobte Goldstein zur Zeit der Abfassung des *Deutsch-jüdischen Parnaß* seine Ideen bereits an einer interessierten Hörerschaft im Rahmen der Erwachsenenbildung. Aus dem Vorlesungsverzeichnis der in Berlin-Charlottenburg ansässigen Lessing-Hochschule wird ersichtlich, daß Goldstein ab 1911 Vorträge mit den Titeln *Emanzipation der Juden* sowie *Antisemitismus und Zionismus* im Rahmen einer Vortragsreihe *Die Hauptprobleme der Gegenwart* hielt.[47] Zu Beginn des Jahres 1912 hielt Goldstein eine weitere Vortragsreihe zu Goethes Faust II. Teil.[48] Im Wintersemester desselben Jahres, also nach Erscheinen seines Aufsatzes im *Kunstwart*, findet sich der Hinweis auf das Vortragsthema *Die Juden und Heine*. Die Spannweite dieser Themen ist exemplarisch für Goldsteins Interessen, die sich stets zwischen der deutschen Literatur der Klassik, und der Positionierung von Juden innerhalb der deutschen Literatur hin- und herbewegten.

Der Grundstein zu den Ideen, die Goldstein in seinem bekanntesten Aufsatz vertrat, war also bereits 1906, oder, wenn man den Beginn der Niederschrift der Formulierungen als Anfang nehmen will, 1902 gelegt. Auch das Herantreten mit diesen Ideen an die Öffentlichkeit war ein allmähliches. Neu hingegen, und das mag wohl als unbestritten gelten, war die Art der Öffentlichkeit, die Goldstein für seinen Aufsatz wählte sowie die Schärfe seiner Aussagen. Aus seiner Autobiographie wird ersichtlich, daß das Anbieten des Aufsatzes an Ferdinand Avenarius, dem nach eigener Aussage nationalistischen Herausgeber des *Kunstwarts*[49] eher ein Zufallsprodukt war. Auch die lose Verbindung, die Goldstein zu dem Blatt hatte, war zufällig. Er abonnierte das Blatt seit seiner Gymnasialzeit auf Anraten eines Mitschülers, und der Umstand, daß der *Kunstwart* seine erste Veröffentlichung führte, dürfte bei Goldstein den Eindruck erweckt haben, hier so etwas wie eine Verbindung geschaffen zu haben. Die Interessen, die Avenarius mit der Aufnahme des Aufsatzes in seine Zeitschrift verfolgte, sind an anderer Stelle ausführlicher erörtert worden.[50] Goldstein eröffnete, gewissermaßen rechtfertigend, seinen Aufsatz mit den Worten, es gebe keine jüdische Öffentlichkeit und implizierte hiermit die Notwendigkeit, hier „vor aller Welt zu sagen, was ich nur vor Juden sagen sollte".[51] Fast im gleichen Wortlaut schrieb er in seinem fünf Jahre zuvor entstandenen ‚Judenspiegel‘:

> „Die Juden haben noch keine Mittel, sich über ihre Angelegenheiten zu verständigen; es giebt noch keine jüdische Öffentlichkeit, es ist unter ihnen noch kein consensus der Gebildeten möglich."[52]

Mit seinen im *Deutsch-jüdischen Parnaß* formulierten Vorwürfen wandte er sich an zwei Adressaten, an antisemitisch gesinnte Deutsche und an diejenigen deutschen Juden, von denen Goldstein meinte, sie arrangieren sich mit dem bestehenden Antisemitismus. Goldstein selbst sprach von einem „Kampf mit zwei Fronten". Mit der einen Front bezeichnete er die „deutsch-christlich-germanischen Dummköpfe und Neidbolde, die das Wort Jude zum Schimpfwort gemacht haben"[53], und mit der anderen

> „unsre schlimmeren Feinde, *die* Juden, die nichts merken, die unentwegt deutsche Kultur machen, die so tun, als ob, und sich einreden, man erkenne sie nicht. Das sind unsre wahren Feinde; sie gilt es, von den allzu sichtbaren Posten zu verdrängen, wo sie die Judenschaft repräsentieren als ein falscher Typus Jude, sie gilt es mundtot zu machen und allmählich auszurotten..."[54]

Von diesen letzteren meinte Goldstein zu wissen, sie „merken nichts von der Rolle, die wir im deutschen Kulturleben spielen und wachen ängstlich darüber, daß auch die anderen nichts merken."[55] Hiermit warf er den im Kulturbereich tätigen deutschen Juden vor, sie seien sich einer Rolle bewußt, die Nichtjuden provozieren müsse, bemühten sich aber gleichzeitig darum, die Bedeutung dieser Rolle herunterzuspielen. Dieser Vorwurf, ausgesprochen in einer sensiblen Zeit, in der bereits die Äußerung Werner Sombarts: „Die Staaten geben ihren jüdischen Mitbürgern die volle Gleichberechtigung, und die Juden werden die Klugheit und den Takt besitzen, diese Gleichberechtigung nicht überall und im vollen Umfange auszunützen" heftig diskutiert wurde, konnte seine Wirkung nicht verfehlen.[56]

In seiner Kritik ging Goldstein davon aus, daß die Juden, von denen er behauptete, sie schlössen die Augen vor bestehendem Antisemitismus, einer Fehleinschätzung ihrer Wahrnehmung durch andere unterlägen.

„Machen wir uns doch nichts vor", belehrte er die jüdischen Leser, „wir Juden, unter uns, mögen den Eindruck haben, als sprächen wir als Deutsche zu Deutschen – wir *haben* den Eindruck. Aber mögen wir uns immerhin ganz deutsch fühlen, *die andern fühlen uns ganz undeutsch.*"[57]

Ganz unrecht schien Goldstein mit dieser letzten Beobachtung nicht zu haben, denn schon in der anschließenden Debatte warnte Avenarius: „Nur wolle der Jude seinerseits unsre Meinung darüber, was man als das Stärkere in ihm empfindet, ob das Deutsche oder das Jüdische, uns Nichtjuden überlassen. Sonst erscheint er aufdringlich."[58] Diese Auffassung vertrat auch Adolf Bartels in seiner Reaktion auf Goldsteins Aufsatz.[59]

Als besonders heikel betrachtete Goldstein die Einschätzung, daß sich der Antisemitismus nicht gegen akkulturierte Juden richtete:

„Am schlimmsten aber, wenn du dich damit tröstest, daß die Abneigung jenen andern gelte, die da mauscheln, mit ihren Preziosen protzen, sich breit und laut machen und, kurz: das Östlich-Allzuöstliche nicht ablegen können. Du irrst, mein Freund, du selber bist gemeint. Dir eben, trotz deines europäischen Gebarens und Aussehens, verzeiht man den Juden nicht."[60]

Wie viele der Aussagen im *Deutsch-jüdischen Parnaß* formulierte Goldstein diesen Gedanken ähnlich in seinem ‚Judenspiegel':

„Du willst nichts mit einem polnischen Juden gemeinsam haben, du lachst bei dem Gedanken, daß du etwas mit ihm gemein haben könntest. Aber für alle anderen, und gerade für die, auf die es dir dabei ankommt, hast du alles mit einem polnischen Juden gemein – außer vielleicht der Kleidung."[61]

Auch diese Beobachtung Goldsteins spiegelte wider, was, trotz ihrer überspitzten Formulierung, in den antisemitischen Anfeindungen ‚Gebildeter' zur Realität geworden war. So brachte der völkische Literaturwissenschaftler Adolf Bartels dieses neue Element des Antisemitismus, welches für den Judenhaß der Moderne bezeichnend war, mit seinen Tiraden auf den Punkt:

> „Mit dem altgläubigen Juden konnten wir auskommen, der wollte von uns weiter nichts als unser Geld, unser geistiges, soziales und staatliches Leben blieb von ihm unbeeinflußt; den modus vivendi mit dem neumodischen Juden haben wir noch nicht gefunden."[62]

Goldstein sprach mit seinem Aufsatz aus, was bereits eingetreten war. Der Wendepunkt vom religiös motivierten zum national-kulturellen Antisemitismus, der sich nicht auch, sondern gerade gegen den akkulturierten europäischen Juden wandte, um seiner Akkulturation willen. Die Erschaffung des neuen Feindbildes, des „Juden in der Verschleierung als Deutscher", der nach „kultureller Vormacht"[63] strebt, doch durch seine mangelnde Verhaftung im „Nationalen" den authentischen Wert deutscher Kultur untergräbt, ersetzte das alte Bild des Juden, der, seiner eigenen Tradition verhaftet, sich der Aufnahme in die deutsche Gesellschaft und Kultur verschließt. Die Kunstwart-Debatte markiert insofern auch eine Umkehrung früherer Forderungen, in denen allen voran Heinrich von Treitschke die Aufgabe sämtlicher jüdischer Charakteristiken zugunsten einer vollständigen Assimilation forderte. Eine Generation nach dem sogenannten Berliner Antisemitismusstreit schien der Prozeß der Assimilation und Integration einem großen Kreis zu weit gegangen zu sein. Stattdessen wurde nun gefordert, daß sich Juden zu ihrem Judentum bekennen, damit ihr „Beitrag" zur deutschen Kultur von dem authentischen „reinlich geschieden" werden könne.[64]

Nicht annähernd den gleichen Umfang an Reaktionen erhielt Goldstein auf seinen Aufsatz *Begriff und Programm einer jüdischen Nationalliteratur*, welchen er noch während der ersten Phase der Kunstwartdebatte im April 1912 verfaßte.[65] Hierin verdeutlichte Goldstein, was er im *Deutsch-jüdischen Parnaß* nur angedeutet hatte: die Notwendigkeit, eine eigenständige jüdische Literatur durch den Zusammenschluß der deutschen „produktiven Juden" zu schaffen.[66] Goldsteins Ausführungen wurden besonders von Nathan Birnbaum wegen ihrer Naivität und Anmaßung stark kritisiert.[67]

Ein Jahr nach der Veröffentlichung des *Deutsch-jüdischen Parnaß* beabsichtigte Goldstein eine jüdische Zeitschrift herauszugeben, die nach einem ähnlichen Konzept aufgebaut sein sollte wie das ‚Jahrbuch für jüdische Kultur in Deutschland‘, dessen Gründung er bereits 1906 vorgeschlagen hatte.[68] Auch diese Publikation sollte „nicht von jüdischen, sondern von europäischen und überhaupt menschlichen Dingen handeln; [...] und man schriebe darin nicht über Juden, aber *als* Jude.“[69] Ziel dieser Zeitschrift sollte vor allem sein:

> „Die jüdische Geistigkeit, die jüdische Art, die Welt, Europa und Deutschland zu sehen, käme hier frei zum Worte und zur Entfaltung. Und zwar eine sympathischere Geistigkeit als sie der jüdische Journalist sonst darstellt; denn es würden sich hier aufrechte, selbstbewußte, kampfesmutige Juden versammeln. Dieses Blatt könnte erziehend auf die Juden wirken, den anderen aber einen neuen Typus jüdischer Geistigkeit hinstellen.“[70]

Ähnlich wie im *Deutsch-jüdischen Parnaß* und zuvor im ‚Judenspiegel‘ unterscheidet Goldstein auch hier wieder zwischen zwei unterschiedlichen „Typen“ unter den Juden. Diese Zeitschrift „müßte zugleich eine heilsame jüdische Kritik an jüdischen Leistungen üben und mitwirken, daß wir uns nicht durch gewisse jüdische Charlatane brauchen insgesamt kompromittieren zu lassen.“[71]

Zwischen 1912 und 1914 veröffentlichte Goldstein eine Reihe geschichtsphilosophischer Beiträge in der 1841 gegründeten, zu Goldsteins Zeiten von Georg Cleinows herausgegebenen Wochenschrift *Die Grenzboten*, von denen vor allem der Aufsatz *Die Juden und Europa* seine kulturzionistischen Gedanken weiterbehandelte. Dort vertrat er die Ansicht, „Europäer zu werden“ sei immer noch das eigentliche Ziel der Assimilation, und fügte hinzu, „die uns Semiten und Asiaten nennen, wissen sehr gut unsere empfindlichste Stelle zu treffen.“[72]

Den Ausbruch des ersten Weltkrieges und die Verkündung des Burgfriedens durch den Kaiser beschrieb Goldstein rückschauend als ein irrationales Volksspektakel.[73] Ein Manuskript, welches Goldstein verloren glaubte[74], bestätigt jedoch seine zunächst kritische Haltung am Vorabend des Ausbruchs des Ersten Weltkrieges. In einer Weise, die der grundeuropäischen Haltung Stefan Zweigs und Heinrich Manns vergleichbar ist, fragt sich Goldstein dort ungläubig: „Ist hier der Geist und drüben der Ungeist? Hier die Kultur und drüben die Barbarei?"[75] Seiner Lektorentätigkeit im Bong Verlag folgte zunächst eine Stellung in der Verwaltung der Kriegschemikalien AG bis zum September 1915. Aus einem Aufsatz im *Kunstwart*, in dem Goldstein die integrierende Funktion des Krieges verherrlicht, scheint deutlich zu werden, daß Goldsteins Haltung zum Krieg sich während dieser Zeit gewandelt haben muß.[76] Im Oktober wurde Goldstein vom Ullstein Verlag für eine Stelle in der Verwaltung des Redaktionsverbandes eingestellt. Kurz darauf erhielt er die Einberufung zur Nachmusterung. Goldstein, dessen jüngerer Bruder Berthold im Juni gefallen war[77], wurde für garnisonsfähig befunden und im Dezember 1915 an die Westfront nach Pancy südlich von Laon in der Picardie abkommandiert, wo er zunächst als Wachhabender entlang eines Starkstromkabels patrouillierte.[78] Darauf folgte eine Periode des Schanzendienstes, währenddessen Goldstein in den Abendstunden an einer philosophischen Abhandlung arbeitete[79], die 1920 unter dem Titel *Der Wert des Zwecklosen* erschien.[80] Anfänglich hielt Goldstein Vorträge vor Mannschaften, in denen er die kulturelle Vorrangstellung Deutschlands pries und, ganz der Rhetorik der Zeit verhaftet, apologetische Beobachtungen zu Deutschlands Lage als „Land der Mitte" anstellte, welches gezwungen ist, sich durch diesen Kampf in Europa zu behaupten.[81] Als ihm das Halten von Vorträgen jedoch „zugunsten des ‚vaterländischen Unterrichts' (...) von oben her" verboten wurde, sah sich Goldstein auch hier wiederum auf seine jüdische Identität zurückverwiesen. Er begann sich der Abfassung seiner Schrift ‚Westöstliche Konfessionen' zu widmen, deren Titel von ihm vermutlich in Anlehnung an Goethes *West-östlichen Divan* gewählt wurde. Darin setzt Goldstein sich sowohl mit einer jüdischen kollektiven Identität im Zeitalter nationalistischer Ideen als auch mit der „Entdeckung" des Ostjudentums auseinander, welche er kritisch als „Tyrannei"[82] beschreibt, die assimilierte Juden dazu verleitet, ihre eigene Form jüdischen Daseins als nicht authentisch zu betrachten:

„Da erleben wir nun eine Hochschätzung des Ostjudentums in einem solchen Grade, daß wir Westjuden anfangen, darunter zu leiden. Bereits ist es soweit, daß nur der Ostjude der wahre Jude zu sein scheint, und daß strebsame Westler sich bemühen, in Sitten und Auftreten sich möglichst ostjüdisch zu geben. Bereits müssen wir uns sagen lassen, daß wir hoffnungslos assimilierten Westjuden eigentlich nicht dazu gehören."[83]

Gershom Scholems Erinnerungen an die Begegnung zwischen ost- und westeuropäischen Juden scheinen diese Beobachtung zu bestätigen:

„Es ist nicht übertrieben, wenn ich sage, daß es damals, besonders in den Jahren des Ersten Weltkrieges und kurz nachher, bei den Zionisten geradezu so etwas wie einen Kult alles Ostjüdischen gab."[84]

Im Dezember 1916 wurde Goldstein „zum überzähligen Gefreiten"[85] ernannt und als Dolmetscher in die Ortskommandantur in Magny ebenfalls bei Laon versetzt. Dort schrieb er sein Stück *Die Gabe Gottes*, welches 1920 aufgeführt wurde. Unvollendet blieb sein Drama ‚Die Jüdin von Passau', an dem Goldstein seit 1913 arbeitete. Das Stück, von dem nur die Literaturverweise der konzeptionellen Vorarbeiten sowie eine Skizzierung der Protagonistin erhalten geblieben sind[86], verbrannte Goldstein während eines Urlaubs von der Front in Berlin im Oktober 1917.[87] Im April 1918 wurde Goldstein abberufen, für die Ludendorffspende zu arbeiten.

Im November 1918 trat Goldstein der politischen Redaktion der *Vossischen Zeitung* bei. Zwei Jahre lang tat Goldstein Dienst in einem Ressort, welches ihm nicht lag und welches ihn über Gebühr anstrengte. Nach einer Lungentuberkulose, von der er sich nur schwer erholte, wurde ihm auf Empfehlung Max Osborns ein Platz in der Feuilletonredaktion angeboten. Nach Osborns Ausscheiden wurde Goldstein einige Monate mit der Leitung des Ressorts betraut, welche ihm jedoch, mit der Berufung Monty Jacobs zum neuen Redaktionsleiter, wieder entzogen wurde. Auch diese berufliche Entscheidung begründete Goldstein mit seinem Namen, welcher den

„dirigierenden Herren ... an dieser sichtbaren Stelle nicht passte".[88] Ein Mitarbeiter der *Vossischen Zeitung*, Friedrich Solon, hingegen erinnert sich, daß Moritz Goldstein lediglich einer von mehreren jüdischen Redakteuren bei der *Vossischen Zeitung* war, die zionistische Ansichten vertraten, was die Vermutung, Goldstein habe aufgrund seiner Herkunft oder Überzeugung den leitenden Posten an Monty Jacobs abgeben müssen, unwahrscheinlich macht.[89] Dennoch ließ sich Goldstein durch verletzte Eitelkeit verleiten, seine Stellung in der Redaktion vorübergehend zu verlassen. Stattdessen bemühte er sich mehrere Monate lang als freier Mitarbeiter seinen Lebensunterhalt zu bestreiten. Trotz finanzieller Bedrängnis verlängerte Goldstein seine Unabhängigkeit vom Redaktionsdienst bei der *Vossischen Zeitung* um weitere zweieinhalb unbezahlte Monate, in denen er das Schauspiel ‚Melissas Schatten' zuende schrieb.[90] Nachdem der erwartete Erfolg jedoch ausblieb, trat Goldstein wieder in den festen Dienst der Zeitung. Dieses Mal trat er der Lokalredaktion bei, die gewissermaßen im Ausschlußverfahren – nach Abzug der politischen Redaktion, für die er kein Talent zu haben meinte, und der Feuilletonredaktion, zu welcher er aus Animosität gegenüber Jacobs nicht zurückkehren wollte – übrig blieb. Dieser Wechsel bescherte Goldstein für die nächsten sechs Jahre eine unspektakuläre, dafür aber gesicherte wirtschaftliche Grundlage.

Neben dem Redaktionsdienst veröffentlichte er während dieser Zeit mehrere Beiträge für die Zeitschrift des Vereins jüdischer Frontsoldaten *Der Schild*. Im September 1924 verfaßte Goldstein einen Beitrag für die Vereinszeitschrift, in dem er die Verhaftung eines Münchener Postbeamten, der über einen Zeitraum von zehn Jahren systematisch alle Pakete unterschlug, die an Juden adressiert waren, zum Anlaß nahm, die Verbreitung des Antisemitismus in der Gesellschaft zu thematisieren. Der von seinem Judenhaß besessene Beamte war kein Einzelfall, meinte Goldstein:

> „Judenhaß ist eine der gesündesten Beschäftigungen und ein Zeichen durchaus normalen Geisteslebens. Gefahr ist nicht dabei; denn ins Große gerechnet kommen in Deutschland 100 Arier auf einen Juden. Seiner Kariere [sic] schadet man damit nicht. Und wenn man im Wirtshaus, auf der Straßenbahn oder im Ei-

221

senbahnwagen aus seiner Gesinnung kein Hehl macht, so ist man stürmischer Zustimmung sicher und kann nach kurzer Unterhaltung Freundschaften fürs Leben schließen."[91]

Goldsteins hellsichtige Beobachtung des Antisemitismus als eine Anschauung, die auf politischer Ebene Gemeinsamkeiten schafft, wo sonst keine sind, spiegelt die Situation der Weimarer Republik als eine Zeit parteipolitischer Gegensätze wider, in der sich Parteien und ihre Wähler stärker über das definierten, was sie ablehnten als über das, was sie forderten. Die Radikalisierung der Parteien, der Hitler-Putsch in München im Vorjahr bilden den Hintergrund, vor dem Goldstein sich in dieser Phase der Weimarer Republik stärker politisch engagierte. Seit den Reichstagswahlen vom Mai 1924, in der vor allem die Deutschnationale Volkspartei (DNVP) an Sitzen gewann, verschärfte sich das antisemitische Programm der Partei mit Parolen wie „Gegen die Judenherrschaft".[92] Gegen Ende des Jahres, sechs Tage vor den Reichstagswahlen, hielt Goldstein im Rahmen einer Kundgebung des Vereins Jüdischer Frontsoldaten eine Rede mit dem Titel ‚Sind wir Juden rechtlos?'. Mit dem darin enthaltenen Zitat aus einem Schreiben Fontanes an Philipp Graf zu Eulenburg: „Aber regiert will ich nicht von den Juden sein"[93] drückte Goldstein seine Befürchtung aus, daß der Antisemitismus keine bloße Erscheinung weniger extrem Denkender sei. Bestürzt fragte er sich, „ob sich da nicht eine unausrottbare Grundeinstellung des deutschen Volkes kundgebe und ob unser Anspruch auf vollkommene, auch praktische Gleichberechtigung nicht eine bloße Utopie sei."[94] Eine politische Haltung, die Juden von der Regierung fernzuhalten beabsichtigt sowie ihnen den Zugang zu hohen Ämtern verwehrt, würde auch nicht davor halt machen, Juden von anderen Bereichen des Lebens auszuschließen, warnte Goldstein. Schlimmer noch, wandte er ein, die Parole der DNVP verbreitete die Lüge, „als ob nämlich so etwas wie eine Herrschaft der Juden in Deutschland oder in der Welt bestände."[95] Ein Jahr später wandte Goldstein sich erneut gegen die Behauptung der sogenannten jüdischen Weltverschwörung. In einem Artikel, in dem er sich mit der Weltanschauung des völkischen Philosophen Hans Blüher auseinandersetzte, der in seinem 1922 veröffentlichten Buch *Secessio Judaica* von der

Notwendigkeit der „Demaskierung" des Judentums spricht, um es zu überwinden, schreibt Goldstein mit einer fast unheimlichen Vorahnung, die die Nürnberger Rassengesetze vorwegnimmt:

> „Sollen die Juden in Deutschland wieder den gelben Fleck auf dem Kleide tragen? Wenn sie etwas drucken lassen: soll eine Verabredung getroffen werden, daß die Juden Antiqua, die Arier Fraktur benutzen? Und was wird mit den Getauften, was mit den Halb-, Viertel-, Zweiunddreißigstel-Juden?"[96]

Die Thematik der Kenntlichmachung jüdischer Identität beschäftigte Goldstein seit vielen Jahren. Angefangen mit seinem 1906 veröffentlichten Artikel *Geistige Organisation*, in dem er Juden dazu aufrief, ihre kulturellen Beiträge als von Juden kommend auszuweisen, bis hin zu seiner undiplomatischen Formulierung im *Deutsch-jüdischen Parnaß*, er würde die Frage nach der jüdischen Identität den „Herren Poeten", die dieser Frage auszuweichen versuchen, „vor aller Welt in die Ohren schreien"[97], bedeutete für ihn das bewußte und öffentliche Bekenntnis zur jüdischen Identität stets eine Frage der vollständigen Emanzipation und Gleichberechtigung. Nun jedoch sollten Juden sich „ausweisen", um sich sogleich „reinlich" zu scheiden, wie Avenarius es 1912 formulierte. Dies stand Goldsteins Ansichten diametral gegenüber. Eine Affirmation jüdischer Identität war für Goldstein eine Frage des freiwilligen Bekenntnisses, um ohne Assimilationszwang in Deutschland leben zu können; die Forderungen, denen Goldstein bei Blüher und anderen begegnete, hatten hingegen Diskriminierung und Ausgrenzung zum Ziel.

Als der Gerichtsberichterstatter der *Vossischen Zeitung* Paul Schlesinger 1928 starb, befand sich Goldstein gerade für seine Zeitung in den Niederlanden. Bei seiner Rückkehr wurde ihm Schlesingers Platz probehalber angeboten. Goldstein, der bereits vor Paul Schlesinger sporadisch Gerichtsverhandlungen beiwohnte, um anschließend über sie für die Zeitung zu berichten, brachte die nötige Erfahrung mit und bewährte sich.[98] Die folgenden fünf Jahre, die er als Nachfolger des beliebten Schlesinger bei Gericht einnahm und somit dem verhaßten Redaktionsdienst entfloh, zählte Goldstein rückblickend zu den besten seines Lebens.[99] Zwischen August

1928 und Juni 1933 veröffentlichte Goldstein mit seinen fast täglich erscheinenden Gerichtsberichten insgesamt rund eintausend Artikel[100], in denen sich, zum Teil glossenartig, die Zeitgeschichte widerspiegelte.

Mit der Anordnung der Nationalsozialisten vom 28. März 1933, in der zur systematischen Durchführung des Boykotts jüdischer Geschäftsleute, Ärzte und Rechtsanwälte aufgerufen wurde, war es auch jüdischen Pressevertretern untersagt, die Gerichte zu betreten.[101] In seinem Tagebuch verzeichnet Goldstein, daß er nur durch Zufall einem persönlichen Rausschmiß aus dem Gericht entkommen war und fortan wieder in der Lokalredaktion der *Vossischen Zeitung* seinen Dienst anzutreten hatte.[102] Daran, daß Goldstein zu diesem Zeitpunkt noch der Auffassung war, seine Anstellung bei Ullstein sei von dieser Anordnung unberührt, wird deutlich, wie gering er die Unmittelbarkeit der Gefährdung seiner Existenz einschätzte. Bereits eine Woche später wurde Goldstein vom Verlag aufgefordert, auszuscheiden. Goldsteins Versuche, auf sein vertragliches Recht, welches eine Kündigungsfrist von sechs Monaten vorsah, zu bestehen, wurden vom Verlag abgewiesen und er mit einer vertragswidrig geringen Abfindung entlassen.[103] Für den damals 53jährigen Goldstein bedeutete dies neben der existentiellen Not auch einen beruflichen und persönlichen Einschnitt; er hörte auf zur Presse zu gehören und fand auch in späteren Jahren keine Anschlußmöglichkeit mehr.

Der Anstoß und die Vorbereitung für die Ausreise aus Deutschland ging zunächst von Goldsteins Frau Toni aus. Während Goldstein bemüht war, weiterhin für andere Zeitungen als freier Mitarbeiter zu arbeiten, bereitete sich seine Frau zielstrebig auf die Auswanderung nach Italien vor, wo sie auf Capri persönliche und berufliche Kontakte aufgebaut hatte. Dorthin reiste sie gemeinsam mit ihrem Sohn Thomas am 1. Juli 1933. Goldstein blieb in der alten Wohnung in Berlin zurück. Einige Wochen lang versuchte er von gelegentlichen Veröffentlichungen in der *Berliner Zeitung am Mittag* zu überleben, bis er, von jemandem verraten, gezwungen war, auch diese Arbeit aufzugeben. Inzwischen hatte seine Frau einen Kontakt hergestellt, von dem sie meinte, es ließe sich eine Lebensgrundlage in Italien aufbauen. Goldstein fuhr von seinem wenigen verbliebenen Geld zu Unterredungen nach Italien und schuf dort die vertragliche Grundlage zur Errichtung einer Internatsschule für deutschsprachige Flüchtlingskinder. Mit dieser beruflichen Perspektive bereitete nun auch Goldstein im Anschluß an seine Rückkehr nach Berlin seine Auswanderung nach Italien vor.

Am 1. Oktober 1933 verließ Goldstein Deutschland Richtung Florenz. Goldsteins Autobiographie endet an dieser Stelle. Obwohl 1948 verfaßt und 1977 veröffentlicht zog Goldstein es vor, seine Biographie mit seiner Auswanderung aus Deutschland enden zu lassen und die Stationen des Exils nicht mit einzubeziehen, da für ihn mit der beruflichen, politischen, geographischen und sprachlichen Zäsur sein eigentliches Leben zu Ende ging. Während der ihm bevorstehenden Stationen des Exils bedauerte er, den „Anschluß nicht wieder gefunden" zu haben. [104] Am schwersten traf ihn die Verbannung aus der deutschen Sprache:

> „Es ist meine deutsche Muttersprache, in deren Dienst ich dies alles zustande gebrachte habe, voll Ehrfurcht vor ihrer strengen Hoheit. Aus ihrem lebendigen und stärkenden Bereich verbannt zu sein, ist für den Schreibenden die schwerste aller Entbehrungen." [105]

Italien war trotz seiner faschistischen Diktatur für viele Auswanderungswillige ein relativ attraktives Einwanderungsland. Die einzige Voraussetzung für die Einwanderung oder eine Durchreise, um von einem der Häfen in Genua, Triest oder Neapel nach Palästina, Südamerika oder Schanghai zu reisen, war die Bestätigung, keiner antifaschistischen Partei angehört zu haben. Eine Aufenthaltserlaubnis wurde erteilt, wenn der Nachweis erbracht war, daß der Lebensunterhalt aus eigenen Mittel bestritten werden konnte. Goldstein selbst beschrieb Italien noch Ende 1936 als ein für Emigranten günstiges Einwandererland, in dem es keinen „offiziellen Antisemitismus" gab. [106] Dennoch fügte er seinen Erläuterungen die Warnung hinzu, daß sie „ohne Gewähr" für die Zukunft seien und jeder die Entscheidung, nach Italien auszuwandern, auf eigene Gefahr treffen müsse.[107] Zunächst schien Italien der Familie Goldstein tatsächlich eine Zukunft zu bieten. Kurz nach Goldsteins Ankunft im Oktober 1933 konnte die Familie in das von Werner Peiser gegründete Landschulheim Florenz ziehen. Dieses Landschulheim war das größte von sechs solcher in Italien gegründeter Schulen, die jüdischen Kindern die Möglichkeit bot, fern von Deutschland eine deutschsprachige Schulausbildung zu absolvieren.[108] Peiser, ehemaliger Pressesprecher des preußischen Ministerpräsidenten Otto Braun und seit 1931 am Preußischen Historischen Institut in Rom tätig, hatte durch seine Verbindungen zu italienischen Ministerien und besonders durch seine persönliche Freundschaft zum Kultusminister Giuseppe Bottai die nötige behördliche Unterstützung für eine solche Gründung.[109] Goldstein, der sein privates Kapital in die Schule investierte, übernahm zunächst die wirtschaftliche Leitung, später auch Teile des Unterrichts der Schule. Die Schule, die in einer renovierungsbedürftigen Villa untergebracht war, stellte neben den pädagogischen auch allerlei praktische und finanzielle Anforderungen an ihre Lehrer.[110] So stand das ursprünglich für die Schulgründung angemietete Gebäude bei Fiesole bereits nach weniger als einem Jahr der Schule nicht mehr zur Verfügung, so daß ein neues Gebäude benötigt wurde. Zwar konnte ein Ersatz gefunden werden, jedoch stiegen hiermit auch die finanziellen Belastungen. Wirtschaftliche, vor allem aber auch persönliche Krisen wie der Tod seines Bruders Paul und ein Selbstmordversuch seiner Frau veranlaßten Goldstein, aus dem Landschulheim, dessen Partner er geworden war, auszuscheiden. Seinen Platz nahm nun Robert Kempner ein.[111] Möglicherweise war Goldstein dem Juristen Kempner bereits im Zusammenhang mit dessen Herausgeberschaft der Gerichtsreportagen Paul Schlesingers bei Ullstein begegnet.[112] 1936 eröffneten Goldstein und seine Frau eine Pension in Forte dei Marmi. Neben den im Pensionsbetrieb anfallenden Arbeiten, deren Verrichtung Goldstein als Belastung empfand, und die seinen schriftstellerischen Bemühungen, die er noch stets als seine eigentliche Bestimmung betrachtete, abträglich war, fuhr er dennoch fort, literarisch tätig zu sein. Zunächst schrieb er ein Theaterstück, ,Abdullahs Esel', welches eine britische Kolonie in Afrika zum Schauplatz hatte und sich mit der Macht und ihrem Mißbrauch beschäftigte.[113] Ebenfalls während dieses Zeitraumes schrieb er sein unveröffentlicht gebliebenes Manuskript ‚Die Sache der Juden'. Darin lieferte Goldstein besonders mit seinem letzten Kapitel ‚Stadt Israel' eine Art Utopie in Anlehnung an Theodor Herzls *Judenstaat*. Die darin von ihm dargelegte Daseinsform in einer eigens zu dem Zweck der Rettung des europäischen Judentums gegründeten Stadt weist stellenweise totalitäre Wesenszüge auf, die den heutigen Leser unangenehm berühren müssen. Dennoch war es der Zweck dieses Kapitels, eine Diskussion zur Rettung der verfolgten Juden in Gang zu bringen, von der Goldstein möglicherweise hoffte, sie würde eine ähnlich bedeutende Diskussion nach sich ziehen wie 1912 die Kunstwartdebatte. Goldstein bemühte sich für sein im Juni 1938 „unter merkwürdigen Verzögerungen und technischen Schwierigkeiten (von den seelisch-ehelichen zu schweigen)"[114] fertiggestelltes Manuskript über einen langen Zeitraum einen Verleger zu finden. Aus der im Nachlaß befindlichen umfangreichen Korrespondenz zur Veröffentlichung des Manuskripts geht hervor, daß Goldstein besonders von seinen ehemaligen Ullstein-Kollegen zwar durchweg höfliche Reaktionen erhielt, insgesamt aber von denjenigen Adressaten, die sich mit der jüdischen Auswanderung theoretisch und praktisch beschäftigten, den Rat erhielt, seine Pläne mehr an der Realität auszurichten.[115] So teilte Siegfried Moses, der ehemalige Präsident der Zionistischen Vereinigung für Deutschland, Goldstein auf seine Anfrage mit, daß er dessen Pläne für eine autonome Großstadtgründung, die nur durch jüdische Siedler bewirtschaftet wird, für nicht umsetzbar halte.[116] Ein weiterer Adressat, der New Yorker Rabbiner Joachim Prinz, an den Goldstein sich mit der Bitte um Veröffentlichung seines Manuskriptes wandte, antwortete mit angelsächsischer Doppelbedeutung „daß gar keine Phantasie groß genug sein kann, um den Fragen, vor denen wir stehen, gerecht zu werden."[117]

Mittlerweile war Goldsteins eigene Existenz in Italien förmlich über Nacht in Frage gestellt worden. Mit der Einführung der italienischen Rassengesetze, welche im September 1938 in Kraft traten, waren alle in Italien seit 1919 lebenden Juden gezwungen, innerhalb von sechs Monaten das Land zu verlassen.[118] Zuvor bereits war

Goldstein zusammen mit anderen Emigranten anläßlich des erwarteten Hitlerbesuches im Mai 1938 drei Wochen lang interniert worden.

Am 1. September 1938 notierte Goldstein in sein Tagebuch:

„Nachricht, daß die Juden binnen sechs Monaten Italien verlassen müssen. Das bedeutet das Ende der hier aufgebauten sorgenvollen, aber auch, namentlich was Tonis Pension anlangt, aussichtsreichen Existenz! Mich selbst trifft die Nachricht im Zustande der Verzweiflung: da meine Existenzform, bei drohendem Aufhören der Heimrente und bei wachsender Abhängigkeit von meiner Frau, untragbar geworden ist, und da meine Schrift [Die Sache der Juden], die mir einen Ausweg eröffnen sollte, bisher nur Ablehnungen erfahren hat."[119]

Nachdem Bemühungen, in die USA auszuwandern, erfolglos geblieben waren, gelang es Goldstein und seiner Frau mit Hilfe eines Visums, das ihnen Alfred Döblin verschaffte, zunächst nach Frankreich auszureisen.[120] Zuvor war ihr Sohn Thomas nach Norwegen ausgewandert, nachdem er von der NSDAP-Auslandsorganisation denunziert worden war, in Berlin einer sozialistischen Studentenvereinigung angehört zu haben.[121] Nach einem dreimonatigen Aufenthalt in Beaulieu-sur-Mer gelangten Goldstein und seine Frau nach Manchester in Großbritannien. Nachdem sie zunächst bei Quäkern privat untergebracht waren und ihren Lebensunterhalt durch Mithilfe in Haus und Garten bestritten, wurde ihnen, nach einer weiteren kurzfristigen Etappe in London, im Juni 1940 die Leitung eines Emigrantenheims in Manchester angeboten. Doch schon nach weniger als einem Jahr wurde das Heim von der Gemeinde der Quäker, der ‚Society of Friends', wieder geschlossen.[122] Wie bereits in Forte dei Marmi, beschlossen Goldstein und seine Frau eine Fremdenpension zu führen, wofür sie in Abersoch an der nordwalisischen Küste von Caernarvonshire ein geeignetes Hotel fanden, welches sie anmieteten. Die nächsten Jahre waren einerseits von relativer wirtschaftlicher Absicherung geprägt, forderten andererseits jedoch das mittlerweile über sechzigjährige Paar körperlich über Gebühr.[123] Ab Mai 1939 schrieb Goldstein regelmäßig Beiträge für die von Georg Bernhard gegründete *Pariser Tageszeitung*, in der insgesamt einundzwanzig Beiträge von ihm erschienen.[124] Die eidesstattliche Erklärung (Affidavit) für die Einreise in die USA, welche ihnen ihr Sohn, der mittlerweile in Washington lebte, im Sommer 1945 verschafft hatte und auf die das Ehepaar lange Zeit gewartet hatte, konnte aufgrund eines Beförderungsverbots für Zivilpersonen nicht genutzt werden. Somit waren Goldsteins gezwungen, ihre Tätigkeit in Wales vorerst weiterzuführen. Anfang 1946 übernahm Goldstein ein anderes Hotel in Abersoch. Als ihnen 1947 das Visum für die Einreise in die USA erteilt wurde, stieß die Vorstellung eines weiteren Einwanderungslandes mit neuen Lebensbedingungen bei Goldstein eher auf Zweifel als auf uneingeschränkte Freude. Schließlich überwog das Bedürfnis, in der Nähe des einzigen Sohnes zu leben, und im Oktober 1947 reisten Goldstein und seine Frau an Bord der ‚Mauretania' in die USA.[125]

Auch in den USA verdienten sich Goldstein und seine Frau ihren Lebensunterhalt mit einer Pension, nachdem Versuche, eine Lehrtätigkeit zu finden, vor allem auch an Goldsteins Alter gescheitert waren. Doch dieser letzte Anlauf, in Washington eine neue Existenz aufzubauen, ging über die Kräfte Toni Goldsteins. 1950 nahm sie sich das Leben. Der siebzigjährige Goldstein zog, nun verwitwet und ohne festes Einkommen, nach New York, wo mittlerweile auch sein Sohn lebte. Bis 1957 lebte er von den Honoraren gelegentlicher Veröffentlichungen für die *Neue Zeitung*[126] und in deutschsprachigen amerikanischen Zeitungen wie dem *Aufbau* am Rande des Existenzminimums. Zu einer regelmäßigen Beteiligung an der Arbeit des *Aufbau* war Goldstein jedoch trotz der Aufforderungen des damaligen Herausgebers Will Schaber nicht zu bewegen, da er sich noch stets vornehmlich als – wenn auch gescheiterten – Schriftsteller verstand. [127] Erst mit dem Erhalt einer monatlichen Rente, die ihm 1957 von der Bundesrepublik Deutschland als Wiedergutmachung für das erlittene Unrecht und die Vertreibung zuerkannt wurde, besserte sich Goldsteins finanzielle Lage.[128] Im selben Jahr schrieb er für das *Yearbook* des Leo Baeck Instituts einen Beitrag, in dem er versuchte, die Genese, Intention und Rezeption seines „provocative essay", den *Deutsch-jüdischen Parnaß*, noch einmal kritisch zu erläutern.[129] Mit einer Distanz, die Goldstein sonst nicht eigen war, beurteilt er darin nun auch seine Studentenzeit in Berlin wesentlich kritischer und liefert so ein eindrucksvolles Zeugnis der Lebenssituation eines deutschen Juden im Universitätsbetrieb der Kaiserzeit. Der regelmäßige Bezug der Rente ermöglichte Goldstein, der fünf Jahre zuvor amerikanischer Staatsbürger geworden war [130], 1958 eine längere Reise nach Berlin anzutreten, über die er in seinem unveröffentlichten Manuskript ‚Gedankengänge' schreibt:

> „Bis ein Jahr vor unserer Auswanderung hauste ich mit Frau und Sohn in einer stattlichen Wohnung nahe dem Lützowplatz in Berlin. Fünfundzwanzig Jahre nach unserer Auswanderung stand ich wieder an dieser Ecke, 1958. Das Haus war nicht mehr da. Da stand ich an der mir einst so vertrauten Stelle und suchte mich zurechtzufinden. War ich derselbe Mensch, der einst hier gewohnt hatte? So gut wie nichts von dem, was mir früher gehört hatte oder womit ich verbunden gewesen war, bestand noch."[131]

Zwei Jahre nach seiner Rückkehr von dieser ersten Begegnung mit dem „neuen Deutschland" schreibt Goldstein über seine dortige Erfahrung:

> „Ich habe bei meinem Berliner Besuch, Sommer 1958, mit Schrecken festgestellt, wie verbreitet der Glaube ist, die Juden hätten sich ihre Entschädigung durch falsche Angaben erschlichen."[132]

„Die jüngeren Deutschen", fährt er fort, „kennen keine Juden, sie kennen nur das Zerrbild."[133] Die Konsequenz, die Goldstein jedoch hieraus ableitet, ist insofern erstaunlich als er wiederum, wie bereits vor fast fünfzig Jahren, die Entstehung des negativen Bildes der Juden auf Juden selber zurückführt. Wie in seinem Aufsatz *Deutsch-jüdischer Parnaß* war er auch hier der Auffassung, daß gegen den Antisemitismus nur in zweierlei Richtung verfahren werden könnte, nämlich gegen Antisemiten und gegen Juden.[134] Dabei ging es ihm um eine „Kontrolle" der „Mitjuden", die, eine Minderheit zwar, den Ruf der Mehrheit gefährden und so für das Entstehen des negativen Bildes eigentlich verantwortlich sind. Die Forderung nach „Selbstkontrolle" sowie der Wunsch, in der „früheren Heimat" vom „einwandfreien Teil der Judenheit" repräsentiert zu werden, mag in Goldsteins Angst begründet gelegen haben, es könne noch einmal zu einer Welle des Antisemitismus kommen, die vor nichts halt macht. So schreibt er, er warte nur „zitternd darauf, daß statt des einzelnen Gauners ‚die Juden' angeprangert werden."[135]

Eine ständige Rückkehr nach Deutschland schien Goldstein zwischen 1964 und 1965 erwogen zu haben.[136] Zuvor hatte Goldstein in seinem unveröffentlichtem Roman ‚Die Götter in Manhattan', von dem Wolfgang Elfe schreibt, er reflektiere am ehesten Goldsteins eigene Situation im Exil[137], die Möglichkeit einer Rückkehr nach Deutschland in einem Dialog zwischen Lorenz Bötticher und seiner Geliebten Lene Segré mit stark autobiographischen Zügen dargestellt. Bötticher, der von Lene bei ihrer ersten Begegnung als „Mann", „deutscher Korpsstudent", „Mann des Geistes" und „Dichter" wahrgenommen wird, scheint über diejenigen Charakteristiken verfügt zu haben, die Goldstein sich gerne zu eigen gemacht hätte.[138] Bezeichnend ist der Satz, mit dem Lorenz Bötticher seine Überlegung beginnt: „Ein Mensch wie ich", sagt er zu Lene und zitiert damit Goldsteins eigene Autobiographie, deren ursprünglicher Titel ‚Ein Mensch wie ich' lautete, „könnte wieder drüben leben".[139] In einem Gespräch zwischen Bötticher und Lenes Mann, Mario Segré, drückt er seine Haltung gegenüber Deutschland aus: „Ich bin ein Deutscher geblieben, ganz und gar, außen und innen. Ich lebe hier in der Verbannung."[140] Dabei sehnt Bötticher sich zurück „nicht nach den ‚tobenden Barbaren'", sondern nach dem „Deutschland, in dem ich mich mit Leib und Seele zuhaus" fühlte. Trotz dieser im Roman verarbeiteten Erwägung einer Rückkehr nach Deutschland entschloß Goldstein sich jedoch aus gesundheitlichen Gründen, von einer abermaligen Lebensumstellung abzusehen.

Daß es Goldstein trotz vieler Fehlschläge dennoch gelang, die Veröffentlichung seiner Autobiographie in die Wege zu leiten, ging auf eine Initiative Will Schabers zurück, der mit dem damaligen Leiter des Instituts für Zeitungsforschung, Kurt Koszyk, in Kontakt stand. Im hohen Alter von 97 Jahren hatte Goldstein zwar noch Gelegenheit, die Druckfahnen seiner Autobiographie, die unter dem Titel *Berliner Jahre. Erinnerungen 1880-1933* erscheinen sollte, zu korrigieren, erlebte jedoch nicht mehr ihre Veröffentlichung, da er nur wenige Wochen zuvor am 3. September 1977 verstarb.

Elisabeth Albanis

Anmerkungen

1   Moritz Goldstein, Journal X, Eintrag vom 5. Februar 1977, II AK 85/106-10, Nachlaß Moritz Goldstein, Institut für Zeitungsforschung (IfZ). Für die kritische Durchsicht und Anregungen danke ich Christa Schröder-de Beaufort und Dr. Ulrich Sieg.

2   So auch noch 1968 von Hannah Arendt. Vgl. Hannah Arendt an Moritz Goldstein, 15. Dezember 1968, II AK 85/104-1,4-, Nr. 003, IfZ. Vgl. auch Arendts Diskussion des Aufsatzes in ihrem Essay über Walter Benjamin. Hannah Arendt, Walter Benjamin. Bertolt Brecht. Zwei Essays, München 1971, S. 39–40, S. 43.

3   Moritz Goldstein, Berliner Jahre. Erinnerungen 1880–1933, hrsg. von Kurt Koszyk, München 1977, S. 37. (Dortmunder Beiträge zur Zeitungsforschung; 25).

4   Zum Begriff der Rücksozialisation siehe vor allem Chaim Schatzker, Jüdische Jugend im zweiten Kaiserreich. Sozialisations- und Erziehungsprozesse der jüdischen Jugend in Deutschland 1870–1917, Frankfurt am Main u.a. 1988. (Studien zur Erziehungswissenschaft; 24).

5   Moritz Goldstein, Berliner Jahre [wie Anm. 3], S. 101.

6   Biographisches Handbuch der deutschsprachigen Emigration nach 1933, hrsg. von Werner Röder/Herbert A. Strauss, Band II/1: The Arts, Sciences and Literature, München/New York 1983, S. 398.

7   Ebd.

8   Moritz Goldstein an Kurt Koszyk, 20. Juli 1976, II AK 85-104-1, Nr. 233–234. IfZ.

9   Moritz Goldstein, Berliner Jahre [wie Anm. 3], S. 18.

10 Verhandlungen über Fragen des höheren Unterrichts, Berlin, 4. bis 17. Dezember 1890, Berlin 1891, S. 72, in: Margret Kraul, Das deutsche Gymnasium 1780–1980, Frankfurt am Main 1984, S. 101. (Neue Historische Bibliothek, hrsg. von Hans-Ulrich Wehler).

11 George L. Mosse, Jewish Emancipation: Between *Bildung* and Respectability, in: The Jewish Response to German Culture. From the Enlightenment to the Second World War, hrsg. von Jehuda Reinharz/Walter Schatzberg, Hanover/London 1985, S. 14.

12 Margret Kraul, Das deutsche Gymnasium [wie Anm. 10], S. 104.

13 Ebd. S. 103–104.

14 Moritz Goldstein, Berliner Jahre [wie Anm. 3], S. 19.

15 Chaim Schatzker, Jüdische Jugend im zweiten Kaiserreich [wie Anm. 4], S. 87.

16 Moritz Goldstein, ‚Mit Fünfundachtzig‘, MS, nicht datiert [1965], IfZ, II AK 85-194-2, S. 1–7, 1.

17 Moritz Goldstein, Berliner Jahre [wie Anm. 3], S. 20–23.

18 Ebd. S. 22.

19 Vgl. Hugo Licht, Architectur Berlins, Nachdruck der Ausgabe von 1882 mit einem Epilog von Helmut Engel, Tübingen 1998.

20 Moritz Goldstein an Kurt Koszyk, 20. Juli 1976, IfZ.

21 Moritz Goldstein, Berliner Jahre [wie Anm. 3], S. 27.

22 Hans Aschenbrenner, 22. März 1873: Eröffnung der Kaisergalerie, in: Hans Aschenbrenner/Johann Friedrich Geist, Die Kaisergalerie. Biographie der Berliner Passage, München/New York 1997.

23 Moritz Goldstein, Unter den Kuriositäten der „Passage". Das Ende des Panoptikums, in: Vossische Zeitung, 22. Februar 1923, Morgenausgabe.

24 Moritz Goldstein, Victoria-Palast, MS, [1930], II AK 85/192-15-, IfZ.

25 Moritz Goldstein, Alexander in Jerusalem, MS [1899], II AK 85/192 – 2-, IfZ. Ders., Alexander in Jerusalem, in: Jahrbuch für jüdische Geschichte und Literatur, Bd. 24, Berlin 1921–1922.

26 Moritz Goldstein, Berliner Jahre [wie Anm. 3], S. 46.

27 Ebd.

28 Dietz Bering, Der Name als Stigma. Antisemitismus im deutschen Alltag 1812–1933, Stuttgart 1988, S. 395.

29 Moritz Goldstein, Formulierungen, Eintrag vom 30. März 1930, in: Moritz Goldstein, Texte zur jüdischen Selbstwahrnehmung aus dem Nachlaß, hrsg. von Elisabeth Albanis, in: Aschkenas. Zeitschrift für Geschichte und Kultur der Juden, 6. Jg., 1997, H. 1, S. 79–135, S. 125.

30 Moritz Goldstein, Berliner Jahre [wie Anm. 3], S. 41.

31 Moritz Goldstein, German Jewry's Dilemma before 1914. The Story of a Provocative Essay, in: Yearbook of the Leo Baeck Institute II, 1957, S. 236–254, S. 241.

32 Ute Frevert: 'Bourgeois Honour. Middle-Class Duellists in Germany from the Late Eighteenth to the Early Twentieth Century', in: The German Bourgeoisie. Essays on the social history of the German middle class from the late eighteenth to the early twentieth century, hrsg von David Blackbourn/Richard J. Evans, London 1993, S. 255–292, S. 255.

33 Moritz Goldstein, Berliner Jahre [wie Anm. 3], S. 48–49.

34 Moritz Goldstein, Erich Schmidt, in: Die Schaubühne, 9. Jg., 1913, Nr. 20, S. 548–551.

35 Moritz Goldstein, Berliner Jahre [wie Anm. 3], S. 51.

36 Vgl. Werner T. Angress, Prussia's Army and the Jewish Reserve Officer Controversy before World War I, in: Yearbook of the Leo Baeck Institute XVII, 1972, S. 19–42, S. 22.

37 Moritz Goldstein, Berliner Jahre [wie Anm. 3], S. 54.

38 Moritz Goldstein, Die Technik der zyklischen Rahmenerzählungen Deutschlands. Von Goethe bis Hoffmann, Berlin 1906.

39 Goldstein an Kurt Koszyk, 20. Juli 1976, S. 2, IfZ.

40 Moritz Goldstein, Über das Wesen des Judentums, in: Ost und West. Illustrierte Monatsschrift für modernes Judentum, 6. Jg., Heft 5/6, Mai/Juni 1906, S. 347–354, S. 353.

41 Ebd. S. 354.

42 Moritz Goldstein, Geistige Organisation des Judentums, in: Ost und West. 6. Jg., Heft 8/9, August/September 1906, S. 513–526, S. 517.

43 Ebd. S. 519.

44 Ebd. S. 520.

45 Ebd. S. 523.

46 Ebd.

47 Lessing Hochschule. Vorlesungsverzeichnis Januar–März 1911, II AK 85-192-19, IfZ.

48 Ebd. März 1912, II AK 85-192-19, IfZ.

49 Ferdinand Avenarius, National, in: Der Kunstwart, 26. Jg., Heft 1, Oktober 1912, S. 1–6, S.1.

50 Steven E. Aschheim, The publication of Moritz Goldstein's „The German-Jewish Parnassus" sparks a debate over assimilation, German culture, and the „Jewish spirit", in: Yale Companion to Jewish Writing and Thought in German Culture 1096–1996, New Haven und London 1997, S. 299–305 und Elisabeth Albanis, German-Jewish Cultural Identity: from 1900 to the Aftermath of the First World War: A Comparative Study of Moritz Goldstein, Julius Bab und Ernst Lissauer, Tübingen 2002, S. 86–93. (Conditio Judaica; 37).

51 Moritz Goldstein, Deutsch-jüdischer Parnaß, in: Der Kunstwart, Jg. 25, Heft 11, März 1912, S. 281–294, S. 282.

52 Moritz Goldstein, Judenspiegel [wie Anm. 47], S. 98.

53 Moritz Goldstein, Deutsch-jüdischer Parnaß [wie Anm. 52], S. 294.

54 Ebd.

55 Ebd. S. 283.

56 Werner Sombart, Die Zukunft der Juden, Leipzig 1912. Zur Rezeption der Thesen Sombarts in jüdischen Organisationen vgl. Yehuda Eloni, Zionismus in Deutschland. Von den Anfängen bis 1914, Gerlingen 1987, S. 264–266.

57 Moritz Goldstein, Deutsch-jüdischer Parnaß [wie Anm. 52], S. 286. Vgl. Moritz Goldstein, Judenspiegel [wie Anm. 47], S. 92.

58 Ferdinand Avenarius, Aussprache mit Juden, in: Der Kunstwart, Jg. 25, Heft 22, August 1912, S. 225–235, S. 231–232.

59 Adolf Bartels, Deutsch-jüdischer Parnaß (1912), in: A. Bartels, Rasse und Volkstum. Gesammelte Aufsätze zur nationalen Weltanschauung, Weimar 1920, S. 165–179, S. 165.

60 Moritz Goldstein, Deutsch-jüdischer Parnaß [wie Anm. 52], S. 286.

61 Moritz Goldstein, Judenspiegel [wie Anm. 47], S. 97–98.

62 Adolf Bartels, Heinrich Heine. Auch ein Denkmal (Auszug 1906), in: Heine in Deutschland. Dokumente seiner Rezeption 1834–1956, hrsg. von Karl Theodor Kleinknecht, Tübingen 1976, S. 119.

63 Hans J. Schütz, „Eure Sprache ist auch meine". Eine deutsch-jüdische Literaturgeschichte, Zürich 2000, S. 131.

64 Ferdinand Avenarius, Aussprache mit Juden [wie Anm. 59], S. 231.

65 Moritz Goldstein, Journal I, Eintrag 22. April 1912, IfZ.

66 Moritz Goldstein, Begriff und Programm einer jüdischen Nationalliteratur, Berlin 1912, S. 10–11.

67 M.[athias] A.[cher] (Nathan Birnbaum): Wo soll man denn hinkommen? in: Die Freistatt. Alljüdische Revue. Monatsschrift für jüdische Kultur und Politik 1, Nr. 1, (April 1913), S. 66–68, S. 67.

68 Moritz Goldstein, Geistige Organisation [wie Anm. 42], S. 524.

69 Briefentwurf Moritz Goldsteins an Walther Rathenau, 28. Juni 1913, II AK 85/ 192-2-, Nr. 207–210.

70 Ebd.

71 Ebd.

72 Moritz Goldstein: Die Juden und Europa, in: Die Grenzboten, Jg. 72, Heft 38, September 1913, S. 543–554, S. 545.

73 Michael Osten (Moritz Goldstein), Führers Must Fall. A Study of the Phenomenon of Power from Caesar to Hitler, translated by E. W. Dickes, London 1942, S. 13, S. 123. Für eine ausführlichere Behandlung des Zeitraums des Ersten Weltkrieges vgl. meinen Aufsatz: A „Westöstlicher Divan" from the Front: Moritz Goldstein beyond the Kunstwart debate, in: Towards Normality? Patterns of Assimilation and Acculturation within German-Speaking Jewry, hrsg. von Rainer Liedtke/ David Rechter, Tübingen (in Vorbereitung). (Schriftenreihe wissenschaftlicher Abhandlungen des Leo Baeck Instituts).

74 Moritz Goldstein, Berliner Jahre [wie Anm. 3], S. 105–106.

75 Moritz Goldstein, Weltkrieg [Juli 1914], MS, II AK 85/192-1-, IfZ.

76 Moritz Goldstein, Krieg als Erwecker, in: Der Kunstwart, 28. Jg., Heft 22, August 1915, S. 102–105, S. 104.

77 „Heute erhielten wir Nachricht, daß mein Bruder Berthold am Sonntag, den 13. bei einem Sturmangriff östlich von Laszki in Galizien gefallen ist." Moritz Goldstein, Journal I, 21. Juni 1915, IIAK/106-1-, IfZ. Berthold Goldstein, geb. 26. Februar 1882 [sic] [1892] in Charlottenburg; gest. 13. Juni 1915. Die jüdischen Gefallenen des deutschen Heeres, der deutschen Marine und der deutschen Schutztruppe 1914–1918. Ein Gedenkbuch, hrsg. vom Reichsbund Jüdischer Frontsoldaten, Berlin: Verlag ‚Der Schild‘ 1932, S. 140.

78 Moritz Goldstein, Berliner Jahre [wie Anm. 3], S. 82. Vgl. auch Moritz Goldstein [z. Zt. im Felde], Wachen, Posten und Patrouillen, in: Vossische Zeitung, 3. März 1916.

79 Moritz Goldstein, Berliner Jahre [wie Anm. 3], S. 83.

80 Moritz Goldstein, Der Wert des Zwecklosen, Dresden 1920.

81 Moritz Goldstein, [Vortragsnotizen zu] Deutschland in der Welt [März 1916], MS, II AK 85/192 –19-, IfZ, S. 2–3.

82 Moritz Goldstein, Westöstliche Konfessionen [1916], MS, II AK 85/194 –3-, IfZ, S. 4.

83 Ebd. S. 6.

84 Gershom Scholem, Von Berlin nach Jerusalem. Jugenderinnerungen. Aus dem Hebräischen von Michael Brocke/Andrea Schatz, Frankfurt am Main, 1997, S. 48.

85 Militärpaß des Gefreiten Einjährig Freiwilligen Moritz Goldstein. IIAK 85/169-2-, IfZ.

86 Moritz Goldstein, Formulierungen [wie Anm. 29], S. 120.

87 Moritz Goldstein, Journal I, 17. Oktober 1917, IfZ.

88 Moritz Goldstein, Berliner Jahre [wie Anm. 3], S. 117.

89 Friedrich Solon, Mein Leben in Deutschland vor und nach dem 30. Januar 1933 [MS datiert London 1940] in: Jüdisches Leben in Deutschland, hrsg. und eingeleitet von Monika Richarz, Band 2 (1979): Selbstzeugnisse zur Sozialgeschichte im Kaiserreich, Stuttgart, 1976–1982, S. 435–444, S. 438.

90 Moritz Goldstein, Melissas Schatten, MS, 1922, IfZ.

91 Moritz Goldstein, Judenpakete, in: Der Schild, 15. September 1924.

92 Christian F. Trippe, Konservative Verfassungspolitik 1918–1923. Die DNVP als Opposition in Reich und Ländern, Düsseldorf 1995, S. 124.

93 Theodor Fontane an Philipp Graf zu Eulenburg, 21. November 1880, in: Theodor Fontane, Werke, Schriften und Briefe, hrsg. von Walter Keitel u.a. Abt. IV, Briefe, Band III: 1879–1889, Darmstadt 1980, S. 112.

94 Moritz Goldstein, Sind wir Juden rechtlos? [Vortragsnotizen], MS, II AK 85-192-19, IfZ. Gedruckt unter dem Titel ‚Aber regiert will ich nicht von den Juden sein‘, in: Der Schild, Nr. 5, 15. Dezember 1924, S. 6.

95 Ebd.

96 Moritz Goldstein: Der Bruch mit dem Judentum. Hans Blühers Programm, in: Der Schild, 25. Januar 1926, S. 1.

97 Moritz Goldstein: Deutsch-jüdischer Parnaß [wie Anm. 52], S. 287.

98 Moritz Goldstein, Berliner Jahre [wie Anm. 3], S. 123–124.

99 Ebd. S. 124.

100 Nachlaßverzeichnis Moritz Goldstein, IfZ, S. 24–31.

101 Anordnung der Parteileitung der NSDAP vom 28. März 1933, in: Völkischer Beobachter (Süddeutsche Ausgabe), 46. Jg., Nr. 88 vom 29. März 1933, S. 1, Sp. 4–6, in: Der Nationalsozialismus. Dokumente 1933–1945, hrsg. von Walther Hofer, Frankfurt am Main 1982, S. 282–284.

102 Moritz Goldstein, Journal IV, Eintrag vom 31.3.1933, II AK 85/106-4-, IfZ.

103 Moritz Goldstein, Berliner Jahre [wie Anm. 3], S. 128–129.

104 Ebd. S. 129.

105 Ebd. S. 130.

106 Moritz Goldstein, Als Auswanderer in Italien, in: Jüdische Rundschau, Nr. 96, 1. Dezember 1936, S. 3.

107 Ebd.

108 Klaus Voigt, Zuflucht auf Widerruf. Exil in Italien 1933–1945, Stuttgart 1980, Band 1, S. 200–204.

109 Robert M. W. Kempner, Ankläger einer Epoche. Lebenserinnerungen, Frankfurt am Main, 1983, S. 137–138.

110 Hildegard Feidel-Mertz, Schulen, in: Handbuch der deutschsprachigen Emigration 1933–1945, hrsg. von Claus-Dieter Krohn u.a., Darmstadt 1998, S. 94–99, S. 95.

111 Robert M. W. Kempner, Ankläger einer Epoche [wie Anm. 110], S. 141–147.

112 Sling. Richter und Gerichtete. Gerichtsreportagen, hrsg. von Robert Kempner, Berlin 1929.

113 Wolfgang D. Elfe, Moritz Goldstein, in: Deutschsprachige Exilliteratur seit 1933, hrsg. von John M. Spalek/Joseph Strelka, New York u.a. 1989, Band II/1, S. 232.

114 Moritz Goldstein, Journal IV, Eintrag vom 6.7.1938, , II AK 85/106-4-, IfZ.

115 Rudolf Olden an Moritz Goldstein, 25. November 1938, in: Korrespondenz zu ‚Die Sache der Juden‘, II AK 85/104-4-, Nr. 122, IfZ, in: Irmtraud Ubbens, „Aus meiner Sprache verbannt...“: Moritz Goldstein, ein deutsch-jüdischer Journalist und Schriftsteller im Exil, Magisterarbeit Universität Bremen, 2000, S. 46.

116 Siegfried Moses an Moritz Goldstein, 15. Dezember 1938, Korrespondenz zu ‚Die Sache der Juden‘, II AK 85/104-4-, Nr. 037, IfZ, in: ebd. S. 45–46.

117 Joachim Prinz an Moritz Goldstein, 13. Januar 1939, Korrespondenz zu ‚Die Sache der Juden‘, II AK 85/104-4-, Nr. 037, Nr. 151, IfZ, in: ebd. S. 46.

118 Klaus Voigt, Zuflucht auf Widerruf [wie Anm. 109], S. 280–282. Michele Sarfatti, Mussolini contro gli ebrei. Cronica dell'elaborazione delle leggi del 1938, Torino 1994.

119 Moritz Goldstein, Journal IV, Eintrag vom 1. September 1938, II AK 85/106-4-, IfZ.

120 Ebd., Eintrag vom 17. März 1939.

121 Klaus Voigt, Zuflucht auf Widerruf [wie Anm. 109], S. 487, Anm. 3.

122 Irmtraud Ubbens, „Aus meiner Sprache verbannt..." [wie Anm. 116], S. 58.

123 Ebd. S. 59.

124 Ebd. S. 54 u. 72.

125 Ebd. S. 62.

126 Wolfgang D. Elfe, Moritz Goldstein, in: Deutschsprachige Exilliteratur seit 1933, Band IV/1: Bibliographien: Schriftsteller, Publizisten und Literaturwissenschaftler in den USA, Bern u. a.. 1994, S. 505–507.

127 Will Schaber in einem Gespräch mit der Verf. im April 1993 in New York.

128 Irmtraud Ubbens, „Aus meiner Sprache verbannt..." [wie Anm. 116], S. 87.

129 Moritz Goldstein, German Jewry's Dilemma before 1914 [wie Anm. 31], S. 236–254.

130 The United States of America. Certificate of Naturalization 1953, II AK 85/169-2-, IfZ.

131 Moritz Goldstein, Gedankengänge, MS, [1961], M. E. Grenander Department of Special Collections and Archives, University at Albany, New York, S. 139–140. Ein Hinweis im Text auf Goldsteins Alter zur Zeit der Niederschrift läßt den Schluß zu, daß das undatierte Manuskript 1961 fertiggestellt wurde.

132 Moritz Goldstein: Jüdischer Selbstschutz [1960], MS, II AK 85-194-2-, S. 2, IfZ. Die Datierung des Manuskripts entnehme ich einem Eintrag aus Goldsteins ‚Bilanz‘: „Ich habe geschrieben: Aufsatz: Jüd[ischer] Selbstschutz." Moritz Goldstein, Bilanz, MS, 1960, II AK 85-169-1, IfZ.

133 Moritz Goldstein, Jüdischer Selbstschutz [wie Anm. 133], S. 3.

134 Ebd. S. 1.

135 Ebd.

136 Korrespondenz Goldstein November 1964 bis April 1965, IfZ.

137 Wolfgang D. Elfe, Moritz Goldstein, in: Deutschsprachige Exilliteratur seit 1933, hrsg. von John M. Spalek/Joseph Strelka, Band II/1, New York u.a. 1989, S. 235.

138 Michael Osten [Moritz Goldstein], Die Götter in Manhattan. Roman, MS, New York, 1954, II AK 85/192-7-, IfZ, S. 105.

139 Ebd. S. 186.

140 Ebd. S. 108.

Joachim Schlör

Von 1912 bis 1938:
Moritz Goldsteins Wandlung und Beharrung

Elisabeth Albanis geht neben dem „Deutsch-jüdischen Parnaß" in ihrem Aufsatz auf weitere Veröffentlichungen des Autors ein, und sie erwähnt dabei auch das unveröffentlicht gebliebene Manuskript „Die Sache der Juden", das in den Jahren des Exils, zwischen Florenz und Manchester, entstanden ist. Ich habe in meiner Arbeit, die sich mit der Debatte über das – konstruierte – Verhältnis zwischen dem modernen Judentum und der modernen Großstadt befaßt, „Die Sache der Juden" ausführlich behandelt[1] und mich auch mit den Erinnerungen an die „Berliner Jahre" auseinandergesetzt. Und ich benutze Überlegungen und Formulierungen aus dieser Arbeit, wenn ich hier versuche, die Entwicklung des Autors, des Menschen, des Berliners Moritz Goldstein zwischen 1912 und 1938 nachzuzeichnen und zu fragen, was sich mit ihm, mit seinem Schreiben und mit seiner Stadt in diesem zeitlichen Zwischenraum ereignet hat. Mit diesen zwei Hinweisen – auf „den Berliner" und auf „seine Stadt" – ist auch die These angedeutet, von der ich ausgehen will: Bei allem Wandel, den wir konstatieren werden, ist eine Konstante im Leben und im Werk auffällig – Goldsteins Verhältnis zur Stadt, und besonders zur Stadt Berlin.

I. Ein Berliner

Am 27. März 1880 war er in Berlin geboren, kurz vor seinem Tod 1977 – in New York – korrigierte der Emigrant Goldstein noch die Fahnen des Erinnerungstextes, „Berliner Jahre. Erinnerungen 1880-1933"[2], in dem er unter anderem erzählt, wie er von der elterlichen Dienstwohnung oberhalb der „Kaisergalerie" auf das Treiben in der Passage sehen konnte.[3] Goldsteins persönliche Geschichte ist so eng mit Berlin verbunden wie die des deutschen Judentums zur Zeit

seiner Kindheit und Jugend. Der Vater war aus Oberschlesien eingewandert und konnte sich, als Kaufmann, „hocharbeiten" bis zum
Posten des Direktors jener „Berliner Passage", des zentralen Ortes
berlinischer Urbanität, von der die Zeitgenossen Walter Benjamin
und Siegfried Kracauer berichteten.

Die dem Text „Berliner Jahre. Erinnerungen 1880-1933", der in
sehr kleiner Auflage als einer der „Dortmunder Beiträge zur Zeitungsforschung" 1977 erschien und unbeachtet blieb, beigefügte Foto-
grafie zeigt einen elegant gekleideten, in nachdenklicher Pose die
Hand unters Kinn stützenden Mann mit hoher Stirn und sehr
schwarzem Haar. Krawatte, Einstecktuch, Uhrenkette sind alle da.
Wie ist der Blick? Seltsamer Weise ist meine erste Assoziation: Ent-
schlossenheit – die Eigenschaft, die dem Text als allerletzte zu entnehmen ist; alles Unsichere, Einsame, Zurückgesetzte, wovon der
Text berichtet, ist hier weggedrängt: Moritz Goldstein 1930 hat viel
erreicht. Die Augen schauen kritisch darauf zurück.

Im Exil, 1948, beginnt Goldstein die „Erinnerungen", der gleichfalls vertriebene Heilbronner Will Schaber entdeckt sie und bereitet
sie, mit des Autors Hilfe, für eine Publikation vor. Ich habe selten
einen so schönen Text gelesen. Der Autor Moritz Goldstein hat unter
nichts mehr gelitten (und es gab einiges Leiden in diesem Leben)
als unter der mangelnden Berücksichtigung seiner schriftstellerischen
Leistung, dem mangelnden Respekt vor ihr. Noch, und gerade, im
Rückblick auf den „Deutsch-jüdischen Parnaß" von 1912, hält ihn
nichts so fest wie der Schmerz darüber, daß dieses Stück, viel-
rezensiert, vieldiskutiert, nicht als literarisches, sondern als polemi-
sches, als essayistisches gelesen worden war. Man muß ihm – ich
will ihm – nachträglich wenigstens in dieser Hinsicht gerecht werden. Wir reden hier über Literatur – vor der historischen Tatsache,
vor der Geschichte, „wie sie wirklich war", steht ihre Brechung im
individuellen Erleben. Goldstein ist ergreifend ehrlich und macht
etwas Wunderbares. Er fühlt sich verpflichtet, „die Partei meiner
eigenen Leistung zu ergreifen" und sich in einer „Rechtfertigung" –
so ist das erste Kapitel der „Erinnerungen" überschrieben – das Gehör zu verschaffen, das ihm ein Leben lang fehlte. Er hat doch etwas
geleistet, aber es wurde nicht genug gewürdigt. Immer wieder geschah Goldstein Unrecht – und er ist „völlig unwissend darüber,

warum es mir so gegangen ist". In der Situation des Exils sieht er
die Gefahr, daß nun erst recht alles verloren gehen könnte, daß
keiner da sein würde, der wenigstens seinen Nachlaß besorgen möchte. Moritz Goldstein beschwört, wie er selbst sagt, ein Gespenst:
sich, dieses Ich, von dem keine Spur zu bleiben droht. „Emigration
bedeutet Hilflosigkeit", schreibt er noch in New York. Und Verein-
samung. Und Verlust „des angeborenen, mit dir gewachsenen, von
dir erworbenen, des gewohnten und dir gebührenden Ansehens".
Und Unstetheit. „Du hast kein Haus und keinen Hof mehr." Da
schreibt einer von Berlin, der nicht mehr in Berlin ist. Sein Berlin
ist aber wenigstens ebenso wirklich wie das Berlin, das noch, in
Trümmern, da stand, und vielleicht wirklicher als das Berlin, in dem
wir heute auf die Suche nach Spuren seiner Anwesenheit gehen.

So ein Berlin: „In der Steinwüste unseres Wohnviertels gab es
eine Oase, sie hieß der Luisengarten, ein Stück umfriedeten Gelän-
des mit üppigem Baumbestand und kleinen Rasenflächen." Da
wächst einer auf, ein zum gemeinsamen Spiel nicht aufgefordertes
Kind. Zauberfluch? Er ist allein, auch wenn er einen Bruder hat, er
findet den Kontakt zu Gleichaltrigen nicht, später nicht den zu Mädchen. Von diesem Berlin sagt einer, im Rückblick, von außen, er
hätte gerne teilgenommen. Zum Beispiel am Sammeln: „Schmet-
terlinge, Käfer, gepresste Pflanzen, Steine." Ganz nebenher sagt
Goldstein, die Eltern hätten ihm wohl den Aufbau einer Sammlung
gestattet. Sogar illustrierte Anleitungen dafür geschenkt. Aber: „Weiteren Bestand mochten sie uns nicht zu leisten, denn als Großstadtmenschen verfügten sie durchaus nicht über irgendwelche Kenntnis der Natur."

Großstadtmenschen? Das Wort hat mich magisch angezogen,
diesem Bild einer besonderen deutschen und jüdischen und deutsch-
jüdischen Existenz sollte die Arbeit nachgehen, und vor diesem
Hintergrund sollten, denke ich, Goldsteins Texte gelesen werden.
Die Familie lebt in der Großstadt und zieht sogar (um billigere
Wohnung zu finden) von der Köpenicker Straße, die noch nah genug
am Zentrum liegt, in den damals offenen Westen, der noch viel
mehr „Großstadt" werden sollte als das Vorherige: Man fand Wohnung „dort, wo die grosse Stadt in offenes Land überging, in der
Augsburger Strasse. Solange Berlin noch stand, hatte das Viertel um

den Bahnhof Zoologischer Garten inzwischen längst aufgehört, an Feld und Wiese oder auch nur an unbebautes Gelände zu erinnern. Die Großstadt war weit darüber hinausgewachsen, und die Augsburger Straße lag inmitten der endlosen Straßenzüge. Aber als wir dorthin zogen, begann unplaniertes Gelände wenige Schritte von unserem Hause." Kaum vorstellbar heute, knapp hinter dem Kaufhaus des Westens, diesem Emblem westberlinischen Vorzeigelebens, „offenes Land" suchen zu wollen in der Geschichte. „In zehn Minuten konnten wir die unberührte Natur mit bestelltem Kornfeld, Wiesengras und Wasserläufen erreichen."[4]

In der „Erinnerung" waren die knapp zwei Jahre in der Augsburger Straße „die glücklichste Zeit meines Lebens", mit Vater, Mutter und kleinem Bruder. In einer Gegend, die sich aufmachte.

> „Das Haus, in das wir zogen, war, wie der ganz Stadtteil, erst vor kurzem fertig geworden, überall wurde noch gebaut, es roch nach Farbe, es atmete Frische, sogar der Himmel und die Sonne wirkten wie neu".

Bäcker, Schlachter, Obsthandlung, Drogerie, klein begonnen, wuchsen mit – „die meisten machten es gut und kamen vorwärts, als die Gegend sich entwickelte." Und:

> „Der Schwung und die Zuversicht muss sich uns mitgeteilt haben, obwohl ich es damals nicht wusste. Aber wenn ich zurückdenke, so scheint mir, dass wir den Auftrieb fühlten. Oder wenigstens, ich fühlte ihn."

Ich. Ein Stadt-Ich wächst da heran, spielt im erreichbaren Grün, läuft auf dem Eis im Winter und streift durch Gärten im Sommer. Das eigene Haus hat einen grünen Hof. Und vor der Tür liegt Berlin.

> „Mit Stolz und brennender Teilnahme beobachteten wir, wie die Stadt um uns her wuchs. Die Kaiser-Wilhelm-Gedächtnis-Kirche, die jetzt in Trümmern liegt, aber Jahrzehnte lang in ihrer romantischen Verkitschtheit das weithin sichtbare, jedem bekannte, oft erwähnte, zugleich viel bewitzelte Wahrzeichen des Westens bildete, war noch im Bau, das Schiff gerade zur Hälfte fertig. Die grossen Fensterbögen rundeten sich eben. Die Häuserreihen der

Tauentzienstrasse wiesen noch grosse Lücken auf, man munkelte, dass eine elektrische Hochbahn hier entlang geführt werden sollte. Der Kurfürstendamm war bebaut bis zur Fasanenstrasse, dann kam offenes Gelände."[5]

Das Ich ist schon da und wartet auf die Stadt: „Wir rieten gern, wie lange es dauern würde, bis die Felder durch Strassen, das Korn und Gras durch Steine, die Stille und Einsamkeit durch Lärm und Gewühl verdrängt sein würden." Die Auseinandersetzung dieses Individuums mit seiner Stadt findet einen besonderen Ort. Die Familie zieht wieder um. Es war doch nicht so einfach, im Westen zu leben, der Vater kämpft. Und findet eine neue Stelle – an einem Ort, der wie kein anderer von einem modernen Berlin erzählt. Der Bruder kommt von der Schule und begrüßt Moritz als „Sohn des Direktors"; und tatsächlich: „Meinem Vater war der Posten eines kaufmännischen Direktors des Aktienbauvereins Passage angeboten worden." Tiefer können wir nicht ans Innerste der Stadt vordringen als an diesem Ort.[6] Goldstein berichtet nüchtern:

„Das Gebäude, eine jener anspruchsvollen Gründungen aus der Zeit nach dem deutsch-französischen Kriege, ursprünglich eine Sehenswürdigkeit, damals noch immer ein Mittelpunkt des Fremdenverkehrs, enthielt eine Doppelreihe von Läden längs einer glasgedeckten Galerie von der Behrenstrasse nach den Linden."

Da zu wohnen! In der Passage zu wohnen![7] Die Kaisergalerie beherbergte noch „ein Hotel, ein Café, ein Restaurant ‚mit Damenbedienung', allerlei Bureaux, das ‚Kaiserpanorama', in dem man, durch Linsen blickend, Reisen durch aller Herren Länder unternehmen konnte (den Film gab es noch nicht), als Hauptanziehung aber das ‚Passage-Panoptikum' mit seinen erstaunlichen oder schauerlichen Wachsfiguren, seiner Abnormitäten-Schau und seinem Varieté-Theater." Schon vor der Einstellung des Vaters gehörte es zu den Unternehmungen der Brüder, mit einem Freund „den weiten Weg von der Augsburger Straße nach den Linden zu Fuss zu wandern, dann unseren Begleiter für eine Stunde zwischen uns ins Varieté zu setzen und endlich mit ihm denselben weiten Weg nach Hause zu ziehen."[8]

Dann trat der Vater sein Amt an, und auf einmal hatte der Junge zu all dem Schlüssel und Zutritt: „Meine Eltern bekamen eine Dienstwohnung zugewiesen innerhalb der Passage, und wieder eines anderen Tages zogen wir dort ein." Und das Panoptikum – der Ort, über den Egon Erwin Kisch sein berühmtes „pst!" geschrieben hat[9] – war nichts mehr als die Verlängerung der Wohnung; in den Abendstunden, nach der offiziellen Schließung, zeigte man Besuchern die Puppen der Berühmten, der Hingerichteten, manchen wohl auch die der Verstümmelten, Mißgebildeten, schloß dabei auch den Heranwachsenden die Geheimnisse der menschlichen Körperlichkeit auf.

Der Vater stellte bald fest, daß die Galerie ein miserables Gebäude war, aber die Kinder ließen sich „durch den schimmernden Glanz und die lärmende Geschäftigkeit nur allzu gern berauschen". Die Wohnung war nicht als Wohnung geplant, mußte ständig umgebaut werden, und ihre Fenster gingen auf den Hof, „den das Gläserklappen und die Bumsmusik des Restaurants mit Damenbedienung erfüllte". Eine der beiden Treppen, die zur Direktorenwohnung führten, teilte man sich mit dem Hotel, in dem zur Zeit ihres Auftretens der Zwerg „Atom" und der Riese „Machnow" logierten.

„Die Passage […] hatte, als wir dort einzogen, schon viel von ihrem Glanze verloren. Zwar riss das Gewühl der Menschen in dem glasgedeckten Durchgang bei Tag und Nacht nicht ab, aber der Verkehr hatte einen Stich ins Unsolide bekommen, und zu gewissen Stunden machte sich das Laster schamlos breit."

Darüber aber lag die Wohnung, in die nichts drang, sagt Goldstein. „Ich fuhr fort, das Köllnische Gymnasium zu besuchen." Am Griechischen ist er in Untertertia gescheitert, mußte wiederholen und kam dann in eine Klasse, in der die meisten Mitschüler Juden waren. Mit ihnen, von ihnen, erfuhr er „eine geistige Lebendigkeit, von der ich bis dahin keinen Begriff gehabt hatte." Den neuen Bildungsdrang konnte der Vater, der Autodidakt, nicht lange befriedigen. Ein Mitschüler, Erich, brachte Moritz Goldstein die Welt von Musik und Theater nahe, mit ihm konnte er stundenlang debattieren. Diese Familie des Freundes „mit seinem geistig höheren Stil und seinem freieren Ausblick in die Welt" ging aber zugrunde,

ein einschneidendes Erlebnis von Verfall und Elend, das den jungen
Mann beeindrucken mußte. Der war auch unglücklich mit den
Mädchen, viel zu schüchtern, zurückhaltend: Ein Ich bildet sich
heran, dessen alt gewordenes Ich von sich selber als Jungem so we-
nig hält, daß die Überschrift des zweiten Kapitels nur heißen kann:
„Ratlosigkeit.“[10]

Dieses *Ich* Moritz Goldstein geht aber jetzt von der Bindung „in
die Freiheit“: auf die Universität. „Ein ungeheurer Schritt.“ Plötzlich auf sich gestellt zu sein, plötzlich keine Vorgaben mehr zu bekommen, fällt vielen schwer. „Ich wusste nur so viel: Medizin oder
Jura wollte ich nicht studieren.“ Diese Absage galt nicht nur dem
eigenen Lebensplan oder Vaters Träumen, sie war auch gegen das
Übliche gerichtet – ein Sohn jüdischer Eltern, wo sollte er sonst hin
als dort, wo die meisten anderen blieben?

Wir sind schon auf der 37. Seite des Erinnerungstextes, und das
Wort „Jude“ oder „jüdisch“ ist noch kaum, bloß nebenher, gefallen.
Das ist, bis hierher, eine deutsche, oder lieber eine Berliner Geschichte. Erst im Studium und dann beim Militär wird Moritz Goldstein wesentlich damit konfrontiert, daß er Jude ist. In seinen Erinnerungen kommt er, der eine ordentliche Lebensgeschichte zu schreiben sich vorgenommen hat, auch erst an der richtigen Stelle darauf
zu sprechen. Zunächst sucht er nach einem eigenen Weg. Was er
will, weiß er allein: „Ich wollte deutscher Dichter werden, und zwar
ein Dichter von Dramen.“ Aber wie wird man das, wie lernt man
das? „Ich sagte in den letzten Schuljahren zu allen, die mir erreichbar waren – aber mir war kein ernsthafter Mensch erreichbar – ich
möchte Kulturgeschichte studieren.“ Darauf wird zurückzukommen
sein. „Was ich damit meinte, vermag ich heute klar auszudrücken:
ich wollte studieren, um mich des Kulturgutes meiner Zeit zu bemächtigen.“ In späteren Jahren, so schreibt Goldstein selbst, hätte
er einem jungen Mann mit seinem Anliegen geantwortet: „Was Sie
wollen, gibt es nicht.“ Von jeder Seite her könne man sich dem
nähern, was die „Kultur Ihrer Zeit“ darstelle – nur eines sollte sich
der junge Mann verkneifen: Dichter werden zu wollen. Wie er,
damals. In Berlin. Was ist das „Kulturgut der Zeit“? Sicher nicht die
von einer skurrilen Tante vertretene „Folkloristik“, die in Vereins-
zeitschriften nachzulesen ist. Nein, ihm war dieses Kulturgut zu-

allererst in der deutschen Literatur symbolisiert, und so studierte er, beraten von einem akademischen Onkel, dem er seine „wirre Absicht" vortrug, „Kulturgeschichte zu studieren", Germanistik. Er war damit unzufrieden von Anfang an – „was daran Wissenschaft war, die Sprachforschung, ging mich nichts an". Und die Idee, das Schreiben selbst dort zu lernen, war ihm bald als Illusion vergangen. Die ersten beiden Semester verbrachte Goldstein in Berlin, ging dann nach München, schlug sich mit Krankheiten herum, vor allem mit einer lange unentdeckten Lungentuberkulose. In dieser Zeit gelang ihm seine erste Veröffentlichung, ein kleiner Text für die Zeitschrift *Kunstwart*, eingereicht und veröffentlicht unter dem Pseudonym Egon Distl, „das ich mir aus den Buchstaben meines Familiennamens gebildet hatte".[11]

Zurück in Berlin, die Krankheit mühsam auskuriert, fand Goldstein im vierten Semester näheren Zugang zur germanistischen „Szene", in den literaturgeschichtlichen Kollegs von Erich Schmidt und in der von ihm präsidierten „Germanistenkneipe", in der man sein, Goldsteins, dramatisches Talent und seine „Beherrschung der leichten Muse" lobte: schwerlich ein Kompliment.

Unerwartete Einberufung kurz vor dem achten Semester: Die Militärzeit, fast klischeehaft schon, richtet ihn auf. Körperlich vor allem, der Kränkliche kann sein Herz auf einmal belasten, „ich lernte turnen und brachte es bis zur Flanke über das hohe Reck aus dem Stütz". Reserveoffizier kann er, der Jude Goldstein, trotzdem nicht werden. Er geht zurück an die Universität, mußte sich „an die Dissertation machen". Ein schlechtes Thema, schreibt er, „Die Technik der zyklischen Rahmenerzählungen Deutschlands. Von Goethe bis Hoffmann", und nichts ist dabei herausgekommen. Immerhin ein Titel. Und doch sogar, durch Vermittlung Erich Schmidts, der erste Beruf. Und der ist nicht nur so prototypisch für diese jüdische berlinische Existenz wie der allgemeine Bildungsdrang oder das Erlebnis des Militärs, sondern er führt auch geradewegs zu dem einen Text, dessentwegen wir den Namen Moritz Goldstein im Gedächtnis behalten haben.

Nach einem Besuch bei seinem Professor übergab ihm der eine Visitenkarte des Verlegers Bong, der gerade „die Hempelschen Klassiker erworben" hatte und sie neu auflegen wollte. „Ich begab mich geradenwegs dorthin, Potsdamer Straße 88", dort hatte das „Deutsche Verlagshaus Bong & Co." seinen Sitz. Die Idee des literarisch desinteressierten Verlegers war es, die Klassikerausgaben „nach dem heutigen Stand der Forschung" neu zu edieren „und Lebensbilder, Einleitungen und Anmerkungen hinzuzufügen".[12]

Eine Perspektive: „Das war denn freilich für jemanden, der auf Germanistik gelernt hatte, eine grosse und lockende Aufgabe." Nah am Ziel: in einer Arbeit an den Grundtexten der klassischen deutschen Literatur, im Gespräch mit den Herausgebern der einzelnen Bände, im konzeptionellen Bereich. Und fern davon zugleich: ohne eigene Kreativität (die gehört bloß den Abendstunden und den Theaterstücken). Ein Verwalter, und noch darin angegriffen als Jude. Und wieder krank, wieder einsam, ohne Kontakt, ohne Erfolg – „nicht ein einziger von denen, die eine Rolle spielten und mir an Ruf, an sozialer Stellung, an Einfluss und Verbindungen weit voraus waren, dachte daran, mich in seinen Kreis zu ziehen." Die Journalisten, die Theaterkritiker, die Bühnenleute und Romanschriftsteller – sie beherrschten vielleicht nicht, sagt er (muß er sagen), das geistige Leben Berlins, aber sie nahmen doch an ihm teil, sie galten, nach außen, als diejenigen, die in der Lage hätten sein müssen, ihm auch, den sie doch von seiner Arbeit her kannten, den Weg dorthin zu öffnen. „Dorthin" heißt für ihn: in die geistige Welt, in den Raum der hohen und niveauvollen literarischen und philosophischen Debatte, in das Reich der Kunst. Konkret heißt das aber auch: nach Berlin. Paradox? Er war doch in Berlin? Ja, er war in Berlin, er war Berliner, aber er gehörte nicht „dazu". So einfach.

II. Auf dem Parnaß

In diesen Jahren um 1910 – „ich näherte mich den Dreißig, es waren die Jahre, in denen sich meine Zukunft entscheiden mußte" – lernte Goldstein im Hause von Bekannten Toni Schlesinger aus Breslau kennen, der er ein wunderbares Kompliment schreibt: „Niemals vor ihr oder nach unserer Begegnung habe ich eine Frau getroffen, die ich mir statt ihrer als meine Gefährtin hätte denken können." In diesen Jahren, so die spätere Erinnerung, erklärte ihm ein Freund die Grundideen des Zionismus, woraufhin er sogar zum Mitglied der Zionistischen Vereinigung wurde und seinen Schekel bezahlte – ohne allzu große innere Beteiligung:

> „When there was no State of Israel, not even a Balfour Declaration; when no intellectuals were needed over there but strong arms to build roads and break the arid soil. Should I follow the example of one of these contemporaries? Actually I felt I could not. A deliberate return to Jewish ritual was quite impossible for me. Joining the young pioneers who renmounced their sophisticated urban existence and dedicated themselves to a primitive life did not seem to be right for me."[13]

Das ist nachträglich geschrieben. In diesen Jahren jedenfalls schreibt er den Text, der ihn mit einem Schlag bekannt machte. Manfred Voigts hat das Jahr 1912 als „einen Schritt zu diesem Entscheidungsjahr" (1932) beschrieben: In diesem Jahr erschien das Buch *Judentaufen*, herausgegeben unter anderem von Werner Sombart, der selbst einen Beitrag verfaßte, in dem er behauptete, daß die „spezifische Begabung" der Juden „im Kommerzialismus gipfelt".[14] Richard Neuhausen beendete seinen Beitrag mit der Überzeugung, daß die Zeiten des „vormärzlichen Weltbürgerschwindels ein für alle mal vorbei sind"[15] – alles Anzeichen dafür, so Voigts, „in welcher Breite der Antisemitismus vor allem im Bildungsbürgertum Platz gegriffen hatte". Zugleich gewann der Zionismus neue Aufmerksamkeit, und sei es nur die derjenigen deutschen Staatsbürger jüdischen Glaubens, die in ihm eine Gefahr sahen und, eben im Jahr 1912, ein „Antizionistisches Komitee" gründeten. Und Moritz Goldstein schrieb sich seine Situation von der Seele.

Nachdem mehrere Zeitungen den Abdruck abgelehnt hatten, wandte sich Goldstein schließlich an den *Kunstwart*, der schon einmal einen Text von ihm publiziert hatte. Im Märzheft 1912 erschien dort also, versehen mit einer distanzierenden Einleitung der Redaktion, der Text „Deutsch-jüdischer Parnaß". Oft zitiert, ob nun als „wichtige Initialzündung" für Walter Benjamins „Auseinandersetzung mit dem Judentum",[16] als „gefundenes Fressen" für Antisemiten und Nationalsozialisten,[17] als Ermutigung für die zionistische, zumindest die nationaljüdische Position,[18] oder auch als Beleg für den so genannten „Jüdischen Selbsthaß",[19] reduziert zumeist auf einen einzigen Satz, hat der Aufsatz eine Debatte ausgelöst, die ins Zentrum des Selbstverständnisses, der „Identität"[20] der Juden in Deutschland führte, ein „Warnsignal" (Voigts) oder auch das „Symptom einer tiefen geistigen Gärung",[21] die Juden und Nichtjuden in dieser Zeit kurz vor dem Ausbruch des Weltkrieges erfaßte.

Von der intensiven Lektüre des Textes aus dem Jahr 1938 aus gesehen, ist beim „Kunstwart-Aufsatz" besonders die Tatsache bemerkenswert, daß der Autor, der sein „Schamgefühl" überwindet und „von gewissen Dingen" reden will, die sonst tabuisiert sind, die vielleicht nur „vor Juden" gesagt werden sollten, keinen anderen Weg als diese Veröffentlichung sieht:

> „Auch ich wünschte, daß wir unsere schmutzige Wäsche im eigenen Hause waschen könnten. Aber wir haben kein eigenes Haus. Es gibt keine jüdische Öffentlichkeit; es ist in Deutschland, überhaupt in Westeuropa nicht möglich, zur Gesamtheit der Juden als Juden zu sprechen, soviel wir auch über uns sprechen lassen müssen."[22]

Die nichtjüdische Öffentlichkeit mag also Zeuge der Erörterungen werden:

> „Vor hundert und einigen Jahren fielen, von christlichen, unsers Dankes ewig gewissen Verfechtern der Menschenrechte niedergerissen, die Mauern, die uns Juden in ein geistiges Ghetto gesperrt hatten. Die bisher in den Winkel Gewiesenen, plötzlich ans Tageslicht und die offene Tafel Gerufenen stürzten sich, ausgehungert und nach Wissen und Bildung gierig, auf die dargebotene Speise."

Und bald wollten sie nicht nur Lernende, sondern selbst Lehrer sein, „sie auch wollten die Kultur fördern helfen". Und trotz ihrer geringen Zahl liefen sie ihren Lehrmeistern in manchen Fächern bald den Rang ab. „Auf allen Posten, von denen man sie nicht gewaltsam fernhält, stehen plötzlich Juden; die Aufgaben der Deutschen haben die Juden zu ihrer eigenen Aufgabe gemacht", und es mochte den Anschein haben, „als sollte das deutsche Kulturleben in jüdische Hände übergehen". Das hatten die Christen aber keineswegs beabsichtigt, sie begannen sich zu wehren und die Juden, kaum aufgenommen, wieder fremd zu nennen. In diesem Zusammenhang fällt dann der vielzitierte Satz:

> „Wir Juden verwalten den geistigen Besitzstand eines Volkes, das uns die Berechtigung und die Befähigung dazu abspricht."[23]

Die Juden leugnen dieses Faktum, das natürlich bei diesem Autor seine persönliche Basis in der Edition der „Bong"-Klassiker hat, einfach ab; das will er ihnen „unmöglich" machen. Die Kritik ist jüdisch, das „jüdische Element" herrscht im Theater vor, auch die deutsche Literaturwissenschaft ist dabei, „in jüdische Hände überzugehen". Die jüdische Ignoranz vor diesen Fakten ist also das eine Thema des Aufsatzes; das andere ist der unbegreifliche Haß, der ihnen von deutscher und christlicher Seite entgegenschlägt, bei Wagner, bei Chamberlain; ein Haß, der sich prinzipiell und durchgehend gegen die Juden richtet:

> „Welche Leidenschaft einer fanatischen Abneigung in diesem Manne wüten muß, um ihn so aller menschlichen und männlichen Würde vergessen zu lassen, das ist es, worauf wir das schmerzende Auge richten müssen."[24]

Und es sind von diesem Haß nicht „die anderen" gemeint: „Du irrst, mein Freund, du selber bist gemeint. Dir eben, trotz deines europäischen Gebarens und Aussehens, vergibt man den Juden nicht." *Wir* mögen, was wir tun, deutsch nennen; „die andern nennen es jüdisch." Der Haß ist unwiderleglich, auch wenn die Verleumdungen einfach zu widerlegen sind – es bleibt die Tatsache der Abneigung. Die Juden nun, die sich daran nicht stören, selbst aufzustören, ihnen das Unerträgliche daran so nahe zu bringen, daß sie sich endlich daran stören, ist für Goldstein die Konsequenz aus dieser Situation. Da kann freilich ein Satz wie „wir werden sie zwingen, sich als Juden zu bekennen oder sich taufen zu lassen", im zionistischen Sinne Verwendung finden – auch wenn das Argument nicht greift, denn der Antisemit haßt ja auch, oder erst recht, den „getauften Juden". Und dem Antisemiten wiederum mußte dieses gefallen:

„Warum gibt es soviel jüdische Journalisten? Ein Journalist ist
ein Spiegel: die Bilder des Tages auffangen und zurückwerfen,
das ist seines Wesens. Ist es jüdisch, nur Spiegel zu sein, statt
selbst zu schaffen? Ihr behauptet es, viele glauben es. Ich aber
sage: nein! Sondern wer nichts war als ein Spiegel, anschmiegsam, gewandt, wer sich abzufinden, vorlieb zu nehmen wußte,
der kam in unsrer jüdisch-halben Situation obenauf."

Der halbe Weg aus dem Ghetto nach Europa ist erst gegangen.
Wohin führt die zweite Hälfte des Weges? „Ich würde es nicht länger ertragen, übel gelitten zu sein, ich würde, was ich etwa an Fähigkeiten besitze, dorthin tragen, wo man sich ihrer gerne bedient –
wüßte ich nur, wo das wäre."[25] Also: Erst „als Juden" etwas werden,
jüdisch-nationale Eigenart entwickeln, die hebräische Sprache wie-
derbeleben –

„wohl jenen Glücklichen, die auf dieser Bahn nach der Palme
laufen dürfen! Uns andern aber geht es wie Moses, der das gelobte Land schauen, aber nicht betreten durfte. Wir aus dem Ghetto
Entlaufenen, wir glücklich-unglücklichen Erben westeuropäischer
Kultur, wir Ewig-Halben, wir Ausgeschlossenen und Heimatlosen, wir können mit dieser neuen Möglichkeit nichts anfangen,
der junge Frühling, der aus den alten Stämmen hebräischer Sprache längst zu keimen begonnen hat, für uns grünt er nicht, über
unserm Leben steht das graue Wort: sich abfinden!"[26]

Oder doch: darauf bestehen, daß die deutsche Kultur „zu einem
nicht geringen Teil jüdische Kultur ist"? Doch sagen: das ist auch
unser Boden, „in den wir seit so langer, langer Zeit unsere Toten
betten"; das ist auch unser Frühling. Der andere Boden mit seinen
Palmen, Zedern und Oliven mag ein Wunder sein, wir – sagt Goldstein – sind mit Rotkäppchen und Dornröschen aufgewachsen! Wir
wollen um Gunst nicht mehr betteln, wir wollen uns laut als Juden
bekennen und nicht „für", aber *als Juden* arbeiten, leben, schreiben.
Eine Trennung muß sein, und ist doch zugleich unmöglich. Immerhin möglich wäre es aber, in diesem Widerspruch und seiner nur
sehr halbherzigen Auflösung endet der Text, durch eine neue Behandlung jüdischer Stoffe eine neue deutschsprachige jüdische Li-

251

teratur zu schaffen, einen „neuen Typus Jude" zu schaffen, der seinen Feinden selbstbewußt gegenübertreten kann.

Der Aufsatz erschien, fand seine Kritiker und Apologeten, und Goldstein erfuhr etwas von dem „Ruhm", den er sich als Lebenselixier so wünschte; aber der Erfolg galt dem Polemiker, dem Wütenden, nicht dem Literaten.[27] Ein weiterer Text, „Begriff und Programm einer jüdischen Nationalliteratur", veröffentlicht noch 1912 von Ahron Eliasberg in der von ihm herausgegebenen Reihe „Die jüdische Gemeinschaft" ist ihm nicht einmal eine Erwähnung wert – nicht in den Erinnerungen, nicht in einer späteren Auseinandersetzung mit dem Kunstwart-Aufsatz.[28] Er selbst bemühte sich, rang um das jüdische Drama, beschreibt in den Erinnerungen minutiös Niederlage um Niederlage: beim Schreiben, bei den Verlagen, bei den wenigen Aufführungen seiner Stücke „Der Herzog von Orvieto" und „Alessandro und der Abt". Goldstein kann, ganz gelegentlich, selbstironisch sein. Er opferte für eine geplante Aufführung eines seiner Stücke eine ihm eigentlich liebe Stelle, „da ich damals noch mit einem Blick auf die Ausgabe letzter Hand meiner sämtlichen Werke schrieb und lebte". Aber die Ironie ist nur halbherzig, ein bißchen wahr ist der Satz (wie die spätere Scham darob) doch. Auch dieser Wunsch gehört zum Programm des geplanten Aufstiegs: ein Dichter sein, anerkannt sein, dazugehören. Dazwischen kommt zunächst der Krieg.

Als im Sommer 1914 „der Friede Europas in die Luft ging", kündigten seine Verleger ihm zum 31. Dezember. Ein gewaltsamer Stoß. Er verliert seine Stelle im Verlag, wird Leiter des Sekretariats einer kriegswichtigen Chemikalien-Gesellschaft, tritt aber bald drauf, am 1. Oktober 1915, bei Ullstein ein, für sechs Wochen, bis er doch zu einem Landsturmbataillon bei Laon einberufen wird. Im Kriege lernt er, die Zeit schreibt ihre ironischen Stücke selbst, „den landwirtschaftlichen Betrieb" kennen und schätzt – „ich aber kam aus der großen Stadt und den sogenannten geistigen Berufen" – diese Erweiterung seines Gesichtskreises:

„Worin die tägliche Arbeit besteht; wie die Leute dazu eingeteilt werden; wie man über die Gespanne verfügt; wie die Bestellung der Felder geregelt wird; wie man die Regentage mit Hilfsarbeiten im Hause füllt; und vieles andere dergleichen."

Zurück nach Berlin, zur Arbeit bei der sogenannten „Ludendorff-spende", dann: „Aus Sieg wurde Niederlage, das Kaiserreich stürzte zusammen – und ich kehrte zu Ullstein zurück, aber diesmal trat ich in die Redaktion der „Vossischen Zeitung„ ein."

III. „Berlin zu schreiben"

Man kann nicht gerade behaupten, daß Moritz Goldstein seinem eigenen Aufruf, wie er ihn im *Kunstwart* formuliert hatte, Folge leistete. Für die kurzen Jahre der Weimarer Republik hörte der bloße Name Moritz Goldstein auf, ein „Hindernis für die Annahme" – von Texten, aber wohl nicht nur – zu bilden. 1920 erschien die Buchausgabe seines neuen Stücks „Die Gabe Gottes", „die erste von allen meinen Schreibereien, die im Buchhandel zu haben war". Das Stück wurde auf Vermittlung von Leopold Jessner vom Berliner Schauspielhaus inszeniert, aber in der Nacht vor der Aufführung starb Moritz Goldsteins Mutter. Und Freude und Trauer waren „gleichermaßen verdorben". Auch fand das Stück keinen Anklang. Im gleichen Jahr erschien ein philosophiekritisches Buch, „Der Wert des Zwecklosen" (Dresden 1920), Manfred Voigts hat sich damit auseinandergesetzt.[29]

Schlicht mit „Presse" ist das fünfte Kapitel der Erinnerungen überschrieben, und dahin gab es zwei Anknüpfungen. Wieder scheint mir, der ich all dies nachträglich exzerpiere und in einen Zusammenhang einzuordnen versuche, Goldstein schon fast zu genau in das Bild zu passen, das in meiner Arbeit eher paradigmatisch gezeichnet werden sollte.

„Meine Grossmutter mütterlicherseits besass eine Zeitung, sie hiess ‚Berliner Fremdenführer'. In den Gründerjahren nach dem deutsch-französischen Kriege wanderte die Familie von Schlesien nach Berlin, mitten hinein in die Wohnungsnot, die uns Kindern oft geschildert wurde. Aber das Familienoberhaupt, mein

Grossvater, Moritz Knopf mit Namen, brachte eine geniale Idee mit und setzte sie in die Tat um: Er begann, ein tägliches Blatt herauszugeben, das nur aus Anzeigen bestand. Der Anreiz zum Inserieren wurde dadurch geliefert, dass die Zeitung in die nach Berlin fahrenden Züge auf der letzten Station hineingereicht wurde, kostenlos. Der Reisende, schon gelangweilt und in ungeduldiger Erwartung der Ankunft, sollte sich das Blatt vornehmen und darin, ausser Theatern, Konzerten und sonstigen Vergnügungen, Quellen für alle seine Einkäufe und Erledigungen finden."

Das ist, neben einigem anderen, doch vor allem dies: ein Großstadtbild. Der Zuwanderer selbst hat die Idee, ergreift eine neue Initiative, setzt eigene Erfahrung – der unsicheren Ankunft – in Aktivität um, bedient offenbar vorhandenes Bedürfnis, und bedient sich dabei der modernen Medien: Zeitung und Eisenbahn. Und dem Schriftsteller Goldstein gelingt es, wie nebenher, ein schönes Bild zu finden, das des gelangweilten Reisenden, der voller Erwartung auf das ist, was ihn hier erwarten würde: *in* Berlin. Anzeigenwesen, Aquisition, Verteilung, Verteidigung des Monopols – all das sagt, schreit sozusagen „Großstadt". In dieser Familie, das legt uns Lesern Goldstein nahe, konnte es nicht gut gehen. Aber es war eine gute Idee. Die Geschichte der Erfolgreichen wird auch in diesem Zusammenhang eher geschrieben als die der Gescheiterten. Daraus hätte etwas Großes werden können, ein Mosse oder Ullstein, der Anfang war da. Aber es scheiterte, an Krankheiten, Erbschaften, Konkurrenzen, an den „Agenten", die der Grossmutter mütterlicherseits nicht so gehorchten wie dem Gründer.

Zweite Anknüpfung: Sogar der Vater hatte einmal eine Zeitung gegründet, die „Berliner Börse" als „wirtschaftlichen Ratgeber für Bankiers und für das Börsenpublikum". Noch eine gute Idee. Und noch ein Scheitern. Börse nun auch noch! Und dies alles verwaltet von einer Wohnung „in der Passage" aus, im innersten Kern der Stadt, wohin die minderen Presseleute regelmäßig eingeladen wurden, um ihre Sympathie zu sichern für das Unternehmen. Nicht schön anzusehen für den jungen Moritz Goldstein: „Das Leben, das sich mir lohnte, spielte sich im Feuilleton ab."

Immerhin hatte die Familie die größte Hochachtung „für die Menschen, die unsere tägliche Zeitung verfaßten". Aber noch fand er selbst den Zugang nicht, wenigstens nicht den regelmäßigen, auch wenn gelegentliche Beiträge im „Berliner Tageblatt", im „Grenzboten", im „Berliner Börse-Courir", doch erschienen.

Erst hier, an der für ihn richtigen und logischen Stelle, bringt Goldstein selbst das Thema zur Sprache, wegen dem die meisten ihn lesen. Jetzt kommt die Abhandlung „Deutsch-jüdischer Parnaß" zur Sprache, und er führt sie so ein: „Um ihre Entstehung zu erklären, muss ich mit ein paar Worten auf mein Verhältnis zum Judentum eingehen." Nur deshalb! Die bisherige Geschichte könnte, mit Ausnahme der Militärzeit, auch von einem und über einen nichtjüdischen Berliner geschrieben worden sein. Soviel zur Herkunft: „Mein Vater stammte aus einem Hause, das fest in der jüdischen Tradition wurzelte." Der Großvater, nach außen ein kleiner Krämer in Chorzow bei Königshütte,[30] vom inneren Format aber „ein wahrer Patriarch", wollte, sein Ältester sollte Rabbiner werden. Gab ihn aber, aus finanziellen Gründen, in den Textilhandel. Daraufhin wandte der sich, langsam und unter inneren Kämpfen, vom Judentum ab. Ist das nicht die deutsch-jüdische Geschichte des 19. Jahrhunderts in der Nußschale? Und es ist dazu noch ganz ortsbezogen:

> „Was sich in ihm abspielte, war einfach, dass der Rausch der Emanzipation, der mit Moses Mendelssohn anfing und den Dichter Heinrich Heine mit sich davon trug, unter den Anregungen und Eindrücken der nüchternen aber lebendigen Stadt Berlin auch ihn erreichte."

Der Vater wurde zum liberalen Mann, gab das strenge tägliche Ritual auf. In der Folge blieben dem Jungen, Moritz, die Sitten des jüdischen Lebens fremd. Kleine Kenntnisse blieben, auch Rudimente des Hebräischen, erlernt bei einem ungeliebten Lehrer, dazu kamen Eindrücke von den hohen Feiertagen, die die Familie noch (und immer weniger streng) einhielt.

Wie der Vater, so blieb aber auch er treu: „Niemals bin ich in dem Gefühl meiner Zugehörigkeit zum Judentum oder besser zu den Juden wankend geworden." Aber anders als der Großvater in Chorzow bei Königshütte mußten Vater und Sohn Goldstein ihr Judentum „oder besser" ihr Verständnis davon und von der Wertigkeit dieser Präsenz einer Überlieferung, an der sie festhalten wollten, am neuen Schauplatz ausprobieren. Berlin. Die selbstgestellte Frage, was denn nach der Absage an das Ritual, an das „Schema", von seinem Judentum übrigbleibe, beantwortet Goldstein mit dem Verweis auf die „historische Tatsache" und auf den, wie er es nennt, „Traditionszusammenhang". Und dies, noch einmal, in Berlin! Ist nicht, wie Karl Scheffler es formulierte, Traditionslosigkeit die eigentliche Tugend der Stadt?

In seinem Bericht schreibt Goldstein, hätte er, vor Hitler, „nicht gewußt, dass ich Jude bin und wäre ich nicht mit Willen Jude gewesen, so hätte ich mich mit völliger Unbefangenheit für deutsch gehalten, wie ja auch Deutsch meine Muttersprache ist und das einzige mir natürliche Mittel des künstlerischen Ausdrucks." Kaum zwei Absätze weiter unten im gleichen Text schildert er seinen Kontakt zur zionistischen Bewegung, der er, als stiller Bezahler des Schekel, sogar beitrat. Das „Denkproblem", das hinter solchen Diskrepanzen von Wahrnehmung und Alltagsverhalten steht, heißt in seinen Worten: „Mein innerstes Bedürfnis verlangte nach Einheitlichkeit und Natürlichkeit des Volkstums – und ich sah mich in einer Doppelheit, die mich in zwei Hälften zu zerreissen drohte." Er wollte keine Entscheidung treffen zwischen dem Deutschen und dem Jüdischen, die beide ihre Ansprüche erhoben und beide nicht, von dieser Lebensgeschichte her, ganz zufrieden gestellt werden konnten.[31]

Diese Widersprüchlichkeit mag uns vor den allzu einfachen Bildern bewahren, wie sie in vielen Interpretationen über die kulturelle Situation der deutschen Juden in der ersten Hälfte des 20. Jahrhunderts entworfen wurden – die scheinbare Alternative, einer müsse entweder als Deutscher und Jude empfunden haben oder als Zionist, müsse also entweder dem Centralverein deutscher Staatsbürger jüdischen Glaubens zugeneigt haben oder einer der neu entstehenden jüdisch-nationalen Bewegungen, kann angesichts schon dieser einen Lebensgeschichte nicht aufrecht erhalten werden. Moritz Goldstein hat, soweit wir es dieser niedergeschriebenen Version ei-

ner Geschichte entnehmen können, so gefühlt und hat sich so verhalten wie einer vom CV – und war doch Mitglied der zionistischen
Organisation. In seiner Lebensplanung war, ganz offensichtlich, eine
Auswanderung nach Palästina oder Erez Israel nicht vorgesehen;
aber das kann nicht heißen, daß er die Motive, die andere zu einem
solchen Schritt bewegt haben, nicht gekannt oder nicht verstanden
hätte. Er kannte sie wohl, und sie fließen in seine, vordergründig
allein dem Thema der deutschen Kultur gewidmeten, Texte ein.

„Sie begannen uns wieder fremd zu nennen." Es muß, in Goldsteins Wahrnehmung der Epoche, die ja wirklich kurz war, die sich
im Bewußtsein der Familie als Übergang vom Großvater in Chorzow
zu ihrem eigenen Berliner Leben verbildlichen konnte, es muß in
seiner so gestützten Erinnerung zumindest das Bild einer Zeit, einer Phase existieren – im „Dazwischen". Vom Beginn der Befreiung
aus dem Ghetto bis zum Wiederaufkommen judenfeindlicher Bestrebungen. Eine Zeit, in der der Aufstieg der Juden aus dem Dunk-
len ins Helle, aus der (nach den Maßstäben der allgemeinen Gesellschaft so verstandenen) Unwissenheit ins Wissen, in die Bildung,
und damit die beginnende Teilhabe, auf beiden Seiten akzeptiert
wurde. Oder es muß, wenn die chronologische Einteilung in diesem Fall als allzu einfach erscheint, wenigstens auf Seiten der größeren, der bestimmenden Gruppen in beiden „Systemen" (dem der
jüdischen Minderheit und dem der christlichen Mehrheitsgesell-
schaft) so etwas wie ein Einverständnis mit dieser Entwicklung sichtbar gewesen sein. Immer gefährdet in der doppelten Angst: in der
Erinnerung an die Zeit der Abgrenzung, die davor war, und in Furcht
vor der Zeit, da sie wieder kommen würde. Robert Liberles hat diese Zeit als „the so-called quiet years of German Jewry" bezeichnet
und in seinem Beitrag[32] eine „reconsideration" dieser Epoche zwischen 1849 und 1869/71 eingefordert. Es ist tatsächlich die Zeit, in
der – in Berlin – die drei bis heute gültigen Strömungen des modernen Judentums sich formieren: Reform, Konservatismus, und Orthodoxie. Liberles' Appell für eine forcierte Forschung im Bereich
dessen, was er „Positive Historical Judaism" nennt, sein damit ver-
bundenes Plädoyer für eine Vermittlung zwischen den Extremen
„Reform" und „Orthodoxie" ist nicht bloß theoretische Spielerei,
wenn wir an Moritz Goldstein denken. Kann es sein, daß er an

diese Epoche glücklich – schreibend – anknüpfen wollte? Wo soll er hingehören? Kann es reichen, zu sagen: nach Berlin?

Goldstein arbeitet vom 7. November 1918 an, und dann für fünfzehn Jahre, für die Vossische Zeitung. Und damit für und in Berlin. Er fühlte sich wohl, er konnte mehr oder weniger schreiben, was er wollte, wechselte wohl die Ressorts, verlor aber nie sein engagiertes Dabeisein – er gehörte „dazu". In der politischen Redaktion, während des Kapp-Putsches, im direkten Kontakt mit dem Chefredakteur Georg Bernhard, im Feuilleton unter Max Osborn und A. H. Kober – dann selbst geschäftsführend, aber (wieder einmal) nur übergangsweise, dann, mit Vertrag, frei für alle Abteilungen, dann sogar im Lokalen, schließlich, als „Slings" Nachfolger, in der Gerichtsreportage mit dem Namen „Inquit". Und trug doch, über all diese Jahre, das mit bei sich, was er im Kunstwart-Aufsatz gefordert hatte: eine stete Auseinandersetzung mit seiner eigenen Rolle und Funktion, eine Selbstbefragung über die Sprache, in der er schrieb. 1922 erschien ein Beitrag über Arnold Zweig in dem von Gustav Krojanker herausgegebenen Band „Juden in der deutschen Literatur".[33]

Dichter wollte er werden, und wurde Lokalreporter. „Das Gefühl, mit dem ich das tue, ist Grausen; aber vielleicht handelt es sich nur um einen Übergang", notierte Goldstein selbst in seinem Tagebuch. Sechs Jahre dauerte der Übergang, und er hat diese Jahre, wie ich ihn verstehe, *nicht* bereut und nicht als verlorene Jahre betrachtet;[34] es sei denn, in diesem allgemeinen Klage-Sinn, der sich durch seinen ganzen Text zieht. Aber hier, im „Lokalen", zählen Tatsachen, nicht ästhetische Erwägungen. Freilich, der schöpferische Mensch wurde „gefressen", die eigenen geplanten Werke blieben liegen, andere, auf Berlin bezogene, entstanden dafür, blieben allerdings unveröffentlicht: Ein Roman vor allem, „er hieß *Victoria-Palast*" und spielte, wie kann es anders sein, „im seltsame[n] Bauwerk der ‚Passage' zu der Zeit, da mein Vater darin regierte". Goldsteins lokale Berichte und Reportagen müssen noch aus den Archiven zusammengestellt werden, so wie es auch verdienstvoll wäre, diesen Roman einmal, kommentiert, zu edieren. Die wirkliche Berliner Zeit des Berliners ist – von ihm als wenig bedeutsam, wenn auch erträglich, empfunden – noch gar nicht erforscht. Besser Be-

scheid wissen wir über die Arbeit des Gerichtsreporters in der Nach-
folge von Paul Schlesinger. Über den heißt es in den Erinnerungen:

> „In späteren Jahren wurde er Ullstein-Korrespondent und sass als
> solcher viele Jahre in München, geschätzt, ohne hervorzuragen.
> Als die Inflation Einschränkungen erzwang, wurde er nach Berlin
> zurückgerufen, und es fragte sich für ihn, was nun? Er kam mit
> dem Plan, wie er sich selbst später mir gegenüber ausdrückte,
> ‚Berlin zu schreiben‘. Er begann sofort mit kleinen Plaudereien,
> die er fast täglich zu liefern vermochte und in denen er das Berlin
> einer gewissen Schicht aufzufangen wusste. Geistvolles Spiel und
> melancholischer Humor wurden in künstlerisch geschliffener
> Form vorgeführt. Für diese Veröffentlichungen erfand er sich die
> Chiffre *Sling*.“

Bekannt wurde „Sling“ als Gerichtsberichterstatter, oder vielleicht
besser: Gerichtskritiker, eine Aufgabe, die er zunächst nur übernommen hatte, um mehr Stoff zu holen, um weiter „Berlin zu schreiben“. Moritz Goldstein wiederholt die Formel, als wollte er sie sich
noch einmal genauer anschauen und befragen, ob sie jetzt frivol ist
oder banal oder womöglich gar der Nachahmung wert.[35]
Nach „Sling“ kam „Inquit“. Paul Schlesinger starb, unerwartet,
kurz nach seinem 50. Geburtstag. Als Nachfolger wurde Goldstein
aufgefordert, mit einer „Respektspause“ von einigen Wochen. Man
ließ ihm Zeit, sich einzuarbeiten, man gewöhnte sich an seinen
anderen Stil, und bald wurde „Inquit“ ebenfalls zum Markenzei-
chen. Er hat nicht weniger als „Sling“ Strafprozesse und Gerichtsverfahren für die Öffentlichkeit „unter Kontrolle genommen“.

> „Es konnte nicht fehlen, dass, während ich das Kriminalgericht
> in seinem Tagewerke mit meiner Feder begleitete, die Zeitge-
> schichte sich spiegelte. Da war die grosse Arbeitslosigkeit, für
> ungezählte Tausende die Jugendzeit ohne Hoffnung und Freude.
> Da war der schwelende Bürgerkrieg zwischen den Angehörigen
> dieser Jugend, von denen die einen in den Radikalismus von
> rechts, die anderen in den Radikalismus von links gerieten, nie-
> mand wußte zu sagen, nach welchem Gesetz der Auswahl.“

Das ist wieder der Moritz Goldstein, den Manfred Voigts wegen seiner Haltung zur Weimarer Republik als „unpolitisch" bezeichnet hat; aber so ganz trifft der Vorwurf wohl in diesen Jahren nicht mehr. Gerade diese Zeit, „die fünf besten Jahre meines Lebens", stehen unter dem Zeichen der Politik, und er entzieht sich, schreibend, nicht. Der Prozeß gegen den Grafen Helldorf. Der Prozeß um die Bilder von George Grosz und die Freiheit der Kunst. Nationalsozialisten, grinsend auf den Anklagebänken.

Ganz selten nur „schreibt er Berlin" so direkt wie in diesem kurzen Stück über eine jugendliche, 17-jährige Angeklagte aus Berlin-Neukölln, die aussagte, sie sei in ihrem Leben noch niemals in die Berliner Innenstadt gekommen:

„Das ist Berlin. Erst ein Fischerdorf, dann zwei zusammengewachsene Spreegemeinden. Später, als es schon zur Stadt der Millionen angeschwollen war, gab es noch immer rings herum einen Kranz von Siedlungen, eingebettet in Wiese, Feld und Heide. Heute eine steinerne Unübersehbarkeit. Stelle dich auf den Kreuzberg und blicke um dich: du siehst kein Land mehr, nur Häuser; hier und da ein paar eingeklemmte Baumgruppen.

Aus Stadt und Vorstädten sind Stadtteile geworden. Du, Geschäftsmann, Anwalt, Arzt oder worauf du sonst deine Berliner Existenz gründest, machst keinen Unterschied zwischen ihnen. Du sagtest nicht, und du denkst nicht einmal: Das ist mir zu weit, dort kenne ich mich nicht aus. Du hast deinen Wagen, oder winkst einer Autodroschke, oder du steigst in den Omnibus, oder du vertraust dich der Untergrundbahn an. Von der Wohnung ins Büro, vom Büro aufs Gericht, zur Kundschaft, zu den Patienten, vormittags im Zentrum, nachmittags am Wedding, abends irgendwo um die Gedächtniskirche, kreuz und quer, mitten hindurch oder außen herum. Alles gehört dir, überall bist du zu Hause. Und immer bewegst du dich im Gewimmel, und wenn du die Augen auftust, so siehst du sie rennen, fahren, radeln und denkst, sie machen es wie du und lassen sich umhertreiben auf dem mächtigen Groß-Berlin.

Aber du irrst dich. Du weißt nichts von der zoologischen Spezies Mensch. [...] Einer wird geboren – sagen wir in Neukölln. Er geht zur Schule in Neukölln, er kommt in die Lehre in Neukölln. Er sucht sich ein Mädel aus Neukölln und führt sie ins Kino oder ins Kaffee – in Neukölln. Er heiratet, in Neukölln. Er macht sich etwa eine Klempnerei auf in Neukölln. Er hat keine andere Kundschaft als die von Neukölln. Allenfalls kommt er in der Nachbarschaft herum, nach Britz, nach Tempelhof, nach Marien-dorf."[36]

Ist das „Berlin schreiben"? Es ist jedenfalls ein anderes Berlin als das von Alfred Döblins, des Mitschülers, „Alexanderplatz". Ist Goldstein – „Städter"? „Stadtbewohner"? Was wäre der Unterschied?

Wie bei „Sling", so wuchs auch bei „Inquit" in diesen Jahren die Hochachtung vor dem deutschen Strafrichter, die erst verlorenging, „als er vor den Machthabern des Dritten Reiches völlig versagte". Immer mehr finden sich im spät geschriebenen Text jetzt solche Hinweise. Die Zeit der NS-Herrschaft kündigt sich an, kriecht in die Beschreibungen, die doch noch von der Zeit davor handeln. Kaum etwas davon wurde ein zweites Mal publiziert; es existierte zur Zeit der Niederschrift der „Berliner Jahre" noch ein Konvolut – „gern spiele ich mit der Vorstellung, das Bleibende meiner journalistischen Leistung könnte aus dem Koffer, in dem die Belegexemplare wie in einer Gruft modern, gerettet und zu neuem Leben erweckt werden." Das ist nun schon ganz in unsere Zeit hinein geschrieben – und nicht anders können wir diese Texte lesen; sie sind nicht nur in einer Zeit und nicht nur für eine Zeit verfaßt. Erinnerung und Geschichte und unsere Lektüre davon gehen ineinander.

„Ich sehe mein ganz kleines Zimmer, in dem ich als Inquit hauste." Nicht im Hauptgebäude gelegen, sondern im Nachbarhaus, in einer neuen Struktur, „einfach durch die Mauer gebrochen" zur Stadt hin: „Durch eine eiserne Feuertür und über ein paar Stufen abwärts gelangte man in die Häuser der Markgrafenstraße."[37] Was für ein Signal! Ich bin mitten in der Stadt und Teil von ihr, heißt es im Bericht – und nur eine Seite später:

„Als ich an jenem schicksalsvollen Tage, 7. April 1933, nach Hause kam und erzählte, der Verlag Ullstein habe mein Ausscheiden gefordert, schlug ich meiner Frau zugleich vor, die Erwerbung des Lebensunterhalts bis auf weiteres auf ihre Schultern zu nehmen."

Aber Toni Goldstein weigert sich, reist mit dem Sohn Thomas ab nach Capri, wo sie, die Spezialistin für bemalte Stoffe, die Designerin, eine Konditorei eröffnet. Eine Exilgeschichte beginnt, die in einem der folgenden Kapitel nachzuerzählen bleibt. Und er? Der Berliner bleibt zunächst, schreibt für die ‚BZ am Mittag‘, bis auch das nicht mehr geht. Besucht Toni in Capri, kehrt nochmals zurück, beschließt endlich, mit 53 Jahren ein neues Leben anzufangen, darf „das Seinige mit sich nehmen". Noch der Erinnerungstext zelebriert den Abschied; irgendwann waren „alle Formalitäten erfüllt, alle Dokumente ausgestellt, die Möbel gepackt und verladen." Dann stand er in der ausgeräumten Wohnung, löffelte noch einen Teller Suppe, nahm Abschied von den Portiersleuten und ihrem Hund und verlor, „mir selber ganz unerwartet, die Fassung".

„Ich durfte noch einmal von vorn beginnen." Das klingt sehr hoffnungsvoll, fast erleichtert. Aber wir würden nicht von Moritz Goldstein handeln, wenn das letzte Bild, das uns der Text liefert, nicht ein literarisches wäre. Wir haben Theodor Fontane schon angerufen, und müssen auch noch Thomas Mann nennen. Auch davon im weiteren ausführlich, hier soll Moritz Goldstein reden:

„An einem sonnigen Herbstmorgen des Jahres 1933 bestieg ich am Anhalter Bahnhof den direkten Wagen nach Florenz. *Meine Vaterstadt warf sich rauschend und dröhnend, wie ich sie immer gekannt hatte, in einen neuen emsigen Arbeitstag. Nichts war ihr davon anzumerken, dass der Teufel sie geholt hatte.*"[38]

IV. Eine Idee

Das fünfte Kapitel der „Sache der Juden" trägt den Titel „Stadt Israel". Nach über 150 Seiten der Bestandsaufnahme zur Situation der Juden im Deutschland der nationalsozialistischen Macht, nach langen Rückblicken auf die Entstehung des Nationalismus – die größte Gefahr, auch für die Juden, so Goldstein –, nach all dem kommt Goldstein am Ende seines Textes zu einem Projekt, mit dem er die

Rettung der europäischen Juden erreichen will. Er fragt, wie lange es wohl dauern kann, bis die Vernunft sich durchsetzt, und fragt – prophetisch –, ob es nicht zu spät sein wird, „wenn nicht für die Judenschaft, so doch für Millionen von Juden"? Denn:

> „Die Gefährdung wächst. Inzwischen ist die leibhaftige Not schon da, und auch sie wächst, und schneller, als alle unternommenen Hilfemaßnahmen zu wirken vermoegen. Die aussichtsreichste und am laengsten vorbereitete dieser Hilfsmassnahmen, die Kolonisierung Palaestinas, geht zu langsam. Viel zu langsam, gemessen an dem Tempo, mit dem das Beduerfnis waechst."

In dieser Situation hat Goldstein etwas vorzuschlagen, eine Utopie, ein Programm, in dem sich alles wiederfindet, was bisher diskutiert wurde und weiter diskutiert werden wird.

Alle Pläne erfordern zu viel Zeit. Das mag auch daran liegen, daß die Pläne zu groß sind. Was Goldstein vorschlägt, „ist in der Tat eine Banalisierung des Zionismus. Es ist die Verwandlung der zionistischen Idee ins praktisch Moegliche, es wird nur aus den gegebenen Voraussetzungen nuechtern die Folgerung gezogen". Selbst den Vorwurf, seine Idee rieche danach, daß da einer aus dem Zionismus ein Geschäft machen wolle, nimmt er kalt auf: „In der Tat will ich das." Das Geschäft sei gerechtfertigt, weil es mit diesem Plan gelingen könnte, „einigen Millionen von Juden, die jetzt mitten in der Not und vor dem Untergange stehen", schnell zu helfen. Wie liest sich das bloß von heute aus! Und wohl selbst von damals. Was für ein Vorschlag? So steht er im Text:

> „Ein Land, mit darauf siedelndem bodenstaendigem Volk, kann man nicht machen. Ein Land muss wachsen. Es kann dafuer bessere oder schlechtere Entwicklungsbedingungen geben, die das Wachstum foerdern oder hemmen. Aber im Ganzen muss es abgewartet werden. Wachstum braucht Zeit; lange und stille Zeit.
> Machen laesst sich dagegen eine Stadt."

Städte sind schon „gemacht" worden, Beispiele gibt es.

> „Da die Ansiedlung von Juden, von Hunderttausenden und Millionen Juden, auf Land zu lange dauert, so baue man ihnen eine

Stadt; so lasse man sie eine Stadt bauen, vorlaeufig, als Zwischen-
loesung. Fuer eine juedische Grosssiedlung auf der Scholle ist
kein Platz in der Welt. Vielleicht ist Platz; aber aller Platz gehoert
Staaten, und die Staaten geben ihn nicht her. Aber wenn auch
kein Raum da ist fuer ein Land der Juden, so koennte doch Raum
da sein fuer eine Stadt der Juden. Auch fuer eine Gross-, Welt-,
Riesen- und Millionenstadt."

Innerhalb der zionistischen Bewegung wird, theoretisch wie praktisch, über Möglichkeiten der Abkehr vom großstädtischen Leben
debattiert. In der nationalsozialistischen Propaganda wird das Bild
einer vom Judentum beherrschten Stadt Berlin beschrieen. Und in
Goldsteins Text heißt es, ausgerechnet 1938:

„Es wird so viel geklagt ueber die falsche Berufsschichtung der
Juden, in der die Urproduktion fast voellig fehlt oder bisher ge-
fehlt hat. Ich finde das eine schiefe Ausdrucksweise. Die Berufsschichtung der Juden war nicht falsch, sondern voellig richtig,
damit sie unter den Umstaenden, unter denen zu leben sie gezwungen waren, grade noch leben konnten. Falsch waere sie, wenn
man die Juden, so wie sie heute sind, naehme und auf ein Land
niedersetzte, wo sie sich nun, vom Bau des Getreides und der
Foerderung der Erze und der Kohle angefangen, selber helfen
muessten. Das ist ja einer der Gruende, warum die juedische
Kolonisation so schwer faellt. Diese selben Juden jedoch, in eine
Stadt verpflanzt, haben die richtige Berufsgliederung, naemlich
sie haben gelernt, was in einer Stadt verlangt wird." (162)

Was in einer Stadt verlangt wird. Einen der Hintergründe für
diesen Text bilden die Erfahrungen – oder vielleicht besser die Berichte über Erfahrungen – aus dem jüdischen Palästina. Da wuchs
in diesen Jahren ja eine Stadt heran, Tel-Aviv, die 1909 in den Sand
hinein gebaut worden war und um 1938, wie gesagt, gute 150.000
Einwohner zählte, ein Viertel davon war in knapp fünf Jahren aus
Deutschland eingewandert. Diese deutschen Einwanderer, zum größeren Teil gelernte Großstädter, Berliner zumal, hatten ihre urba-
nen „Eigenschaften und Leidenschaften"[39] mit in das Land gebracht
und als städtische Pioniere eine außerordentliche Modernisierungs-

leistung vollbracht. Auch sie hatten, gegen allerhand Widerstände, innere wie äußere, getan, „was in einer Stadt verlangt wird". Davon ist bei Goldstein kaum die Rede – aber die Geschichte der städtischen Kolonisation Palästinas[40] bildet einen der für das Verständnis seiner Ausführungen ganz unverzichtbaren Subtexte und muß, nebenher, immer mitgelesen werden.

Einer der zentralen Punkte der Auseinandersetzung um das Verhältnis von Stadt und Land besteht in der Frage, wovon und wie sich das Kunstprodukt Stadt ernähren kann. Das ist eine Frage, die in Tel-Aviv ganz existentiell diskutiert wird: „Wovon lebt Tel-Aviv?"[41] Aber natürlich ist die Frage dem Autor Goldstein aus einer deutschen Debatte über Wert und Unwert der Städte vertraut, die wohl mehr als Subtext ist, sondern schon Begleitmelodie, deren Töne, so verzerrt und verzeichnet wie sie eben waren, sich auch in diesen Text eingenistet haben. Woher sonst die verteidigende Haltung? Aber in seiner verzweifelten Situation bleibt Goldstein nur die Offensive:

> „Diese Judenstadt vermoechte nicht sich selbst zu ernaehren, sie muesste vielmehr durch Zufuhren ernaehrt werden. Sie wuerde dieses Schicksal teilen mit allen Staedten und also erst recht mit allen Grossstaedten. Diese Zufuhren muesste sie bezahlen koennen, und koennte sie nur bezahlen mit ihrer Arbeit. Arbeiten aber wuerde sie das, was die Bevoelkerung einer Stadt zu arbeiten pflegt und wozu die Bewohner dieser Stadt, also die Juden, imstande sind."

Eine Utopie hat ihre eigenen Gesetze. Deshalb muß an dieser Stelle in Goldsteins Manuskript der Satz folgen: „Springen wir ueber alle Schwierigkeiten hinweg und stellen wir uns die neue Stadt als fertig aufgebaut, bewohnt und in vollem Betrieb vor." Theodor Herzl hat in seiner romanhaften Utopie „Altneuland" immerhin zwanzig (unbeschriebene) Jahre verstreichen lassen zwischen der ersten Ansicht des trostlos-verlassenen Landes und dem zweiten Besuch, da Dr. Friedrich Loewenberg und sein Geldgeber N.O.Body ein blühendes jüdisches Land – mit schönen großen Städten! – wiederfinden. Soviel Zeit mochte, nein: konnte sich Goldstein nicht lassen. „Was wuerde sich abspielen in einer Grossstadt, die sich frei entfalten darf und die nur von Juden bewohnt wird?" Einen Seehafen wuerde die Stadt umfassen, und die Juden würden „gruenden", wie sie das Gründen gelernt hatten. Eine Konfektion und andere Formen der Fertigwarenindustrie. Hüttenwesen, Maschinen- und Apparatebau, elektrische Industrie, Blech- und Holzwaren, Weberei, Spinnerei, Fabrikation von Wäsche, Schuhen, Hüten und so weiter. Bäckerei, Schlachterei, Konservenfabrikation.

„Es koennte bluehen ferner jede Form des Handels, vom Kleinkramladen an der Ecke der Wohnstrasse bis zum weltumfassenden Import- und Exporthaus. Bluehen wuerde das Agenturgeschaeft, das Versicherungswesen, das Transportwesen, die Reederei; alles nicht nur fuer den Bedarf der Stadt, sondern im internationalen Massstab."

Diese Stadt würde – fast schreibe ich selbst schon „wuerde", so fern erscheint die Utopie – „eine vorbildliche Presse" haben und sich „eines vorbildichen Verlagswesens" rühmen, dazu Theater und Konzertbetrieb, und eine Filmindustrie, die die Kinos der Welt beliefert.

Mit einem Wort: Berlin. Ein Berlin, das gerade verloren geht, wird hier gedanklich – als Gedanke – gerettet und in das Bild einer utopisch verorteten Stadt gefaßt. Während der Moritz Goldstein des Jahres 1912 noch unsicher ist, in welche Richtung die verschleuderte und ungeliebte Energie gerichtet werden soll, ist der Moritz Goldstein des Jahres 1938 sicher, daß der Ort, an dem diese Energie versammelt wird, nur eine große Stadt sein kann. Daß sie nicht gefunden wurde, ist ihm nicht anzulasten. Die Spur dieser Vergeblichkeit ist dem Berlin der Gegenwart bis heute abzulesen.

Anmerkungen

1 Joachim Schlör, Das Ich der Stadt. Debatten über Judentum und Urbanität, 1822–1938. Zugleich ein Versuch, den Text „Die Sache der Juden" von Moritz Goldstein (1938) zu verstehen. Habilitationsschrift, eingereicht der Philosophischen Fakultät der Universität Potsdam im Mai 2002.

2 Moritz Goldstein, Berliner Jahre. Erinnerungen 1880–1933, München 1977. (Dortmunder Beiträge zur Zeitungsforschung, 25).

3 Dafür Dank an Manfred Voigts. Vgl. Manfred Voigts, Moritz Goldstein, der Mann hinter der ‚*Kunstwart*-Debatte'. Ein Beitrag zur Tragik der Assimilation, in: Hein-

rich-Mann-Jahrbuch, 13/1995, hrsg. von Helmut Koopmann/Peter-Paul Schneider, Lübeck 1996, S. 149–184. Daraus die folgenden biographischen Informationen.

4   Moritz Goldstein, Berliner Jahre [wie Anm. 3], S. 21.

5   Ebd., S. 23.

6   Etwas Literatur: Hans Ostwald, In der Passage, in: Das neue Magazin 73/1904, S. 438–442; „Berliner Passagen", in: Berliner Tageblatt, Nr. 471, 16. September 1906; „Panik in der Passage", in: Berliner Lokal-Anzeiger Nr. 590, 21. November 1910; alles zit. nach Peter Fritzsche, Reading Berlin 1900.

7   Vgl. zur Geschichte der Passage: Johann Friedrich Geist, Die Kaisergalerie. Biographie der Berliner Passage, München/New York 1997; zum Bautyp der Passage allgemein: Ders., Arcades, the history of a building type, Cambridge, Mass. 1985 (3d ed.: 1989).

8   Moritz Goldstein, Berliner Jahre [wie Anm. 3], S. 24.

9   Egon Erwin Kisch, „Das Schönste vom Passagepanoptikum ist das anatomische Museum. Das Schönste vom anatomischen Museum ist das Extrakabinet. Das Schönste vom Extrakabinett ist – pst! (...) Ein wächserner Virchow, vor einem Totenschädel dozierend, ist stummer Ausrufer, im Vereine mit einem Mädchen, das auch die inneren Geheimnisse preisgibt, weil sogar die Bauchhöhle aufgedeckt ist; eine Reklametafel zeigt die Wirkungen des Miedertragens und ruft: ‚Erkenne dich selbst – so schützest du dich.' Es kostet zwölf Mark fünfzig, sich selbst zu erkennen, wovon zwei Papiermark auf die Vergnügungssteuer entfallen; das Extrakabinett, ‚nur für Erwachsene', erfordert kein Sonderentree. Ein Vorhang teilt dieses Allerheiligste der Passage vom profanen Teil des Anatomischen Museums und ist Besuchern unter achtzehn Jahren nicht zugänglich. Eine Tafel, von Viertelstunde zu Viertelstunde umgedreht, kündet: ‚Jetzt nur für Damen', bzw.: ‚Jetzt nur für Herren'. Das eben ausgesperrte Geschlecht hat inzwischen in den ungeheimen Räumen herumzulungern, sich die plastischen Darstellungen des Verdauungsprozesses, der Hämorriden, der Cholerawirkungen, einer Zungenkrebsoperation, der Verheerungen des Branntweins in den Eingeweiden und dergleichen anzusehen und im Automaten die Gebärmutteroperation. Dann aber, dann dürfen die erwachsenen Herren bzw. die erwachsenen Damen – achtzehn ist man hier gewöhnlich mit vierzehn Jahren – in das Sanktuarium eintreten, wo die Chromoplastiken in natürlicher Größe all das zeigen, was man im Konversationslexikon nur schwer begreifen vermochte und worüber das Leben nur fallweise aufklärt." (Egon Erwin Kisch 1922, zit. im Führer des Berliner Panoptikums 1993).

10 Und der, wenn er an seine Jugendliebe denkt, schreiben muß: „Seltsamerweise habe ich sie niemals wieder getroffen oder auch nur gesehen, obwohl ich später gern alte Erinnerungen mit ihr ausgetauscht hätte. Seither ist der Nazisturm durch Europa gebraust. Ob sie den Massenmord an den Juden überlebt hat, weiß ich nicht." Moritz Goldstein, Berliner Jahre [wie Anm. 3], S. 34.

11 Und in dieser Zeit entstanden wohl auch die Texte „Formulierungen" (MS, 1902) und „Judenspiegel" (MS, 1907), die für unseren Zusammenhang – und, ehrlich gesagt, auch sonst – eher unerheblich sind. Vgl. Moritz Goldstein, Texte zur jü-

dischen Selbstwahrnehmung aus dem Nachlaß. Mit einer Einführung hrsg. von Elisabeth Albanis, in: Aschkenas 7/1997, H. 1, S. 79–135.

12 Moritz Goldstein, Berliner Jahre [wie Anm. 3], S. 57.

13 Moritz Goldstein, German Jewry's Dilemma before 1914. The Story of a Provocative Essay, in: Yearbook of the Leo Baeck Institute II, 1957, S. 236–254, hier S. 243.

14 Judentaufen, hrsg. von Werner Sombart u.a., München 1912, S. 9.

15 Ebd., S. 114.

16 Manfred Voigts, Moritz Goldstein [wie Anm. 4], S. 149; vgl. dazu auch Gary Smith, „Das Jüdische versteht sich von selbst". Walter Benjamins frühe Auseinandersetzung mit dem Judentum, in: Deutsche Vierteljahrsschrift für Literaturwissenschaft und Geistesgeschichte, 65. Jg. 1991, H. 2, S. 318–334.

17 Manfred Voigts, Moritz Goldstein [wie Anm. 4], S. 159; vgl. Theodor Fritsch, Handbuch der Judenfrage. Die wichtigsten Tatsachen zur Beurteilung des jüdischen Volkes, 42. Aufl., Leipzig 1938, S. 320 u. 512f.

18 Kurt Blumenfeld, Erlebte Judenfrage. Ein Vierteljahrhundert deutscher Zionismus, Stuttgart 1976, S. 58.

19 Sander L. Gilman, Jüdischer Selbsthaß. Antisemitismus und die verborgene Sprache der Juden, Frankfurt am Main 1993, S. 127.

20 Vgl. zur seltsamen Karriere des Begriffs zuletzt Lutz Niethammer, Kollektive Identität. Heimliche Quellen einer unheimlichen Konjunktur, Reinbek bei Hamburg 2000; aber auch Hermann Bausinger, Identität, in: Grundzüge der Volkskunde. Darmstadt 1978, S. 204–263.

21 Yehuda Eloni, Zionismus in Deutschland. Von den Anfängen bis 1914, Gerlingen 1987, S. 268.

22 Moritz Goldstein, Deutsch-jüdischer Parnaß, in: Kunstwart. Halbmonatsschau für Ausdruckskultur auf allen Gebieten, hrsg. von F. Avenarius. Erstes Märzheft 1912, S. 281–294; hier S. 282.

23 Ebd., S. 283.

24 Ebd., S. 285.

25 Ebd., S. 289.

26 Ebd., S. 290.

27 Vgl. dazu Siegfried Kracauer, Über den Schriftsteller: „Welche Bewunderung immer das Eintreten Voltaires für Calas und des ‚J'accuse' Zolas erregt hat, man hat diese Leistungen nicht als schriftstellerische verbucht, sondern zu ‚menschlichen' erhöht bzw. degradiert. Der gerade bei uns verbreiteten abschätzigen Beurteilung des Journalistenhandwerks entspricht die Auffassung, daß den Schriftsteller ein Geruch von Ewigkeit umwehe. Der Geruch ist modrig geworden." In: Text und Kritik, Zeitschrift für Literatur, Heft 68: Siegfried Kracauer. München, Oktober 1980, S. 1.

28 Manfred Voigts, Moritz Goldstein [wie Anm. 4], S. 166; vgl. Moritz Goldstein, German Jewrys Dilemma before 1914 [wie Anm. 14].

29 Manfred Voigts, Moritz Goldstein [wie Anm. 4], S. 174–177.

30 The Columbia Encyclopedia, Sixth Edition. 2001: Chorzów, city (1994 est. pop. 131.100), South Poland. A rail junction and a center of the Katowice mining and

industrial region, it is the site of the Kociuszko Iron and Steel Works. Formerly known as Królewska Huta (Ger. Königshütte), it passed from Germany to Poland in 1921. After 1945, the German-speaking majority was expelled and replaced by Poles. The city has a huge sports stadium. Vgl. auch das Projekt „Deutsch-jüdische Geschichte und Kultur in Schlesien, Pommern, West- und Ostpreußen" des Salomon Ludwig Steinheim-Instituts für deutsch-jüdische Geschichte an der Mercato-Universität Duisburg.

31 Es muß wohl dem bereits genannten Editionsprojekt zu klären vorbehalten bleiben, ob Goldstein in den Jahren der Weimarer Republik Informationen über oder sogar Kontakte zu Bestrebungen hatte, die Michael Brenner als „jüdische Autonomievorstellungen" zusammenfassend gekennzeichnet hat; dazu gehören die von Oscar Cohn erhobene Forderung nach nationalen Minderheitsrechten für die Juden in Deutschland, die Arbeit der Jüdischen Volkspartei, der 1930 in Stuttgart gegründete „Bund für Neues Judentum" und andere Ideen eines jüdischen „Autonomismus". Vgl. Michael Brenner, Zurück ins Ghetto? Jüdische Autonomievorstellungen in der Weimarer Republik, in: Trumah, Zeitschrift der Hochschule für Jüdische Studien Heidelberg, Heft 3, Wiesbaden 1992, S. 101–127.

32 Robert Liberles, The So-Called Quiet Years of German Jewry 1849–1869. A Reconsideration, in: Leo Baeck Institute Year Book XLI, 1996, S. 65–74.

33 Moritz Goldstein, Arnold Zweig, in: Juden in der deutschen Literatur. Hrsg. von Gustav Krojanker, Berlin 1922.

34 Info zu den Texten von Till Schicketanz.

35 Eine andere, die „Berlin zu schreiben" sich vorgenommen hatte, war Gabriele Tergit. Jens Brüning hat ihre Gerichtsreportagen herausgegeben: Gabriele Tergit, Wer schießt aus Liebe? Gerichtsreportagen, hrsg. und mit einem Vorwort versehen von Jens Brüning, Berlin 1999.

36 Inquit, Die Großstadt der kleinen Leute, in: Vossische Zeitung, Nr. 226, 21. September 1930. Nachdruck im Anhang zu Berliner Jahre, S. 249f.

37 Vgl. zu dieser Zeitungsgegend Joachim Schlör, Im Schnellzug nach Haifa – und zurück, in: Gabriele Tergit, Im Schnellzug nach Haifa, hrsg. von Jens Brüning, Berlin 1996, S. 147–159.

38 Meine Hervorhebung, J. S.

39 Gottfried Korff, Berliner Nächte. Zum Selbstbild urbaner Eigenschaften und Leidenschaften, in: Gerhard Brunn/Jürgen Reulecke (Hrsg.), Berlin. Blicke auf die deutsche Metropole, Essen 1989, S. 71–103.

40 Meir Dizengoff, An Appreciation, in: Palestine and Near East Economic Magazine, Vol. 6–7, 20. April 1931, „Dizengoff Jubilee Number"; Hans Seibt, Moderne Kolonisation in Palästina, II. Teil: Die Kolonisation der Juden. Diss. Leipzig 1933; Leo Kaufmann, Tel-Aviv. Neue Wege städtischer Siedlung in Palästina, in: Palästina. Zeitschrift für den Aufbau Palästinas, XVIII/1, Jänner 1935, S. 1–13; Elisha Efrat, Urbanization in Israel, New York 1984; Yossi Katz, Ideology and urban development. Zionism and the origins of Tel-Aviv (1906-1914), in: Journal of Historical Geography, 12/4 (1986), S. 402–424; Vgl. Ilan Troen,

Establishing a Zionist Metropolis. Alternative Approches to building Tel-Aviv, in: Journal of Urban History, XVIII/1 (1991), S. 10–36.

41 Meir Dizengoff, The Future of Tel-Aviv. Bright Prospects as Industrial and Trade Center, in: Palestine and Near East Economic Magazine, 2 (15. Juli 1926, S. 69–72; Report on Urban Colonization. Submitted to the XVth Zionist Congress by Meir Dizengoff, Tel-Aviv 1927.

Manfred Voigts

Der ‚hypereuropäische‘ Zionist
Moritz Goldstein, die ‚Kunstwart-Debatte‘ und Europa

Die Kunstwart-Debatte wird in allen Standard-Werken der deutsch-jüdischen Geschichte als ein sehr frühes und bedeutendes Dokument der Dissimilation, der Abkehrung eines Teiles der Juden von der Assimilation, gesehen. Moritz Goldstein forderte die Juden auf, sich zu ihrem Judentum offen zu bekennen: „Denn wenn die Juden nicht als Juden etwas wert sind, so sind sie überhaupt nichts wert."[1] Und auch wenn er es für sich und seine Generation für unerreichbar hielt, so war doch sein Ziel, „jüdische und nichtjüdische Deutsche kulturell reinlich voneinander zu scheiden, um aus dem Kompromiß, der Halbheit, der Menschen- und Mannesunwürdigkeit herauszukommen"[2].

Der berühmteste Satz aus *Deutsch-jüdischer Parnaß* lautet: „*Wir Juden verwalten den geistigen Besitz eines Volkes, das uns die Berechtigung und die Fähigkeit dazu abspricht.*"[3] Als Goldstein fünfundvierzig Jahre später auf diesen Aufsatz zurückblickte, betonte er, daß dieser Satz keineswegs seine eigene Meinung wiedergegeben hat, im Gegenteil: „I doubted neither our capacity nor our right to engage in cultural activities. The emphasis was on the fact that both these suppositions were denied by the others."[4] Und ‚die anderen‘ ließen den Worten Taten folgen. In seiner bekannten Reichstags-Rede vom 30. Januar 1939, wo er von der „Vernichtung der jüdischen Rasse in Europa" sprach, sagte Hitler auch:

> Vor allem aber die deutsche Kultur ist, wie schon ihr Name sagt, eine deutsche und keine jüdische, und es wird daher auch ihre Verwaltung und Pflege in die Hände unseres Volkes gelegt.[5]

Historisch hatte Moritz Goldstein, hat die Dissimilation und der Zionismus Recht behalten, der Weg in die Vernichtung der europäischen Juden war der Beweis, daß nur eine völlige Scheidung und eine Flucht aus Deutschland die Juden rettete. Und mit dem Vormarsch der deutschen Armee wurde immer deutlicher: Nur die Flucht aus Europa konnte die Juden retten.

Aber diese Bestätigung durch die Geschichte war damals nicht vorhersehbar, 1912 war für die überwiegende Mehrheit der Europäer schon die Möglichkeit eines großen Krieges undenkbar – nicht nur aus politischen, sondern auch aus technischen Gründen, denn die Waffentechnik hatte solche ‚Fortschritte‘ gemacht, daß der Einsatz dieser Waffen für viele als undenkbar galt[6]. Diejenigen aber, die sehr wohl einen Krieg für möglich hielten, die den Gegensatz und die Konkurrenz der Nationen für hochgefährlich hielten, diese Politiker, Literaten und Künstler sahen nur einen Weg zur Vermeidung eines kriegerischen Konfliktes, nämlich den Weg zu einem Europa, in dem die nationalen Gegensätze in den Hintergrund treten sollten.

Hier standen zwei Europa-Bilder getrennt und unvereinbar gegenüber, das eine, das sich an der alten Macht- und Bündnispolitik, am Kapitalismus und Imperialismus orientierte, und das andere, das gerade dies in Nationalstaaten zerfallene und daher immer potentiell kriegerische Europa überwinden wollte zu einem wirklich politisch-gesellschaftlich und kulturell geeinten, befriedeten und im Grundsatz sozialistischen Europa[7]. Tatsächlich war Europa beides, auch wenn man mit einiger Berechtigung von ‚zwei Welten‘ sprechen kann, die sich hier begegneten. In Deutschland war die Situation besonders problematisch; nicht erst in der Weimarer Republik, auch vor 1914 gab es in Deutschland ‚zwei Kulturen‘, „die sich gegenseitig kaum etwas zu sagen hatten und sich mit tiefer Fremdheit und Feindseligkeit gegenüberstanden"[8] – ein Umstand, der die deutsche Geschichte bis ins Hitler-Reich schwer belastete.

Das neue Europa war nicht nur ein entferntes Ziel, für viele Künstler war es schon Realität geworden. Friedrich Nietzsche, der damals seine breiteste Wirkung hatte, war überzeugter Europäer[9], Stefan Zweig sah „zum erstenmal ein europäisches Gemeinschaftsgefühl, ein europäisches Nationalgefühl im Werden" begriffen[10], Heinrich Mann schrieb schon vom „geeinten Europa"[11]. Insbesondere die ‚modernen‘ Künstler und Schriftsteller gingen hier voran. Kasimir Edschmidt schrieb über den ‚Zauber der französischen Revolution‘:

Die ganze Generation Europas während des Krieges hat sich irgendwie für oder gegen ihn entschieden und damit irgendwie einen übernationalen und europäischen Standpunkt eingenommen, wie er kaum vorher erreicht worden ist. Die Lyriker und Maler sind mit an der Spitze marschiert, und manche Gedichte der Russen hätten in Italien, manche der Franzosen aber in Deutschland geschrieben sein können.[12]

Goldstein hat sich in erster Linie als Schriftsteller gesehen und beklagt, daß er nicht eine einzige Würdigung seines Aufsatzes „als literarische Leistung"[13] bekommen habe, was es doch auch gewesen sei, „if not primarily."[14] Und in dem Aufsatz selbst sagte er, daß die Wahrheit nicht mit nationalen Maßstäben gemessen werden könne.

Wohl aber gibt es nationale *Kunst*. Ja, es gibt *nur* nationale Kunst, und die vom alten Goethe erstrebte Weltliteratur kann doch nichts als eine Sammlung des Besten sein, was auf dem Boden fester und echter Volkstümlichkeit gewachsen ist.[15]

Damit hatte er sich unübersehbar gegen die europäische Kunst gestellt. Als der Zionist Gustav Krojanker 1922 die Essay-Sammlung *Juden in der deutschen Literatur* herausgab, begann er sein Vorwort folgendermaßen:

Das Unternehmen dieses Buches, den Juden innerhalb des deutschen Kulturkreises als eine Sondererscheinung zu sehen; mehr noch: diesen Gesichtspunkt in den geheiligten Bezirk der Literatur zu tragen, wo, wenn irgendwo, der gute Europäer gilt – es ist ein ungemein verdächtiges Unternehmen. Denn es scheint in diesem Deutschland fast nicht anders denkbar, als daß die Geschäfte einer finsteren Reaktion betreibt, wer das Wesen des Juden als ein unterschiedliches überhaupt nur zu betrachten wagt.[16]

Rückblickend hatte Goldstein als Ziel seines *Kunstwart*-Aufsatzes benannt: „to demonstrate the meaning of being a Jew and of being a German and a European"[17] – er stellte also den Juden dem Deutschen gegenüber, der gleichzeitig Europäer war. Die Entscheidung zur Dissimilation und für den Nationalismus war eine Entscheidung gegen Europa. Es erscheint daher zum Verständnis des *Kunst-wart*-Aufsatzes notwendig, Goldsteins damalige Position gegenüber Europa zu untersuchen, zumal er sich 1913 noch einmal mit diesem Problemkomplex befaßt hat in seinem programmatischen Beitrag zu dem bedeutenden Sammelbuch *Vom Judentum*, dem er den Titel *Wir und Europa* gegeben hat.

Zunächst aber soll ein Blick auf die Position der Zionisten gegenüber Europa geworfen werden. Goldstein war zwar formell Zionist, er war Mitglied und zahlte den Schekel, aber er nahm an keinen Aktivitäten teil[18]. Das Interesse der Zionisten an ihm war zwar groß, aber sehr schnell zeigte sich, daß Goldstein keine politischen Ambitionen hatte und sich den Aufforderungen der Zionisten, in ihrem Sinne tätig zu werden, entzog. Dennoch stand er 1912/13 dem Zionismus am nächsten, und so bat Ahron Eliasberg, der gerade zum Leiter des Jüdischen Verlages berufen worden war, Goldstein um einen ausführlicheren Text, der noch 1912 unter dem Titel *Begriff und Programm einer jüdischen Nationalliteratur* veröffentlicht wurde.

Die Position der Zionisten gegenüber Europa war kritisch bis ablehnend. Für sie war Europa kein geistiger Entwurf, kein in eine bessere Zukunft weisendes Ziel, das es für die Schriftsteller und Künstler war, die Zionisten sahen Europa als politisches und ökonomisches Macht-System. Für sie war die gesamte Emanzipation und Assimilation, der „Übergang von jahrhundertelang abgeschlossenem Ghettoleben zur westeuropäischen Zivilisation" ein tragischer Fehler, denn „es handelte sich in Wirklichkeit nur um bürgerliche Spekulationen, die den einzigen Zweck hatten, ökonomisch und gesellschaftlich günstige Positionen bestmöglichst zu sichern"[19], wie der aus Rußland stammende Simon Bernstein schrieb. Von entscheidender Bedeutung sei Moses Mendelssohn gewesen[20], für den es, wie kürzlich bestätigt wurde, „keine andere Existenzweise als die eines jüdischen Europäers und europäisierten Juden"[21] gegeben hat. In ihrer Feindschaft gegen dieses Europa waren viele Zionisten bereit, sich mit deutsch-nationalen Kräften in eine Reihe zu stellen. Der Herausgeber des ‚Kunstwart' war zwar kein offizieller Antisemit, als nationaler Schriftsteller aber teilte er die „in zivilisierte For-

men gekleidete Abneigung gegen die Juden"[22]; seine Kritik am assimilierten Judentum[23] wurde von Zionisten begrüßt, und diese füg-
ten dieser Kritik an die assimilierten Juden gewendet die Bemerkung an: „Was wird es wieder für Mühen kosten, auch diesen allsei-
tig geschätzten Gelehrten als Hausierer, als Zionisten-Söldner, als
Antisemiten hinzustellen!"[24]

Diese europafeindliche Einstellung war keine Besonderheit des
politischen Zionismus, auch der Kultur-Zionismus war hier ganz
ähnlicher Ansicht. Siegmund Kaznelson[25], der schon als Schüler an
Theodor Herzls Zeitschrift *Welt* mitgearbeitet hatte, schrieb 1917
vom „Gestank des ‚europäischen Fortschritts‘", der die Realität ver-
decke: „Das System der europäischen Welt ist das System der nack-
ten oder maskierten *Gewalt*"[26]. Für ihn war Europa ein „Macht-
system", das „in den Sumpf" geraten war. Nur die Trennung von
Europa könne den Juden retten: „Alles, alles hat der Jude verloren
und alles, alles zu gewinnen. Die anderen können nichts mehr gewinnen als immer wieder Europa, diese Hure eines wüsten Gottes
nach dem tiefen griechischen Mythos."

Und sogar Felix Weltsch[27], der enge Freund Kafkas, beschrieb
Die Lockungen der Assimilation:

> Der Jude erblickt im Material europäischer Kultur, die ihn freu-
> dig in ihre höchsten Sphären aufnimmt, ein ungeheures Arbeits-
> gebiet. Welch unerhörte Leistungsmöglichkeiten in Wissenschaft
> und Kunst, in Philosophie und Literatur vermag diese Kultur
> seinem beweglichen Geist, seinem lebhaften Fühlen zu bieten![28]

Aber auch er wendet sich von Europa ab:

> Nur wer die Verlockung der Assimilation ganz durchkostet hat,
> vermag den jüdischen Renaissancegedanken ganz zu fühlen. Nur
> wer den Preis kennt, weiß den Wert. Da wir den Sirenengesän-
> gen einer europäischen Menschheitskultur lauschten, ertönte ernst
> und tief der Ruf aus unserem Innern.

Und dieser Ruf mahnte, „unserm jüdischen Geiste treu" zu bleiben und den Sirenengesängen der europäischen Kultur kein Gehör
zu schenken.

Wir sehen, daß nicht nur das alte, von Macht-Rivalitäten gekennzeichnete Europa von den Zionisten abgelehnt wurde, sondern
auch das neue, das durch wissenschaftliche, philosophische und
künstlerische Ideen gebildet wurde. Ökonomisch oder kulturell –
Europa stand den Zionisten für die zu überwindende Welt, weil für
sie der Weg *Vom Ghetto nach Europa* – so ein Buch-Titel von Arthur
Eloesser[29] – insgesamt ein Irrweg war.

Nun aber zu Goldstein selbst. Obwohl Europa im *Deutsch-jüdischen Parnaß* nicht besonders thematisiert wurde, ist von ihm sehr
häufig die Rede – achtzehn Stellen gibt es, und aus ihnen läßt sich
ein Europa-Bild nachzeichnen, das allerdings keineswegs wider-
spruchsfrei ist.

Goldstein mußte sich an die allgemeine Öffentlichkeit wenden,
weil es „keine jüdische Öffentlichkeit"[30] gebe, und bisher hätten
sich nur Personen mit dieser Thematik befaßt, um „sich als echten
Europäer auszuweisen."[31] Allerdings: „Jedoch Judenfragen sind ja
fast alle zugleich europäische Fragen."[32] Das hat seinen Grund in
der Emanzipation. Die nicht nur in ein materielles sondern auch in
ein „geistiges Ghetto" gesperrten Juden hätten sich mit großer Energie von den Fesseln befreit: „Es waren fähige, mit Willenskraft
begabte und von Begeisterung getriebene Schüler, die da bei dem
alten Europa in die Lehre gingen."[33] Aber sie blieben ausgeschlossen, in Deutschland seien sie als ‚Ausländer' behandelt worden. Aber:

> Ich sage, die Juden haben ein Recht zu verlangen, daß nur nach
> ihren Leistungen gefragt werde und daß man sie endlich freudig
> als Mitkämpfer anerkenne, daß man in ihnen, wenn nicht Brü-
> der und Blutsverwandte, so doch Kameraden ehre und liebe: von
> einem *gerechten* Deutschland, von einem *gerechten* Europa dürf-
> ten sie dies verlangen. Europa ist aber nicht gerecht, sondern bei
> aller ‚Zivilisation', sobald es sich um Juden handelt, von einer
> wahrhaft barbarischen Ungerechtigkeit.[34]

Als ein Beispiel für die ‚europäische Gerechtigkeit und Logik'[35]
verwies Goldstein darauf, daß die Juden sogar für die negativen Seiten des Christentums, für Intoleranz, für Dogmatismus und Autoritätsglauben verantwortlich gemacht würden. Europa sei ungerecht,
„und so haben die braven Juden unrecht, die – auf ihre Leistungen

und auf ihren guten Willen pochend – nichts als Gerechtigkeit verlangen."[36] Sie würden ausgegrenzt trotz des „europäischen Gebarens und Aussehens"[37].

Denjenigen Juden, die sich „im Vollbesitz westeuropäischer Kultur" wissen und die den Weg nach und in Europa suchen, hält er
entgegen: „Den Juden zum Europäer zu wandeln, war freilich die
Aufgabe – vor 150 Jahren." Derjenige Jude, der noch heute nichts
weiter von sich verlange „als daß er sich des Europäertums bemächtige, ist von vorgestern. Er steht noch immer an derselben Stelle, an
der einst Moses Mendelssohn stand."[38]

Heute sei die Fragwürdigkeit dieses Weges offenbar, das Beispiel
Heinrich Heines, der „der einzige jüdische Dichter von europäischer Bedeutung"[39] war, zeige dies deutlich. Heine sei ein „Symptom", ein Warnzeichen; wer es richtig deutet, der „wird sein Bündel
schnüren und seiner Wege gehen."[40] Für viele aber sei dies kein
Ausweg, auch für ihn selbst nicht:

> Wir aus dem Ghetto Entlaufenen, wir glücklich-unglücklichen
> Erben westeuropäischer Kultur, wir Ewig-Halben, wir Ausge-
> schlossenen und Heimatlosen, wir können mit dieser Möglich-
> keit nichts anfangen, ... über unserm Leben steht das graue Wort:
> sich abfinden![41]

Goldstein wollte nur das Problem aufzeigen, eine Lösung wußte
er nicht. Den zionistischen Weg wollte er nicht gehen, in seinem
Aufsatz sind daher nationale, nationaljüdische Töne nicht zu finden. Nur ‚Linderungsmittel‘ wolle er aufzeigen, die die Situation
erträglicher machen sollten „– bis es wieder einmal Menschen gibt,
moderne, gebildete, ‚europäische‘ Menschen, die auf jüdischer Erde,
in einem jüdischen Volke jung gewesen sind, mit jüdischem Hei-
mat- und Sprachgefühl, fern unsern Nöten, fern auch unserer Halbheit."[42]

Diese Aussage ist nach dem bisher Gesagten erstaunlich, denn
Goldstein wollte nun doch ‚europäische‘ Juden in einem jüdischen
Gemeinwesen sehen, trotzt jüdischem Heimat- und Sprachgefühl.
Er hoffte, daß mit der von ihm vorgeschlagenen Trennung von Ju-
den und Nichtjuden „die *Übertreibung des Nationalitätsprinzips* auf-
hören" würde[43]. Er sah nicht einmal mehr eine scharfe Trennung

zwischen Europa und dem jüdischen Geist und stellte die rhetorische Frage, „ob der Geist der freien Unternehmung, der Europa dahin gebracht hat, wo es jetzt steht, nicht zum großen Teil Geist der jüdischen Unternehmung, jüdischer Geist der Unternehmung ist."[44] Und würde „Europa dahin gelangen, uns für nichts zu nehmen als für Juden, so wird es sich eingestehen, daß es uns braucht – als Juden."[45] Die klaren Fronten sind aufgelöst, in einem gerechten Europa hätten demnach auch Juden ihren Platz.

Wie gesagt – die europäische Problematik stand keineswegs im Zentrum dieses Aufsatzes, und so konnte dieser Text trotz dieser unklaren Haltung gegenüber Europa selbst für „die überzeugtesten deutschen Zionisten"[46] zu einem grundlegenden Text der Selbstverständigung werden, und der ‚Verein jüdischer Studenten‘ zog ihn zur Pflichtlektüre heran[47]. Goldstein selbst scheint aber die Problematik erkannt zu haben, jedenfalls thematisierte er sie, als er gebeten wurde, für das Sammelbuch *Vom Judentum*, das vom *Verein jüdischer Hochschüler Bar Kochba im Prag* herausgegeben wurde, einen Beitrag zu schreiben. Hier entwickelte er seine Vorstellungen zum Verhältnis von Judentum und Europa systematischer, und dieser Text kann wohl als der ‚zionistischste‘ aus der Feder Moritz Goldsteins gelten.

In seinem Aufsatz *Wir und Europa* skizzierte Goldstein ein Bild von wechselnder Nähe und Ferne zwischen Juden und Europa[48]. Der Zionismus und insbesondere Theodor Herzl bedeuten für ihn die Phase größter Nähe, dieser „tat nichts, als daß er eine gesamteuropäische Geistesbewegung auf die Juden anwandte."[49] Diese Geistesbewegung war der Individualismus: „Mit dem individuellen Wert des einzelnen entdeckte man auch den der Nation; man erfand den nationalen Individualismus."[50] Gegen den „überwundenen Humanismus", der nur „das allen Menschen Gemeinsame" habe gelten lassen, seien nun die „durch Kultur gesetzten Unterschiede zwischen den Menschen" wichtig geworden. Wenn die Juden etwas wert seien, dann nur als „nationales Individuum"[51]. Daraus folgt: „Nicht als Reaktionäre, sondern als sehr moderne Menschen sind wir Nationaljuden geworden."[52]

Um 1800 gab es noch einen „befreienden Odem des Humanitätsideals", die Juden seien „in die Gemeinschaft Europas aufgenommen worden."[53] Dafür sei Moses Mendelssohn das herausragende Beispiel: „Europäer zu werden, das ist letzten Endes das Ziel und der Stolz der Assimilation, in ihren Anfängen so gut wie heute."[54] Weil aber die Zeit „vom Humanismus und Weltbürgertum fortgeschritten ist zum Individualismus und Nationalismus", deswegen könnten die Zionisten von sich sagen, sie seien gegenüber der Assimilation die „europäischeren Juden"[55]. Die Assimilation habe das Judentum zur ‚bloßen Religion' verkommen lassen, zum ‚mosaischen Glaubensbekenntnis', und dies mache es unmöglich, das Judentum „innerhalb der europäischen Welt als etwas Besonderes" zu erhalten.[56] Goldstein setzt dagegen:

> Wir dagegen erklären das Judentum, für das unsere Väter lebten, litten und starben, für tot. Wir dürfen es getrost; denn ist gleich das Judentum tot: die Juden leben.[57]

Es seien die Zionisten, die „das Judentum in neuer Form, als nationales Judentum gerettet und für eine neue Zukunft gegründet" hätten[58].

Diese Auffassungen sind uns heute allerdings nur schwer nachvollziehbar. Wir sehen heute Humanismus und Individualismus nicht mehr in erster Linie als Gegensätze – war doch der Humanismus um 1800 vor allem gegen ein durch das Stände- und Adelswesen gekennzeichnetes Menschenbild gerichtet; ebenso problematisch erscheint heute eine enge Verbindung zwischen Individualismus und Nationalismus, denn letzteren sehen wir gerade in der Epoche um 1800 heranreifen, in dem die Philosophie den ‚Nationalgeist' erfand, und er erscheint uns heute weit eher einem Kollektivismus als einem Individualismus verbunden. Das Ziel der Argumentation Goldsteins liegt allerdings offen auf der Hand: Er wollte keinen Anschluß an das ‚alte Judentum', er wollte den Zionismus als moderne Bewegung, die aus Europa entsprungen ist „und dem es seine Kraft vorläufig und bis auf weiteres verdankt"; allerdings werde sich der Zionismus mit Europa „irgendwie auseinandersetzen müssen."[59]

Das führte Goldstein zu der Frage, was denn Europa sei. Diese Frage aber wird nicht wirklich beantwortet; Europa sei das „Einheitsbewusstsein eines Teils der Menschheit", welches sich über die anderen stelle „und sich selbst naiv für den Mittelpunkt der Menschheit, für die bisher erreicht höchste Spitze, kurz für die Menschheit im eigentlichen Sinne hält."[60] Dies ist alles, was er zu Europa sagte, aber er fügte hinzu, daß die „geistige Zugehörigkeit zum Europäismus ... ohne Rücksicht auf alle Volks- und Rassentheorien"[61] bestehe. Der Zionismus sei ein „europäisches Ereignis", und in Palästina werde „eine zweitausendjährige Krankheit" geheilt, indem der „dünne Boden der Schrift", also der Bibel, die über die Jahrhunderte die Heimat gebildet habe, verlassen und nun „der Nation aus einer Scheinexistenz zu einer wirklichen Existenz" verholfen werde[62]. Für die Juden gelte daher:

> Wir hoffen nämlich, daß sie als ein europäisches Volk in einer europäisch gewordenen Welt, im Schutze eben dieses Europas, werden Wurzeln schlagen und gedeihen können.[63]

Dies ist der Punkt der engsten Annäherung zwischen Juden und Europa, denn nun beginnt Goldstein die Differenzen aufzuzeigen. Und es ist wohl kein Zufall, daß er nun auf die Bedeutung der Idee eingeht. Bei den Juden habe „von jeher die Idee, das Unwirkliche, der Geist eine ungeheure, oft verhängnisvolle Rolle gespielt", denn den Juden sei das Unreale „wirklicher als das Wirkliche. Von den Juden ist die Gerechtigkeit Gottes erfunden worden."[64] Nicht *ge*funden, sondern *er*funden! Wir erinnern uns daran, daß Goldstein in seinem Kunstwart-Aufsatz Europa vorwarf, ungerecht zu sein. Für Goldstein waren die Juden nicht mehr das ‚Volk des Buches', sondern der Idee und der Gerechtigkeit: „Das Buch, die Bibel mit allem, was sich daran knüpft, kann nicht mehr das Ein und Alles sein für Menschen, die von Europa gelernt haben, mit kühler Wissenschaftlichkeit an die heiligen Bücher heranzutreten", sie sähen „in den Werken göttlicher Offenbarung historische Dokumente"[65]. Die Idee, der Sinn für das Unreale, stelle sich heute gegen das Judentum des Gesetzes, aber darin sei die Rettung zu finden: „Diese Idee rettet uns vom Untergang in der doppelt gefährlichen Epoche der nationalen Zerstreuung und der religiösen Indifferenz."[66] Und die Idee führe die Juden über Europa hinaus:

Dieser Charakter als Volk der Idee hat Israel von jeher – wenn ich mich so ausdrücken darf – außerhalb des *jeweiligen Europa* gestellt.

Der jüdische Nationalismus dürfe daher auch keinen europäischen Staat anstreben, das wäre „eine ganz arge Assimilation an dieses Europa" und „höchst gefährlich". Und er vollzog den entscheidenden Schritt:

Europäisch sein heißt für uns über Europa hinausgehen. Wollen wir eine jüdische Nation sein, so müssen wir uns aufs neue außerhalb Europas stellen und das werden, was wir im Grunde sind: das Volk der Idee.[67]

Und nun stellt sich die Frage: Was ist das ‚Volk der Idee‘? Die Antwort, die Moritz Goldstein gab, ist für Goldstein selbst, für seine Zeit und für den Kultur-Zionismus höchst bezeichnend:

Wenn man überhaupt von geistigem Nationalcharakter sprechen will, so darf man von Israel sagen, daß es vor anderen Völkern die Gabe und den Trieb besitze, nach dem letzten Sinn und Zweck des Daseins zu fragen, oder vielmehr: nicht zu fragen, sondern eine Antwort zu geben.[68]

Und wenn er dann schreibt: „Israel ist das Volk der ethischen Idee" – dann wird schon erkennbar, welchen Weg er einschlagen wird. Nun nämlich wird Kant und sein kategorischer Imperativ[69] zum Gewährsmann für den jüdischen Geist; die von der Bibel immer wieder eingeschärfte Tugend der Gerechtigkeit „ist im Grunde nichts als Kants Moralformel", und daraus folgt: „Mit dieser Kantischen Entdeckung nun finden wir, daß die Erscheinung des kategorischen Imperativs in Europa oder für Europa ... zuerst und bis heute am intensivsten die Juden dargestellt haben."[70] Im Judentum sei der kategorische Imperativ „zur Volksreligion geworden." Und das bedeutet: „Die Juden waren Voreuropäer."[71]

Was Goldstein hier tut ist zunächst dasselbe, was die Assimilationsbewegung tat: Er interpretierte die Philosophie des deutschen Idealismus um und führte sie zurück auf einen jüdischen Geist, der freilich auch auf diesen Idealismus hin uminterpretiert werden mußte; vom ‚Gesetz‘, von Vorschriften und Riten, die Goldstein vorher selbst dem alten Judentum zugeschrieben hatte, ist hier nicht mehr die Rede. Kant wurde in dem Maße judaisiert wie das Judentum kantianisiert wurde. Nicht als ‚Volk des Buches‘, sondern als ‚Volk der Idee‘ waren die Juden Voreuropäer, bis „um das Jahr 1400 ist Judentum nebeneuropäisch"[72], danach sei es zurückgefallen und mittelalterlich geblieben. Jetzt aber seien Europa und das Judentum neu aufeinander angewiesen – und dieser Gedanke, der das Interpretationsmuster der Assimilation überschreitet, schließt den Aufsatz ab.

Kants kategorischer Imperativ habe nur unter einer Voraussetzung gegolten, die Kant selbst als selbstverständlich vorausgesetzt hatte, nämlich die Voraussetzung, „daß die Welt überhaupt einen Sinn oder einen Zweck habe."[73] Nietzsche aber habe den „europäischen Nihilismus" erkannt[74], der diese Voraussetzung zunichte machte. Nietzsches Versuch einer neuen Wertsetzung, das Konzept des Übermenschen, sei aber gescheitert. „Die Krisis des europäischen Nihilismus erleben wir Juden mitsamt dem übrigen Europa. Seine Zweifel sind auch unsere Zweifel" – aber Goldstein hat eine Hoffnung, und in dieser zeigt sich die ‚Modernität‘ des Zionismus, wie Goldstein ihn sah: „Ich glaube, daß das Volk der Juden den neuen Sinn der Welt aus sich herausgebären wird". So wie die Vorstellung der Gerechtigkeit Gottes nicht gefunden, sondern erfunden wurde, so solle auch der Sinn der Welt erfunden werden. Und er beendet seinen Aufsatz mit einem Absatz, der hier vollständig wiedergegeben werden soll:

> Seltsamer Kreislauf! Nachdem wir einen und vielleicht den stärksten Anstoß zur Bildung des geistigen Europa gegeben haben, nachdem wir lange Jahrhunderte nur unterirdisch im Strom der europäischen Entwickelung mitgeführt wurden, nachdem wir endlich zum modernen Europäismus erwacht sind und aus ihm die Kraft zu nationaler Wiedergeburt gesogen haben: stellen wir uns nun, als letzte Konsequenz europäischer Lehren, entschlossen außerhalb Europas. Wir werden hypereuropäisch, und zum zweiten Male im Laufe der Weltbegebenheiten geht von Judäa das Heil aus.[75]

Hier wurde also den unklaren Gedanken des Kunstwart-Aufsatzes ein großer Rahmen gegeben, in den sie eingefügt werden konnten. Man darf an diesen Rahmen nicht mit der Elle der historischen ‚Richtigkeit‘ herantreten, ein Maßstab, der ohnehin nicht unproblematisch ist. Zurecht sprach Shulamit Volkov von der ‚Erfindung einer Tradition‘ in Bezug auf die Entstehung des modernen Judentums in Deutschland[76], und folglich geht es nicht um historische Genauigkeit, sondern um die Schaffung eines weltanschaulichen Rahmens für das neu Entstehende. Und hier ging es um eine weltanschauliche Untermauerung des Zionismus, genauer: eines Zionismus, den Moritz Goldstein erwünschte und erhoffte. Nicht nur, aber vor allem von Martin Buber wurde das Bild des Juden als ‚Orientalen‘ gezeichnet, worin ihm z.B. Jakob Wassermann folgte, als er in *Vom Judentum* schrieb, es gebe einen Gegensatz „zwischen dem Juden als Europäer, als Kosmopolit, und dem Juden als Orientalen.“[77] Dieser Auffassung, der völligen Abkehr des Zionismus von Europa, wollte und konnte Goldstein nicht folgen. Er mußte deshalb eine Geschichtskonstruktion erstellen, die zwischen Europa und dem imaginierten Orient vermitteln könnte, eine Konstruktion, die einen ‚europäischen Zionismus‘ ermöglichen sollte. Diesen sollte der Zionist als ‚Hypereuropäer‘ realisieren, ein Zionist, der, weil er ‚voreuropäisch‘ war, die europäische Tradition in sich aufnehmen konnte, dennoch aber außerhalb Europas stand und nun Europa und seinen Nihilismus überwinden sollte. Kant stellte dabei den Angelpunkt dar: Er war der Höhepunkt der europäischen Philosophie, aber Europa war ihm nicht mehr gewachsen, die Voraussetzung seines Denkens, der Sinn der Welt, versank, und mit der Wiedergewinnung dieses Sinnes der Welt – eine höchst moderne Aufgabe – sollte Israel den europäischen Auftrag erfüllen, den Europa zu erfüllen nicht mehr in der Lage sei.

Wenn man nun auf den Kunstwart-Aufsatz zurückblickt, wird deutlich, daß Goldstein die Probleme, die sich als Widersprüche dargestellt hatten, in *Wir und Europa* aufgegriffen und in einem möglichst zusammenhängenden Entwurf zu lösen versucht hat. Dieser Entwurf hielt von der zionistischen Abkehr von Europa und der ‚Übertreibung des Nationalitätsprinzips‘ auf der einen Seite und dem assimilatorischen Aufgehen in Europa und einer gesamteuropäischen Kultur auf der anderen Seite gleichgroßen Abstand – eine Position, die mit seinem insgesamt durchaus zwiespältig empfundenen Judentum gut zusammenpaßt. Die Zeiten aber waren so, daß ein radikales Entweder-Oder gefordert wurde, und so blieb Goldstein mit seinem Entwurf, der zu einer vermittelnden Position hätte ausgebaut werden können, allein – eine Vermittlung war nicht erwünscht. Rückblickend kann man vielleicht die Aussage wagen, daß Goldstein mit seinem Konzept des ‚hypereuropäischen‘ Juden ein Jahrzehnt zu früh an die Öffentlichkeit trat.

Es ist allerdings fraglich, ob er dann diesen Artikel noch geschrieben hätte. Der Zionist Kurt Blumenfeld hat in seinen Erinnerungen zurecht festgestellt, daß Goldstein kein Zionist war; über den *Deutsch-jüdischen Parnaß* selbst aber schrieb er: „In Wahrheit war er aber eine erhellende Tat und sagte das aus, was wir fühlten, aber bisher nie so gut hatten ausdrücken können."[78] Immerhin war hier die Anerkennung der ‚literarischen Leistung‘, ob Goldstein sie allerdings zur Kenntnis genommen hat, ist sehr fraglich.

Am 28. Juli 1933, als sich die Lage für die Juden nach dem ‚Gesetz zur Wiederherstellung des Berufsbeamtentums‘ immer weiter verschärfte, schrieb Goldstein in der ‚Jüdischen Rundschau‘ unter dem Titel *Kulturghetto?*:

> Wenn wir auch erleben, daß die staatsbürgerliche Gleichberechtigung der Juden zurückgenommen wird: die welthistorische Tatsache ihres Eintritts in die europäische Kulturgemeinschaft lässt sich nicht zurücknehmen. Die Juden sind mündig geworden. Sie haben sich dem Strom des europäischen Geisteslebens geöffnet, der Strom hat sie mit sich fortgetragen. Europäische Kultur und Zivilisation, seit jeher eine Gesamtleistung vieler konkurrierender Nationen, hat seit 100 Jahren auch die Mitleistung der Juden in sich aufgenommen, die Anteile lassen sich nicht mehr scheiden ...
> Wir werden weiter daran teilnehmen. Mag das, was man uns aufzwingt, als Ghetto gemeint sein: der Geist wird darin herrschen. Darauf allein kommt es an. Alles andere ist äußerlich.[79]

Hier hat Goldstein seine ganze Hoffnung auf Europa gesetzt, auf das geistige Europa, an dem alle Nationen mitgewirkt haben und weiter mitwirken sollten. Es war noch nicht absehbar, daß Hitler die ‚Scheidung der Anteile' vornehmen würde und die europäische Kultur und Zivilisation durch einen alle bisher geltenden rechtlichen Grenzen durchbrechenden Krieg zerstören würde, und daß er die einzige wirklich europäische Nation, das europäische Judentum, fast vollständig vernichten würde.

Anmerkungen

1 Moritz Goldstein, Deutsch-jüdischer Parnaß, in: Kunstwart, Jg. 25, Heft 11, 1. Märzheft 1912, S. 290.

2 Ebd. S. 291.

3 Ebd. S. 283.

4 Moritz Goldstein, German Jewry's Dilemma. The Story of a Provocative Essay, in: Leo Baeck Institute Yearbook II, 1957, S. 250.

5 Rede Adolf Hitlers vor dem Reichstag am 30. Januar 1939, zit. nach: Helmut Berding: Moderner Antisemitismus in Deutschland (Tempora, Quellen zur Geschichte und Politik, hrsg. v. Peter Alter u. Erhard Rumpf), Stuttgart 1988, S. 72 u. 71.

6 Vgl. z. B. Margarete Susman, Ich habe viele Leben gelebt. Erinnerungen, Stuttgart 3. Aufl. 1966, S. 13.

7 Vgl. zur damaligen Europa-Diskussion Le discours européen dans les Revues Allemandes 1871–1914; Der Europadiskurs in den deutschen Zeitschriften 1871–1914, hrsg. von Michel Grunewald in Zusammenarbeit mit Helga Abret u. Hans-Manfred Bock, Bern u. a. 1966.

8 Eberhard Kolb, Die Weimarer Republik (Oldenbourg Grundriss der Geschichte, Bd. 16), 3. überarb. u. erweit. Aufl. München 1993, S. 93.

9 Vgl. Paul Michael Lützeler, Die Schriftsteller und Europa. Von der Romantik bis zur Gegenwart, München 1992, S. 190ff.

10 Stefan Zweig, Die Welt von gestern. Erinnerungen eines Europäers, Frankfurt am Main 1970, S. 227.

11 Heinrich Mann, Der deutsche Europäer, zit. nach: wie Anm. 9, S. 205.

12 Kasimir Edschmidt, Das Bücher-Dekameron. Eine Zehn-Nächte-Tour durch die europäische Gesellschaft und Literatur, Berlin 1923, S. 212.

13 Moritz Goldstein, Der ‚Kunstwart'-Aufsatz zur Judenfrage, in: Vergangene Tage. Jüdische Kultur in München, hrsg. von Hans Lamm, erweit. Aufl. München/ Wien 1982, S. 187.

14 Moritz Goldstein, German Jewry's Dilemma [wie Anm. 4], S. 251.

15 Moritz Goldstein, Deutsch-jüdischer Parnaß [wie Anm. 1], S. 290.

16 Gustav Krojanker, Vorwort, in: Juden in der deutschen Literatur. Essays über zeitgenössische Schriftsteller, hrsg. von Gustav Krojanker, Berlin 1922, S. 7; in diesem Buch schrieb Moritz Goldstein über Arnold Zweig.

17 Moritz Goldstein, German Jewry's Dilemma [wie Anm. 4], S. 245.

18 Vgl. ebd. S. 242

19 Vgl. Simon Bernstein, Der Zionismus, sein Wesen und seine Organisation, Dritte (Volks-)auflage Berlin 1919, S. 13f.

20 Ebd. S. 14.

21 Yirmiyahu Yovel, Mendelssohns Projekt: Vier Herausforderungen, in: Die philosophische Aktualität der jüdischen Tradition, hrsg. von Werner Stegmaier, Frankfurt am Main 2000, S. 333f.

22 Alex Bein, Die Judenfrage. Biographie eines Weltproblems, Stuttgart 1980, Bd. II, S. 312.

23 A [Ferdinand Avenarius], Aussprachen mit Juden, in: Kunstwart, Jg. 25 Heft 22, Zweites Augustheft 1912, S. 231f.

24 William Unna, Streiflichter aus dem jüdischen Ghetto, in: Der Zionistische Student. Flugschrift des K.Z.V. (Kartell zionistischer Verbindungen), Berlin [1912], S. 49.

25 Vgl. Biographie Siegmund Kaznelson, in: Almanach 1902–1964, Jüdischer Verlag GmbH Berlin 1964, S. 155.

26 Albrecht Hellmann [Pseudonym für Siegmund Kaznelson], Geist und Judentum, V. Das Ziel, in: Selbstwehr (Prag) vom 12. April 1917, S. 3–5.

27 Vgl. Manfred Voigts, Vorwort, zu: Felix Weltsch, Sinn und Leid, hrsg. von M. V., Berlin 2000, S. 9–32.

28 Felix Weltsch, Die Lockungen der Assimilation, in: Selbstwehr (Prag) vom 19. Dezember 1919, S. 1f.

29 Arthur Eloesser, Vom Ghetto nach Europa, Berlin 1936.

30 Moritz Goldstein, Deutsch-jüdischer Parnaß [wie Anm. 1], S. 282.

31 Ebd. S. 281.

32 Ebd. S. 282.

33 Ebd.

34 Ebd. S. 284.

35 Ebd. S. 286.

36 Ebd.

37 Ebd.

38 Ebd. S. 288.

39 Ebd. S. 289.

40 Ebd.

41 Ebd. S. 290.

42 Ebd. S. 292.

43 Ebd.

44 Ebd. S. 291.

45 Ebd. S. 293.

46 Hanni Mittelmann, Das Problem der deutsch-jüdischen „Symbiose" im zionistischen Roman, in: Juden in der deutschen Literatur. Ein deutsch-israelisches Symposion, hrsg. von Stéphane Moses u. Albrecht Schöne, Frankfurt am Main 1986, S. 234.

47 Vgl. Moritz Goldstein, Der ‚Kunstwart'-Aufsatz zur Judenfrage [wie Anm. 13], S. 187.

48 Vgl. zu diesem Aufsatz auch: Roland Goetschel, Die Beziehung zu Europa im deutsch-jüdischen Denken, in: Judaica Jg. 51 (1995), S. 154–177, bes. S. 160–170.

49 Moritz Goldstein, Wir und Europa, in: Vom Judentum. Ein Sammelbuch, hrsg. vom Verein jüdischer Hochschüler Bar Kochba in Prag, Leipzig 1914 (ausgeliefert im August 1913), S. 195.

50 Ebd. S. 195f.

51 Ebd.

52 Ebd. S. 196.

53 Ebd.

54 Ebd.

55 Ebd. S. 197.

56 Ebd. S. 198.

57 Ebd.

58 Ebd.

59 Ebd.

60 Ebd. S. 199.

61 Ebd.

62 Ebd. S. 200.

63 Ebd. S. 201.

64 Ebd.

65 Ebd. S. 203.

66 Ebd. S. 204.

67 Ebd. S. 204f.

68 Ebd. S. 205.

69 Später hat Goldstein die philosophischen Fragen dieses Aufsatzes breiter behandelt in: Der Wert des Zwecklosen, Dresden 1920.

70 Moritz Goldstein, Wir und Europa [wie Anm. 49], S. 206.

71 Ebd.

72 Ebd. S. 207.

73 Ebd. S. 207.

74 Ebd. S. 208; vgl. hierzu: Moritz Goldstein, Das Wertproblem, in: Die Grenzboten, 72. Jg. 1. Vierteljahr 1913, S. 598–605.

75 Ebd. S. 209.

76 Shulamit Volkov, Die Erfindung einer Tradition. Zur Entstehung des modernen Judentums in Deutschland, München 1992.

77 Jakob Wassermann, Der Jude als Orientale, in: Vom Judentum [win Anm. 49], S. 6.

78 Kurt Blumenfeld, Erlebte Judenfrage. Ein Vierteljahrhundert deutscher Zionismus, Stuttgart 1962, S. 58.

79 Moritz Goldstein, Kulturghetto?, in: Jüdische Rundschau vom 28. Juli 1933, zit. nach: Die Juden in Deutschland 1933–1945. Leben unter nationalsozialistischer Herrschaft, hrsg. von Wolfgang Benz, München 1988, S. 78.

Andreas B. Kilcher

Interpretationen eines kulturellen Zwischenraums
Die Debatte um die deutsch-jüdische Literatur
1900 bis 1933

Als sich Moritz Goldstein 1912 in einem vielbeachteten Aufsatz daran machte, den *Deutsch-jüdischen Parnaß*, den „Musenberg" der jüdischen Literatur im Gebirge der deutschen Literaturlandschaft auszumessen, sah er sich dazu veranlaßt, schon in den ersten Zeilen vor großen Schwierigkeiten zu warnen: „,Die Juden in der deutschen Literatur', das ist eines von den heikelsten Dingen, die nicht in den Mund genommen werden dürfen, will man sich nicht heillos kompromittieren."[1] Dieses hohe Problembewußtsein zeigt, daß die Frage, die Goldstein 1912 aufgeworfen hatte, zwar nicht neu war, aber offensichtlich brisanter und kontroverser denn je diskutiert wurde. Einer Analyse von Goldsteins Aufsatz und der von ihm ausgelösten „Kunstwart-Debatte" wird deshalb ein Blick auf das Vor- und Umfeld vorausgehen müssen, das Goldstein angesprochen hatte. Tatsächlich nämlich war die deutsch-jüdische Literatur zwischen ca. 1900 und 1933 Gegenstand unterschiedlichster und kontroverser Interpretationen. Im folgenden wird es um eben diesen Kontext gehen, innerhalb dessen sich Goldsteins Aufsatz positionieren und eine so große Resonanz erhalten konnte.

In der Debatte über die deutsch-jüdische Literatur im Zeitraum bis 1933 lassen sich genauer vier Interpretationsmuster unterscheiden. Die größte Differenz liegt zwischen einem polemischen außerjüdischen Verständnis auf der einen und den verschiedenen Ausprägungen eines innerjüdischen Selbstverständnisses der deutsch-jüdischen Literatur auf der anderen Seite. Vor allem die polemische Konzeption der deutsch-jüdischen Literatur war es, die Goldstein mit der Gefahr der Kompromittierung angesprochen hatte, genauer die völkische Konstruktion eines deutschen kulturellen Purismus durch Ausgrenzung des „jüdischen Anteils". Seit den Gründerjahren wurde der Begriff der deutsch-jüdischen Literatur in diesem Sinne als polemische Kategorie etabliert und als Instrument zur Exklusion des als „fremd", „unproduktiv" und „dekadent" eingestuften „jüdischen Elements" in der deutschen Literatur eingesetzt. Von dieser völkischen Ausgrenzung der deutsch-jüdischen Literatur unterschieden sich die verschiedenen Interpretationen der deutsch-jüdischen Literatur innerhalb der jüdischen Moderne. Zweifellos ist dieser innerjüdische Diskurs nicht isoliert zu verstehen, zeigt doch gerade das Beispiel Goldsteins, daß sich jüdische Intellektuelle mit der völkischen Besetzung dieser Frage auseinandersetzen mußten, wollten sie selbst eine deutsch-jüdische Literatur profilieren. Dennoch ist die jüdische Moderne kein bloßer Reflex auf den Antisemitismus, sondern entfaltet einen eigenständigen, vielstimmigen und nicht minder kontroversen Diskurs, auf dessen Formation im folgenden das Hauptaugenmerk liegt.[2] Eine mögliche Differenzierung von Positionen ergibt sich entsprechend den dominanten kulturpolitischen Positionen der jüdischen Moderne: Assimilations-, Zionismus- und Diasporatheorien implizierten alle je eigene Konzeptionen von Kultur und Literatur. Gemäß dem Programm der Akkulturation nämlich, wie es aus der jüdischen Aufklärung hervorgegangen ist und im liberalen deutschen Judentum vorherrschte, ist das Schreiben ein vorzügliches Medium kultureller Integration und die deutsch-jüdische Literatur folglich nicht etwa der jüdischen, sondern klar der deutschen Literatur zuzurechnen. Der zionistische Literatur- und Kulturbegriff bildet dazu die Gegenposition. In der Debatte über die Möglichkeiten einer jüdischen Nationalliteratur wurde die deutsch-jüdische Literatur in Funktion der zionistischen „Renaissance" gestellt und demonstrativ der jüdischen Literatur zugerechnet. Das literarische Modell moderner jüdischer Diasporatheorien schließlich stellt sich sowohl gegen das assimilatorische, als auch gegen das zionistische Paradigma jüdischer Kultur. Die Diaspora nämlich ließ sich als eine zugleich politische und ästhetische Alternative verstehen, wonach die deutsch-jüdische Literatur, jüdische Literatur überhaupt, zu einem kosmopolitischen Paradigma jüdischer Moderne erhoben wurde. Im folgenden sind also vier Begriffe deutsch-jüdischer Literatur zu unterscheiden, und damit vier Interpretationen jenes exterritorialen Zwischenraumes zwischen der deutschen und der jüdischen Kultur: ein völkischer, ein assimilatorischer, ein zionistischer und ein an der Diaspora orientierter, kosmopolitischer Literaturbegriff.

1. Völkische Kulturideologie

Spätestens seit Eugen Dührings *Die Judenfrage als Racen-, Sitten- und Culturfrage* (1881) gab es in Deutschland einen antisemitischen Literaturbegriff.[3] Sein Programm bestand darin, die deutsche Literatur von allem Modernismus, und das hieß von den „verderblichen Eigenschaften" der „Judenrace", zu „reinigen". „Keiner Nation ist es", so klagte Dühring auch in *Die Größen der modernen Literatur* (1893) über „das literarische Auftauchen des Hebräertums", „so handgreiflich übel gegangen, wie [...] den Deutschen. In dem Maße wie die ihrige wurde keine der europäischen Literaturen von Judennichtigkeiten absorbiert."[4] Von den deutschen „Größen" unterschied Dühring deshalb die jüdischen „Ungrößen" wie Heine, Börne und den „Judenfreund" Lessing.[5] Neu war nicht die rassische Ideologie, sondern, daß Dühring die „Befreiungsarbeit der arischen Völker" vom „schädlichen" jüdischen „Raceneinfluss" zum Programm der Literaturwissenschaft erklärte:

„Das 19. Jahrhundert ist [...] schon fast zum Judenjahrhundert avancirt, und noch schönere Dinge stehen für das 20. in Aussicht, wenn es nicht gelingt, die antiarische Bewegung, als welche die Judäer ihr Vorschreiten auffassen, energisch zurückzudämmen. Auch geistig war es für die Abwehr des Semitismus oder vielmehr specieller des Hebraismus schon hohe Zeit geworden".[6]

Deshalb forderte und begründete Dühring das Programm einer dezidiert antisemitischen Literaturwissenschaft:

„Die Abwehr dieser antiarischen Verschlechterungsmache sollte allerdings im Antisemitismus einen Stützpunkt finden; aber dieser muß sich praktisch und äußerlich noch erst in das Literaturgebiet hinein verpflanzen."[7]

Dieses Programm hat, neben August Sauer und Josef Nadler, Adolf Bartels am radikalsten umgesetzt. Es hat System, wenn er seine Disziplin explizit als „antisemitische Literaturgeschichtsschreibung"[8] deklarierte. Damit vollzog er die Funktionalisierung der Rede von der deutsch-jüdischen Literatur zu einem Instrument des Antisemitismus. Die Ideologie von Bartels' antisemitischer Literaturwissenschaft, wie er sie etwa in *Das Judentum in der deutschen Literatur* (1903), *Judentum und deutsche Literatur* (1910) und *Jüdische Herkunft und Literaturwissenschaft* (1925) geradezu systematisch ausformulierte, ist ebenso simpel wie grausam: Sie beruht auf der These, daß Kulturen und Literaturen rassisch, ethnisch und national bedingte Systeme sind.[9] Deshalb bestehe die eigentliche Aufgabe der deutschen Literaturwissenschaft in der „reinlichen Scheidung von Juden und Deutschen, Deutschtum und Judentum."[10] Es gehe darum, den „jüdischen Anteil" an der deutschen Literatur zu identifizieren und auszuschließen:

> „Ich hatte [...] die Juden als Fremdvolk unter uns Deutschen erkannt und hielt es nun für meine Pflicht, jeden jüdischen Dichter ausdrücklich als Juden zu bezeichnen, weiter, seine Werke aus seinem jüdischen Wesen zu erklären und, umgekehrt, aus den Werken auf jüdisches Wesen zu schließen, endlich, die durch die jüdischen Dichter und Schriftsteller, die Juden überhaupt auf das deutsche Schrifttum und damit auf das deutsche Volkstum geübten Einflüsse festzulegen und zu beurteilen."[11]

So simpel die Ideologie der antisemitischen Literaturwissenschaft ist, so problematisch ihre Methode: „So ganz leicht ist es nicht, das Judentum in der Literatur überall zu entdecken."[12] Bartels freilich lokalisierte die Probleme nicht in der rassentheoretischen Methode, sondern vielmehr im Gegenstand, d.h. bei den Juden:

> „Die Schwierigkeit liegt aber keineswegs in der Unsicherheit unserer Rassentheorie, sondern zunächst an dem Vertuschungssystem der Juden selbst [...] und dann daran, daß der jüdische Dichter und Schriftsteller natürlich mit unseren deutschen Poesie-Elementen wirtschaftet."

Gemäß der Rassentheorie zeigt sich „jüdische Herkunft" an den ethnischen „Rasseneigentümlichkeiten", genauer an den physischen Eigenschaften des Blutes und der Physiognomie des Autors sowie an den ethnischen und historischen Parametern des Geburtsortes und des Namens. Diese Kriterien teilt Bartels mit Registraturen wie Philipp Stauffs *Semi-Kürschner oder Literarisches Lexikon der Schriftsteller, Dichter [...] jüdischer Rasse und Versippung* (1913), in den Autoren strikt nach rassischen Kriterien klassifiziert sind.[13]

Die Methodik des Rassismus stößt jedoch eben auf die Schwierigkeit, so Bartels in Übereinstimmung mit einem antijüdischen Stereotyp, der den Juden „angeborenen" Fähigkeit zur „mimicry", zum „Verschweigen" und „Verschleiern". Schon Dühring hat das Programm der arischen Literaturwissenschaft darin gesehen, zu „ermessen, was es heißt, daß im 19. Jahrhundert das jüdische Element Deutsche Literatur gespielt hat."[14] Gemäß dieser paranoiden Logik gehört es zum Wesen der Juden, sich zu verbergen: „Die Neigung zur Täuschung hat immer im jüdischen Volke gesteckt",[15] lautet Bartels' Formel dafür. Das jüdische „Vertuschungssystem" ist nach Bartels allerdings nicht harmlos. Es gehört einem Plan an, den auch Philipp Stauff in seinem Beitrag zur *Kunstwart*-Debatte *Die Juden in Literatur und Volk* (1912) mit der Weltverschwörungsthese identifizierte, einer unsichtbaren, „internationalen Verfilzung" „jüdischer Organisationen", zu denen er, mit Blick auf Gustav Karpeles' „Vereine für jüdische Geschichte und Literatur in Deutschland", schon die „jüdischen Literaturvereine" zählte.[16] Die Strategie dieses Plans glaubt Bartels eben in der Mimesis zu erkennen: Durch „nachempfinden" und „nachahmen [...] bemächtigen sich die Juden der Kultur der Völker."[17] Um so wichtiger erscheint ihm die Aufgabe, das „jüdische Element" in der deutschen Literatur gerade dort an den Tag zu bringen, wo es sich verbirgt:

> „Aber wenn das gesamte ‚Material' vorliegt und gründlich geprüft wird, dann ist eine Täuschung darüber, ob ein Dichter Jude war, oder nicht, kaum möglich, ja selbst den Halbjuden wird man in der Regel noch erkennen."[18]

Genau da nun, wo die Rassentheorie versagt, tritt nach Bartels die Literaturwissenschaft in Funktion, arbeitet sie doch nicht nur mit biographischen, sondern auch mit ästhetischen Kriterien: sie registriert insbesondere die sprachliche und stilistische Konstitution des Werks. Schon Richard Wagner erklärte in *Das Judentum in der Musik* (1850) die Sprache zum entscheidenden Merkmal der fehlgeschlagenen Assimilation und damit zugleich der „Verjüdung der modernen Kunst":

> „Zunächst muß im Allgemeinen der Umstand, daß der Jude die modernen europäischen Sprachen nur wie erlernte, nicht als angeborene redet, ihn von aller Fähigkeit, in ihnen sich seinem Wesen entsprechend [...] kundzutun, ausschließen."[19]

Daraus folgt für Wagner, daß die Juden die europäischen Sprachen immer „anders" sprechen, also in einer „jüdischen Sprechweise" und einer „jüdischen Rede":

> „Als durchaus fremdartig und unangenehm fällt unserem Ohre [...] ein zischender, schrillender, summsender und murksender Lautausdruck der jüdischen Sprechweise auf."[20]

Demnach läßt sich das verborgene „jüdische Wesen" gerade an der Sprache ablesen. Das „geübte Auge" (Bartels) des Antisemiten wird am Schreibstil und an der Sprechweise die jüdischen Eigenschaften erkennen. An der „sprachlichen, phonetischen Wesensart", so Bartels, genauer am unwillkürlichen „Mauscheln", „im modernen Zeitungsstil", „ganz abgesehen davon, daß die Juden als Fremde Fehler machen",[21] zeige sich der jüdische Charakter ihrer deutschen Literatur. Indem die Sprache zum entscheidenden Kriterium erhoben wird, kommt der Literaturwissenschaft eine wichtige Funktion als Hilfswissenschaft der Rassentheorie zu: „Die Rassenprobleme sind auf dem Gebiet der Literaturgeschichte vielleicht am leichtesten lösbar oder doch umschreibbar, da ja alle Literatur ‚verrät'."[22] Insofern verfolgt Bartels' Projekt einer „aktenmäßigen ‚Geschichte des Judentums in der deutschen Literatur'" letztlich einen politischen Zweck: es ist Instrument der „Endlösung". Darüber hat Bartels keine Zweifel gelassen: „Ich predige ganz rückhaltlosen Kampf gegen das Judentum".[23]
    Der völkische Begriff der deutschsprachigen jüdischen Literatur basiert damit auf folgenden „Argumenten": Kernpunkt ist der Vor-

wurf, daß sich die Juden im Zuge der Assimilation die deutsche Literatur durch „Mimikry" angeeignet haben und folglich ein Gebiet „verwalteten", daß ihnen nicht zusteht. Damit verbindet sich zweitens die These der Unproduktivität und Unoriginalität der Juden, die These also, daß die Juden keine eigene Literatur zustande bringen, sondern sich stets bei anderen Kulturen bedienten. Dies führt drittens zu Annahme, daß die Juden ihr „Wesen" und ihre Identität stets verbergen, und viertens schließlich zur These, daß sich die „jüdische Eigenart" an der Sprache dennoch unwillkürlich zeige. Goldsteins Aufsatz ist auch eine Antwort auf diese kompromittierenden Thesen und Vorwürfe, die den Juden jede Kreativität absprechen und kulturelle Usurpation vorwerfen.

2. Der Literaturbegriff der Akkulturation

Diese polemische Sicht auf die deutschsprachige jüdische Literatur war vor allem für diejenigen jüdischen Kreise eine Enttäuschung und Provokation, die sich in der Tradition der Aufklärung für eine kulturelle Integration in Deutschland stark gemacht haben. Nicht zufällig wurde der Wortführer der deutschen liberalen Juden Ludwig Geiger zu einem der vehementesten Opponenten von Bartels. Seinem rassistischen hielt er einen Begriff der deutsch-jüdischen Literatur entgegen, der die Akkulturation als ein europäisches Vorhaben verteidigte. In seiner Vorlesung *Die Juden und die deutsche Literatur*, die er 1903/04 in Berlin gehalten und 1910 unter dem Titel *Die deutsche Literatur und die Juden* veröffentlicht hatte, wandte sich Geiger explizit gegen Bartels' grobschlächtige Methode, „Schriftsteller zu Juden zu stempeln".[24] Geigers erste Antwort an Bartels besteht in der Zurückweisung des kulturellen Nationalismus. Während Bartels Literaturen ethnisch und rassisch determinierte, verteidigte Geiger gerade die deutsche als europäisch-interkulturelle Literatur:

> „Wer die deutsche Literatur und Kunst [...] betrachtet, der wird geradezu sagen müssen, daß es eine ausschließlich deutsche Kunst fast niemals gegeben hat."[25]

Geigers Begriff der deutsch-jüdischen Literatur ist allerdings nur zum Teil als Kritik der antisemitischen Kulturpolitik der „reinlichen Scheidung" gemeint. Er bewegte sich mehr noch in einem innerjüdischen Diskurs, wenn er seine Position auch als Abgrenzung gegen den dissimilativen Literaturbegriff des Zionismus formulierte. Ihm wirft er vor, ein jüdisches Selbstbewußtsein zu konstruieren, das auf einem neuerlichen, nunmehr jüdischen kulturellen Purismus beruht:

„Nicht minder weise ich als völlig unwissenschaftlich alle Bemühungen und Anschauungen von mir, die, durch die Unzufriedenheit mit den augenblicklichen Verhältnissen, durch Kränkungen, die der einzelnen Person oder der Glaubensgemeinschaft zugefügt wurden, entstanden, ein jüdisches Stammesbewußtsein konstruieren und den Traum einer jüdischen Nationalität oder gar eines jüdischen Staates darstellen, oder sich direkt bemühen, ihn in die Wirklichkeit umzusetzen. Ich beklage die zahlreichen Romane, Gedichte und Dramen, die in neuerer Zeit von deutschen Juden veröffentlicht worden sind, alle von dem Streben erfüllt, ein neues Ghetto zu errichten, viel drückender als das alte, weil es ein selbstgeschaffenes ist, und weil es nicht diejenigen zurückdämmt, die durch Kleidung, Sprache und Gesittung sich von ihren Stadt- und Landgenossen unterscheiden, sondern weil es die durch die gesamte Kultur Geeinten, nur durch den Glauben Getrennten gänzlich voneinander zu scheiden sucht."[26]

Gegen die antisemitische Polemik wie auch gegen die zionistische Apologie – und damit gegen jede kulturelle Separation – fordert Geiger für die deutschsprachige jüdische Literatur die weitere Förderung kultureller Integration, und damit erneuert die Hoffnung der deutsch-jüdischen Kultursymbiose:

„Nicht Antisemitismus und Zionismus [...] können mir die Überzeugung nicht vernichten, daß der deutsche Gelehrte und Schriftsteller jüdischen Glaubens voll und ganz in Sprache und Gesinnung ein Deutscher ist, wohl berechtigt und befähigt, die Juden in der deutschen Literatur zu betrachten."[27]

Als letztes Kriterium jüdischer Identität gilt deshalb gemäß Geiger eine allerdings säkulare Religion. Mehr noch: Die Unterscheidungsmerkmale, an denen im Antisemitismus die Differenz zwischen deutscher und jüdischer Literatur festgemacht wird, gelten in der assimilatorischen Kulturtheorie als Garant der Einheit:

> „Wir deutsche Gelehrte jüdischen Glaubens haben stets unsere Ehre und unseren Stolz darin gefunden, voll und ganz in unserer Sprechweise, in unserer Kultur, in unserem Denken und Fühlen, in unserer Art zu arbeiten, Deutsche zu sein."[28]

Dann aber gibt es keinen jüdischen „Sonderweg", keine spezifisch jüdische Identität in Sprache und Literatur, ebensowenig wie es eine rein deutsche Sprache und Literatur gibt. Literaturen und Sprachen sind gemäß Geiger vielmehr Felder interkultureller Beziehungen.

Geigers Akkulturationstheorie der deutsch-jüdischen Literatur stößt jedoch auf eine „Schwierigkeit". Wie nämlich ist die deutsch-jüdischen Literatur ohne das Konzept einer genuin jüdischen kulturellen Identität überhaupt noch unterscheidbar? Verunmöglicht nicht der Universalismus der Akkulturation die Frage nach dem „Jüdischen", wie Geiger von einem Freund kritisch befragt wurde?

> „Er meinte, man müsse die Judenfrage als nichts anderes behandeln, denn ‚als eine allgemeine Frage der Humanität, der bürgerlichen Gerechtigkeit.' Man dürfe überhaupt keine Judenfrage anerkennen."[29]

Geiger stimmt dem grundsätzlich zu: Wenn sich nach der Kulturtheorie der Assimilation die Juden im deutschen Kulturraum zunehmend akkulturieren, mit dem Ziel, letztlich „voll und ganz" in der deutschen Kultur aufzugehen, dann kann es keine jüdische Bestimmung der Literatur mehr geben. Deshalb folgert Geiger, daß die deutsch-jüdische Literatur kein jüdisches, sondern ein allgemeines, „völkergeschichtliches Problem" sei. Dieses historisch zu beschreiben ist die eigentliche Aufgabe von Geigers Germanistik:

> „[...] es ist ein völkergeschichtliches Problem, den Gang einer Glaubensgemeinschaft durch die Jahrhunderte, durch die Ge-

schichte eines ursprünglich fremden Volkes zu verfolgen, zu zeigen, wie die Mitglieder dieser Glaubensgemeinschaft sich mit den Angehörigen des Volkes assimilierten, wie sie die Sprache und Geistesrichtung jener Nation annahmen und zu dieser Entwicklung ihr Eigenes beitrugen."[30]

Die deutsch-jüdische Literatur ist also Ergebnis und zugleich Dokument einer historisch gewachsenen Symbiose zweier Völker und Kulturen. In dieser Absicht forderte Geiger insbesondere auch einen „deutsch-jüdischen Roman", der die Geschichte der deutsch-jüdischen Interkulturalität zum Gegenstand hat:

„Sollten unsere jüdischen Schriftsteller nicht geneigt sein, uns auch einmal einen deutsch-jüdischen Roman zu geben? Man möchte meinen, unsere Zeit fordere dringend dazu auf. Antisemitismus und Zionismus, Begeisterung für deutsche Gesittung und Ablehnung angeblicher deutscher Forderungen und Ansprüche – das ganze sehnsüchtige Verlangen, sich ganz dem Volke zu vereinen, dem man durch Jahrhunderte lange Kultur und Gesittung angehört, und daneben der pietätvolle Zug, der die Einen zum Orient, die Anderen zu den althergebrachten Sitten zieht, was gäbe das einem Dichter für einen Stoff!"[31]

Mit der Literatur hat schließlich auch ihre wissenschaftliche Beschreibung die Aufgabe, die Geschichte der deutsch-jüdischen Interkulturalität zu befördern, und nur dies gilt Geiger, gegen völkische Polemik wie zionistische Apologie gerichtet, als „wissenschaftlich". Geiger schlägt deshalb eine Differenzierung in drei Aspekte vor: erstens die „aktive Beteiligung der Juden an der deutschen Literatur", zweitens die passive „Rolle in ihrer Beurteilung durch die deutschen Schriftsteller" und drittens die „kausative Wirkung und Beeinflussung der deutschen Literatur durch die Juden."[32] Diese Aspekte verdeutlichen nochmals Geigers Programm. Es geht nicht um eine Bestandsaufnahme des jüdischen Beitrags zur deutschen Literatur, sondern vielmehr um die Herausarbeitung der wechselseitigen Relation, Beobachtung und Beeinflussung der deutschen und der jüdischen Kultur. Gegenstand seines Interesses ist mithin nicht nur die deutschsprachige jüdische Literatur, sondern auch die

Darstellung jüdischer Stoffe und Figuren in der deutschen Literatur, wie Geiger an Reuchlin, Herder und vor allem Goethe zeigte.[33]

3. Kulturzionistische Literaturtheorie

Die Kultur- und Literaturtheorie, die von der Möglichkeit einer deutsch-jüdischen Symbiose ausgeht, provoziert die Frage, die schon Geigers ungenannter Freund aufgeworfen hatte: ob nämlich unter den Bedingungen der Akkulturation die Frage nach der jüdischen Kultur noch sinnvoll ist, ob es also so überhaupt noch gegeben ist, von einer deutsch-jüdischen Literatur zu sprechen, und nicht vielmehr bloß von der deutschen Literatur. Mehr noch: Geigers Analyse der wechselseitigen Relation der deutschen und der jüdischen Literatur, so könnte man in Anlehnung an Scholems Kritik der „Wissenschaft des Judentums" argumentieren, zielt auf eine Entdifferenzierung jüdischer kultureller Identität und ist letzlich eine Art testamentarischs Protokoll des sich im Assimilationsprozeß verflüchtigenden Judentums.

Genau dies war es, was der Verleger Gustav Krojanker in seiner Aufsatzsammlung *Juden in der deutschen Literatur* (1922) all jenen vorhielt, die jüdische Identität und Partikularität zugunsten eines assimilatorischen Universalismus aufzugeben vorschlugen. Krojanker stellte diesen Universalismus der jüdischen Kultur unter den Verdacht der Verinnerlichung antisemitischer Ausgrenzung. Assimilation erschien ihm geradezu als eine Form des jüdischen Selbsthasses, als vorauseilender Gehorsam nämlich gegenüber der Forderung der Überwindung jeder jüdischen Alterität. Das „Kennzeichen" des assimilierten Juden

> „ist die entscheidende Betonung des Allgemein-Menschlichen, des von Bedingungen Unabhängigen. [...] In Wahrheit aber ist diese seine Einstellung durch die Gegebenheit seiner besonderen Situation bedingt. Er hat sich [...] durch das unmaßgebliche Urteil der anderen, seine Bedingungen, wenn auch unbewußt, setzen lassen. [...] Er wünscht Gleichheit nicht für das Besondere individueller Eigenart, sondern das Allgemeine menschlichen Wertes schlechthin."[34]

Während gemäß der Akkulturationstheorie die Qualität der „jüdischen Identität" auf die Religion reduziert wird und zugunsten der deutschen Kultur gegen Null strebt, wird nun gemäß dem Kulturzionismus, dem Krojanker in Anlehnung an Martin Buber verpflichtet ist, die Qualität der deutschen zugunsten der jüdischen Kultur minimiert. Dabei sind im Einzelfall große graduelle Unterschiede möglich. Krojanker selbst beantwortet die Frage bei genauerem Hinsehen noch unweit des Standpunktes der Assimilation. Er lokalisiert die Differenz zwischen der deutschen und der jüdischen noch innerhalb des „Kreises der deutschen Kultur":

> „Innerhalb der Grenzen deutscher Kultur also wird hier geschieden; und diese Scheidung geschieht nicht um des Wertes, sie geschieht um der ritterlichen Abgrenzung willen."[35]

Krojanker fordert zwar eine kulturelle „Abgrenzung" als Ausdruck einer jüdischen Identität, nicht aber ohne nochmals die Hoffnung zu formulieren, daß „der Deutsche im Juden den Mitbürger gerade auch wegen seiner Andersartigkeit schätzt."[36]

Die kulturzionistische Position ließ sich freilich weitaus radikaler formulieren, und zwar pessimistischer hinsichtlich der Möglichkeit einer deutschen Akzeptanz der jüdischen Literatur und damit auch einer deutsch-jüdischen Kultursymbiose, optimistischer und selbstbewußter aber hinsichtlich der Konstruktion einer jüdischen kulturellen Identität. Die unterschiedlichen Argumentationsstrategien, die sich unter den kulturzionistischen Begriff der deutsch-jüdischen Literatur subsumieren lassen, können in zwei Typen differenziert werden. Gemäß dem engeren Begriff jüdischer Kultur gilt die hebräische Sprache als das entscheidende Kriterium. Jüdische kann nur hebräische Literatur sein, genauer: hebräische „Nationalliteratur". Diese Option vertraten Martin Buber, Achad Haam und die kulturzionistischen Theoretiker des Hebräischen.[37] Sie wird hier nur als Alternative genannt, weil sie die Möglichkeit einer jüdischen Literatur in westeuropäischen Sprachen, damit auch die einer deutschjüdischen Literatur, letztlich in Abrede stellt. Wichtiger für die hier gestellte Frage ist der offenere kulturzionistische Begriff jüdischer Literatur. Er basiert auf der These, daß jüdische „Nationalliteratur" auch in nichtjüdischen Sprachen verfaßt sein kann. Während die engere zionistische Kulturtheorie die jüdische Identität in der hebräischen Sprache verortet, verlegt sie eine offenere auf die Inhaltsseite von Literatur. Damit wird die Bestimmung eines „jüdischen Stoffes", „Inhalts" oder „Geistes" konstitutiv für die jüdische Identität von Literatur.

Dies nun entspricht ziemlich genau dem Programm, das Moritz Goldstein formulierte, als er sich gegen den Vorwurf der „Verwaltung" der deutschen Literatur durch die Juden wehrte. Sein Aufsatz *Deutsch-jüdischer Parnaß*, der 1912 ausgerechnet in Ferdinand Avenarius' deutschnationalem, jedoch explizit nicht antisemitischen *Kunstwart*[38] erschien, löste eine große Debatte aus, die Goldstein wiederum zu dem klärenden Essay *Begriff und Programm einer jüdischen Nationalliteratur* veranlaßte. Die Ausgangslage seiner Argumentation läßt sich bis zu dem allerdings kaum bekannt gewordenen Aufsatz *Geistige Organisation des Judentums* zurückverfolgen, der 1906 in der kulturzionistischen „Monatsschrift für modernes Judentum" *Ost und West* erschienen war. Entsprechend dem Programm dieser Zeitschrift, die mit Beiträgen von Buber und Achad Haam an der Herausbildung eines Begriffs „jüdischer Kunst" maßgebend mitgewirkt hatte, machte Goldstein die Bildung einer nationalen Identität von einer kulturellen, eben „geistigen Organisation" des Judentums abhängig. Zu diesem Zweck forderte er eine dezidiert „jüdische Wissenschaft", eine „jüdische Musik", eine „jüdische Kritik" und als „wichtigstes Kampfmittel" eine „jüdische Literatur" in deutscher Sprache, die Bildung nämlich „einer Art jüdischer Dichterschule in Deutschland".[39]

Dieses Programm einer nationalen jüdischen Kultur in Deutschland erwies sich Goldstein allerdings aus zwei Gründen zunehmend als revisionsbedürftig. Zum einen verschärfte es die „seelische Not des deutschen Juden", nie „ganz jüdisch oder ganz deutsch zu werden".[40] Zum anderen wurde es von der Erfahrung des kulturpolitischen Antisemitismus mit seiner Logik der Exklusion alles „Jüdischen" in Frage gestellt. An Wagner und Bartels stellte Goldstein exemplarisch fest, daß die Deutschen „uns im Tempel ihrer Kultur als eine Gefahr [...] betrachten."[41] Wie können sich angesichts dessen, so fragt Goldstein, die Juden in der deutschen Kultur definieren, oder einfacher: „Was tun wir jetzt?" Als mögliche Antwort prüfte er zunächst den Literaturbegriff der Assimilation, freilich nur, um ihn zurückzuweisen. Den „Herren Poeten, die sich als ‚deutsche Dichter' unter dem Weihnachtsbaum photographieren und veröffentlichen lassen" wirft er – lange vor Scholem – die „Naivität" vor, daß die Hoffnung einer deutsch-jüdischen Symbiose eine auf tragische Weise einseitige und „unglückliche Liebe" ist.[42] Schon dies macht deutlich, daß er die zweite Antwort favorisieren wird. Es ist nur konsequent, wenn er deshalb die jüdische Kultur an die hebräische Sprache zurückbindet:

> „Ich komme zu der Erkenntnis, daß die geistige Organisation der deutschen Juden ein Traum ist und daß nur mit Hilfe der hebräischen Sprache und international eine jüdische Kultur zu finden ist."[43]

Der „Zionismus für die Kunst", d.h. die „Wiederbelebung hebräischer Sprache und Poesie"[44], bleibt für Goldstein jedoch Postulat. Den kulturzionistischen „Sprung in die neuhebräische Literatur" erachtet er für die „westeuropäische" Konstitution der deutsch-jüdischen Literaten, und damit auch für sich selbst, als nicht nachvollziehbar: „Wir deutschen Juden [...] können ebensowenig hebräische Dichter werden, wie wir nach Zion auswandern."[45] Stelle man nämlich die „jüdische Nationalliteratur" unter die Bedingung der jüdischen Sprachen, sei es des Hebräischen oder des Jiddischen, hätten „wir Westeuropäer freilich nicht mitzureden."[46] Goldstein forderte deshalb, und dies ist der Kernpunkt seines Programms von 1912, „eine Nationalliteratur zu begründen ohne Nationalsprache".[47] Es war dies das Programm eines explizit „westjüdischen" oder „europäischen" Kulturzionismus. Mit dem Einbezug der europäischen Literaturen unterschied es sich auf der einen Seite vom engeren Kulturbegriff des Zionismus, auf der anderen Seiten von der Akkulturationstheorie, wonach „deutsche Werke deutscher Juden zur deutschen Literatur und nicht zur jüdischen [gehörten], ungeachtet aller jüdischen Stoffe."[48] Beiden hielt Goldstein entgegen, daß die deutsch-jüdische Literatur nicht über die Sprache, sondern über die „Stoffe" als „jüdisch" gelten kann:

„Unter den produktiven Juden Deutschlands und Westeuropas hat nun die Behandlung jüdischer Stoffe in jüngster Zeit ungeheuer zugenommen. Einer nach dem anderen setzt sich, mehr oder weniger bestimmt, mit dem Judenproblem auseinander, einer nach dem anderen entdeckt das Judenproblem als sein Problem. Und das ist das letzte und vielleicht wirksamste Palliativ, das ich vorzuschlagen weiß."[49]

Wenn Goldstein deshalb einen „Judenroman" und, woran er seit seinem 1899 entstandenen *Alexander in Jerusalem* selbst arbeitete,[50] ein „Judendrama" forderte, unterscheidet sich dies klar von Geigers „deutsch-jüdischem Roman": Letzterer hatte eine literarische Verarbeitung des Assimilationsprozesses vor Augen, Goldstein hingegen die Begründung einer kulturellen jüdischen Identität.

Die Problematik von Goldsteins Konzept einer deutschsprachigen, explizit westjüdischen Nationalliteratur ist leicht abzusehen: es erlaubt zwar einen weiteren, geradezu europäischen Literaturbegriff, instrumentalisiert diesen aber dennoch für nationale Zwecke. So ist es verständlich, das Goldsteins Programm nicht nur von der Seite der Akkulturationstheorie, sondern auch von der Seite eines konsequent gedachten Zionismus, ganz zu schweigen von völkischer Seite,[51] Kritik provozierte. In der kontroversen Diskussion, die auf Goldsteins Aufsatz folgte und als „Kunstwart-Debatte" in die Geschichte eingegangen ist, lassen sich vor allem zwei Positionen unterscheiden. Die assimilierten Juden, für die Ernst Lissauer und Jakob Löwenberg, später auch Ludwig Geiger, sprachen, kritisierten die Zwischenlösung einer deutschsprachigen jüdischen „Nationalliteratur" und forderten dagegen: „entweder auswandern; oder: deutsch werden. Dann aber: sich eingraben, einwurzeln mit aller Kraft, mit allen Muskeln sich zum Deutschen erziehen."[52] Vor allem gegen Lissauer richtete sich wiederum Ludwig Strauß, der gegen die deutsch-jüdische „Zwitterkultur" den zionistischen „Übergang zur neuhebräischen Literatur" forderte.[53] Goldsteins Programm einer deutschsprachigen jüdischen Nationalliteratur jedoch erachtete Strauß konsequenterweise als bloße Zwischenstufe auf dem Weg zur eigentlich jüdischen, nämlich hebräischen Literatur. So galten

Goldsteins differenzierende Überlegungen allen eindeutigen bzw. vereindeutigenden Positionen als unentschlossen und halbherzig, und deshalb letztlich als unakzeptabel.

4. Der Literaturbegriff der Diaspora

Goldsteins Programm einer „jüdischen Nationalliteratur" macht deutlich, wie wichtig eine Differenzierung zwischen einem engeren kulturzionistischen und einem weiteren nationaljüdischen Literaturbegriff ist. Dieser offenere jüdische Literaturbegriff ließ sich allerdings noch weiter von einer zionistischen Politisierung abrücken und geradezu als dritte Alternative jenseits von Assimilation und Zionismus lokalisieren. Die Rede ist von der Konstruktion eines Kultur- und Literaturbegriffes der Diaspora, eines dezidiert jüdischen Modells also von Literatur, das die Galuth zum ästhetischen Paradigma hat.

Die Ausformulierung dieses ästhetischen Modells der Diaspora zeichnete sich in einer weiteren Debatte ab, die anläßlich des Erscheinens von Martin Bubers Zeitschrift *Der Jude* sich entzündete. Auslöser war Max Brod, indem er im Mai 1916 Buber nahelegte, in seiner wesentlich kulturzionistisch orientierten Zeitschrift auch „der Poesie", insbesondere aber der deutschsprachigen Literatur der „westjüdischen Dichtung" eine „Heimstätte" zu geben.[54] Die westjüdischen Schriftsteller nämlich sollen, wie Brod schon zwei Jahre zuvor in seinem Aufsatz *Der jüdische Dichter deutscher Zunge* forderte, über den Umweg der deutschen Sprache nationale „Einheit fühlen", was zunächst ungefähr Goldsteins deutsch-jüdischer „Nationalliteratur" entsprach. Buber nahm in diesem Disput die hebraistisch-kulturzionistische Position ein, indem er die Möglichkeit einer jüdischen Literatur in deutscher Sprache überhaupt in Abrede stellte. Er gesteht Brod zwar zu,

> „daß es in der deutschen Literatur Elemente spezifisch jüdischen Geistes in einer eigenartigen Synthese mit dem deutschen gibt [...]; aber die Werke, in denen sie zu finden sind, gehören darum doch nicht der ‚jüdischen Literatur' an. [...]. Die Sprache bleibt nun einmal das konstruktive Prinzip der Literatur. Eine jüdische

Gruppe, eine jüdische Farbe werden Sie innerhalb der deutschen Literatur aufzeigen können, aber nicht mehr: Sie haben recht, der jüdische Geist wird auch hier, in der fremden Sprache laut; aber er wird hier nicht zu einem Organismus, zum ‚Schrifttum‘.“⁵⁵

In diesen Disput nun griff unter anderem auch Stefan Zweig ein, indem er, wie Brod, von Bubers *Der Jude* den Einbezug der Literatur forderte. Zweigs Vorschlag ist nicht nur deshalb signifikant, weil er von allen deutsch-jüdischen Autoren ein „Bekenntnis“ über ihr Verhältnis zum Judentum forderte, sondern auch, weil er für sich selbst eine Position formulierte, die sich zum Zionismus und zur Assimilation gleichermaßen alternativ verhielt. Mit kritischem Blick auf Brods „nationales“ Literaturprogramm bekannte er sich zu einem Diaspora-Begriff der deutsch-jüdischen Literatur, in dem er eine „weltbürgerliche allmenschliche Berufung“ sah: „Ich finde den gegenwärtigen Zustand den großartigsten der Menschheit: dieses Einssein ohne Sprache, ohne Bindung, ohne Heimat nur durch das Fluidum des Wesens.“⁵⁶

Noch in seiner Autobiographie *Die Welt von Gestern* (1942), geschrieben im brasilianischen Exil, evozierte Zweig rückblickend jenes multinationale Europa, wie es 1916 am auseinanderbrechen war. Es war eine verzweifelte Anklage gegen „jene Erzpest, den Nationalismus, der die Blüte unserer europäischen Kultur vergiftet hat“, und dagegen ein emphatisches Plädoyer für das jüdische Existential der „Heimatlosigkeit“, das sich noch in der Not des Exils als letzter Garant der europäischen Kultur erweist: „Gerade der Heimatlose wird in einem neuen Sinne frei, und nur der mit nichts mehr Verbundene braucht auf nichts mehr Rücksicht zu nehmen.“⁵⁷

Zweigs literarisches Programm einer Diaspora-Literatur ließ sich freilich nicht nur konservativ-alteuropäisch begründen. Vergleichbare Modelle folgten unterschiedlichsten Perspektiven: einem aufgeklärten, humanistischen Kosmopolitismus ebenso wie einem literarischen Ästhetizismus, einem sozialistischen Internationalismus und einem anarchistischen Anti-Nationalismus ebenso wie einem katholischen Universalismus, einem real erfahrenen ebenso wie einem metaphorisch transzendierten Exil. Die Varianten dieses ästhetischen Modells der Diaspora bewegen sich so im Spannungsfeld

zwischen konservativ-humanistischen (etwa bei Stefan Zweig und
Joseph Roth) und progressiv-sozialrevolutionären Formen (z.b. bei
Albert Ehrenstein, Anton Kuh, Alfred Wolfenstein und Lion Feucht-
wanger).

Albert Ehrenstein z.b., um auch ein Beispiel der letzteren Gruppe zu geben, hielt gegen Assimilation und Zionismus das jüdische
Paradigma der Diaspora in der Exterritorialität der Ahasver-Figur
als Modell einer neuen, weltbürgerlichen jüdischen Moderne. Pole-
misch diagnostizierte er, so z.B. 1917 im *Zeit-Echo*, das Soziogramm
der Assimilation, und auch er tat dies zugleich gegen die mögliche
zionistische Alternative:

> „So wurde der Assimilant, der Vollblutaffe mit Monokel und ei-
> sernem Kreuz, gezüchtet, das Protzensöhnchen, das früh anhob
> mit den Worten ‚Gestern hab ich den ganzen Nietzsche geschenkt
> gekriegt' oder ‚Mein Vater ist Sammler; er hat sechstausend Spa-
> zierstöcke' […]. Trotzdem: Exzessiver Zionismus ist für mich nicht
> der Weg zur Erfüllung. Ein jüdischer Nationalpark, ein Indianer-
> territorium, eine Reservation, in der statt wilder Bisons gemä-
> ßigte Israeliten verwahrt werden […] – das wäre Fluch, Flucht
> ins Herbarium. Und neue freiwillige Kasernierung, Uniformie-
> rung des Judentums."[58]

Den assimilierten deutschen Juden wie den Zionisten hält Ehrenstein deshalb entgegen: „Man jammere nicht allzusehr über die Diaspora!"[59], und fährt – etwa in seiner kritischen Studie *Nationaljudentum* (1927) – fort:

> „Jedes Vaterland ist ein Ghetto. Zionismus ist Heimweh nach
> einem größeren Ghetto. […] Gewiß ist der Ahasverismus, die
> Heimatlosigkeit, ein bitteres Schicksal dem Einzelnen, aber sie
> ist ein Grund der verhältnismäßig großen Leistungen vieler Ju-
> den […]. Ich habe Respekt vor Juden – als einer fast unbegrenz-
> ten Enzwicklungspotenz: sie habe die größte Möglichkeit zum
> internationalen, übernationalen Menschen."[60]

„Die Lebensform", und mehr noch, so Ehrenstein auch in der Aufsatzsammlung *Menschen und Affen* (1926), „die Kunstform des echten Juden ist Ahasverismus."[61]

Vergleichbar damit ist das psychologisch-politische Diaspora-Programm von Anton Kuhs fulminantem Essay *Juden und Deutsche* (1921),[62] und ebenso das mehr literarische Programm von Alfred Wolfensteins Essay *Jüdisches Wesen und neue Dichtung* (1922), der auszugsweise in Bubers *Der Jude* und vollständig in Kasimir Edschmids expressionistischer *Tribüne der Kunst und der Zeit* erschienen war.[63] Auch Wolfensteins revolutionär gedachte jüdische Diaspora-Literatur widersetzt sich jeder Nationalisierung, sei es in der Form kultureller Assimilation oder in der scheinbar dissimilativen Form des Zionismus. Beide nämlich folgen dem bürgerlichen Wunsch nach sicherem „Boden“: „Vom schwächlichen Assimilanten bis zum mutigsten Zionisten wünschen sie sich: Boden.“[64] Beiden hält deshalb auch er den in der Literatur beheimateten Juden als „Nomaden“ der Schrift entgegen, das alte Existential der Diaspora für die Moderne erneuernd.

> „Vielleicht begann die Diaspora, wie nach der Zerstörung Jerusalems und nach dem Fall des Ghettos, von neuem Jetzt. Sie ist freilich diesmal eine allgemeiner menschliche, eine verbundenere Zerstreuung. Doch ich glaube, der Jude ist zu ihr [...] für immer berufen.“[65]

Die Gegenwart der Moderne werde deshalb „nur noch entschiedener“ die jüdische

> „spirituelle Sendung zu erkennen geben. [...] Viele wünschen sich neuen Boden. Herrlicher ist die Unabhängigkeit einer neuen jüdischen Gestalt. Der Boden kann verloren gehn, das Geschick kann sich wütend immer wiederholen, weil man es nicht kennt, ewige Zerstreuung, – Jerusalem kann wieder zerstört werden: die schwebende Sendung nicht. Sie fühlt grenzenlos durch Länder hindurch die unverwehrte Welt.“[66]

Das ästhetisch-politische Profil der Diaspora, das mit expressionistischen Parametern wie Internationalismus, Weltverbrüderung, Pazifismus, Emanzipation von den Vätern zwischen 1910 und 1920 entwickelt wurde, konnte angesichts der zunehmenden Nationalisierung und Ethnisierung gegen Ende der zwanziger Jahre an neuer Bedeutung gewinnen. Lion Feuchtwanger etwa appellierte 1930 in dem Aufsatz *Der historische Prozeß der Juden* an eben jene „Sendung" der Diaspora:

> „Was früher den Juden von ihren Gegnern als ihre verächtlichste Eigenschaft vorgeworfen wurde, ihr Kosmopolitentum, ihr Nichtverwurzeltsein mit dem Boden, auf dem sie lebten, das erweist sich plötzlich als ungeheurer Vorzug."[67]

Dieser liegt nicht nur in der politischen Aktualität als eines Internationalismus, sondern auch in seiner kulturellen Implikation. Denn nicht der Boden ist die „Heimat" bzw. das Medium der Juden, sondern zunächst das heilig gewordene „Buch", dann aber die „Literatur" im modernen Sinne überhaupt. „Zweitausendfünfhundert Jahre wurden sie" – die Juden –

> „einzig und allein durch ein Buch zusammengehalten – durch die Bibel. [...] Ehrfurcht [...] vor der Literatur wurde zu einem Teil ihres Daseins. Literarische Tätigkeit sahen sie als den höchsten aller Berufe an."[68]

Die jüdische Literatur wird damit zum ästhetischen Prototyp einer europäisch-kosmopolitischen Moderne, indem sie die Substitution von territorialem Land durch das exterritoriale Buch immer schon vollzog.

Nunmehr im Exil nach 1933 forderte auch Joseph Roth, um ein letztes Beispiel zu geben, eine Politisierung der Literatur und zugleich eine Ästhetisierung bzw. Metaphorisierung des Exils in der Literatur, dies, nachdem er schon in den Romanen *Hotel Savoy* (1924) und *Flucht ohne Ende* (1927) und im Essay *Juden auf Wanderschaft* (1927) eine kosmopolitische Heimatlosigkeit als jüdisches Existential der Moderne beschworen hatte. Dabei war Roths Horizont wie bei Zweig eine eher konservative Idealisierung des multikulturellen, österreichischen Vielvölkerstaates; darin genau liegt Roths „katholischer" Universalismus. Das ästhetische Modell der Diaspora freilich erhielt auch bei Roth im Exil nach 1933 eine dringendere Funktion. Im Kampf gegen Hitlers Deutschland, so Roth im Essay *Autodafé des Geistes* (1933), falle gerade den „deutschen Schriftstellern jüdischer Abstammung" eine entscheidende Aufgabe zu. Als Opfer und nicht Operatoren eines übermächtig gewordenen Nationalismus sei ihnen die Rettung des alten Europa überantwortet:

> „Wir Schriftsteller jüdischer Herkunft sind [...] die einzigen Repräsentanten Europas, die nicht mehr nach Deutschland zurückkehren können. [...] In einer Zeit, da Seine Heiligkeit, der unfehlbare Papst der Christenheit, einen Friedensvertrag, ‚Konkordat‘ genannt, mit den Feinden Christi schließt, da die Protestanten eine ‚Deutsche Kirche‘ gründen und die Bibel zensieren, bleiben wir Nachkommen der alten Juden, der Ahnen der europäischen Kultur, die einzigen legitimen Repräsentanten dieser Kultur."[69]

Das war nicht Apologie, sondern Appell an die moralisch-politische Aufgabe, die das Exil für die deutsch-jüdischen Schriftsteller bedeutete: Gegen allen Nationalismus die europäische Kultur zu retten. In einem weiteren, vielbeachteten Essay feierte Roth deshalb das Exil geradezu als *Der Segen des ewigen Juden*, so der Titel, und forderte, „gegen den Chauvinismus der modernen Nationen" einen neuen „Kosmopolitismus". „Wie nötig hätten wir jetzt ein paar Millionen Kosmopoliten",[70] und präzisierend in dem als Replik auf seine Kritiker gehaltenen Artikel *Jedermann ohne Pass*:

> „Es gibt keine andere Möglichkeit als die, die nicht in ihren Ländern ‚aufgehen‘, und jene, die nicht nach Palästina gehen und die dennoch Juden bleiben, die Träger des Gedankens vom allgemeinen Vaterland werden. Unser Vaterland ist die ganze Erde."[71]

So radikalisiert das Modell der Diasporaliteratur jene Option, die sich in Goldsteins unsicherem Schwanken zwischen „westjüdischer" und zionistischer Literatur von 1912 nur vage und ex negativo abzeichnete. Die expressionistische Generation aber erhob es nach 1914 zu einem dezidiert jüdischen Modell von Literatur, das dann die Exilautoren nach 1933 angesichts der sich abzeichnenden Katastrophe der europäischen Juden erneut aufgegriffen haben, mit keiner geringeren Erwartung – so etwa noch Erich von Kahler in *Israel unter den Völkern* (1937) – als der Rettung des alten Europa.

Andreas B. Kilcher

Anmerkungen

1 Moritz Goldstein, Deutsch-jüdischer Parnaß, in: Kunstwart 25 (März 1912), S. 281–294, S. 281.

2 Die hier vorgelegten Überlegungen sind eine Weiterführung meines Aufsatzes Was ist deutsch-jüdische Literatur? Eine historische Diskursanalyse, in: Weimarer Beiträge 45, Heft 4 (1999), S. 485–517 und meiner Einleitung zum Metzler Lexikon der deutsch-jüdischen Literatur, hrsg. von A. Kilcher, Stuttgart 2000.

3 „Der Haß gegen das Judentum flammte auf in der Zeit nach 1870, also in der Zeit gesteigerten Volksgefühls", so beobachtete schon Ernst Lissauer in seinem Beitrag zur Kunstwart-Debatte in: Der Kunstwart 25 (April 1912), S. 6–12, S. 9.

4 Eugen Dühring, Die Größen der modernen Literatur, 2 Bde., Leipzig 1893, Bd. 2, S. 277.

5 Ebd., S. 388.

6 Ebd., S. 386f.

7 Ebd., S. 389.

8 Adolf Bartels, Jüdische Herkunft und Literaturwissenschaft, Leipzig 1925, S. 10.

9 Vgl. Bartels, Jüdische Herkunft, in: Deutsches Schrifttum 16 (Nov. 1924), S. 1; Die literarische Vorherrschaft des Judentums, in: Deutsches Schrifttum 17 (März 1925), S. 1; Juden und Judengenossen, in: Die Grenzboten 52 (1. April 1893), S. 305–307. Zu Bartels vgl. Steven Nyole Fuller, The Nazi's Literary Grandfather. Adolf Bartels and Cultural Extremism 1871–1945, New York 1996.

10 Adolf Bartels: Jüdische Herkunft [wie Anm. 9], S. 11.

11 Ebd., S. 7.

12 Adolf Bartels, Kritiker und Kritikaster. Mit einem Anhang: Das Judentum in der deutschen Literatur, Leipzig 1903, S. 104.

13 Philipp Stauff, Semi-Kürschner oder Literarisches Lexikon der Schriftsteller, Dichter, Bankiers, Geldleute, Ärzte, Schauspieler, Künstler, Musiker, Offiziere, Rechtsanwälte, Revolutionäre, Frauenrechtlerinnen, Sozialdemokraten usw., jüdischer Rasse und Versippung, die von 1813–1913 in Deutschland tätig oder bekannt waren, Berlin 1913. Programmatisch heißt es in der Einleitung: „Im Semi-Kürschner liegt zum erstenmal das Material vor, um die literarische Tätigkeit der Juden nach allen Seiten vom Tragödiendichter bis zum Reporter in ihrer Wirksamkeit aufzuzeigen."

14 Eugen Dühring, Die Judenfrage als Racen-, Sitten- und Culturfrage, Karlsruhe 1881, S. 54. Zum Stereotyp der jüdischen Mimikry vgl. Sander Gilman, Jüdischer Selbsthaß. Antisemitismus und die verborgene Sprache der Juden, Frankfurt am Main 1993.

15 Adolf Bartels, Jüdische Herkunft [wie Anm. 9], S. 37.

16 Philipp Stauff, Die Juden in Literatur und Volk, in: Der Kunstwart 25 (August 1912), S. 251–257, S. 252, 256.

17 Adolf Bartels, Kritiker und Kritikaster [wie Anm. 12], S. 104.

18 Ebd., S. 105.

19 Richard Wagner, Das Judenthum in der Musik, in: Gesammelte Schriften und Dichtungen, 10 Bde. in 7, 4. Aufl., Leipzig 1907, Bd. 5, S. 86, S. 70.

20 Ebd., S. 71.
21 Adolf Bartels, Jüdische Herkunft [wie Anm. 9], S. 42.
22 Adolf Bartels, Kritiker und Kritikaster [wie Anm. 12], S. 105/108.
23 Adolf Bartels, Judentum und deutsche Literatur [wie Anm. 9], S. 22.
24 Ludwig Geiger, Die deutsche Literatur und die Juden, Berlin 1910, S. 5.
25 Ebd., S. 5.
26 Ebd., S. 11
27 Ebd.
28 Ebd., S. 10.
29 Ebd., S. 9.
30 Ebd.
31 Ludwig Geiger: Zwei jüdische Erzählungen, in: Allgemeine Zeitung des Judentums 62 (1898), S. 366–368, S. 368. Vgl. ders., Jüdische Romane, in: AZJ 68 (1904), S. 607–610.
32 Ludwig Geiger, Die deutsche Literatur und die Juden [wie Anm. 24], S. 12.
33 Vgl. Ludwig Geiger, Die deutsche Literatur und die Juden [wie Anm. 24], S. 25ff; S. 63ff.
34 Gustav Krojanker: Juden in der deutschen Literatur, Berlin 1922, S. 8f.
35 Ebd., S. 11.
36 Ebd., S. 12.
37 Vgl. Andreas Kilcher, Kafka, Scholem und die Politik der jüdischen Sprachen, in: Politik und Religion im Judentum, hrsg. von Christoph Miething, Tübingen 1999, S. 79–115.
38 Avenarius entließ sogar den langjährigen Literaturkritiker des Kunstwart Adolph Bartels. Vgl. Steven Nyole Fuller, The Nazis' Literary Grandfather [wie Anm. 9], S. 214–230.
39 Moritz Goldstein, Geistige Organisation des Judentums, in: Ost und West. Illustrierte Monatsschrift für modernes Judentum 6 (1906), S. 514–526. Vgl. auch die ebenfalls ca. 1906 begonnenen „Aphorismen" und „Formulierungen": Goldstein, Texte zur jüdischen Selbstwahrnehmung aus dem Nachlaß, in: Aschkenas 7 (1997), S. 79–135. Zum Kulturbegriff der Zeitschrift Ost und West vgl. Gavriel D. Rosenfeld, Defining „Jewish Art" in Ost und West 1901–1908. A Study in the Nationalism of Jewish Culture, in: Yearbook of the Leo Baeck Institute 39 (1994), S. 83–110.
40 Moritz Goldstein, Berliner Jahre. Erinnerungen 1880–1933, München 1977, S. 103.
41 Moritz Goldstein, Deutsch-jüdischer Parnaß [wie Anm. 1], S. 283.
42 Ebd., S. 287, 292. Vgl. Gershom Scholem, Wider den Mythos vom deutsch-jüdischen Gespräch (1964), in: Judaica 2, Frankfurt am Main 1970, S. 7–11, S. 10.
43 Moritz Goldstein, Texte zur jüdischen Selbstwahrnehmung [wie Anm. 39], S. 131.
44 Moritz Goldstein, Deutsch-jüdischer Parnaß [wie Anm. 1], S. 290.
45 Ebd., S. 290f.
46 Moritz Goldstein, Begriff und Programm einer jüdischen Nationalliteratur, Berlin 1913, S. 2.
47 Ebd., S. 5.

48 Ebd., S. 6.

49 Moritz Goldstein, Deutsch-jüdischer Parnaß [wie Anm. 1], S. 293.

50 Erst zwanzig Jahre später wurde der erste Akt veröffentlicht, in: Jahrbuch für jüdische Geschichte und Literatur 24 (1921/22), S. 139–164.

51 Avenarius gab Philipp Stauff das Wort, der sich in Goldsteins Aufsatz darin bestätigt fühlte, daß die Juden die deutsche Kultur, Presse, Literatur, Kunst, „beherrschen". Philipp Stauff, Die Juden in Literatur und Volk [wie Anm. 16], S. 215–259.

52 Ernst Lissauer, Deutschtum und Judentum, in: Der Kunstwart 25 (April 1912), S. 6–12, S. 12. Der Beitrag von Jakob Löwenberg erschien im Augustheft 1912, S. 245–249. Vgl. auch Ludwig Geiger, Der Kunstwart und die Judenfrage, in: Allgemeine Zeitung des Judentums 76 (1912), S. 541–543, 553–555. Vgl. im weiteren die Kritik aus der Sicht des „Centralvereins" von Julius Goldstein, Moritz Goldsteins „Deutsch-jüdischer Parnaß", in: Im deutschen Reich 18 (1912), S. 437–450.

53 Franz Quentin [=Ludwig Strauß], Aussprache zur Judenfrage, in: Der Kunstwart 25 (August 1912), S. 236–244, S. 243f.

54 Martin Buber, Briefwechsel aus sieben Jahrzehnten, hrsg. von Grete Schaeder, 3 Bde., Heidelberg 1972, Bd. 1, S. 429, 432.

55 Ebd., S. 459f. Buber gab in einem Brief an Goldstein auch die „Konsequenzen" aus dessen Ansatz zu bedenken. Vgl. ebd., S. 469f.

56 Ebd., S. 463.

57 Stefan Zweig, Die Welt von Gestern. Erinnerungen eines Europäers, Frankfurt am Main 1946, S. 9f.

58 Albert Ehrenstein, Menschlichkeit, in: Das Zeit-Echo 3 (1917), 1. und 2. Juniheft, S. 14–19, S. 16.

59 Ebd.

60 Albert Ehrenstein, Nationaljudentum, in: Internationale Zeitschrift für Individualpsychologie 5 (1927), S. 198–206, S. 199ff.

61 Albert Ehrenstein, Zion, in: ders., Menschen und Affen, Berlin 1926, S. 41–43, S. 43.

62 Anton Kuh, Juden und Deutsche (1921), hrsg. und eingel. von Andreas Kilcher, Wien 2002.

63 Vgl. Alfred Wolfenstein, Jüdisches Wesen und Dichtertum, in: Der Jude 6 (1921/22), S. 428–440.

64 Alfred Wolfenstein, Jüdisches Wesen und neue Dichtung, Berlin 1922, S. 9.

65 Ebd., S. 8.

66 Ebd., S. 54.

67 Lion Feuchtwanger, Der historische Prozeß der Juden (1930), in: Centum Opuscula, Rudolstadt 1956, S. 472–478, S. 477.

68 Lion Feuchtwanger, Nationalismus und Judentum (1933), in: Centum Opuscula [wie Anm. 57], S. 479–499, S. 495.

69 Joseph Roth, Werke, Bd. 3, Köln 1989, S. 494f.

70 Ebd., S. 532.

71 Ebd., S. 544f.

Julius H. Schoeps

Ein jüdisch-christliches Streitgespräch
am Vorabend der Katastrophe.
Ungedrucktes aus dem 1932 geführten Briefwechsel
zwischen Hans Blüher und Hans-Joachim Schoeps

> Kluge Gegner haben,
> ist allemal besser, als dumme Freunde.
> Hans Blüher

I.

Der von dem Publizisten Moritz Goldstein (1880–1977) in der angesehenen, von Ferdinand Avenarius herausgegebenen Kultur-
zeitschrift „Der Kunstwart" unter dem Titel „Deutsch-jüdischer
Parnaß" veröffentlichte Aufsatz, provozierte eine Debatte, die lange
Jahre nachwirkte. Goldsteins These „Wir Juden verwalten den geistigen Besitz eines Volkes, das uns die Berechtigung und die Fähigkeit
dazu abspricht"[1], hat mancherlei Streitfragen ausgelöst und einem
nicht geringen Teil der deutschen Juden deutlich gemacht, daß sie
einen Kampf an zwei Fronten führten – einmal gegen die „deutsch-
christlich-germanischen Dummköpfe", zum anderen gegen *„die*
Juden, die nichts merken, die unentwegt deutsche Kultur machen
..."[2].

Wilhelm Stapel, der bei Erscheinen des Goldsteinschen Aufsatzes
Schriftleiter des „Kunstwart" war, hat in seinem Buch „Antisemitismus und Antigermanismus"[3], die gewaltige Aufregung beschrieben,
die das Erscheinen des Goldsteinschen Aufsatzes in der Öffentlichkeit auslöste („Aber hinter dem Vorgang des Schweigens begab sich
eine gewaltige Aufregung ..."). Manfred Voigts wies den Verfasser
darauf hin, dass es Stapel war, der den von dem Botaniker Anton de
Bary entwickelte Begriff „Symbiose", als einer der ersten auf das
deutsch-jüdische Verhältnis zur Anwendung gebracht hat.

In seinem Text „German Jewry's Dilemma: The Story of a Provokative Essay"[4] und in seiner in den siebziger Jahren erschienenen Autobiographie[5] hat Goldstein die Debatte noch einmal Revue passieren lassen und darauf verwiesen, daß es ihm drei Jahrzehnte vor dem Auftreten Hitlers und der Nazis bei seiner Einlassung um die „unerträgliche und würdelose Zweideutigkeit" mancher seiner „Kollegen" gegangen sei, die gleichzeitig Deutsche und Juden sein wollten und dabei nicht merkten, daß dieses Bemühen von der Umgebungsgesellschaft nicht akzeptiert wurde.

Die Debatte, in wie weit die Juden sich all zu sehr auf die deutsch-christliche Kultur eingelassen haben, ist in Varianten bis in die Anfänge der dreißiger Jahre fortgeführt worden. Auch das Gespräch, das Christen mit Juden beziehungsweise Juden mit Christen in der Zeit der Weimarer Republik auf einer anderen Ebene führten, war von der Fragestellung beeinflußt, ob ein Jude gleichzeitig Deutscher sein könne oder nicht. Dabei sind sehr unterschiedliche Positionen eingenommen worden. Goldsteins 1912 formulierte These wird dabei zwar nicht expressis verbis thematisiert, spielt aber in den Köpfen derjenigen, die sich mit dieser Frage beschäftigen, eine nicht zu unterschätzende Rolle.

In der von dem Juristen und früheren Pfarrer Florens Christian Rang ursprünglich initiierten Vierteljahreszeitschrift „Die Kreatur" zum Beispiel ging man davon aus, daß es in der Tat ein Problem zwischen Juden und Deutschen gibt, andererseits aber jede Religion, also auch das Judentum, das Recht auf weitgehende Eigenständigkeit habe – jedenfalls bis das messianische Zeitalter anbricht. Dann, so meinte man, würden alle Unterschiede zwischen dem Judentum und den christlichen Religionen gegenstandslos werden.

Die drei Herausgeber der Zeitschrift, der Katholik Viktor Wittig, der Jude Martin Buber und der Protestant Viktor von Weizsäcker, gingen davon aus, daß trotz aller bestehender Hindernisse Möglichkeiten vorhanden seien, die vorhandenen Unterschiede zwischen den Religionsgemeinschaften zu überbrücken. Das, so meinte man, könne jedoch nur im Dialog geschehen. „Es gibt", so hieß es in einem programmatischen Aufsatz in der „Kreatur", „ein Zusammengehen ohne Zusammenkommen. Es gibt ein Zusammenwirken ohne

Zusammenleben. Es gibt eine Einigung der Gebete ohne Einigung der Beter"[6].

II.

Von etwas anderer Art als die in der „Kreatur" propagierte Dialogbereitschaft war das Streitgespräch, das Hans Blüher und Hans-Joachim Schoeps am Vorabend der Katastrophe geführt haben. Letzterer, der sich als junger Mann Anfang der dreißiger Jahre mit einer Reihe von Stellungnahmen zur jüdisch-religiösen Gegenwartslage zu Wort meldete, war der Ansicht, Judentum und Deutschtum beziehungsweise Preußentum seien durchaus miteinander vereinbar und zwischen Christentum und Judentum würde kein grundsätzlicher Gegensatz bestehen. Daß er sich mit Blüher in ein „Gespräch" darüber einließ, hing mit dessen, in der Hanseatischen Verlagsanstalt erschienenem Buch „Israels Erhebung gegen die christlichen Güter"[7] zusammen, in dem dieser bemüht war, den judengegnerischen Standpunkt „religiös-theologisch" zu begründen.

Hans-Joachim Schoeps fühlte sich zu einer Stellungnahme in der C.V.-Zeitung, dem Organ des „Central-Vereins deutscher Staatsbürger jüdischen Glaubens" herausgefordert. Ähnlich wie Moritz Goldstein[8] war er empört über Blühers polemische Einlassungen, hielt aber dessen Bemerkungen nicht für eine Form des landläufigen Antisemitismus sondern für die Anmaßungen eines Menschen, der glaube, im Besitz der christlichen Heilswahrheit zu sein. In manchen Fragen, so Schoeps in seiner Stellungnahme, stimme er mit Blüher überein, widerspreche aber in entscheidenden Punkten dessen Geschichtsauffassung, besonders aber dessen Ansicht, das Judentum habe einen „antichristlichen Zerstörungs- und Zersetzungsauftrag"[9].

In seinen „Rückblicken"[10] hat Hans-Joachim Schoeps in allen Einzelheiten beschrieben, wie Blüher ihn auf Grund seiner Besprechung in der C.V.-Zeitung antelefonierte, wie es zu einer Begegnung mit diesem in dessen Haus in Hermsdorf bei Berlin kam und wie sie bei diesem Treffen vereinbarten, die sie beschäftigen den kontroversen Fragen in Briefen zu formulieren. Schoeps, der von Blüher fasziniert war, dessen Ausführungen über den Männerbund, über den Bolschewismus und die Sinai-Offenbarung er kannte und schätzte, stimmte zu, das Ganze unter dem Titel „Streit um Israel"[11] in der Hanseatischen Verlagsanstalt 1933 erscheinen zu lassen.

Der Briefwechsel, den der 23jährige Hans-Joachim Schoeps und der damals 45jährige Hans Blüher durch das ganze Jahre 1932 hindurch führten, ist für unseren Geschmack höchst merkwürdig und hat mancherlei Mißverständnisse hervorgerufen. Der Briefwechsel, am 20. Januar 1933, kurz vor dem Machtantritt Hitlers und der Nazis in Buchform erschienen, war der, wie wir heute wissen, untaugliche Versuch, eine Position jenseits der üblichen Schlagworte im Religionsgespräch zwischen Christen und Juden zu formulieren. Es war, wie Schoeps im Rückblick bemerkte, eine Formulierung des Theologen Karl Barth aufnehmend, eine „Irrfahrt durch Blühers Walpurgisnacht des christlichen Glaubens".

Wieweit der Versuch eines Religionsgesprächs von vornherein zum Scheitern verurteilt war, darüber gehen die Meinungen auseinander. Wilhelm Stapel (1882–1954), der konservative Denker und Publizist, prophezeite im „Deutschen Volkstum", „Kenner und Liebhaber absonderlicher Dinge werden sich nach Jahrzehnten um den Besitz dieses merkwürdigen Büchleins schlagen" (13. März 1933). Und Gershom Scholem mokierte sich in einem Brief an Walter Benjamin Ende März 1933 über das Schoepssche Bemühen, sich gegen die „Ideologie des gebildeten Antijudaismus" behaupten zu wollen.

Den öffentlich ausgetragenen Schoeps-Blüherschen Streit nannte Scholem ein „verächtliches Schauspiel"[12]. In seinem berühmten, 1964 an Manfred Schlösser gerichteten Brief „Wider den Mythos vom deutsch-jüdischen Gespräch", in dem Scholem bestritt, daß es je ein solches Gespräch als „historisches Phänomen" gegeben habe, meinte er, dem Leser jenes Gesprächs zwischen den Exwandervögeln Hans-Joachim Schoeps und Hans Blüher würden „noch heute ... die Haare zu Berge stehen"[13].

Die interessanteste Stellungnahme zu dem Briefwechsel stammt von dem evangelischen Theologen Karl Barth, mit dem Schoeps seit 1929 in Kontakt stand. Wenige Tage nach Erscheinen des Streitgespräches hatte Barth ihm einen Brief geschrieben, in dem er sich abfällig über Hans Blüher äußerte und meinte, die Sache der Kirche Jesu Christi sei bei dem Sprecher der Synagoge unverhältnismäßig besser aufgehoben, als bei dem Sprecher des Christentums. Er, Karl Barth, hätte sich nimmermehr zu einem solchen Satyrspiel hergegeben.[14]

III.

Die nachfolgend abgedruckten Briefe, die Blüher und Schoeps vom Februar 1932 bis zum Dezember 1932 sich gegenseitig schrieben, ergänzen den Briefwechsel, den Blüher und Schoeps in dem Buch „Streit um Israel" veröffentlicht haben. Es handelt sich dabei um neun Briefe (zwei von Blüher, sieben von Schoeps), die meist Editionsfragen betreffen, aber auch die Schwierigkeiten beschreiben, mit der Hanseatischen Verlagsanstalt in Hamburg zusammenzuarbeiten. Letztere hatte nämlich gefordert, daß dem „Streitgespräch" seitens des Verlages ein Vorwort vorangestellt werden sollte, daß weder Blüher noch Schoeps vor der Drucklegung sehen sollten.

Blüher wie Schoeps stimmten der Auflage zu, obgleich sie sich über die Geheimnistuerei der „Hanseaten" wunderten. Schoeps gab schließlich nach, weil er das Erscheinen des Buches nicht gefährden wollte. Später zeigte es sich, daß er zu Recht Bedenken gegen die Forderung des Verlages geäußert hatte. Verklausuliert distanzierte sich der Verlag nämlich von dem Streitgespräch, das am Vorabend der NS-Machtergreifung in der Tat eine Reihe von Positionen beinhaltete, die der ideologischen Grundlinie des Verlages im Kern zuwiderliefen.[15]

Den ganzen Briefwechsel hindurch zieht sich in Varianten immer wieder die Frage, ob ein Jude ein Deutscher beziehungsweise ein Preuße sein könne. Schoeps vertrat leidenschaftlich diese Position. Im Gespräch verwies er wiederholt darauf, daß man Preuße nicht durch Geburt, sondern einzig und allein durch Bekenntnis sei. Blüher hingegen erwiderte, Juden könnten schon deshalb keine Deutschen oder Preußen sein, weil sie eben Juden seien („Herleitung des Blutes aus der Gottesoffenbarung"). Der biologisch orientierte Seinsbegriff, den Blüher dabei in dem „Gespräch" vertrat, schloß eine wie auch immer geartete Übereinkunft zwischen ihm und Schoeps aus.

Schoeps war bemüht, Blüher davon zu überzeugen, daß die Säkularisierung das Übel sei, das von beiden – Judentum und Christentum – bekämpft werden müsse. Das, so Schoeps, könne gut auf der Basis des dialektischen Denkens von Karl Barth geschehen, das heißt auf der Einsicht, daß es eine „Heilsgeschichte" gibt, an der *alle* Völker teilhaben. Synagoge und Kirche stehen nach Überzeugung von Schoeps nicht gegeneinander, sondern zusammen, um den Rest der Schöpfungsordnungen zu verteidigen[16].

Blüher war geradezu fasziniert von dem Gedanken, daß Schoeps ein Barthianer sei. In den nachstehend abgedruckten Briefen kommt die Sprache immer wieder auf diesen Sachverhalt. Blüher betont, daß Schoeps' Bekenntnis zur Synagoge offensichtlich etwas mit der Theologie Karl Barths zu tun habe. Das sei ihm außerordentlich wichtig und er hätte diesen Sachverhalt im „Streitgespräch" gerne explizit festgehalten. Schoeps möchte hingegen, die Wendung, „daß ich von seiner [Karl Barths] Theologie zur Synagoge zurückgeführt worden sei", vermeiden (Brief Nr. 4, 21. November 1932).

Der Grund dafür, daß Schoeps den Einfluß Karl Barths auf ihn, nicht in den Vordergrund geschoben wissen wollte, hing mit den Schoeps von anderen gemachten Vorwürfen zusammen, er würde christliche Gedankengänge auf das Judentum übertragen. In dem Brief vom 27. November 1932 verweist Schoeps ausdrücklich auf Gershom Scholems „Offenen Brief", in dem dieser auf seine Erstlingsschrift „Jüdischer Glaube in dieser Zeit"[17] Bezug genommen hatte.

Der „Offene Brief" Scholems, der im Sommer 1932 in der „Bayerischen Israelitischen Gemeindezeitung" erschien und einige Aufmerksamkeit erregte, zielte darauf ab, Schoeps' Forderung nach einer Theologie des Judentums aus jüdischer Sicht zurückzuweisen.[18] Der Bezug auf Scholems „Offenen Brief" im Briefwechsel ist insofern interessant, als deutlich wird, daß Schoeps sich durchaus des Problems bewußt war, daß er mit einem „Edel-Antisemiten" korrespondierte und daß dies im jüdischen Milieu Naserümpfen auslöste.

Aber auch Hans Blüher hat sich nach Hitlers Machtantritt wegen der von ihm eingenommenen Positionen im Streitgespräch mit Schoeps Schwierigkeiten eingehandelt. So befindet sich im Blüher-Nachlaß ein an Blüher gerichteter Brief der Hanseatischen Verlagsanstalt, der deutlich macht, daß Blühers Ansichten nach Ansicht der Verlagsverantwortlichen mit der herrschende NS-Ideologie kollidierten: „Ich halte ...[es] für den Verlag ... und auch für Sie für inopportun, im Augenblick eine Schrift von Ihnen zu veröffentlichen, die sich zum großen Teil doch auch gegen den heute herrschenden Antisemitismus wendet" (24. Oktober 1933).

Die nachfolgend abgedruckten Briefe befinden sich im Original beziehungsweise in Kopie im Nachlaß von Hans Blüher (Nachlaß Blüher K 12), der in der Handschriftenabteilung der Staatsbibliothek, Stiftung Preußischer Kulturbesitz, aufbewahrt wird. Die Texte werden vollständig wiedergegeben. Sie sind chronologisch angeordnet. Das Datum ist immer an den Brief- oder Postkartenanfang gesetzt, auch wenn es in der Textvorlage erst am Ende erscheint. Schreibweise und Zeichensetzung entsprechen der Vorlage. Ergänzungen und Zusätze sind in eckige Klammern gesetzt. Die Literaturhinweise und Anmerkungen sind auf ein Mindestmaß beschränkt und so konzipiert, daß sie der weiteren Information des Lesers dienen.

IV.

1. Schoeps an Blüher, Hermsdorf b. Berlin

Leipzig C 1, Rackwitzer Str. 30,
den 4. im Februar 1932

Lieber Herr Blüher!

Zu viel Beanspruchung durch andere Dinge hält mich in den letzten Tagen ab, Ihnen gleich zu schreiben. Nun liegt Ihnen bereits meine Erwiderung auf Ihren Einspruch in der neuen C.V. Zeitung[i] vor und ich kann ihr gleich noch einen Passus beifügen, den die Redaktion ohne mein Wissen und sehr gegen meinen Willen aus dem Manuskript gestrichen hat. Er ist mir aber so wichtig, daß ich ihn Ihnen nachfolgend mitteile. Er gehört zu Punkt 2 und schließt sich an den Satz „Beachten Sie bitte den Unterschied von glauben

---

i   Central-Verein-Zeitung, Nr. 6/ 1932.

und bekennen" an. Er lautet: „Nicht Jesus ist für uns der Weg zum Heil, sondern das Gesetz des Bundes, den Gott mit uns geschlossen hat auf Weltzeit, und dieses Gesetz bedarf keiner Erfüllung, sondern, indem es als der Griff Gottes nach dem Sünder erfahren wird, es Erfüllung. Aber wir können nicht anders, denn als unerforschlich Tatsache der Heilsgeschichte anerkennen, daß es Gott gefallen hat, sich der Welt außerhalb Israels noch auf besondere Weise zu offenbaren und durch Leib und Blut Jesu mit der Welt einen neuen Bund zu schließen. Daß Christentum keine Illusion oder Ideologie ist wird Ihnen jeder gläubige Jude zugeben können, sofern er wirklich etwas von der empirischen und reinen Geschichte weiß. Aber der Alte Bund geht nicht im Neuen auf, sondern hat Dauerbestand und spendet seinen Bekennern sein Heil, wenn diese treu der Haltung bleiben, die die Bundessatzung fordert als die *Furcht des Herrn.* – Auch das kann jeder wirkliche Christ *glauben, aber anerkennen* sofern er in den Zeichen der empirischen wie der reinen Geschichte zu lesen versteht"[ii].

Leider fiel dieser Absatz fort und meine Entgegnung bleibt für den Leser fragmentarisch. Aber Sie kennen sie nun wenigstens. In der C. V. Zeitung können wir uns ja nun nicht mehr weiter unterhalten.[iii] Es war sowieso nicht der angemessene Ort und das Unbehagen der Redaktion kann ich schon verstehen, zusehen zu müssen, daß auf ihrem Rücken – also auf Kosten des Liberalismus „Verbrüderungsszenen" stattfinden. Aber falls Sie es wünschen, können wir unser öffentliches Gespräch etwa im „Deutschen Volkstum" fortsetzen, sofern Herr Dr. Stapel[iv] den Raum dafür hergibt. Bedeutend mehr verspreche mich mir von einem persönlichen Zwiegespräch. Ich habe so das Gefühl, als ob wir uns bei einer privaten Begegnung sehr gut verstehen würden. – Denn wenn man einmal

---

ii   Hans Blüher/Hans-Joachim Schoeps, Streit um Israel. Ein jüdisch-christliches Gespräch, Hamburg 1933, S. 23.

iii Die Schriftleitung der C.V.-Zeitung, Nr. 6/1932 bemerkte im Vorspann: „Wir verhehlen aber nicht, daß wir die schwersten Bedenken gegen die Aussprache auf dieser religiös-mystischen Ebene haben ..."

iv   Wilhelm Stapel (1882–1954). Pseudonym Otto Friedrich Scholten, Schriftsteller, Publizist, Übersetzer.

mit dem Wandervogel ernstlich etwas zu tun gehabt hat, bleibt man dadurch geprägt für sein ganzes Leben. – Drum darf ich mir also erlauben, Sie Anfang März in Hermsdorf aufzusuchen, d. h. ich rufe sie in den ersten Märztagen telephonisch an. Darauf freut sich schon

Ihr Ihnen sehr ergebener u. in vielem verpflichteter
Hans Joachim Schoeps

P.S. Daß ich das erste Mal meinen Namen nicht nennen wollte, werden Sie gewißlich verstehen, weil ich als Führer eines Bundes der deutschen Jugendbewegung (der Freideutschen Kameradschaft) diesen Bund[v] nicht durch Nennung meines Namens an dieser Stelle falschen Verdächten preisgeben wollte. Ihr öffentlicher Vorwurf zwang mich jedoch, meine Anonymität preiszugeben. Hoffentl[ich] kriege ich nun nicht von gewisser Seite zu hören, die Freid[deutschen] Kameradschaft wäre von den Weisen von Zion in Schlepptau genommen worden oder so was ähnliches.

Darf ich Sie noch im Anschluß an unsere bisherige Kontroverse auf das Lebenswerk *des* Mannes aufmerksam machen, das – wie ich glauben möchte – die große Sühne darstellt für Schuld, Abfall und Entartung des heutigen Judentums. – Ich meine Franz Rosenzweig[vi]: Der Stern der Erlösung (J. Kauffmann Verlag Frankfurt 1930, 2. Aufl.)

---

v   Die „Freideutsche Kameradschaft" war ein kleiner Bund der deutschen Jugend-
    bewegung unter Führung von Hans-Joachim Schoeps, wesentlich aus Studenten
    bestehend. Er ist am Palmsonntag 1929 in Schkeuditz an der Weißen Elster im
    Landkreis Leipzig gegründet worden und hatte seine große Stunde Pfingsten 1930
    in Tabarz im Thüringer Wald und hat bis Herbst 1932 noch zweimal im Thürin-
    gischen getagt (Freyburg/Unstruttal und Eckartsberga). Die F.K. hat vier Rund-
    briefe an Jugendführer zur Besinnung und Stellungnahme herausgegeben. In sei-
    nen „Rückblicken" hat Schoeps geurteilt, daß dieser kleine Bund „intellektuell
    wohl das höchste Niveau hielt, das die Jugendbewegung erreicht hat, in dem er
    wirklich in den Geschichtsraum der Nation vorstieß".
vi Franz Rosenzweig (1886–1929), Religionsphilosoph.

2. Schoeps an Blüher, Hermsdorf b. Berlin

Berlin, den 25. IV. 32

Lieber Herr Blüher!

Besten Dank für den Erhalt Ihres Briefes[vii], dessen Gedankengänge einen starken Eindruck auf mich machen. Ich werde also Ihre Fragestellungen und Thesen entsprechend meditieren und dann zu antworten versuchen. Allerdings bin ich im Augenblick sehr mit den Nerven herunter und überhaupt starken Depressionen ausgesetzt. Da ich aber nächste Woche nach Hessen fahren will, für einige Zeit, hoffe ich durch andere Umgebung usw. bald wieder auf den Damm zu kommen und Ihnen zu schreiben. Bis dahin möchte ich Sie bitten, mit der Lektüre meiner Schrift vorlieb zu nehmen, die ich in der Anlage mitsende. Ihr Erscheinen hatte sich leider durch unliebsame Umstände, die viel Ärger und Aufregungen brachten, sehr verzögert.

Zu Ihrem Brief noch kurz eine Bitte, die ich gleich aussprechen möchte: Auf S. 7–8 zitieren Sie aus einem Ihnen vertraulich zur Lektüre überlassenen Tagungsbericht der Freideutschen Kameradschaft, der nicht für die Öffentlichkeit bestimmt war. Ich möchte Sie bitten, diesen Passus und die daran geknüpften Bemerkungen zu unterdrücken oder in einen anderen Zusammenhang hineinzubringen, weil dadurch die F. K. in ein falsches Licht gerückt wird. Hinzu kommt, daß Ihre Folgerungen unrichtig sind, was sie freilich nicht wissen können. Der inkriminierte Satz nämlich: „Das Reich ist eine Wirklichkeit, die in der altisraelitischen Theokratie auf Erden kam" usw.[viii] stammt gar nicht von mir, sondern fiel auf der Tagung und wurde von mir aus dem Protokoll – wie die meisten übrigen Sätze auch – übernommen. Im übrigen wird es sie auch interessieren, daß ich Ihnen aus historischer Sachkenntnis die Richtigkeit der Behauptung verbürgen kann:

Wie Sie wohl wissen bedeutet der Krönungsakt von Weihnachten 800 eine translatio imperii, vorgenommen von dem Papst als

---

vii Nicht überkommen.
viii Streit um Israel, S. 31.

irdischen Statthalter Christi, daß die Krone Konstantins und der Reichsauftrag von Byzanz auf den Frankenkönig übertragen wird. Der Franke Karl wird zum Kaiser des Imperium Romanum gesalbt. Der Ritus der Kaiserkrönung aber, der durch die herkömmliche Reichsrechtordnung liturgisch festgelegt war, besagt ausdrücklich, daß die römischen Kaiser den Ordnungsauftrag des König Davids – schon weil Jesus dem Stamme David angehört – auf Erden Frieden und Gerechtigkeit zu stiften übernommen haben.

Der Krönungsritus der karolingischen wie der ottonischen Zeit enthält die Worte, daß Gott dem König Abrahams Triumph, des Moses und Josua Sieg, Davids Erhöhung und Befreiung und Salomos Weisheit und Frieden verleihen möge. Das abendländische Reich in seiner historischen Gestalt hat in seiner spiritualen Form (natürlich nicht in der chronologischen Sukzessive) tatsächlich an die alttestamentliche Theokratie angeknüpft, die selbstverständlich durch den – von der katholischen Kirche neuerdings wieder sehr betonten – Gedanken der irdischen „Königsherrschaft Christi" neu fundiert worden ist. Mehr als diesen historischen Sachverhalt (vgl. die geschichts-philosoph. Reflexionen von Agobard v. Lyon (844), liber de comparatione regiminis ecclesiae et politicae, sowie Jonas v. Orleans, de institutio regis (840) – cont. Migne Patrologiae cursus completus series latina, Bd. 104 u. 106)[ix] hat dieser Satz des Tagungsberichtes nicht andeuten wollen, weswegen es einfach nicht stimmt, hier einen „limes judaicus" erblicken zu wollen. Auch Ihre sonstigen Folgerungen erübrigen sich daraus.

Ich möchte Sie also gleich bitten, diesen Passus in Ihrem Brief fortzulassen, da die angeführten Gründe doch wohl hinreichend sind. Andernfalls würde die F.K. auf ihrem Pfingstkonvent einen Beschluß fassen müssen und bei Ihnen mit der gleichen Bitte vorstellig werden – Sie täten mir auch einen Gefallen – wozu ich Sie natürlich nicht zwingen kann – im vorhergehenden Absatz eine etwas andere Formulierung zu wählen, die diesen fatalen Eindruck

---

ix   Es muß heißen: vgl. Migne, Jacques Paul ed.: Patrologiae cursus completus seria latina, Bd. 104: Agobard von Lyon (840) – Liber de comparatione regiminis ecclesiastici et politici; Bd. 106: Jonas von Orleans (842) – Opusculum de institutione regia.

nicht entstehen läßt, als ob die F.K. unter die Botmäßigkeit der „Weisen von Zion" geraten wäre. Darum bitte ich Sie nicht meinet – sondern meines Bundes wegen, dem diese unnötige Diffamierung in der Öffentlichkeit nur schaden kann.

Ich hoffe, Sie werden mir meine Wünsche nicht verübeln, sondern auf sie eingehen können. Auf der anderen Seite möchte ich allerdings nicht, daß Ihre wichtigen Andeutungen über den Reichsgedanken fortfallen; aber vielleicht könnten Sie ihn stattdessen anders und genauer explizieren (Preußen als Königsherrschaft – römische Priesterherrschaft – mittelalterl[iches] Reich) – Neu zu formulieren bitte ich auf jeden Fall die Seite 7.

Noch etwas anderes: Vor einigen Tagen trat ein mir aus der bündischen Jugendbewegung als konsequenter Nationalist u. Sozialist bekannter Mann – namens Karl O. Paetel[x] – an mich heran, der von unserem Disput gehört hatte und mich bat, Sie zu fragen, ob Sie evtl. bereit wären, an einem von ihm herauszugebenden Sammelband über „Nationalismus und Sozialismus"[xi] mitzuarbeiten, d.h. von Ihren gedanklichen Voraussetzungen aus einen Aufsatz zu schreiben. Selber habe ich zugesagt unter der Voraussetzung, daß ich wirklich etwas zu diesem Thema zu sagen weiß, was aber gut möglich ist. Jedenfalls gebe ich diese Anregung an Sie zunächst einmal weiter. Auf Wunsch wird Herr Paetel Ihnen das Genauere direkt schreiben oder sagen. – Selber hoffe ich, noch diese Woche teleph[onisch] von Ihnen zu hören und bin

mit freundlichen Grüssen
Ihr
Hans Joachim Schoeps

---

x   Karl O. Paetel (1901–1975), Journalist, Engagement in der bündischen Jugend, führender Exponent des Revolutionären Nationalismus und des National-bolschewismus, mußte als Gegner des NS-Deutschland verlassen.

xi Der geplante Band ist nicht erschienen.

3. Schoeps an Blüher, Hermsdorf b. Berlin

Leipzig C 1, Seeburgstr. 27
den 6. XI. 32

Lieber Herr Blüher!

Seit einigen Tagen will ich Ihnen schreiben, denn ich bin wieder
unter die Sachsen gefallen und kann infolgedessen nichts anderes
tun als meditieren. So denke ich auch über unseren Briefwechsel
nach. Ich hoffe, Sie gestatten mir einen kurzen und ganz privaten
Epilog. Je länger ich darüber nachdenke, desto anständiger finde
ich nämlich Ihre Haltung, daß Sie es riskieren „freier Mann" zu
sein und auf die Meinungen der Leute und ihrer Organisationen
einfach pfeifen. Sie nehmen es einfach in den Kauf, daß die offizielle Christenheit von Ihnen abrücken wird, das ist anständig.
(Nebenbei: meine lieben Juden werden es genauso machen siehe
Scholem).

Wenn mir etwas in den letzten Wochen klar wurde und zumal
hier in Sachsen, wo alles Große verniedlicht und alles Edle banali-
siert wird, ist das Ihre Unterstellung von primärer und sekundärer
Rasse. Wenn man darauf achtet, fällt einem erst richtig auf, was für
verbotene Gesichter die meisten Leute haben. Denn wer lebt denn
heute von Hintergründen aus? Es ist gar nicht zu glauben, wie sehr
das Profane alles übrige evakuiert hat.

Und das Schlimmste sind die jungen Menschen. Man muß schon
in die Hitlerjugend gehen, wenn man Gläubigkeit, Begeisterung
und Leidenschaft finden will. Ist das auch alles komisch, es ist doch
überhaupt was. Aber wer nicht an irgendetwas glaubt und diesen
Glauben mit seiner Existenz vertritt – und sei es die komische Figur
Hitlers – kommt heute unter den Schlitten. Man macht sich keinen
Begriff, wie heute junge und ältere Menschen inhaltslos, ohne Leidenschaften und Freundschaften Aug in Aug dem Nichts existieren
können. Bisher dachte ich immer, das Nichts wäre eine zerstörische
Qualität. Das stimmt aber nicht. Man kann um das Nichts herum
einen Schrebergarten anlegen und es herrlich aushalten. Wenigstens
in Sachsen kann man das. Und die Quatschmeier auf den Universitäten liefern dazu die Weltanschauung.

Ich befürchte mit unserem Briefwechsel liefern wir in das Begriffs-
arsenal steriler Professoren neue Waffen. Wenn man das so im Gespräch erlebt, wie diese Leute mit Begriffen jonglieren können, ehr-
furchtslos alles zerreden (jeder spricht grundsätzlich über alles) und
glauben, die Wirklichkeit eingefangen zu haben, schüttelts einen.
Wer weiß schon davon, daß Wirklichkeiten erfahren und durch-
litten werden müssen, ehe man befugt zum Sprechen ist. Ich habe
noch keinen Professor gefunden, der einen pathologischen Ort hätte, bzw. ihn nicht verdeckte. Aber wahrscheinlich wäre er dann nicht
mehr Professor.

Und was nun gar heute alles konservativ ist: Dieses vermickerte
Kleinbürgertum, das Ruhe und Ordnung will, die Leute, die Angst
haben, daß man ihnen ihre Geldsäcke klaut – aber darüber hinaus
für keinen Sechser Haltung und Courage. Zu Papen[xii] stehen sie
natürlich alle, und es graust einen etwas vor der Nachbarschaft,
wenn man bedenkt, was für Typen man die Parolen liefert. Wer es
nicht von Geburt ist und wer nicht bereit ist, notfalls jeden Augenblick Besitz und Sicherheit und alles aufzugeben, wird nie ein großer Herr. Ich möchte sogar sagen: Wer nicht einmal radikal draußen
gestanden ist und revolutionär gewesen ist gegen irgendetwas, hat
überhaupt nicht das Recht konservativ zu sein.

Von Haus aus konservativ, saturiert und unerschüttert sind immer
nur die kleinen Leute, auch wenn sie ihre Bürgerlichkeit von der
Schöpfungsordnung her rechtfertigen (Stapel). Es fällt einem schwer,
sieht man das alles, konservativ zu sein, zumal man ahnt, daß Papens,
des echten Konservativen Tage gezählt sind, denn echte Herrschaft-
lichkeit hat heute keinen Kairos mehr. Aus dem Bewußtsein der
Zeit sprechen viel eher der aufgeregte Kleinbürger Hitler oder der
verknüsselte nationalliberale Geheimrat Hugenberg[xiii]. Ich will nichts
Schlechtes hoffen. Aber das ist mir klar: Geht Papen, so verschwinden endgültig die Mächte, die bislang in Deutschland (von 1918–

---

xii   Franz von Papen (1879–1869) war von Hindenburg am 1. Juni 1932 zum Reichs-
      kanzler ernannt worden und trat am 3. Dezember von seinem Amt zurück.
xiii Alfred Hugenberg (1865–1951), Politiker, führte als Vorsitzender der DNVP
      seine Partei zu einer Zusammenarbeit mit der NSDAP.

1931 abgesehen) Geschichte gemacht haben. Aber Sie haben schon vollkommen recht: Das geht einen „freien Mann" nichts an, ob das von ihm Vertretene Erfolg hat oder nicht, sondern er hat auf seinem Posten auszuharren und für die geschichtliche Wahrheit einzustehen.

Übrigens wird Sie beiliegender Zeitungsausschnitt[xiv] von Karl Barth[xv] interessieren. Sie werden sicher auch das Gefühl haben: Um so eine Sprache führen zu können, muß man schon wer sein, allerhand Feuer und Leidenschaft haben. Übrigens ließ ich mir erzählen, daß auch Karl Barth unter dieser Versachlichung ringsum leidet und mit einer Jugend, die keine rauschhaften Aufschwünge mehr kennt, nicht mehr sprechen kann. So liest er dieses Semester ein Kolleg über den deutschen Idealismus und steht vollkommen positiv dazu (er der große Gegner allen Idealismus), um zu demonstrieren, was echte Gegnerschaft sei. Denn einer Jugend, die anstatt dionysisch zu sein, lieber über Reichsreformprojekte u.ä. sachlich debattiert genauso wie die fachmännischen Hosenscheißer es auch tun, kann unsereiner nichts mehr sagen. – Aber was schert uns schließlich unser Leserpublikum!

Von den Hanseaten kriege ich übrigens den seltsamen Bescheid, daß sie dem Ganzen erst nähertreten (!) könnten, wenn Herr Dr. Stapel die M[anuskri]pte gelesen hätte. Ich muß sagen, das verstehe ich nicht. Ich möchte nicht hoffen, daß der Verlag noch ernstliche Schwierigkeiten macht. Es ist schon ärgerlich genug, daß wir uns so beeilen mußten, damit in Hamburg getrödelt werden kann. Na hoffentlich kommt alles baldigst ins rechte Gleis.

Nun verübeln Sie mir bitte nicht, daß ich Ihnen mein Herz etwas ausschüttete, lassen Sie bald einmal etwas hören und seien Sie herzlichst gegrüßt

von Ihrem
Hans Joachim Schoeps

---

xiv Nicht überkommen.
xv Karl Barth (1886–1968), Theologe, Mitbegründer und Wortführer der dialektischen Theologie, Gegner des Nationalsozialismus.

4. Blüher an Schoeps, Leipzig

21. 11. 32

Lieber Herr Schoeps

Die Verhandlungen mit den Hanseaten sind nunmehr zum Abschluß gebracht. Der Verlag behält sich vor, das von mir verfaßte Vorwort, das rein philologisch war, von sich aus zu erweitern und zwar zu einer Art Stellungnahme unparteiischer Art. Dies an Stelle der „abschließenden Zusammenfassung", die man ursprünglich bringen wollte. An dem Vorwort des Verlages steht uns natürlich kein Recht der Änderung zu.

Die Korrekturen müssen nun aber sofort, am selben Tage gelesen und zurückgesandt werden, denn es ist *sehr* spät geworden. Sinnändernde Eingriffe dürfen natürlich nun nicht mehr gemacht werden. Nur um *zwei* Dinge bitte ich Sie noch:

1. Bestätigen Sie mir bitte in Ihrem letzten Brief, am besten als Anmerkung, daß Sie in meiner Allogenitäts-Auffassung[xvi] von Genesis 1 und 2 ein theologisches Problem sehen. Sie versprachen mir das schon.

2. Sagen Sie bitte, daß Sie Ihre Zurückführung in die Synagoge der Theologie *Karl Barths* verdanken. – Das ist für mich ein sehr

---

xvi Der Begriff ist eine Blühersche Wortschöpfung. In „Streit um Israel" S. 29 heißt es: „Die Tatsache der Allogenität des Menschengeschlechtes, das heißt des geburtshaften Unterschiedes zwischen Edel und Gemein". In seinem Buch „Achse der Natur" bemerkt Blüher: „Diese Lehre von der Allogenität des Menschengeschlechtes ist mir vor einem Vierteljahrhundert eingefallen, und ich habe sie eingeschränkt. Da mir jede Überzeugungstreue fehlt, ließ ich sie viele Jahre liegen und hielt sie fast für einen Irrtum; aber die Treue lag auf ihrer Seite und ich konnte mich ihrer schließlich nicht erwehren, nachdem die Ereignisse der letzten zwölf Jahre mir ihre Wahrheit erneut aufgedrängt haben; denn sie liegt offenbar im Kern der Geschichte und erreicht in dieser Zeit eine Selbstbestätigung, wie sie noch kein anderes Jahrhundert hat aufweisen können." Blüher spielt darauf an, daß der Mensch nach Genesis 1 und 2 „nach dem Angesicht Gottes" und „aus einem Erdenkloß" entstanden ist. Diesen Sachverhalt hätten die Theologen bisher nicht richtig gesehen. (Vgl. Hans Blüher, Die Achse der Natur. System der Philosophie als Lehre von den reinen Ereignissen der Natur, Stuttgart 1952, 8. Kapitel).

wichtiger Punkt von rein objektiver Bedeutung, der zugleich nichts gegen Sie enthält. Sie können das irgendwo in den Text einfügen, da wo Sie sowieso über Barth sprechen.

Darüber, daß ich noch einige Anmerkungen (also gewissermaßen Zwischenrufe zu Ihrem Schlußwort) gemacht habe, verständigten wir uns schon telephonisch.

Mit herzlichem Gruß
in Eile
HB

5. Schoeps an Blüher, Hermsdorf b. Berlin

Leipzig C 1, Seeburgstr. 21
den 27. XI. 32

Lieber Herr Blüher!

Besten Dank für Ihr Schreiben vom 21. XI. – Indessen haben sich auch die Hanseaten gerührt; jedenfalls bekam ich Nachricht heute morgen, daß nunmehr der Druck beginnen solle.

Seltsam fand ich folgenden Passus des Briefes: Es solle vom Verlag ein Vorwort gemacht werden, dessen Bedingung sei, daß wir beide es vorher *nicht* sehen sollen. Diese Heimlichtuerei gefällt mir nicht; wenn nichts Unbilliges darinnen steht, warum sollen wir es vorher nicht sehen? So die Katze im Sack kaufen und blindlings Blankovollmacht geben, werden Sie wohl ebenso wenig wollen wie ich. Daß der Verlag seine Motive, die ihn zur Veröffentlichung bewegen, in einem besonderen Vorwort darlegen will, erklärt sich aus der Besonderheit des Falles; es ist aber entgegen allen literarischen Gepflogenheiten, daß ein Autor ein solches Vorwort, das in sein Buch hineingesetzt wird, nicht vorher zu sehen bekommt. – Ich denke, Sie werden derselben Ansicht sein.

Den von Ihnen geäußerten Wünschen will ich gerne nachkommen: Daß ich in Ihrer Allogenitätsauffassung von Gen. 1 u. 2 ein theologisches Problem sehe, will ich gerne in einer besonderen Anmerkung bestätigen, wie wir das schon besprochen.

Daß ich von Karl Barth stark beeinflußt bin, will ich ebenfalls noch deutlicher hervorheben, die Wendung, daß ich von seiner Theologie in die Synagoge zurückgeführt worden sei, in *der* Form aber vermeiden. Denn einmal war der Vorgang nicht so direkt, und dann würde ich mit einer solchen Aussage, meinen innerjüdischen Gegnern die Waffen in die Hand geben. Ich würde den von allen Seiten gegen mich erhobenen Vorwurf: „Schoeps überträgt christliche Gedankengänge auf das Judentum" (vgl. z.B. Dr. Scholems Sendschreiben) mit einem solchen Selbstzeugnis bestätigen. Und das werden Sie doch wohl nicht von mir verlangen wollen.

Nun habe ich aber meinerseits auch an Sie eine Bitte: Ich möchte noch einige Einfügungen bei den Korrekturen machen, die aber nicht den Sinn verändern oder etwas hinzufügen sollen, sondern lediglich Belege (z. B. Bibelstellen) für meine Auffassungen geben, die ich inzwischen gefunden habe. Im wesentlichen handelt es sich um den Einschub je eines Absatzes in den beiden Briefen, die Zitate enthalten. Sonst nur noch Kleinigkeiten; evtl. im letzten Brief, den ich damals Hals über Kopf – freilich sehr unnötigerweise!! – abschicken mußte. – und einen Satz der Urfassung, auf den ich aber nicht bestehe. – Um jede Illoyalität auszuschließen möchte ich vorschlagen, daß ich Ihnen meine Korrekturen stets nach Fertigstellung zuschicke, damit Sie diese mit Ihrem Plazet weitersenden, bzw. Einspruch erheben. Ich denke, Sie werden einverstanden sein. Den kleinen Zeitverlust werden die Hanseaten verschmerzen müssen, nachdem sie einen so großen verschuldet haben. Hoffentl[ich] kommen nun überhaupt bald die ersten Fahnen.

Sonst gibt's im Augenblick nichts Besonderes.
Herzlichen Gruß!
Ihr
Hans Joachim Schoeps

P.S. Entschuldigen Sie bitte die schlechte Schrift; meine Feder taugt nichts und meine Schreibmaschine ist in Berlin.

6. Blüher an Schoeps, Leipzig

28. 11. 32

Lieber Herr Schoeps

Wir geben dem Verlag keine „Blankovollmacht", denn wir unterzeichnen nichts. Der Verlag sagt *seine* Meinung und jeder von uns auch. In diese Meinung dürfen die Parteien nicht eingreifen, das versteht sich von selbst. Aber vielleicht schickt uns der Verlag zur Kenntnisnahme sein Vorwort doch, um etwaige rein sachliche Fehler zu vermeiden.

Ihren Wunsch nach Einfügungen willfahre ich gern, falls diese genau den von Ihnen zugesagten Charakter haben, also nichts Neues enthalten, und falls der Verlag nicht aus Gründen der Zeit Einspruch erhebt. Das Buch soll vor Weihnachten heraus. Sie müssen die Korrekturen *ihrer* Briefe am selben Tag zurückschicken (also ev. über mich).

Wegen Karl Barth: Bei Ihrem Abschiedsbesuch fragte ich Sie, wie und wodurch Sie denn zur Synagoge zurückgekehrt seien; darauf kam prompt und klar die Antwort: durch Karl Barth! Wir haben dann sogar noch darauf angestoßen, weil *dieser* Zusammenhang ja eben sehr lehrreich ist und meine paradoxe Behauptung, „Karl Barths Theologie würde mehr Juden in die Synagoge als Christen in die Kirche zurückbringen" plötzlich bewahrheitete.

Nun will ich *nicht* von Ihnen bestätigt haben, daß Sie von Barth „stark beeinflußt" sind (denn das merkt man zehn Meter gegen den Wind, wenn man nur eine Seite von Ihnen liest) sondern nur, daß Sie (oder ein anderer) durch ihn in *die Synagoge* zurückgeführt wurden. Wenn Sie jetzt abschwächend sagen, der Vorgang sei „nicht so direkt" gewesen, so glaube ich Ihnen das gern, aber er *ist* doch gewesen. Wenn Ihre innerjüdischen Gegner Ihnen den Vorwurf des Christianisierens machen, so glaube ich, daß sie damit recht haben. Ich habe Ihnen das ja auch schon gesagt. Warum ich aber nicht von Ihnen verlangen kann, daß Sie sich *um der Wahrheit willen* Ihren Gegnern durch ein Selbstzeugnis Waffen in die Hand geben, das sehe ich nicht ein. Ich müßte denn annehmen, daß wir eine unterschiedene Beziehung zur Wahrheit haben.

Im Übrigen: raus kommt's ja doch! Lassen Sie einen von uns beiden nach dem Tode ein berühmter Mann werden, dann kommt dieser Nachbriefwechsel bestimmt auch ans Licht der Sonnen. – Aber der Wahrheit ist im Übrigen (auch wenn in weniger delikater Form) genüge getan, wenn Sie die Sache auf einen „Bunbury"[xvii] abwälzen und nur einfach schreiben: sie wüßten in der Tat von einem Falle in dem ein Jude durch die Theologie Barths zur Synagoge zurückgekehrt sei. In diesem Sinne möchte ich meine Bitte wiederholen.

Herzlichen Gruß
Ihr
Sch.

7. Schoeps an Blüher, Hermsdorf b. Berlin

Leipzig, den 1. 12. 1932
Lieber Herr Blüher!

Die ersten Bogen kamen heute und gingen gleich direkt nach Hamburg zurück, da kaum etwas zu ändern war. Nur um eines möchte ich Sie bitten: Schreiben Sie Fahnenseite 11 bitte als Titel einfach „Freideutsche Rundbriefe" oder „Die Freid[eutsche] Position" (eigentl. Titel) dann wird der Bundesname[xviii] verschwiegen, während Fahne 12, 1. Zeile statt Essay meinetwegen Tagungsbericht stehen kann. Da dieser Absatz stehen geblieben ist (was ich bei meinem Antwortbrief damals nicht voraussah), würde ich auf ihn mit eine Anmerkung noch antworten, die Sie aber zu sehen kriegen. Sie entspricht einem privaten Brief, den ich Ihnen darüber mal schrieb.

---

xvii Umschreibung für eine ironisch oder witzig gehaltene Beschreibung eines Sachverhaltes. Bezieht sich auf die Komödie von Oscar Wilde „Bunbury oder die Komödie des Ernst-Seins", die 1895 in London uraufgeführt wurde.
xviii Gemeint ist die „Freideutsche Kameradschaft", vgl. Brief 1, Anm. v.

Die Stelle über Karl Barth bringe ich nur sehr ungern und höchstens in der „Bunburyform" rein. An welcher Stelle übrigens? Und was liegt Ihnen eigentlich so viel daran? Für unser Gespräch ist dies ganz peripher. Mein Verhältnis zu Barth gedenke ich nicht noch einmal grundsätzlich aufzuklären.

Also nichts für ungut und beste Grüße
Ihres
Hans Joachim Schoeps

8. Schoeps an Blüher, Hermsdorf b. Berlin

3/XII (1932)

Lieber Herr Blüher!

Mit gleicher Post die Korrekturen 16–25. Die vorausgegangenen gingen gleich nach Hamburg. Meine letzte Karte erreichte Sie indessen wohl[xix]. Ihr letzter Brief anbei zurück.

Bei den heutigen Korrekturen bitte ich Sie um Ihr „Plazet". Auf den Einschub der langen Anmerkung auf Extrablättern bestehe ich nicht unbedingt. Aber es wäre mir lieb. Bitte, wollen Sie die Fußnote F. 25 in Ihrem Brief, die ich über mein Buch machte, stehen lassen.

Heute fand ich bei Lichtenberg[xx], dessen Vermischte Schriften Sie mal lesen müßten (genial-geistreiche Glossen!) folgenden Aphorismus, der es wert wäre, als Motto über unser Buch zu kommen. Er lautet: „Dieses Buch hat die Wirkung, die gemeiniglich gute Bücher haben: Es macht die Einfältigen einfältiger, die Klugen klüger und die übrigen Tausende bleiben ungeändert."[xxi] Wie finden Sie das?

---

xix Vgl. Nr. 7, Postkarte, 1. Dezember 1932.
xx   Georg Christoph Lichtenberg (1742–1799), Physiker und Schriftsteller.
xxi Bibliogenie oder die Entstehung der Bücherwelt. Gesammelte Aussprüche von Georg Christoph Lichtenberg, Leipzig 1934, S. 18.

Sonst ist wohl alles in Ordnung. Die letzte Karte beantworten Sie wohl noch.

Herzlichen Gruß!
Schoeps

9. Schoeps an Blüher, Hermsdorf b. Berlin

4. 12. 1932

Lieber Herr Blüher!

Der Sonntag ist draufgegangen; nun bin ich aber auch fertig. Es sind in mein Schlußwort[xxii] noch einige Zusätze hinzugekommen, die Sie hoffentlich akzeptieren werden. Sie persönlich tangieren tut lediglich ein aus der ersten Fassung stammender, neu eingeschobener Satz auf Fahne 45. Auf diesen, ebenfalls auf die Anm. F. 42 bestehe ich im Falle Ihres Widerspruches nicht unbedingt. Alle anderen Zusätze muß ich unbedingt festhalten. Die eingeschobenen Anmerkung über Karl Barth F. 44 wird Ihren Wünschen hoffentlich Genüge tun. Viel anders konnte ich sie nicht gut abfassen. Das Allogenitätsproblem als solches habe ich in F 42 mit einem eingeschobenen Nebensatz akzeptiert – hoffentlich zu Ihrer Zufriedenheit. Ferner füge ich noch drei Fahnen Ihres Briefes bei mit formalen Verbesserungen, die ich Ihnen vorschlage.

Nun können Sie morgen den Rest des M[anuskri]pt[es] in die Druckerei schicken, damit die Umbruchkorrektur bald kommt und das Buch endlich erscheint. Unser Anteil ist ziemlich genau gleich groß. Ich finde auch, nachdem ich alles noch mal durchgelesen habe, das Ganze recht bedeutsam und glaube, daß das Buch seinen Weg finden wird. Interessant werden ja nun die Stellungnahmen der Kritik sein. Die armen Kerle werden es nicht leicht haben, denn so tief scheint mir die „Judenfrage" weder contra noch pro erörtert worden zu sein. Hoffentl[ich] machen die Leute vom Verlag nicht noch mit

---

xxii Siehe „Streit um Israel", S. 101–120.

dem Vorwort Unsinn. Kriegen wir es nun noch zu sehen? Und was meinen Sie zu dem vorgeschlagenen Motto?[xxiii]

Leben Sie wohl und besten Gruß!
Ihr
Hans Joachim Schoeps

PS Wenn ich wieder in Berlin bin, muß ich Ihnen noch ein paar interessante Briefe zeigen. – Auf Ihre Anmerkungen noch mal zu antworten, habe ich mir verkniffen, obwohl es mir in der Feder zuckte. Aber das würde zu weit führen.

---

xxiii Vgl. oben Brief Nr. 8.

Julius H. Schoeps

Anmerkungen

1 Moritz Goldstein, Deutsch-jüdischer Parnaß, in: Kunstwart, Jg. 25, Heft 11, 1. Märzheft 1912, S. 283.
2 Ebd., S. 294.
3 Wilhelm Stapel, Antisemitismus und Antigermanismus, Hamburg 1928.
4 Moritz Goldstein, German Jewry's Dilemma. The Story of a Provocative Essay, in: Leo Baeck Institute Yearbook II, 1957, S. 237–254.
5 Moritz Goldstein, Berliner Jahre. Erinnerungen 1880–1933, München 1977.
6 Vgl. Die Kreatur I (1926/27), S. 1f.
7 Hans Blüher, Israels Erhebung gegen die christlichen Güter, Hamburg 1032.
8 Vgl. Der Schild, Nr. 4, 25. Januar 1926.
9 Vgl. C.V.-Zeitung, Nr. 3/1932.
10 Hans-Joachim Schoeps, Rückblicke, Berlin 1963, S. 77.
11 Hans Blüher/Hans-Joachim Schoeps, Streit um Israel. Ein jüdisch-christliches Gespräch, Hamburg 1933.
12 Walter Benjamin/Gershom Scholem, Briefwechsel: 1933–1940, hrsg. von Gershom Scholem, Frankfurt am Main 1980, S. 46.
13 Gershom Scholem, Judaica II, Frankfurt am Main 1970, S 7ff.
14 Vgl. Gary Lease, Der Briefwechsel zwischen Karl Barth und Hans-Joachim Schoeps (1929–1946), in: Menora 1991, S. 115ff.
15 Vgl. Siegfried Lokatis, Hanseatische Verlagsanstalt. Politisches Buchmarketing im „Dritten Reich", Frankfurt am Main 1992, S. 14ff.
16 Hans Blüher/Hans-Joachim Schoeps, Streit um Israel (wie Anm. 11), S. 24.
17 Hans-Joachim Schoeps, Jüdischer Glaube in dieser Zeit, Berlin 1932.
18 Vgl. Bemühungen um Juden und Judentum, in: Hans-Joachim Schoeps, Ja – Nein – und Trotzdem. Erinnerungen-Begegnungen-Erfahrungen, Mainz 1974, S. 33ff.

Anhang

Die im ersten, dokumentarischen Teil dieses Band abgedruckten Originaltexte aus den Jahren 1912/13 und 1958 wurden in ihrer Schreibweise nicht verändert. Änderungen erfolgten nur bei offensichtlichen Druckfehlern.

Die Seitenzahlen der Originale wurden in die Abschrift eingefügt und in eckige Klammern gesetzt.

Die Artikel im zweiten Teil des Bandes folgen in der Rechtschreibung der alten Regel.

Moritz Goldstein, Geistige Organisation des Judentums, in: *Ost und West*. Illustrierte Monatsschrift für Modernes Judentum. Hrsg. von Leo Winz, VI. Jg., Heft 8/9 (August/September 1906), S. 513–526.

Moritz Goldstein, Deutsch-jüdischer Parnaß, in: *Kunstwart*, Jg. 25, Heft 11 (1. März 1912), S. 281–294.

Sprechsaal, in: *Kunstwart*, Jg. 25, Heft 13 (1. Aprilheft 1912), S. 6–15.

Ferdinand Avenarius, Aussprache mit Juden, in: *Kunstwart*, Jg. 25, Heft 22 (2. August 1912), S. 225–236.

Sprechsaal (II), in: *Kunstwart*, Jg. 25, Heft 22 (2. Augustheft 1912), S. 236–261.

Kulturkonflikt, redaktionelle Stellungnahme der *Jüdischen Rundschau*, in: *Jüdische Rundschau*, Jg. 17, Nr. 33 (16. August 1912 – 3. Elul 5672), S. 1.

Ludwig Geiger, Der Kunstwart und die Judenfrage, in: *Allgemeine Zeitung des Judentums*, Jg. 76, Nr. 46 (15. November 1912), S. 541f. und Nr. 47 (22. November 1912), S. 553–555.

Ludwig Geiger, Das große Hassen, in: *Allgemeine Zeitung des Judentums*, Jg. 76, Nr. 48 (29. November 1912), S. 565f.

Cheskel Zwi Klötzel, Das Große Hassen, in: *Janus*. Münchener Halbmonatsschrift für Literatur, Kultur und Kritik, 2. Jg. (1912/13), 1. Halbjahr, Nr. 2, S. 57–60.

Das große Hassen I, in: *Janus*. Münchener Halbmonatsschrift für Literatur, Kultur und Kritik, 2. Jg. (1912/13), 1. Halbjahr, Nr. 9, S. 450–454.

Das große Hassen II, in: *Janus*. Münchener Halbmonatsschrift für Literatur, Kultur und Kritik, 2. Jg. (1912/13), 1. Halbjahr, Nr. 10, S. 507–513.

Das große Hassen III, in: *Janus*. Münchener Halbmonatsschrift für Literatur, Kultur und Kritik, 2. Jg. (1912/13), 1. Halbjahr, Nr. 11, S. 568–575.

Cheskel Zwi Klötzel, Das Große Hassen (Schlußwort), in: *Janus*. Münchener Halbmonatsschrift für Literatur, Kultur und Kritik, 2. Jg. (1912/13), 3. [richtig: 2.] Quartal, Nr. 1, S. 42–48.

Moritz Goldstein, Der ‚Kunstwart‘-Aufsatz zur Judenfrage, in: Vergangene Tage. Jüdische Kultur in München, hrsg. von Hans Lamm, erweit. Aufl. München/Wien 1982, S. 184–187.

Die Autoren

Elisabeth Albanis

1986 Abitur in Bremen. Studium der Geschichte, Germanistik und Öffentliches Recht an der Universität Heidelberg. 1988 Aufnahme in die Studienstiftung des deutschen Volkes. 1989 Auslandsstipendium der King Edward VIIth Foundation (British Council) und des Heidelberg-Cambridge Austauschprogramms für die Weiterführung des Studiums am St. John's College, Cambridge. 1990 Verleihung des Mansergh History Preises für „Thomas Mann and the First World War". 1991 M. Phil. in Internationalen Beziehungen. 1992 Volontariat bei der Deutschen Presse Agentur in Hamburg. 1993 Promotionsstipendium der Studienstiftung des deutschen Volkes fur das Thema „German-Jewish Cultural Identity 1900–1918" an der Universität Oxford. Promotion zum D. Phil. in Geschichte 1999 mit Rigorosum (*viva*) am 8. Mai 2000. Lehrauftrag in jüdischer Geschichte an der University of Warwick. Seit 2001 Postdoc am Seminar für Deutsche Literatur und Kultur der Universität Leiden. Veröffentlichungen zu Themen deutsch-jüdischer Geschichte und Literatur in u.a. Leo Baeck Institute Yearbook, German Life and Letters, Conditio Judaica u. Schriftenreihe wissenschaftlicher Abhandlungen des Leo Baeck Instituts.

Andreas B. Kilcher

Geb. 1963 in Basel (Schweiz). Studium der Germanistik, Philosophie und Geschichte in Basel, Promotion in Jerusalem und Basel, Habilitation 2002 in Münster. Nach wissenschaftlicher Assistenz für neuere deutsche Literatur in Basel und Münster seit 2002 Hochschuldozent am Institut für Deutsche Philologie II (neuere deutsche Literatur) in Münster.
Veröffentlichungen: Die Sprachtheorie der Kabbala als ästhetisches Paradigma, Stuttgart 1998; als Herausgeber: Metzler Lexikon der

deutsch-jüdischen Literatur, Stuttgart 2000; Anton Kuh, Juden und Deutsche, Wien 2002; zahlreiche Aufsätze u.a. zu Franz Kafka, Jean Paul, Annette von Droste-Hülshoff, Gershom Scholem, Spinoza, Lyriktheorie, Mnemonik, Kabbala, Magnetismus, Freimaurerei. Seit 1994 Mitarbeit im Feuilleton der Neuen Zürcher Zeitung.

Joachim Schlör

Geb. 1960 in Heilbronn. Studium der Empirischen Kulturwissenschaft und Politikwissenschaft an der Universität Tübingen, Promotion 1990. 1994–2001 wiss. Mitarbeiter am Moses Mendelssohn Zentrum und am Lehrstuhl Neuere Geschichte II der Universität Potsdam. Derzeit Projektleiter „Aufbau eines Kompetenznetzes Jüdische und Rabbinische Studien" an der Universität Potsdam. Publikationen zur Stadtgeschichte, zur Geschichte der deutsch-jüdischen Immigration in Palästina/Israel, zuletzt Tel-Aviv: From Dream to City, London 1999; Hotel Europa. Notizen von den Rändern des Kontinents, Darmstadt 2000 und Sammy Gronemann: Erinnerungen, Berlin 2002 (Hrsg.).

Julius H. Schoeps

Geb. 1942 in Djursholm/Schweden. Studium der Geschichte, Politik-, Kommunikations- und Theaterwissenschaften in Erlangen und Berlin. Habilitation 1973. 1974–1992 Professor für Politische Wissenschaften an der Universität Duisburg. Bis 1991 Direktor des Salomon Ludwig Steinheim Institutes in Duisburg. Seit 1992 Professor für Neuere Geschichte an der Universität Potsdam und Direktor des Moses Mendelssohn Zentrums für europäisch-jüdische Studien in Potsdam. Gastprofessuren in Tel Aviv, New York und Seattle.

Manfred Voigts

Geb. 1946 in Braunschweig. Studium der Germanistik in Tübingen und Berlin, 1975 Promotion über Bertolt Brecht, 2000 Habilitation im Fach Jüdische Studien. Zwischen 1977 und 1992 Gewerkschaftstätigkeit, zuletzt im Hauptvorstand der IG Medien. 1991 Mitarbeit an der Ausstellung ‚Jüdische Lebenswelten‘ in Berlin. Seit 1995 Lehrbeauftragter im Studiengang Jüdische Studien an der Universität Potsdam, seit 2000 dort Privatdozent. Publikationen: 1992 Biographie von Oskar Goldberg, Herausgabe von Schriften Erich Ungers, 1994 ‚Jüdischer Messianismus und Geschichte‘, 1995 ‚Das geheimnisvolle Verschwinden des Geheimnisses‘, 2002 Herausgabe der Grözinger-Festschrift ‚Von Enoch bis Kafka‘, 2002 erscheint ‚Wir sollen alle kleine Fichtes werden. Der Judenfeind J. G. Fichte als Prophet der Kultur-Zionisten‘, Aufsätze über Benjamin, Buber, Kafka, Taubes.

Personenregister

Auch im Philo-Verlag erschienen

Eleonore Lappin (Hg.)
Jüdische Gemeinden

Kontinuitäten und Brüche
Philo 2002, 367 S., kt.
ISBN 3-8257-0270-7

Jüdische Gemeinden sind mehr als religiöse Gemeinschaften, sie
stellen das jüdische Kollektiv in einzelnen Ländern und Orten
dar. Das Erscheinungsbild dieser Kollektive wird einerseits durch
ihre Umwelt, andererseits durch innerjüdische Entwicklungen
bestimmt. Durch Emanzipation, Akkulturation und Säkularisierung wurden die Juden zum integralen Teil ihrer Umwelt, brachten und bringen aber gleichzeitig neue Formen eigenen religiösen,
kulturellen und politischen Lebens hervor. Der katastrophalste
Bruch in der Entwicklung der jüdischen Welt stellt die Shoa dar,
deren Wunden noch lange nicht verheilt sind. Der Band zeigt
Kontinuitäten und Brüche in Jüdischen Gemeinden in aller Welt.

Auch im Philo-Verlag erschienen

Menora Band 11
Jahrbuch für deutsch-jüdische Geschichte 2000
Geschichte, Messianismus und Zeitenwende
Im Auftrag des Moses Mendelssohn Zentrums für
europäisch-jüdische Studien
Herausgegeben von Julius H. Schoeps, Karl E. Grözinger und
Gert Mattenklott
Philo 2000, 390 S., kt.
ISBN 3-8257-0185-9

Die Ausgabe 2000 des Jahrbuches MENORA konzentriert sich
auf zwei Schwerpunkte:
Erinnern und Vergessen. Deutsch – jüdische Normalität? sowie
Mystik, Messianismus und Zeitenwende.

Dem Kölner Wissenschaftler Alphons Silbermann, der am
4. März 2000 im Alter von neunzig Jahren starb, verdankt das
Jahrbuch den essayistischen Kommentar zu seiner letzten empirischen Untersuchung: Das Auschwitz-Loch im Gedächtnis der
Deutschen. Der Schwerpunkt Regionalgeschichte befaßt sich mit
den Spuren der Jahrtausende alten Präsenz jüdischen Lebens in
Sachsen-Anhalt.

Auch im Philo-Verlag erschienen

Menora Band 12
Jahrbuch für deutsch-jüdische Geschichte 2001
Haskala und Öffentlichkeit

Im Auftrag des Moses Mendelssohn Zentrums für
europäisch-jüdische Studien
Herausgegeben von Julius H. Schoeps, Karl E. Grözinger und
Gert Mattenklott
Philo 2001, 422 S., kt.
ISBN 3-8257-0255-3

Als Quellen für jüdische Geschichtsdeutung und die Perspektive
jüdischer Gelehrsamkeit an der Epochenschwelle zur Moderne
gewannen seit dem 17. Jahrhundert jüdische Periodica an
Bedeutung. Deutsche und jüdische Aufklärer wie Lessing und
Mendelssohn bemühten sich um einen „Strukturwandel der
Öffentlichkeit" (Habermas). Doch dieser „Strukturwandel" sollte
sich in Deutschland zu einer negativen Dialektik entwickeln.

Menora 2001 analysiert und dokumentiert diese Entwicklung in
drei Schwerpunkten:

I. Aufklärung und Haskala
II. Öffentlichkeit und Presse
III. Archive und Sammlungen – jüdische Geschichte.